Stoffstrommanagement

Martin Wietschel

Stoffstrommanagement

PETER LANG
Frankfurt am Main · Berlin · Bern · Bruxelles · New York · Oxford · Wien

Die Deutsche Bibliothek - CIP-Einheitsaufnahme

Wietschel, Martin :

Stoffstrommanagement / Martin Wietschel. - Frankfurt am Main ; Berlin ; Bern ; Bruxelles ; New York ; Oxford ; Wien : Lang, 2002
ISBN 3-631-39222-2

ISBN 3-631-39222-2

www.peterlang.de

Vorwort

In den Wirtschaftswissenschaften hat das Thema der Planung und Steuerung von Stoff- und Energieströmen erst Anfang der 70er Jahre Eingang gefunden. Einher ging dies mit der Erkenntnis, dass die zunehmende Ressourcenverknappung sowie die steigende Umweltbelastung die menschliche Wohlfahrt gefährdet. Zu Beginn der 90er Jahre hat sich dann in dem Konzept der Nachhaltigen Entwicklung ein klarer ethischer Anspruch etabliert, der die Verantwortung der jetzigen Generation für kommende Generationen und deren Lebensgrundlage formuliert.

Ausgehend von diesem Problembewusstsein hat sich das Stoffstrommanagement Anfang der 90er Jahre mit dem Ziel entwickelt, dass die anthropogen-verursachten Stoff- und Energieströme so geplant und gesteuert werden, dass neben ökonomischen auch ökologische Zielsetzungen verfolgt und erreicht werden. Dazu muss die bisherige rein wertmäßige Betrachtung von Güterströmen in Wirtschaftssystemen um eine physikalisch-mengenmäßige Betrachtung aller relevanten Stoff- und Energieströme ergänzt werden. An einem Stoffstrommanagement sind verschiedene Akteure beteiligt. Es sind die Verantwortlichen aus den Unternehmen, die die Stoff- und Energieströme direkt beeinflussen, sowie die Entscheidungsträger aus Politik und Verwaltung, die den entsprechenden Ordnungsrahmen setzen.

Die Zielsetzung des vorliegenden Fachbuches ist es, einen aktuellen Überblick über den Stand des Stoffstrommanagements unter den jeweiligen Blickwinkeln der verschiedenen Akteure zu geben, der zum einen Studierenden und Lehrenden und zum anderen auch Entscheidungsträgern aus der Politik und Unternehmen eine Wissensgrundlage bieten soll.

Das Fachbuch ist u. a. entstanden aus Unterlagen zu verschiedenen Vorlesungen an der Universität Karlsruhe (TH), die ich in den letzten Jahren abgehalten habe. Dabei sind viele aktuelle praxisorientierte Forschungsarbeiten des Instituts für Industriebetriebslehre und Industrielle Produktion (IIP) sowie des Deutsch-Französischen Instituts für Umweltforschung (DFIU) der Universität Karlsruhe eingeflossen. In diesem Zusammenhang möchte ich meinem akademischen Lehrer und Leiter der beiden Institute Herrn Prof. Dr. Otto Rentz für seine Unterstützung danken. Weiterhin bin ich Herrn Dr. Wolf Fichtner, Frau Dr. Jutta Geldermann und Herrn Dr. Frank Schultmann zu Dank verpflichtet, weil einige der mir zur Verfügung gestellten Praxisbeispiele innerhalb ihrer Arbeitsgruppen erarbeitet wurden. Mein Dank und meine Verbundenheit gilt auch meinen anderen Kolleginnen und Kollegen des IIP und DFIU sowie meiner Familie, die auf vielfältige Weise zum Gelingen des vorliegenden Werkes beigetragen haben.

Karlsruhe, im November 2001 Martin Wietschel

INHALTSVERZEICHNIS

1 Einleitung

1.1 Einführung in das Stoffstrommanagement

Basis jeder Leistungserstellung von Industriebetrieben bilden die Rohstoffe, die direkt oder indirekt über Einsatzgüter in den Produktionsprozess einfließen. Weiterhin wird für jeden Produktionsprozess umwandelbare Energie (die sogenannte Exergie) benötigt und es fallen Emissionen in fester, flüssiger und/oder gasförmiger Form als Kuppelprodukte an. Trotz dieser Zusammenhänge werden in der traditionellen Wirtschaftswissenschaft die Stoff- und Energieströme nur dann behandelt, wenn sie Güter darstellen; d. h. wenn sie im Produktions- und Tauschprozess verwendet werden und im ökonomischen Sinne einen Wert - ausgedrückt durch einen Preis - besitzen. Dieser Preis der Güter bildet die Lenkungsfunktion für die Güterströme.

Erst Ende der 60er und Anfang der 70er Jahre beschäftigten sich Wirtschaftswissenschaftler mit der physikalisch-mengenmäßigen Betrachtung von Stoff- und Energieströmen. Die Grundlage hierfür bildeten folgende Erkenntnisse: Die Produktionsprozesse tragen - zumindest bis zu einem gewissen Grad[1] - zur Wohlfahrt der Menschheit bei. Bedingt durch einen Zufluss an Exergie haben sich während der Erdgeschichte für die verschiedensten Materieformen Anreicherungen gebildet (z. B. Erzlagerstätten), die die natürlichen Ressourcen und damit eine notwendige Grundlage für Produktionsprozesse darstellen. Aus dem 2. Hauptsatz der Thermodynamik zur eingeschränkten Umwandelbarkeit von Energie lässt sich aber ableiten, dass in einem geschlossenen System jeder Umwandlungs- und Recyclingprozess mit einer Zunahme des Anteils der nicht mehr umwandelbaren Energie (der sogenannten Entropie) verbunden ist. Dies führt dazu, dass eine 100 % ige Kreislaufführung von Stoffen in Wirtschaftssystemen nicht möglich ist und letztlich die Verteilung von Materie (im Beispiel Erzlager z. B. der Aluminiumionen) stetig zunimmt. Daraus folgt, dass trotz des Massenerhaltungssatzes aus der Physik die Endlichkeit von Ressourcen durch den für ihre Gewinnung notwendigen energetischen Aufwand - und letztendlich auch den ökonomischen Aufwand - determiniert ist. Eine Verknappung von Ressourcen und die damit einhergehende Einschränkung der Produktion gefährdet aber die Wohlfahrt[2].

---

[1] Dies ist unter dem Aspekt zu diskutieren, ob die Folgekosten von Produktionsprozessen wie die Investitionen in Abscheidetechnologien zur Emissionsminderung oder die Umweltschäden bzw. der irreversible Ressourcenverbrauch die Produktionszuwächse nicht wieder zunichte machen.

[2] Dieser Ansatz ist in der Ressourcenökonomie nicht unumstritten. U.a. wird argumentiert, dass die Erde nicht als geschlossenes thermodynamisches System anzusehen ist, sondern dass ein kontinuierlicher Exergiezufluss über die Sonneneinstrahlung erfolgt und dieser gegebenenfalls stetiges Recycling sicherstellen könnte (siehe die Arbeiten von [Ayres 1999] und [Mansson 1994]).

Georgescu-Roegen[3] hat als Erster diese Zusammenhänge erkannt und dargestellt. Ausgehend von seinen Arbeiten hat Meadows in seiner Studie "Grenzen des Wachstums" für den Club of Rome[4] die Begrenztheit der natürlichen Ressourcen Anfang der 70er Jahre einer breiten Öffentlichkeit deutlich vor Augen geführt. Er prognostizierte den Zusammenbruch der Wirtschaft und Gesellschaft durch Erschöpfung nicht-regenerierbarer Rohstoffe und steigender Umweltverschmutzung vor Ende des 21. Jahrhunderts, wenn kein Umdenken erfolgt.

Aufbauend auf diesen Erkenntnissen hat sich der sorgsame Umgang mit Ressourcen weltweit als wichtiges umweltpolitisches Ziel etabliert. Bedingt durch die limitierte Aufnahmekapazität und die begrenzte Assimilationsfähigkeit der Umweltmedien, die beispielsweise am Treibhauseffekt oder der Überdüngung von Gewässern und Böden sichtbar wird, hat sich als ein zweites umweltpolitisches Ziel die Vermeidung von Umwelteinwirkungen durch industriell-verursachte Emissionen etabliert. Ausgelöst wurde diese Diskussion in den 60er und 70er Jahren als Folge von Unfällen mit drastischen Umweltauswirkungen wie den Giftskandalen in Seveso und Bophal und dem Anstieg von Umweltschäden wie dem Waldsterben oder der Überdüngung von Gewässern durch zunehmende Emissionen aufgrund industrieller Aktivitäten. In diesem Zusammenhang ist auch die zunehmende Flächeninanspruchnahme durch den Menschen und die daraus resultierenden ökologischen Folgen anzusprechen. Die Auseinandersetzung mit Interaktionen zwischen der natürlichen Umwelt und den Unternehmensaktivitäten auf stofflicher und energetischer Basis wurde somit zu einem Thema innerhalb der Wirtschaftswissenschaften.

Im Zuge der seit Ende der 80er Jahre geführten Diskussion um die Nachhaltigkeit (*Sustainable Development*) wird der Ressourcenschutz und die Vermeidung von Schadstoffemissionen als eine wesentliche Voraussetzung für eine nachhaltige Entwicklung gesehen. **Nachhaltige Entwicklung** heißt nach der Brundtland-Kommission[5] zu gewährleisten, dass die Menschheit die Bedürfnisse der Gegenwart befriedigt, ohne die Fähigkeit zukünftiger Generationen zu gefährden, ihre eigenen Bedürfnisse zu befriedigen. Diese Forderung nach einer intergenerationalen Gerechtigkeit führt zu einer langfristigen Orientierung der Umweltpolitik, denn die Erschöpfung knapper, nicht-erneuerbarer Rohstoffe sowie die dauerhafte Zerstörung von Ökosystemen verringert die Entwicklungsmöglichkeiten kommender Generationen, sofern nicht Substitute für ihre Funktion bestehen bzw. entwickelt werden können. Neben der intergenerationalen Gerechtigkeit wird auch eine intragenerationale Gerechtigkeit als eine weitere ethische Forderung zur Nachhaltigen Entwicklung gesehen. Dies führt zu einer Globalisierung sowie zu Fragen des ökonomischen Ausgleiches über Ländergrenzen. Da zwischen ökologischen und ökonomischen

---

[3] Siehe [Georgescu-Roegen 1971] sowie die Arbeiten von Daly [Daly 1997].

[4] Vgl. [Meadows 1972].

[5] Siehe [WCED 1987, S. 43].

Zielen gegebenenfalls konfliktionäre Beziehungen bestehen, werden im Konzept der Nachhaltigkeit neben ökologischen gleichrangig ökonomische und auch soziale Kriterien als Bewertungsmaßstäbe für ein nachhaltiges Wirtschaften eingefordert.

Ausgehend von diesem Problembewusstsein hat sich der Begriff des Stoffstrommanagements Anfang der 90er Jahre im Sprachgebrauch etabliert. Ausschlaggebend hierfür waren die Arbeiten der Enquête-Kommission "Schutz des Menschen und der Umwelt" des Deutschen Bundestages, die zur folgenden Definition geführt haben: „**Stoffstrommanagement** ist die zielorientierte, verantwortliche, ganzheitliche und effiziente Beeinflussung von Stoffströmen, wobei die Zielvorgaben aus dem ökologischen und ökonomischen Bereich kommen, unter Berücksichtigung von sozialen Aspekten"[6].

Für ein Stoffstrommanagement ist es notwendig, dass die zuvor nur wertmäßige Betrachtung von Güterströmen in Wirtschaftssystemen um eine physikalisch-mengenmäßige Betrachtung aller **Stoff- und Energieströme** ergänzt wird. In der Regel erfolgt dies durch eine Erfassung der Massenflüsse von Stoffen für bestimmte Prozesse eines Produktionssystems bzw. entlang einer Produktionskette in einer bestimmten Zeiteinheit und räumlichen Bilanzgrenzen (z. B. eine stationäre Anlage, ein Standort oder eine Region). Neben wirtschaftlichen Zielgrößen bei der Planung und Steuerung der Stoffe und Energien zur Herstellung von verwertbaren Marktleistungen (Produkten) sind ökologische und soziale Ziele zu setzen. Unter Beachtung der dabei bestehenden Zielbeziehungen erfordert ein Stoffstrommanagement eine entscheidungsorientierte Herangehensweise, geprägt durch eine Problemerkennung, Zielformulierung, Datenerhebung und dessen Bewertung, Maßnahmenauswahl und –umsetzung sowie Kontrolle der Zielerreichung. Diese entscheidungsorientierte Sichtweise prägt das vorliegende Buch.

An einem Stoffstrommanagement sind verschiedene Akteure mit unterschiedlichen Aufgaben beteiligt, was in der Ergänzung der Definition des Stoffstrommanagements durch die Enquête-Kommission zum Ausdruck kommt: „Die Ziele (des Stoffstrommanagements) werden auf betrieblicher Ebene, in der Kette der an einem Stoffstrom beteiligten Akteure oder auf staatlicher Ebene entwickelt." Ausgehend von den damit angesprochenen Akteuren wird das Stoffstrommanagement im Folgenden weiter differenziert.

---

[6] Siehe [Enquête 1994, S. 719]. Unter dem Stoffbegriff werden dabei Elemente, chemische Verbindungen, Energieträger und zum Teil auch Materialen gefasst. Trotz des Einbezuges von Energien hat sich der Begriff des Stoffstrommanagements etabliert, wobei in den folgenden Ausführungen der Begriff des Stoff- und Energiestrommanagements synonym verwendet wird.

1.2 Das betriebliche Stoffstrommanagement

Die Entnahme von Rohstoffen aus der Natur und die Abgabe von Schadstoffen in die Natur werden im herkömmlichen Produktionsmanagement nur insoweit berücksichtigt, wie dafür Ausgaben in Form von Beschaffungspreisen, Entsorgungskosten, Emissions- bzw. Energiesteuern oder Abwasserabgaben zu entrichten sind[7]. Die auf diesem Wege internalisierten Kosten entsprechen in der Regel nicht den gesamten Kosten der Produktion. Die monetäre Bewertung der umweltrelevanten Stoffströme führt somit nicht zu Knappheitspreisen und ist deshalb nicht geeignet, eine umweltverträgliche Produktion sicherzustellen. Die vollständige Internalisierung externer Effekte erscheint trotz intensiver Forschungsaktivitäten auch in Zukunft kaum zu gelingen. Deshalb ist ein eigenständiges Stoff- und Energiestrommanagement in den Betrieben erforderlich.

Die Aufgabe des **betrieblichen Stoff- und Energiestrommanagements** ist es, die Stoff- und Energieflüsse im Unternehmen so zu steuern, dass Ressourcen aus der natürlichen Umwelt möglichst optimal ausgenutzt und die entstehenden Emissionen minimiert werden, wobei die herkömmlichen Ziele des Produktionsmanagements wie Gewinnmaximierung oder Kostenminimierung weiterhin zu berücksichtigen sind. Dabei erfolgt in der Regel aufgrund des Verantwortungs- und Gestaltungsspielraumes eine räumliche Bilanzraumabgrenzung auf das Unternehmen, auf Unternehmensstandorte, Anlagen oder einzelne Prozesse.

Die Motivation zur Einführung eines eigenständigen betrieblichen Stoffstrommanagements kann u. a. in der Einsicht ökologischer und gesellschaftlicher Verantwortung (Unternehmensethik), in der Reaktion auf einen umweltschutzbezogenen Bewusstseinswandel der Anspruchsgruppen wie Kunden und Kapitalgeber oder in der Abwehr von ordnungspolitischen oder ökonomischen Instrumenten wie Grenzwerten oder Steuern, die von hoheitlichen Akteuren angedroht werden, liegen.

1.3 Das überbetriebliche Stoffstrommanagement

Betriebliche Stoffstrommanagementkonzepte greifen mit ihrer räumlichen Beschränkung auf den Betrieb oftmals zu kurz, weil vor- und nachgelagerte Umweltauswirkungen sowie kooperative unternehmensübergreifende Lösungsansätze außer acht gelassen werden. Anhand dieser Kritik lässt sich das **überbetriebliche Stoff- und Energiestrommanagement** motivieren. Dieses ist durch Unternehmenskooperationen unter dem Aspekt des ökologisch-motivierten Stoff- und Energieflussmanagements gekennzeichnet. Das Konzept zielt darauf ab, dass Stoff- und Energieströme ganzheitlich (von ihrer Entstehung bis zu ihrer „Vernichtung“) betrachtet werden sollen, und dass die Akteure entlang der „Stoff- und Energieflusskette“ bzw. der Produktkette

[7] Vgl. auch [Spengler 1998, S. 43 f.].

erfasst werden und ihre Handlungen entsprechend abstimmen. Aufgrund des erweiterten Bilanzraumes führt dies allerdings zu einer Komplexitätserhöhung.

1.4 Das nationale Stoffstrommanagement (Stoffpolitik)

Unter dem Begriff Stoffstrommanagement werden nicht nur Ansätze auf betrieblicher Ebene subsumiert, sondern auch Ansätze, die zur Unterstützung von Entscheidungsträgern aus der Politik und Verwaltung entwickelt wurden. So definiert die Enquête-Kommission "Schutz des Menschen und der Umwelt" des Deutschen Bundestages **Stoffpolitik** als eine Politik, "... die die Gesamtheit der politischen Maßnahmen umfasst, mit denen Einfluss auf Art und Umfang der Stoffbereitstellung, der Stoffnutzung sowie der Abfallbehandlung und –lagerung genommen wird, um angesichts der Begrenztheit der Ressourcen und der eingeschränkten Belastbarkeit der Umweltmedien die stoffliche Basis der Wirtschaft zu sichern"[8]. Die hieraus ableitende Aufgabe eines Stoffstrommanagements aus Sicht der politischen Entscheidungsträger liegt in der Steuerung von Stoff- und Energieströmen unter ökologischen, ökonomischen und sozialen Kriterien[9].

Zur Stoffstromsteuerung sind ausgehend von bestimmten Umweltproblemen Umweltqualitätsziele zu definieren und hieraus Umwelthandlungsziele auf regionaler, nationaler oder internationaler Ebene festzulegen. Deren Einhaltung ist dann über die Implementierung von umweltpolitischen Instrumenten wie Grenzwerte für Schadstoffe oder Abgaben auf umweltschädliches Verhalten sicherzustellen. Somit setzt der Staat die Rahmenbedingungen für ein betriebliches wie auch ein überbetriebliches Stoff- und Energiestrommanagement, aber eine direkte Planung und Steuerung der Stoffströme erfolgt in der Regel nicht.

Um diese Aufgabe erfüllen zu können, bedient sich diese Art von Stoffstrommanagement neben der Instrumenten- und Maßnahmenbewertung der Methodik der Stoffstromanalyse. Charakteristika der Stoffstromanalyse sind eine systematische und ganzheitliche Betrachtung von Stoffströmen von der "Wiege bis zur Bahre" in einem geographisch und zeitlich festgelegten Bilanzraum, eine sachbezogene Zielsetzung und eine Orientierung auf die beteiligten Akteure an den einzelnen Stufen des Stoffstromes, weil eine gezielte Beeinflussung/Änderung von deren Handlungsweise angestrebt wird.

---

[8] Zitiert nach [UBA 1997a, S. 176]. Siehe zu dem Verständnis von Stoffstrommanagement aus Sicht der Politik auch die Ausführungen in [UBA 1997a, S. 176 ff.], [Spangenberg et al. 1996, S. 13 ff.], [Enquête 1998, S. 151] und [de Man et al. 1997, S. 2 ff.].

[9] Siehe hierzu [Enquête 1998, S. 32 ff.].

Diese Art des Stoffstrommanagements wird im Folgenden als **nationales Stoff- und Energiestrommanagement** (bzw. alternativ als **Stoffpolitik**) bezeichnet, wobei je nach Bilanzraum auch regionale bzw. internationale Ansätze darunter fallen können.

1.5 Verbindung zwischen dem betrieblichen/überbetrieblichen und dem nationalen Stoffstrommanagement

Das Planungsobjekt - die anthropogen erzeugten Stoff- und Energieströme auf physikalisch-mengenmäßiger Basis unter Einbeziehung der Interaktionen zwischen Unternehmen und der natürlichen Umwelt - bestimmte methodische Vorgehensweisen und die Orientierung am Leitbild der Nachhaltigkeit sind bei allen Ansätzen des Stoffstrommanagements vergleichbar. Allerdings unterscheiden sich u. a. die räumlichen bzw. sachlichen Bilanzgrenzen, die betrachteten Prozesse, die Akteure und die Zielsetzungen.

Zwischen den verschiedenen Ansätzen des Stoffstrommanagements besteht eine enge Verknüpfung. So werden die auf der Basis des nationalen Stoffstrommanagements ermittelten Informationen über Ursachen-Wirkungs-Zusammenhänge von Umweltproblemen sowie deren politischer Bewertung, die sich u. a. in der Festlegung von Umwelthandlungszielen niederschlägt, zur Bereitstellung von Informationen für das betriebliche Stoffstrommanagement benötigt. Die Informationen dienen zur Ableitung eigenständiger betrieblicher Umweltziele sowie der ökologischen Bewertung von Stoff- und Energieströmen. Leiten die politischen Entscheidungsträger aus der Stoffstromanalyse die Einführung neuer ordnungsrechtlicher oder ökonomischer Instrumente ab, so führt dies auf betrieblicher Ebene zu einer neuen monetären Bewertung von Stoff- und Energieströmen bzw. zu neuen technischen Anforderungen an das Produktionssystem. Der Staat setzt die Rahmenbedingungen für ein betriebliches und überbetriebliches Stoffstrommanagement.

Umgekehrt stellt ein industrielles Stoff- und Energiestrommanagement Informationen bereit, die in ein Stoff- und Energiestrommanagement aus Sicht der politischen Entscheidungsträger einfließen, um die Vorgaben von umweltpolitischen Zielen an dem technisch Möglichen und dem ökonomisch Vertretbaren ausrichten zu können. Dies sind wirtschaftliche und technische Informationen (bspw. Kosten oder Abscheidegrade einer nachgeschalteten Emissionsminderungsmaßnahme). Weiterhin sind betriebliche Angaben zu Anfall und Menge von Stoffströmen und deren Herkunft sowie deren Verwendung eine wesentliche Datengrundlage für politische Entscheidungsträger.

1.6 Zielsetzung und Aufbau des Buches

Das Thema Stoffstrommanagement ist ein sehr aktuelles Thema, bei dem es in den letzten Jahren eine dynamische Entwicklung gegeben hat. Hieraus leitet sich als Ziel dieses Fachbuches ab, einen aktuellen Überblick über den Stand des Stoffstrommanagements zu geben, der zum einen Studierenden und Lehrenden und zum anderen auch Entscheidungsträgern aus der Politik und Unternehmen eine Wissensgrundlage bieten soll. Gerade innerhalb von Lehrbüchern ist das Thema Stoffstrommanagement bisher nur unzureichend aufgegriffen worden.

Weiterhin werden in der Mehrzahl der Ausführungen zum Stoffstrommanagement die oben skizzierten Ansätze - das betriebliche bzw. überbetriebliche Stoffstrommanagement und das nationale Stoffstrommanagement - trotz ihrer engen Verbindung isoliert behandelt. Hieraus leitet sich als zweites Ziel des vorliegenden Fachbuches ab, die Ansätze sowie ihre Beziehung zueinander umfassend und integriert aufzuzeigen. Zur Veranschaulichung der vorgestellten Konzepte und Methoden werden eine Reihe an Fallbeispielen aus der Praxis des Stoffstrommanagements ausführlich dargestellt.

Das Buch ist in seinem Aufbau zweigeteilt. In Teil 1 wird das betriebliche und überbetriebliche Stoffstrommanagement behandelt. Dabei steht die Planung und Steuerung von stofflichen und energetischen Transformationsprozessen unter produktionswirtschaftlicher Sicht sowie hierfür relevante Aspekte und Methoden der Unternehmensführung (des Managements) im Zentrum der Ausführungen. Teil 2 beschäftigt sich mit der Stoffpolitik, wobei diese im Sinne eines Managements von Stoff- und Energieströmen durch hoheitliche Akteure behandelt wird.

Um das betriebliche Stoffstrommanagement einordnen zu können, wird im ersten Kapitel von Teil 1 (Kapitel 2) eine kurze Einführung in das betriebliche Umweltmanagement gegeben. Kapitel 3 beschäftigt sich dann, ausgehend von den Zielen und Aufgaben des herkömmlichen Produktionsmanagements, mit der Frage, welche zusätzlichen Anforderungen an die Planung und Steuerung von Produktionssystemen durch ein Stoffstrommanagement hinzukommen. Dabei systemimmanent entstehende Beziehungen zu anderen Unternehmenszielen werden aufgezeigt und diskutiert. Daran anschließend wird die Motivation von Betrieben zur Einführung eines betrieblichen Stoffstrommanagements sowie mögliche umweltpolitische Leitbilder für dessen Ausgestaltung behandelt. Abschließend werden in diesem Kapitel dann betriebsübergreifende Konzepte vorgestellt und diskutiert.

Die Ausführungen des Kapitel 4 behandeln unter entscheidungstheoretischer Sichtweise die Frage, wie die Ziele des Stoffstrommanagements in Betrieben erreicht werden können. Die Auswahl zwischen zwei oder mehreren Handlungsmöglichkeiten, die dem Entscheidungsträger zur Realisierung eines Ziels zur Verfügung stehen, steht somit hier im Mittelpunkt. Dabei werden in diesem Kapitel sukzessive und aufeinander aufbauend ausführlich die Schritte der Problemerkennung und Zielformulierung, der Alternativensuche zur Erhebung möglicher Handlungsalternativen (Strategien) und die Modellbildung, Informationsverarbeitung und Alternativenauswahl dargestellt und diskutiert. Bei der Modellentwicklung werden Ansätze aus den Bereichen der Simulation und Optimierung vorgestellt und anhand von verschiedenen Fallbeispielen exemplarische Anwendungen aufgezeigt. Im anschließenden Kapitel werden einzelne Managementfunktionen, denen im Rahmen des betrieblichen Stoffstrommanagements eine besondere Bedeutung zukommen, vorgestellt. Hier wird das Öko-Controlling als Subsystem des Unternehmenscontrollings eingeführt, das eine rationalitätssichernde Unterstützungsfunktion des Umweltmanagements und damit auch des Stoffstrommanagements übernimmt. Die im Folgenden behandelten Umwelt-Audits dienen der systematischen Überprüfung des betrieblichen Umweltschutzes. Die Basis für jedes Umweltmanagement stellen die Erfassung und Verarbeitung von umfangreichen umweltrelevanten Daten dar, eine Aufgabe, die von den abschließend behandelten betrieblichen Umweltinformationssystemen übernommen wird. Im letzten Kapitel des 1. Teiles wird die Ökobilanzierung behandelt, bei der eine ganzheitliche ökologische Bewertung von Stoff- und Energieströmen von der Wiege bis zur Bahre angestrebt wird. Die Ökobilanzierung ist auch ein wichtiger methodischer Ansatz zur Stoffstrombewertung im Rahmen der Stoffpolitik. Somit leitet dieses Kapitel bereits zum zweiten Teil des Buches über.

Zu Beginn des 2. Teils werden in Kapitel 7 zuerst wesentliche Grundlagen der volkswirtschaftlichen Umweltökonomie angerissen, insoweit wie dies für das Verständnis der weiteren Kapitel notwendig ist bzw. um diese entsprechend einordnen zu können. Daran anschließend wird die Nachhaltige Entwicklung als das neue Leitbild in der Umweltpolitik behandelt.

Im folgenden Kapitel werden ausführlich umweltpolitische Instrumente wie Steuern oder Selbstverpflichtungserklärungen vorgestellt und diskutiert, die eine direkte Verbindung zwischen dem betrieblichen bzw. überbetrieblichen und dem nationalen Stoffstrommanagement darstellen. Dabei werden zuerst die Grundprinzipien der Umweltpolitik vorgestellt und dann Kriterien, die zur Bewertung verschiedener Instrumente dienen, erörtert. Danach werden einzelne Instrumentenklassen einer kritischen Würdigung unterzogen sowie ausgewählte Instrumente und deren Umsetzung in die Praxis an Fallbeispielen detailliert vorgestellt und bewertet. Diese Diskussion bezieht sich auf aktuelle Instrumente wie die ökologische Steuerreform, freiwillige Selbstverpflichtungserklärungen oder Quotenregelungen in Verbindung mit einem Zertifikatehandel.

Im abschließenden Kapitel wird die Stoffpolitik motiviert und ihre Aufgaben in Form eines Regelkreises, der eine entscheidungsorientierte Sichtweise widerspiegelt, dargestellt. Die Vorgehensweise entlang des Regelkreises wird anschließend anhand der ausführlichen Darstellung eines Fallbeispieles illustriert.

2 Einführung in das Umweltmanagement

2.1 Umweltmanagement und Umweltmanagementsysteme

Die Begriffe Umweltmanagement und Umweltmanagementsysteme sind nicht eindeutig belegt[10]. Deshalb wird im Folgenden eine Herleitung über die Begriffe des Managements und der Managementsysteme angestrebt[11]. Allgemein wird der Begriff des **Managements,** für den als Synonym der Begriff **Unternehmensführung** verwendet wird, in der Betriebswirtschaftslehre in zweierlei Hinsicht verwendet. Als Institution beinhaltet das Management alle leitenden Instanzen, alle Führungskräfte mit Weisungs- und Entscheidungsbefugnissen auf verschiedenen betrieblichen Hierarchieebenen. Weiterhin wird Management zur Beschreibung von Funktionen verwendet, die diese Personen ausüben. Zu den Managementfunktionen zählen[12]

- die **Führungsebene** mit Festlegung von Unternehmenszielen und der Mittelauswahl, der Planung aller betrieblichen Funktionsbereiche zur Zielerreichung und der Veranlassung von Sachaufgaben,
- der Aufbau einer **Organisation** durch Festlegung von Verantwortungen und Befugnissen (Aufbauorganisation) sowie durch Errichtung einer Ablauforganisation zur Darlegung der Tätigkeiten und Verfahren, um die Realisation der Planung sicherzustellen,
- die **Überwachung**, die sowohl parallel zu den Arbeitschritten verläuft (Kontrolle) als auch getrennt davon auszuführen ist (Revision) und
- die **Kommunikation** durch Zusammenstellung und Verarbeitung von Informationen, um die erstgenannten Funktionen erfüllen zu können.

Das Management verläuft parallel zu dem eigentlichen betrieblichen Wertschöpfungs- oder Leistungsprozess und soll diesen ganzheitlich gestalten und lenken.

Managementsysteme dienen der Realisierung der genannten Managementfunktionen. Zur Verdeutlichung der Funktion von Managementsystemen kann man von dem Systembegriff der Kybernetik ausgehen. Nach [Blaß 1989, S. 34] gilt folgende Definition für ein System: „Ein System ist ein in Raum und Zeit durch eine (ideale oder reale) Systemgrenze begrenzter Teil der Wirklichkeit, der in einer bestimmten Umgebung ein charakteristisches Verhalten zeigt. Die Struktur des Systems ist bestimmt durch die Menge seiner Elemente und durch die Menge der Kopplungen

---

[10] Siehe zu dieser Diskussion beispielsweise die Ausführungen in [Schwaderlapp 1999, S. 64 f.] oder in [Waskov 1994, S. 41 f.].

[11] Zu diesen beiden Begriffen wird auch auf die BWL-Standardliteratur verwiesen (z.B. [Wöhe 1996] oder [Schierenbeck 1993]).

[12] Vgl. [Wöhe 1996, S. 87 ff.].

(Relationen), welche die Elemente aufgrund ihrer Eigenschaften verknüpft. Die Umgebung liefert die Eingangsgrößen für das System und nimmt seine Ausgangsgrößen auf."[13] Weiterhin ist zu betonen, dass ein System eine bestimmte Funktion erfüllt[14].

Aufbauend auf dem Systembegriff dienen Managementsysteme dazu, Einzeltätigkeiten der Managementfunktionen zu einer strukturierten Gesamtheit zu verbinden[15]. So sind beispielsweise die Elemente eines Planungssystems die Planungsprozesse. Diese sind charakterisierbar anhand der Merkmale Informationsinput und -output, Verfahren und Modelle der Informationsverarbeitung sowie Planungsträger (Führungskraft). Das Planungssystem beschreibt neben den Elementen und ihren Merkmalen die sachlichen und zeitlichen Beziehungen zwischen den Planungsprozessen[16]. Folgende Managementsysteme können differenziert werden[17]: das **Planungssystem**, das **Kontrollsystem**, das **Organisationssystem**, das **Informationssystem** und das **Personalführungssystem**. Für die angesprochenen Bereiche wurde eine Reihe an standardisierten Managementsystemen entwickelt, wie beispielsweise bei Organisationssystemen die funktionale oder die Sparten-Organisation.

Neben dem engen Bezug zum Systembegriff werden unter Managementsystemen auch alle institutionalisierten und systematisierten Managementfunktionen subsummiert. Dies können beispielsweise **Verfahrensanordnungen** sein, die für wiederholende Tätigkeiten vorschreiben, welche Aufgaben von welcher Person zu welchem Zeitpunkt zu erledigen sind. Als Managementsysteme werden auch Vorschriften bzw. Methoden, wie bestimmte Aufgaben durchzuführen sind bzw. welche Methode Anwendung finden soll, bezeichnet[18].

Zu Klärung des Begriffes **Umwelt** wird folgende Definition zugrundegelegt: „Die Umgebung und die Verhältnisse, in denen eine Organisation tätig ist, eingeschlossen Luft, Wasser, Boden, natürliche Ressourcen, Flora, Fauna, Menschen und deren Wechselbeziehungen. Die Umwelt erstreckt sich in diesem Zusammenhang vom Standort der Organisation bis zum globalen System"[19]. Neben der so definierten natürlichen Umwelt gibt es noch die soziale und technische Umwelt, in die Unternehmen eingebundenen sind. Der Begriff des Umweltschutzes bezieht sich auf die natürliche Umwelt, er ist jedoch schwierig zu konkretisieren bzw. unterliegt ethischen

[13] Siehe zum Systembegriff auch [Ulrich 1970], [Baetge 1973] oder [Bossel 1994].
[14] Siehe [Bossel 1994, S. 16].
[15] Vgl. [Gabler-Wirtschafts-Lexikon 1992].
[16] Vgl.[Eversheim et al. 1996, S. 3 ff.].
[17] Vgl. z. B. [Schierenbeck 1993, S. 99 ff.]
[18] Siehe [Gabler 1992] und vgl. auch [Schierenbeck 1993, S. 99], der in seinen Ausführungen auf [Wild 1982] verweist.
[19] Nach [DGQ 1994, S. 12].

Wertvorstellungen, die je nach Standpunkt differieren[20]. Soll beispielsweise nur die Umwelt des Menschen oder auch die der Tiere geschützt werden? Sind die heute in Industrieländern dominierenden Kulturlandschaften zu schützen (Status-quo-Erhalt) bzw. sind sie wieder in ihren ursprünglichen Zustand zurück zu versetzen? Welche räumlichen und zeitlichen Bilanzgrenzen sind für den Umweltschutz zu ziehen?

Ausgehend von diesen Ausführungen lässt sich das **betriebliche Umweltmanagement** über seine Funktionen erklären als ein Subsystem des betrieblichen Managements, das die umweltbezogenen Aspekte der einzelnen (oben aufgeführten) Managementfunktionen umfasst. Das Umweltmanagement stellt somit eine Querschnittsfunktion dar, die alle betrieblichen Funktionsbereiche wie Produktion, Logistik, Forschung und Entwicklung, Marketing, Beschaffung, Rechnungswesen, Controlling und die Finanzierung tangiert. Häufig wird folgende Definition des Umweltmanagements verwendet: „Das Umweltmanagement umfasst diejenigen Aspekte des Managements, die eine umweltorientierte Unternehmenspolitik bestimmen, implementieren sowie der Umsetzungskontrolle dienen“[21]. Neben dem Begriff des Umweltmanagements werden in der Literatur die Begriffe **betriebliche Umweltökonomie** und **betriebliche Umweltwirtschaft** weitgehend synonym verwendet. In [Wicke 1992] wird die betriebliche Umweltökonomie als die Teildisziplin der Betriebswirtschaftslehre definiert, die die Beziehungen des Betriebes zu seiner natürlichen Umwelt und die Einwirkungen der Umwelt und ihrer Qualität sowie der Umweltpolitik auf den Betrieb darstellt und analysiert, sowie die Möglichkeiten des Betriebes aufzeigt, wie er entsprechend seiner Zielsetzungen den umweltbezogenen Erfordernissen des Staates und des Marktes am besten gerecht wird.

Umweltmanagementsysteme (UMS) dienen der Zielerreichung des Umweltmanagements, indem bestimmte Umweltmanagementfunktionen institutionalisiert und systematisiert werden, wie die Erstellung eines Verzeichnisses über umweltrelevante Rechtsvorschriften. Dabei wird oftmals der Einrichtung und Dokumentation einer Aufbau- bzw. Ablauforganisation zur Festlegung von Verantwortlichkeiten und Zuständigkeiten im Umweltschutz bzw. zur Festlegung von umweltschutzbezogenen Verfahrens- und Arbeitsanweisungen eine herausgehobene Bedeutung beigemessen. So wird in der EG-Öko-Audit-Verordnung zur Revision (Überprüfung) des betrieblichen Umweltschutzes das UMS als „der Teil des gesamten übergreifenden Managementsystems, der die Organisationsstruktur, Zuständigkeiten, Verhaltensweisen, förmliche Verfahren, Abläufe und Mittel für die Festlegung und Durchführung der Umweltpolitik einschließt“ definiert.

Die Diskussion über das Umweltmanagement, die Ende der 80er Jahre begann, wurde ab Mitte der 90er Jahre wesentlich forciert und ist geprägt durch die Einführung von

[20] Vgl. die ausführliche Diskussion in [Dyckhoff 2000, S. 43 ff.].
[21] Nach [BMU 1995, S. 623].

Zertifizierungssystemen (EG-Öko-Audit-Verordnung und ISO 14 000 System), auf die ausführlich in Kapitel 5 eingegangen wird. Die Umweltzertifizierung richtet sich dabei stark auf die Umweltmanagementsysteme aus. Durch diese Zertifizierung erfolgte eine eher operative Ausrichtung und eine Konzentration auf unternehmensinterne Aktivitäten und Prozesse[22]. Vor- und nachgelagerte Phasen des Produktlebenszyklus - wie sie innerhalb der Ökobilanzierung berücksichtigt werden (siehe Kapitel 6) - und strategische Fragestellungen werden bisher eher weniger behandelt. Wenn eine Auseinandersetzung mit strategischen Fragestellungen erfolgt, so ist diese eher an den Ansprüchen der Stakeholder orientiert (z. B. durch Fragestellungen der Marktchancen oder Risikobewertung) als an einem eigenverantwortlichem Handeln der Unternehmen.

2.2 Umweltmanagement in ausgewählten betrieblichen Funktionsbereichen

Die Ausführungen in Kapitel 1 haben sich auf das Umweltmanagement in der Produktionswirtschaft fokussiert. Unter **Produktion** versteht man die zielgerichtete qualitative, räumliche oder zeitliche Veränderung (Transformation) von Objekten. Die **Produktionswirtschaft** behandelt die Planung und Durchführung sämtlicher Aktivitäten, die mit der Erstellung materieller Güter unmittelbar zusammenhängen. Materielle Güter bestehen aus Stoffen und Stoffgemischen und werden im Produktions- und Tauschprozess verwendet. Ihnen ist ein ökonomischer Wert zuzuordnen. Die Produktionswirtschaft als spezielle Betriebswirtschaftslehre hat aufgrund ihrer Kernfunktion einen engen Bezug zu anderen Teilgebieten der Betriebswirtschaftslehre (siehe Abbildung 2-1).

Stoffe umfassen in der Chemie und Physik chemische Elemente und ihre Verbindungen. Darunter fallen auch alle Arten von Emissionen. Bei der Bereitstellung, Umwandlung, Lagerung und dem Transport von Stoff- und Energiearten im Produktionsprozess entstehen als nicht-erwünschte Nebenprodukte (Kuppelprodukte) Emissionen. Die umweltorientierte Produktionswirtschaft (im Folgenden auch als betriebliches Stoff- und Energiestrommanagement bezeichnet) beschäftigt sich mit der Planung und Steuerung von Stoff- und Energieströmen und ergänzt in diesem Sinne die Produktionswirtschaft. Sie steht im Mittelpunkt der Ausführungen des 3. und 4. Kapitels.

[22] Vgl. [Hummel 1997, S. 1].

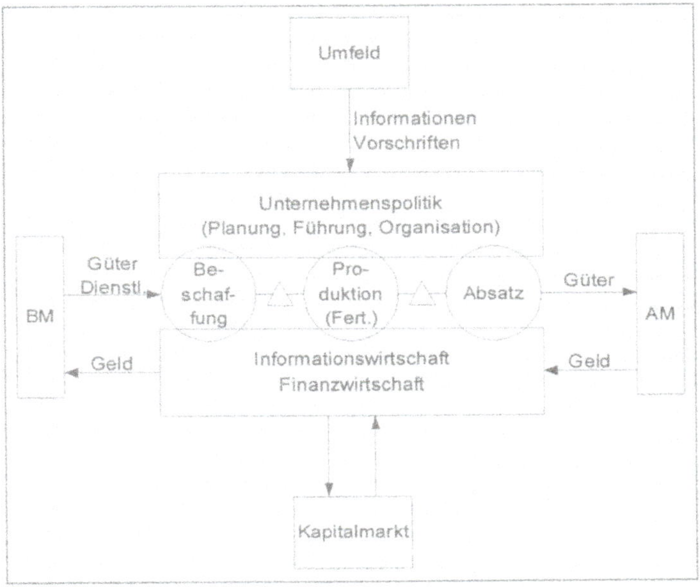

Abbildung 2-1: Produktion in ihrem Planungsumfeld [Schneeweiß 1993, S. 7] (BM: Beschaffungsmarkt, AM: Absatzmarkt)

Oftmals wird der Begriff der Transformation auf die qualitative Veränderung von Objekten beschränkt, und die zeitlichen und räumlichen Transformationsprozesse werden als Gegenstand der Logistik betrachtet. Aufgabe der **umweltorientierten Logistik** ist es, sowohl bei der Gestaltung als auch bei der Lenkung der logistischen Subsysteme wie Transport, Lagerung, Palettierung, Verpackungen, Kommissionierung sowie deren Verknüpfung auf umweltverträgliche Objektflüsse hinzuwirken. Entlang der Wertschöpfungskette lässt sich die Logistik in eine Beschaffungslogistik, Produktionslogistik und Distributionslogistik sowie der sich erst in jüngerer Zeit etablierten Entsorgungslogistik, die auf allen Ebenen der Wertschöpfungskette anfallen kann, differenzieren.

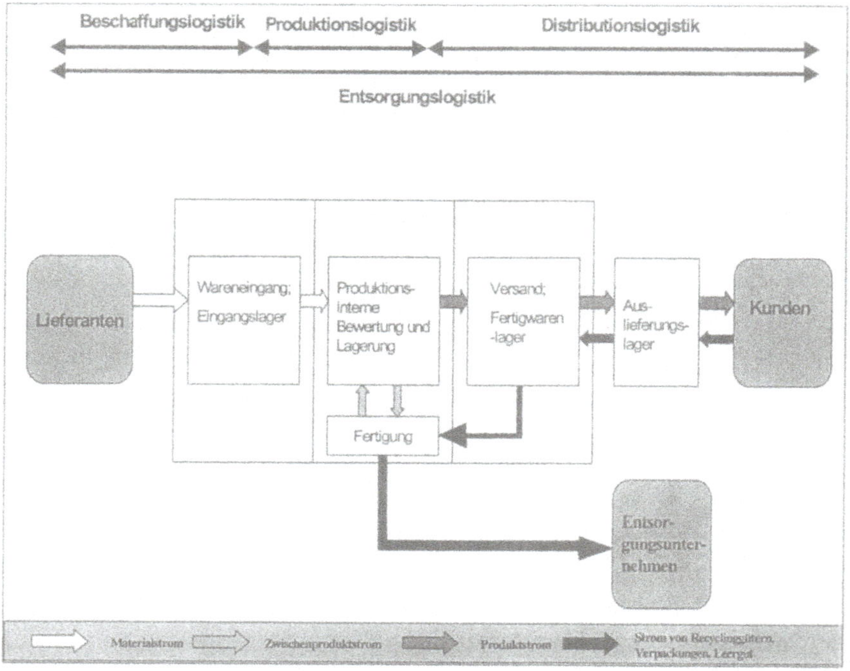

Abbildung 2-2: Differenzierung der Unternehmenslogistik entlang der Wertschöpfungskette eines Unternehmens [Weber et al. 1998, S. 8]

Innovationen zur Generierung neuer Produkte (Produkt-Innovationen) und/oder neuer Produktionsverfahren (Prozess-Innovationen) sind für Betriebe zur langfristigen Existenzsicherung entscheidend. Durch die Festlegung des Produktes werden neben den von den Kunden gewünschten Produkteigenschaften aufgrund der Kuppelproduktproblematik der Anfall von Emissionen sowie der Ressourcenverbrauch entscheidend mitbestimmt. Ein **umweltorientiertes F&E-Management** konzentriert sich nicht nur auf die verwertbaren Marktleistungen, sondern es hat die Kuppelprodukte, den Ressourcenverbrauch und die Entsorgung oder Verwertung der Produkte über den gesamten Produktlebenszyklus zu integrieren.

Die hierdurch entwickelten ökologischen Produktkonzepte sowie umweltorientierte Produktionsverfahren sind nur dann erfolgreich, wenn die Kunden die Produkte entsprechend nachfragen bzw. die Produktionsverfahren honorieren. Diese Nachfrage zu wecken, entsprechende Bedürfnisse zu ermitteln und die Umweltschutzmaßnahmen der Unternehmung dem Kunden transparent zu machen, sind wesentliche Aufgaben des **umweltorientierten Marketings**[23]. Unter strategischen Aspekten gehört dazu die

[23] Siehe [Dyckhoff 2000, S. 30].

Integration von umweltorientierten Kriterien bei der Auswahl von Märkten, Produkten, Absatzmittel und Konkurrenzstrategien.

Durch die explizite Erfassung und Ausweisung der Kosten und Kosteneinsparpotentiale aus dem betrieblichen Umweltschutz sowie deren Nutzen bzw. alternativ durch eine physikalisch-mengenmäßige Erfassung aller umweltrelevanten Stoff- und Energieströme wird ein **umweltorientiertes Rechnungswesen** aufgebaut. Auf dieses wird in Kpaitel 5.1 eingegangen.

Die Bedeutung des Umweltschutzes ist in den einzelnen Funktionsbereichen unterschiedlich (siehe Abbildung 2-3). In einer größeren Umfrage in Niedersachen bei Unternehmen des verarbeitenden Gewerbes wurden die Bereiche Produktion und Entsorgung mit über 70 % als die vorrangigen Bereiche im Umweltschutz genannt (Mehrfachnennungen waren möglich)[24]. Marketing (Absatz), Beschaffung und Forschung & Entwicklung spielten nur eine untergeordnete Rolle – die Nennungen lagen für diese Bereiche zwischen 10-30 %. Dies lässt auf eine mangelnde ganzheitliche Betrachtung des Umweltschutzes sowie eine geringe Marktorientierung schließen. In einer Umfrage bei Professoren der Wirtschaftswissenschaften und Unternehmenspraktikern äußerten 70 %, dass sie eine Kombination von Umweltmanagement mit dem betriebswirtschaftlichen Fächern Produktion bzw. Marketing befürworten[25]. Auch in [Dyckhoff 2000] wird die herausgehobene Stellung des produktionsorientierten und marketingorientierten Umweltmanagements betont und als weiterer relevanter Bereich der im Folgenden behandelte managementorientierte Ansatz hervorgehoben.

2.3 Funktionsübergreifende Aspekte des Umweltmanagements

Zur Rationalitätssicherung kommt dem Controlling die Aufgabe der Ausrichtung und Koordination der Führungsträger und der Managementfunktionen auf die gesamte Gestaltung und Lenkung des betrieblichen Leistungserstellungsprozesses zu. Das Öko-Controlling ist als Subsystem des Unternehmenscontrollings zu sehen, das eine rationalitätssichernde Unterstützungsfunktion des Umweltmanagements besitzt.

Ein Umwelt-Audit kann allgemein als eine periodisch stattfindende, systematisch durchgeführte Überprüfung des Umweltschutzes bezeichnet werden. Dabei kann eine Überprüfung der Einhaltung sämtlicher umweltrechtlicher Anforderungen, der Umweltmanagementsysteme oder Ziel- oder Leistungswerte des Umweltschutzes erfolgen.

Die Führungselemente Öko-Controlling und Umwelt-Audit betreffen insbesondere das betriebliche Stoff- und Energiestrommanagement, weshalb sie ausführlich im Kapitel 5 behandelt werden. Die Basis für jedes Umweltmanagement stellt die Erfassung und

[24] Siehe [Steinle et al. 1998].

[25] Siehe [Meffert 1996, S. 23].

Verarbeitung von umfangreichen umweltrelevanten Daten dar. Diese Aufgabe wird von betrieblichen Umweltinformationssystemen übernommen, auf die ebenfalls in Kapitel 5 eingegangen wird.

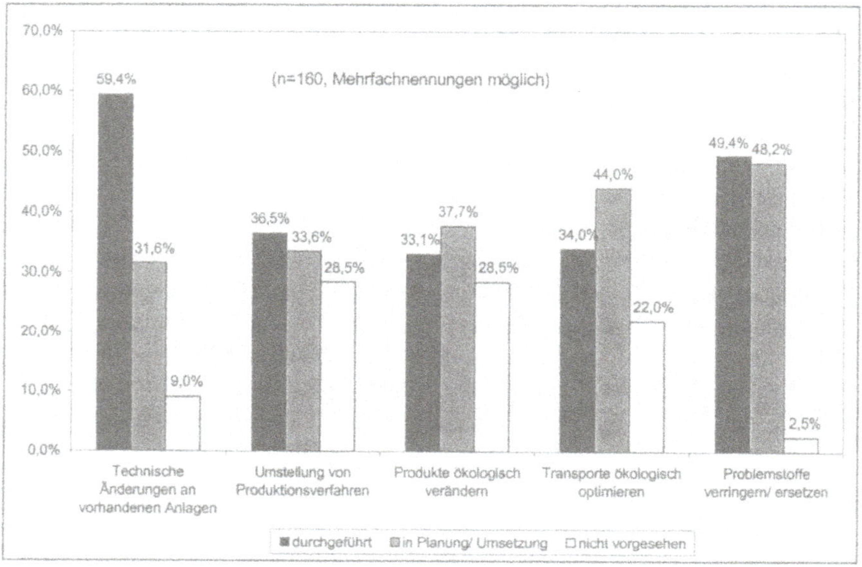

Abbildung 2-3: Durchgeführte, in Angriff genommene oder geplante betriebliche Umweltaktivitäten (Ergebnisse einer Unternehmensbefragung [Freimann 1999, S. 275]

Das Umweltmanagement erfordert eine entsprechende Verankerung in der Aufbau- und der Ablauforganisation von Unternehmen. Dieser Aspekt bildet einen zentralen Punkt bei vielen Umwelt-Auditierungen. Bei der Eingliederung von einzelnen Abteilungen und Stellen mit umweltschutzbezogenen Aufgaben in die betriebliche Gesamtorganisation werden verschiedene Organisationsformen diskutiert und in der Praxis angewendet, auf die im Folgenden kurz eingegangen wird.

Eine Möglichkeit zur Integration des Umweltschutzes besteht darin, dass die bestehenden Instanzen der Linienorganisation mit zusätzlichen umweltschutzbezogenen Aufgaben ausgestattet werden (siehe Abbildung 2-4). Eine Linienorganisation zeichnet sich durch einen streng hierarchischen Aufbau aus. Alternativ ist auch eine Verankerung des Umweltschutzes in Stabsstellen denkbar, die eine informale, fachliche Beratung von Linienabteilungen, in denen die Entscheidungen gefällt werden, übernehmen. Eine Verankerung über Stabsstellen birgt aber die Gefahr, dass der Umweltschutz in den Linienabteilungen aufgrund möglicher Zielkonkurrenzen mit ökonomischen Zielen auf Akzeptanzprobleme stößt. Weiterhin wird in der Organisationslehre auf einige generelle Schwachpunkte einer Stab-Linien-Organisation verwiesen, wie beispielsweise der problematischen Koordination der Fachkompetenz der Stabstellen mit der Machtkompetenz der Linienabteilungen[26]. Zwischen der Integration des Umweltschutzes in Linien- und Stabsstellen können auch Mischformen auftreten.

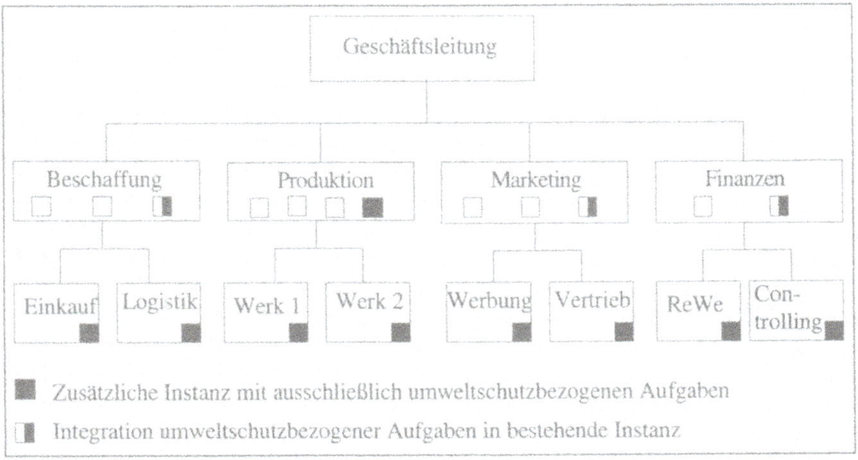

Abbildung 2-4: Beispiel einer Integration des Umweltschutzes in eine Linienorganisation[27]

Der Umweltschutz kann auch über eine Matrixorganisation integriert werden (siehe Abbildung 2-5). In einer derartigen Matrixorganisation wird der Ebene der betrieblichen Funktionseinheiten wie Beschaffung, Produktion und Marketing, die in einer Linienform organisiert sind, eine quer liegende objektorientierte Ebene des Umweltschutzes – beispielsweise medialdifferenziert - zugeordnet[28]. An den jeweiligen Knotenpunkten der so gebildeten Matrixstruktur sind die Entscheidungen von beiden betroffenen Instanzen gemeinsam zu treffen. Hierdurch wird der Umweltschutz flächendeckend in ein Unternehmen integriert. Allerdings wird hierdurch auch die Organisationskomplexität und damit der Abstimmungsbedarf erhöht, da die Unternehmen in der Regel bereits eine produktbezogene Querinstanz aufweisen. Weiterhin besteht ein Konfliktpotential zwischen den Quer- und Linieninstanzen. Häufig werden in der Praxis sekundärorganisationsorientierte Konzepte wie z. B. temporäres Projektmanagement, beispielsweise zur Vorbereitung eines Umwelt-Audits oder zur Durchführung einer Ökobilanzierung[29], eingesetzt. Auch hierbei müssen Fragen der Mitarbeiterauswahl sowie die Integration in die übrigen betrieblichen Auf-

[26] Siehe zu einer ausführlichen Diskussion [Bühner 1999, S. 137 ff.].

[27] In enger Anlehnung an [Michaelis 1999, S. 76] und [Meffert et al. 1993, S. 292]

[28] Eine klassische objektorientierte Ebene ist die Produktebene zur organisatorischen Verankerung von Produktmanagern, die hierdurch auf alle produktbezogenen Aktivitäten in den Funktionsbereichen der Unternehmung Einfluss nehmen können. Vgl. [Michaelis 1999, S. 77 ff.]

[29] Vgl. [Stitzel et al. 1997].

gabenerfüllungen gelöst werden. Derartige Ansätze finden oftmals auch Anwendung beim Übergang zu festen organisatorischen Einrichtungen.

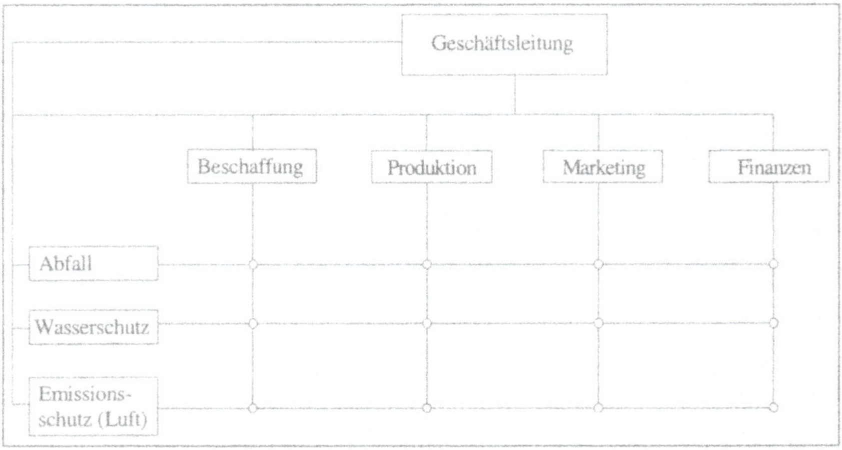

Abbildung 2-5: Beispiel einer Integration des Umweltschutzes in eine Matrixorganisation (nach [Meffert et al. 1993, S. 294])

Bedingt durch den zunehmenden Druck auf Umweltschutzabteilungen bzw. -stellen, ihre Wirtschaftlichkeit zu belegen sowie unter dem Aspekt einer Bündelung von Fachwissen, wird zur Zeit als Organisationsform die Einführung einer eigenständigen Funktionseinheit Umweltschutz (neben anderen Funktionseinheiten wie Marketing oder Produktion) diskutiert. Voraussetzung dabei ist, dass die von dieser Abteilung zu erbringenden Leistungen für andere Funktionseinheiten zu erfassen und weiter zu verrechnen sind. Leistungen der Abteilung Umweltschutz könnten z. B. die Erstellung eines Umweltberichtes die Durchführung von Umweltbetriebsprüfungen oder die Bestellung von Betriebsbeauftragten im Umweltschutz sein (z. B. den Gewässerschutzbeauftragten oder den Immissionsschutzbeauftragten[30]). Die Kosten der Erstellung eines Umweltberichtes könnten beispielsweise über die innerbetriebliche Leistungsverrechnung der Geschäftsleitung zugeordnet werden. Die Bestellung des Immissionsschutzbeauftragten kann der oder den Produktionsabteilung(en) mit genehmigungsbedürftigen Anlagen gemäß der Bundesimmissionsschutzverordnung weiterverrechnet werden. Die innerbetriebliche Leistungsverrechnung kann dabei beispielsweise auf Marktpreisen oder Grenzkosten basieren. Da der Umweltschutz typischerweise eine Querschnittsfunktion ist, deren Erfüllung gegebenenfalls zu Konkurrenzsituationen mit anderen betrieblichen Aufgaben und Zielen der anderen

[30] Die Notwendigkeit zur Bestellung von sogenannten Betriebsbeauftragten für den Umweltschutz leitet sich aus verschiedenen gesetzlichen Vorschriften ab.

Funktionseinheiten wie Produktion und Beschaffung steht, ist für die Funktionsweise dieser Organisationsform wichtig, dass umweltpolitische Ziele in den einzelnen Funktionseinheiten gesetzt werden.

In der umweltschutzbezogenen Ablauforganisation werden die räumlichen und zeitlichen Bedingungen für die Aufgabenerfüllungen im Umweltmanagement gesetzt. Ziel ist es, möglichst viele Abläufe zu standardisieren, um den Umweltschutz effektiv und dauerhaft zu verankern. Hierzu werden Arbeitsanweisungen zu Abläufen und Pflichten erstellt und in Umweltschutzhandbüchern zusammengefasst (siehe das Beispiel in Abbildung 2-6).

Ziel:

Bei Produkten gilt es , im Rahmen des Umweltmanagements die ökologischen Risiken zu ermitteln, die durch die Rohstoffgewinnung, die vor- und nachgelagerten Stufen, die eigene Produktion, die Nutzung und Entsorgung bzw. Verwertung der Produkte entstehen.

Die Umweltrisiken müssen sowohl bei bestimmungsgemäßem Gebrauch des Produkts als auch bei nicht bestimmungsmäßiger Verwendung ermittelt werden. Ziel ist, Umweltrisiken zu erkennen und mögliche Probleme zu analysieren, um sie - im eigenen Umsetzungsbereich - zu beseitigen.

Arbeitsschritte:

- *Produktlinien erarbeiten und dokumentieren*
- *Zuständigkeiten für die Erstellung von Ökobilanzen, Produktlinienanalysen u.ä. festlegen und - wenn nötig - überarbeiten*
- *Auswertung von Analysen zum ökologischen Produktlebenszyklus sicherstellen und dokumentieren*
- *regelmäßig Maßnahmenvorschläge erarbeiten und den Entscheidungsträgern übermitteln*
- *periodische Kontrolle der Maßnahmenerfolge*

Zuständigkeit:

- *Produktmanagement, Forschung und Entwicklung und eventuell Umweltarbeitskreis*

Koordination

- *Produktmanagement*

Abbildung 2-6: Beispiel für eine Ablauforganisation im Fall einer Umweltverträglichkeitsüberwachung von Produkten [UBA 1995]

3 Ziele, Aufgaben und Motivation des betrieblichen und überbetrieblichen Stoffstrommanagements

3.1 Einführung

Aufgrund der hohen Stoff- und Energieumsätze ist ein Stoffstrommanagement insbesondere für Unternehmen des produzierenden Gewerbes[31] interessant. Allerdings kann ein Stoffstrommanagement auch für Dienstleistungsunternehmen von Relevanz sein, wenn beispielsweise an den Einsatz von Desinfektionsmitteln in Krankenhäusern oder an ein Energiemanagement in Verwaltungsgebäuden gedacht wird.

Ausgehend von Produktionsunternehmen werden in den folgenden Kapiteln zuerst die herkömmlichen Aufgaben und Ziele des Produktionsmanagement dargelegt, um darauf aufbauend die Ziele und Aufgaben des betrieblichen Stoff- und Energiestrommanagements abzuleiten. Danach wird der Frage nach Motiven für die Einführung eines betrieblichen Stoff- und Energiestrommanagements nachgegangen sowie umweltpolitische Leitbilder, an denen sich ein Stoff- und Energiestrommanagements orientieren kann, diskutiert. Die Diskussion des überbetrieblichen Stoff- und Energiestrommanagements beschließt dieses Kapitel.

3.2 Ziele und Aufgaben des Produktionsmanagements

Das **Produktionsmanagement** übernimmt die Planung und Steuerung der betrieblichen Leistungserstellung. Somit hat es die Systemzustände für die betrieblichen Funktionsbereiche zu regeln, die zur Erstellung von Sachgütern und Dienstleistungen dienen[32]. Die Planung übernimmt dabei die Funktionen der Zielfestlegung und der Entscheidung über zu realisierende Handlungsoptionen. Die Steuerung umfasst das Umsetzen der Pläne sowie die Identifikation von Zielabweichungen und der hieraus notwendige Maßnahmenableitung. Planung und Steuerung sind rückgekoppelt.

Die Aufgaben des Produktionsmanagement lassen sich aufgrund ihrer Tragweite in folgende drei hierarchische Bereiche, die in einem engen funktionalen Zusammenhang stehen, gliedern[33]:

- Aufgaben des **strategischen Produktionsmanagements** (Planungshorizont größer als 5 Jahre)

---

[31] Dazu gehören Bergbau und Gewinnung von Steinen und Erden, verarbeitendes Gewerbe (mit Grundstoff- und Produktionsgütergewerbe, Investitionsgüter produzierendes Bewerbe, Verbrauchsgüter produzierendes Gewerbe, Nahrungs- und Genussmittelgewerbe), Energie- und Wasserversorgung und Baugewerbe.

[32] Vgl. [Zäpfel 1989, S. 1].

[33] Nach [Zäpfel 1989, S. 2 f.].

Diese bestehen in der Ziel- und Strategiefindung für das Leistungserstellungssystem. Das Hauptaugenmerk liegt dabei auf dem Schaffen und dem Erhalten einer wettbewerbsfähigen Produktion bei wechselnden bzw. unsicheren rechtlichen, technischen und ökonomischen Rahmenbedingungen.

- Aufgaben des **taktischen Produktionsmanagements** (Planungshorizont 1 - 5 Jahre)

  Diese beinhalten die Konkretisierung der Strategien, wobei vor allem Entscheidungen über Leistungsfelder (Output), die anzuschaffenden Produktionspotentiale (Input) sowie die Produktionsorganisation (Throughput) zu fällen sind.

- Aufgaben des **operativen Produktionsmanagements** (Planungshorizont bis zu einem Jahr)

  Unter Zugrundelegung der Entscheidungen des strategischen und taktischen Produktionsmanagements sind der effiziente Einsatz des vorhandenen Produktionsapparates und der wirtschaftliche Vollzug der Aufgabenerfüllung vorzunehmen. Im einzelnen ist damit verbunden den konkreten Produkt-Mix aus den Leistungsfeldern festzulegen, die notwendigen Produktionsfaktoren bereitzustellen und einen wirtschaftlichen Produktionsprozess sicherzustellen.

Das strategische Produktionsmanagement ist am **strategischen Management** für alle Unternehmensbereiche (Finanzierung, Beschaffung, Produktion u. a.) ausgerichtet, bei dem bereichsübergreifend die Ableitung von Unternehmens- und Geschäftsfeldstrategien erfolgt. Diesem ist das **normative Management** vorgeschaltet, welches die Aufgabe hat, die grundlegende Unternehmenspolitik, die Unternehmensphilosophie und die Unternehmenskultur festzusetzen[34]. Bei der Bestimmung der Wertfragen unternehmerischer Entscheidungen gilt es, die Wert- und Interessenkonflikte zwischen der einzelnen Anspruchsgruppen (*Stakeholdern*) des Unternehmens zu lösen.

Zur Erfüllung der unterschiedlichen Aufgaben im Produktionsmanagement müssen produktionsbezogene Zielsetzungen als quantifizierbare Leit- bzw. Stellgrößen definiert werden. Dies sind üblicherweise monetäre Zielsetzungen wie beispielsweise Gewinn, Rentabilität oder Deckungsbeitrag. Weil die produkt- bzw. dienstleistungsbezogene Erfassung dieser Größen oftmals aufwendig und problembehaftet ist, werden auch Ersatzgrößen wie Durchlaufzeiten, Bestände, Qualität oder Logistikleistungen[35] herangezogen. Weiterhin können zusätzlich Ziele aus dem Bereich der humanen Produktion aufgestellt werden, die beispielsweise über ergonomische Arbeitsplätze oder Sicherheitsstandards zu konkretisieren sind.

[34] Vgl. [Zahn et al. 1996, S. 144].

[35] Vgl. u. a. [Zäpfel 1989], [Corsten 1994], [Zahn et al. 1996] und [Spengler 1998].

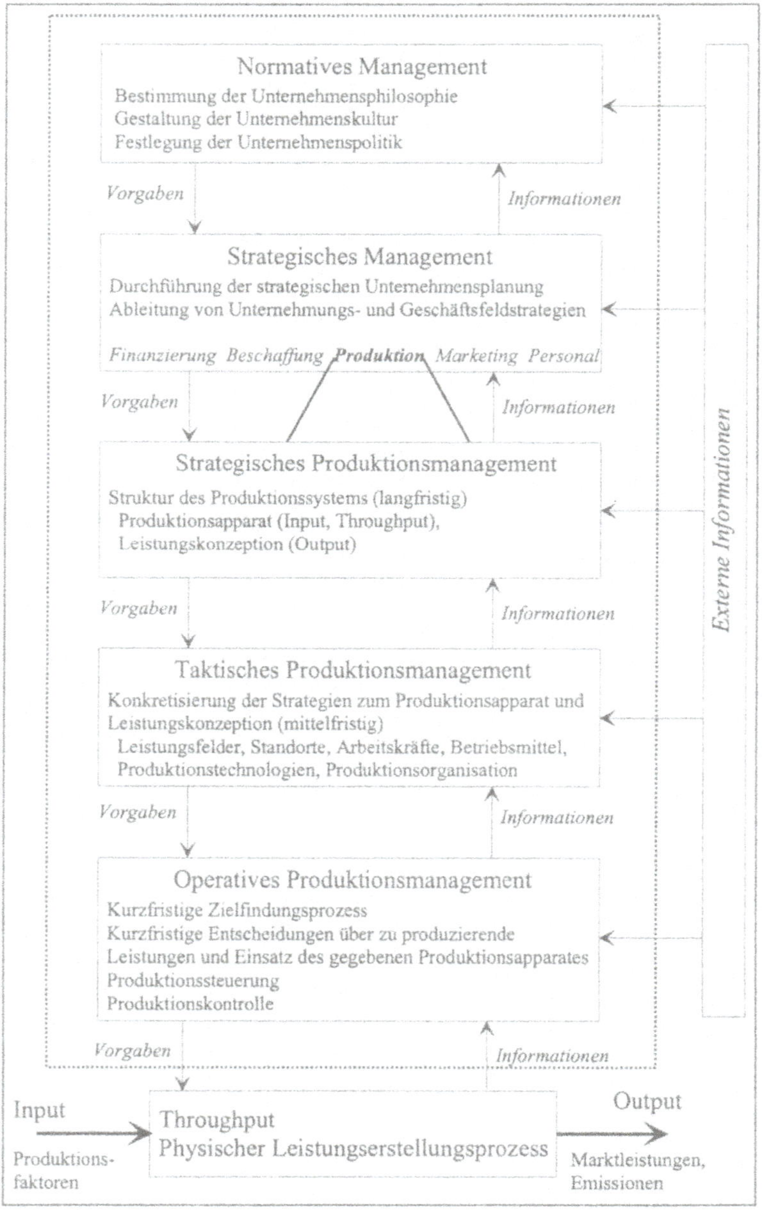

Abbildung 3-1: Aufgaben des Produktionsmanagements[36]

[36] Siehe auch ähnliche Darstellungen in [Zäpfel 1982] und [Zahn 1996].

3.3 Ziele, Aufgaben und Einordnung des betrieblichen Stoffstrommanagements

Bei jeder betrieblichen Leistungserstellungen werden Rohstoffe direkt oder indirekt eingesetzt und weiterhin entstehen als nicht-erwünschte Nebenprodukte (Kuppelprodukte) Emissionen. Diese Thematik wurde als erstes von Riebel in den 50er Jahren aufgegriffen und stellt einen der ersten Ansätze zur Integration von umweltbezogenen Ansätzen in der betriebswirtschaftlichen Produktionstheorie dar[37]. Als **Emissionen** werden im Folgenden die durch direkte oder indirekte Freisetzung entstehenden Stoffe, Erschütterungen, Wärme oder Lärm in die Medien Luft, Wasser oder Boden bezeichnet (siehe Abbildung 3-2). Diese Definition schließt feste und flüssige **Abfälle** ein. Sie orientiert sich an der EG-Richtlinie über integrierte Vermeidung und Verminderung der Umweltverschmutzung[38]. Diese geht über die Begriffsdefinition des Bundes-Immissionsschutzgesetz (BImSchG)[39] hinaus, weil dort im Wesentlichen nur das Medium Luft zugrunde gelegt wird und somit Abfälle ausgeschlossen sind.

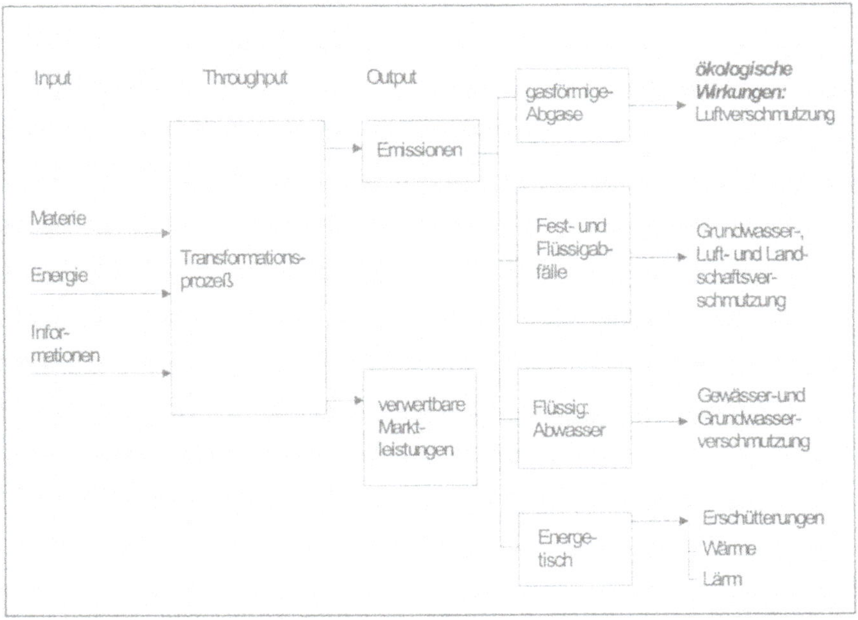

Abbildung 3-2: Produktion als Input-Output-Prozess [Zäpfel 1982, S. 15]

[37] Siehe [Riebel 1955].

[38] Vgl. [EG 1996] sowie die Ausführungen zu dieser Richtlinie in Kapitel 8.

[39] Vgl. [Junker et al. 1990] sowie zum Gesetz selber die Ausführungen in Kapitel 8.

Durch **Transmission** (Ausbreitung in die Umwelt) und **Immission** (übertritt in einen Akzeptor) können bestimmte Emissionen schädliche **Umwelteinwirkungen** nach sich ziehen. Schädliche Umwelteinwirkungen sind nach BImSchG Immissionen, die nach Art, Ausmaß oder Dauer geeignet sind, Gefahren, erhebliche Nachteile oder erhebliche Belästigungen für die Allgemeinheit oder die Nachbarschaft herbeizuführen[40]. Emissionen, die Umwelteinwirkungen induzieren, werden auch als **Schadstoffe**[41] bezeichnet. Wenn im Folgenden von **Stoffen** (bzw. **Stoffströmen**) geredet wird, so fallen darunter auch alle Arten von Emissionen.

Wie in Kapitel 1.2 ausgeführt, werden die Umwelteinwirkungen im herkömmlichen Produktionsmanagement nur dann berücksichtigt, wenn sie monetarisiert sind. Da aber viele Umwelteinwirkungen nicht in der Preisbildung von Unternehmen enthalten sind, stellt die monetäre Bewertung der umweltrelevanten Stoffströme keinen Knappheitspreis dar und ist deshalb nicht geeignet, eine nachhaltige umweltverträgliche Produktion sicherzustellen[42]. Die Aufgabe des **betrieblichen Stoff- und Energiestrommanagements**[43] ist es, die industriellen Stoff- und Energieflüsse unter Berücksichtigung vor- und nachgeschalteter Produktionsstufen so zu steuern, dass Ressourcen aus der natürlichen Umwelt möglichst optimal ausgenutzt und die entstehenden umweltrelevanten Emissionen minimiert werden, um Umwelteinwirkungen zu mindern bzw. ganz zu vermeiden. Das betriebliche Stoff- und Energiestrommanagement konzentriert sich somit auf Analyse und Gestaltung stofflicher und energetischer Transformationsprozessen in Unternehmen. Da die Zielgrößen des Stoffstrommanagements Rohstoffe und Schadstoffe sind, spricht man vom Stoff- und Energiestrommanagement. Dabei kann das Management von Güterströmen, die aus Stoffen bzw. Stoffgemischen bestehen und eine ökonomisch bewertete Funktion erfüllen, der Zielerreichung dienen. Im herkömmlichen Produktionsmanagement stellen die Güter (z. B. das PKW oder die Elektrizität) bzw. die damit zu erbringende Dienstleistung (z. B. der Transport oder das Licht) das Planungsobjekt dar, weil sie einen monetären Wert besitzen. Dieser bildet die Planungsgrundlage, um die ökonomischen Zielsetzungen eines Unternehmens zu realisieren. Beim Stoffstrommanagement stehen die Stoffe bzw. Stoffgemische im Zentrum, weil aus der Betrachtung der Stoff- und Energieströme (mengen- und nicht wertmäßig!) die Umwelteinwirkungen bewertet werden können. So sind beispielsweise bei Gerätebatterien die Elemente Quecksilber, Blei und Cadmium aufgrund ihrer

---

[40] Vgl. [Junker et al. 1990].

[41] Der Begriff des Schadstoffes wird in den bekannten Gesetzestexten i.d.R. nicht angeführt. In der Literatur wird zumeist von Luft-, Wasser- oder Bodenverunreinigungen gesprochen, wenn sich die natürliche Zusammensetzung des Mediums verändert. Der Begriff des Schadstoffes wird dann verwendet, wenn die Verunreinigung zu schädlichen Wirkungen führt (siehe beispielsweise [Baumbach 1990, S. 10]).

[42] Vgl. auch [Spengler 1998, S. 44] oder [Dyckhoff 2000].

[43] Siehe zum Begriff des Stoffstrommanagements auch die Ausführungen in [Sterr 1998], [Spengler 1998], [Wietschel 2000a].

human- und ökotoxischen Wirkung von Interesse. Bei der Verbrennung von fossilen Energieträgern zur Erzeugung von Prozessdampf und/oder Elektrizität ist u. a. der Schwefelgehalt aufgrund des Säurebildungspotentials von Schwefeldioxid (Stichworte: Sauerer Regen und Waldsterben) von Relevanz für eine umweltorientierte Produktionsplanung und -steuerung.

Bei der Verankerung eines betrieblichen Stoff- und Energiestrommanagements stellen u. a. Recyclingquoten, Emissionsanfall bzw. Emissionsmengen, Einsatzmengen von primären und sekundären Rohstoffen oder die Energieeffizienz quantifizierbare betriebliche Stellgrößen für den Produktionsprozess dar. Bei der Integration dieser Zielgrößen des Stoffstrommanagements in das bestehende Zielsystem des Unternehmens treten neutrale, komplementäre oder konträre Zielbeziehungen auf (siehe Abbildung 3-4)[44]. Aufgrund dieser möglichen Wechselbeziehungen, deren Ursache darin liegt, dass in der Regel jede Maßnahme zum Stoffstrommanagement in den betrieblichen Leistungserstellungsprozess eingreift – siehe Abbildung 3-3 -, sind bei einer stoffflussorientierten Planung und Steuerung die herkömmlichen Zielgrößen des Produktionsmanagements im Sinne einer multikriteriellen Entscheidung zu integrieren.

Das industrielle Stoffstrommanagement erweitert somit das traditionelle Produktionsmanagement um neue Aufgaben und die Einführung neuer Stellgrößen in den Prozess der Produktionsplanung und -steuerung. Die neuen Aufgaben des industriellen Stoffstrommanagements greifen auf allen Planungsebenen der Produktionswirtschaft[45]:

- Aufgaben des **strategischen Stoff- und Energiestrommanagements**

  So sind innerhalb strategischer Aufgaben die Standort- und Verfahrenswahl sowie die Produktionsprogrammwahl unter Integration der anfallenden Stoff- und Energieströme zu lösen. Oftmals bietet sich auch die Einführung kreislauforientierter Unternehmenskooperationen, der Aufbau von Verwertungsnetzwerken und/oder Branchenlösungen an, um eine sinnvolle Planung und Steuerung der betriebsübergreifenden Stoff- und Energieströme zu ermöglichen.

- Aufgaben des **taktischen Stoff- und Energiestrommanagements**

  Im taktischen Bereich ist die Planung und Gestaltung umweltfreundlicher Produkte durch eine Wahl entsprechender Werkstoffe und demontagefreundlicher Verbindungen durchzuführen. Weiterhin ist eine technisch-organisatorische Ausrichtung des Produktionssystems auch an den stoff- und energieorientierten Zielgrößen vorzunehmen. Handlungsoptionen zur umweltfreundlichen Gestaltung des Produktionsapparates sind in Abbildung 3-3 dargestellt. Dies schließt auch die Beschaffung-, Produktions-, Absatz- und Entsorgungslogistik ein.

---

[44] Empirische Studien zu diesen Zielbeziehungen finden sich u.a. in [Meffert 1993] und [Schulz 1993].

[45] Zu produktionswirtschaftlichen Planungsebenen des Stoffstrommanagements wird auch auf [Penkuhn 1997, S. 19 f.] und [Spengler 1998, S. 44 ff.] verwiesen.

- Aufgaben des **operativen Stoff- und Energiestrommanagements**

  Auf der operativen Ebene sind dann bei der Entscheidung über Roh-, Hilfs- und Betriebsmittel umweltrelevante Maßnahmen wie beispielsweise der verstärkte Einsatz von Sekundärrohstoffen zu überprüfen und gegebenenfalls zu integrieren. Auch bei der Festlegung des kurzfristigen Produktionsprogramms und der Planung des Produktionsablaufs sind umweltrelevante Gesichtspunkte zu beachten. Die inner- und außerbetrieblichen Logistiksysteme sind unter Integration der damit verbundenen Emissionen optimal zu nutzen.

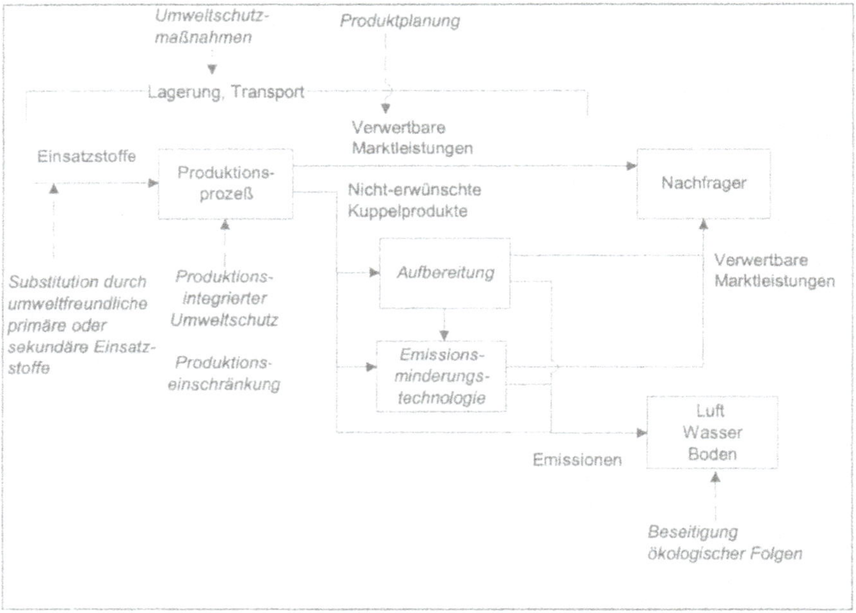

Abbildung 3-3: Alternative Ansatzpunkte für betriebliche Umweltschutzmaßnahmen

Das Stoffstrommanagement ist ein Teilgebiet der Umweltökonomie, die ihrerseits definiert ist als die Wirtschaftswissenschaft, die in ihren Theorien, Analysen und Kostenrechnungen ökologische Parameter mit einbezieht. Innerhalb der Umweltökonomie ist das betriebliche Stoffstrommanagement der betrieblichen Umweltökonomie (dem betrieblichen Umweltmanagement) zuzuordnen.

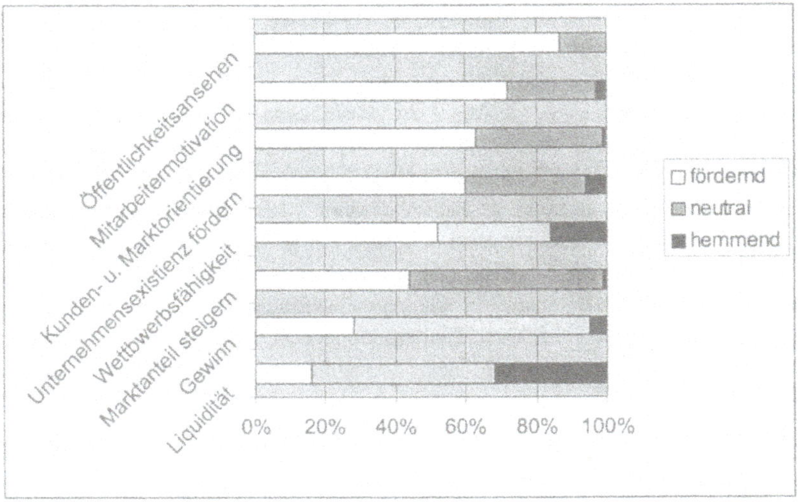

Abbildung 3-4: Beziehung des Umweltschutzes zu anderen unternehmerischen Zielen[46] (Zahlen aus [Schulz et al. 1993, S. 126])

3.4 Motivation zur Einführung eines betrieblichen Stoffstrommanagements

Häufig werden drei Arten von betrieblicher Umweltpolitik unterschieden. Die **kriminelle Umweltpolitik** ist durch eine Missachtung von bestehenden Umweltgesetzen gekennzeichnet. Die Gesamtzahl an bekannten Umweltdelikten ist in den letzten Jahren deutlich angestiegen und lag 1994 bei über 32.000, wobei das Anzeigeverhalten der Bevölkerung sowie die Überwachung durch hoheitliche Stellen einen Einfluss auf diese Zahlen haben[47]. Eine **defensive Umweltpolitik** eines Unternehmens ist durch die Beschränkung auf die Erfüllung ordnungsrechtlicher Auflagen oder den Einbezug von umweltbezogenen Steuern oder Abgaben in Produktionsentscheidungen geprägt. Voraussetzung für ein umfassendes umweltorientiertes betriebliches und auch überbetriebliches Stoffstrommanagement ist eine offensive Umweltpolitik, die durch eine umweltschutzbezogene Eigenverantwortung des Unternehmens gekennzeichnet ist. Über die Legalität hinaus gehört der Umweltschutz durch Setzung und Verwirklichung von Zielen zum Unternehmenshandeln. Eine offensive Umweltpolitik hat sich aufgrund geänderter Rahmenbedingungen in den letzen Jahren in einigen Unternehmen entwickelt (siehe Tabelle 3-1). Die ansteigende Einbeziehung ökologischer

[46] Ähnliche Ergebnisse werden in [FUUF 1991, S. 205 f.] präsentiert.

[47] Siehe [UBA 1997b].

Ziele in unternehmerisches Handeln ist empirisch nachweisbar[48]. Allerdings differieren die Ergebnisse verschiedener Studien. So wird beispielsweise in einer Studie für die Investitionsgüterindustrie auf Basis einer empirischen Erhebung bilanziert, dass der überwiegende Anteil der Investitionen (54 %) aufgrund von Eigeninitiative erfolgt, und nur eine Minderheit (17%) ausschließlich auf gesetzliche Vorlagen zurückgeführt werden[49]. In einer anderen Studie zum verarbeitenden Gewerbe in Niedersachsen werden gegenteilige Zahlen genannt[50]. Hier wird angegeben, dass fast 50 % der Unternehmen ausschließlich aufgrund von gesetzlichen Vorgaben Umweltschutzmaßnahmen realisiert haben. Die unternehmerische Selbstverantwortung im Umweltschutz wird als Prämisse für eine umweltrechtliche Deregulierung seitens des Staates gesehen, wobei konfliktäre Zielbeziehungen zu wirtschaftlichen Zielen eine vollkommene Eigenverantwortung bzw. Deregulierung nicht möglich erscheinen lassen[51].

Die Motivation für eine offensive Umweltpolitik auf Basis von Eigeninitiative kann unterschiedlich sein und u. a. liegen[52]

- in der Einsicht ökologischer und gesellschaftlicher Verantwortung (Unternehmensethik), wobei aufgrund der wettbewerblichen Strukturen der Marktwirtschaften eine Dilemmasituation zwischen Ethik und Erfolg bestehen kann,
- in der Reaktion auf einen umweltschutzbezogenen Bewusstseinswandel der Nachfrager oder anderer Anspruchsgruppen zur Erhöhung der strategischen Wettbewerbssituation bzw.
- in der Abwehr von ordnungspolitischen oder ökonomischen Instrumenten.

In der von Ulrich[53] entwickelten St. Galler Managementlehre, die von Dyllick[54] hinsichtlich der Integration der betrieblichen Umweltökonomie weiterentwickelt wurde, wird ein systemtheoretischer Ansatz zur Erklärung eines ökologisch-motivierten Unternehmenshandelns herangezogen: Unternehmen sind in eine Umwelt eingebettet, die aus einer Vielzahl von Systemen, die sich in soziale, ökonomische und technische Systeme abstrahieren lassen und Gruppierungen (Anspruchsgruppen wie Kunden, Lieferanten, Kapitalgeber, Konkurrenten, Mitarbeiter, Behörden) besteht[55].

---

48 Siehe u. a. die Arbeiten von [Meffert 1990], [Meffert et al. 1993] und [Grettenberger 1996].

49 Siehe [Dreher et al. 2000, S. 8].

50 Siehe [Steinle et al. 1998, S. 63].

51 Vgl. die ausführliche Diskussion zu diesem Thema in [Wagner 1997, S. 219 ff.].

52 Siehe zu dieser Diskussion auch [Wagner 1997, S. 26 ff.].

53 Vgl. [Ulrich et al. 1974].

54 Vgl. [Dyllick 1992].

55 Siehe zu den folgenden Ausführungen [Michaelis 1999, S. 11] und [Freimann 1996, S. 317 f.].

Tabelle 3-1: Entwicklungsphasen in der Umweltpolitik in Unternehmen, Politik und Gesellschaft

Phase	Unternehmen	Politik	Gesellschaft
70er Jahre			Vom Umweltinteresse zum Umweltbewusstsein
80er Jahre	Beginn des Umweltschutzes; Dominanz von 'end-of-pipe'-Technologien[56]; Reaktives Verhalten	Dominanz der regulativen Umweltpolitik durch Ordnungsrecht (Grenzwerte, Genehmigungspflichten)	Vom Umweltbewusstsein zum umweltfreundlichen Verbrauch
90er Jahre	Übergang zum betrieblichen Umweltmanagement; Zunahme des prozessintegrierten Umweltschutzes; Proaktives Verhalten	Betonung der nachhaltigen Entwicklung (*Sustainable Development*); Verstärkter Einsatz von ökonomischen und freiwilligen Instrumenten (Selbstverpflichtung, Öko-Audit); Internationalisierung der Umweltpolitik	Ausgeprägtes Umweltbewusstsein

Ökologierelevante Einflüsse auf Unternehmen entstehen in dem Umfang, wie ökologische Probleme von Anspruchsgruppen aufgegriffen und gegenüber den Unternehmen transformiert werden (siehe Abbildung 3-5). Von Seiten der staatlichen Behörden werden in einem zunehmenden Maße umweltpolitische Instrumente eingesetzt und andere Rahmenbedingungen gesetzt. Auf den Absatzmärkten werden vermehrt umweltfreundliche Produkte nachgefragt, obwohl es eine Diskrepanz zwischen erfragtem und tatsächlichem Käuferverhalten gibt. Auf den Kapitalmärkten werden *Green Funds* gegründet, die ausschließlich in umweltorientierte Unternehmen investieren. Nach Schätzungen haben diese bereits eine Marktdurchdringung von ca. 13 % aller Investments[57]. Kapitalgeber (Aktionäre, Banken) erheben vermehrt umweltschutzbezogene Anforderungen und Versicherungen staffeln teilweise die Prämienhöhe nach ökologischen Risiken. Die Öffentlichkeit, repräsentiert beispielsweise durch Bürgerinitiativen, Umweltschutzorganisationen oder Medien, ist sensibilisiert für ökologische Probleme und Unternehmen können in das Blickfeld der

[56] Dies sind nachgeschaltete Reinigungssysteme.

[57] Siehe [Thurm 2000, S. 31]. Dort wird auch eine Übersicht über Rating-Agenturen, die auf Nachhaltigkeitsaspekte abzielen, gegeben.

öffentlichen Kritik geraten (wie am Beispiel der Entsorgung der Ölplattform Brent Spar durch Shell deutlich wurde).

Die von den verschiedenen Anspruchsgruppen in den letzten Jahren verstärkt artikulierten Forderungen unterscheiden sich hinsichtlich ihrer Durchsetzungsmacht und ihres Lenkungsansatzes. Dabei kann zwischen drei Lenkungssystemen differenziert werden[58]. Beim Lenkungssystem Öffentlichkeit (Gesellschaft) basiert der Ansatz auf sozialer Ächtung und ethischer Verantwortung, beim Lenkungssystem Politik auf verbindlichen Regeln und beim Lenkungssystem Markt auf wirtschaftlichen Anreizen.

Abbildung 3-5: Ökologischer Transformationsprozess [Dyllick 1992, S. 6]

Die wirtschaftlichen Anreize werden bei der betrieblichen Umsetzung von entwickelten Methoden zum Stoff- und Energiestrommanagement sehr häufig unter dem Aspekt in den Vordergrund gestellt, dass sich durch Umweltschutzmaßnahmen auch ökonomische Einsparpotentiale identifizieren und nutzen lassen. Neben einer Demonstration

[58] Siehe [Dyllick et al. 1997, S. 7 f.].

anhand von Praxisfallbeispielen, deren Repräsentativität kritisch zu hinterfragen ist, werden hierzu Umfragen zur Erhebung der Korrelation zwischen Umweltschutz und wirtschaftlichen Erfolg erhoben (siehe Abbildung 3-6). Dabei lässt sich in der Regel jedoch nicht feststellen, ob eine wirtschaftlich bessere Ausgangslage die Voraussetzung für die Einführung eines aktiven Umweltschutzes ist, oder ob sie das Ergebnis der Umweltschutzmaßnahmen darstellt. In einer Studie wurde allerdings ein positiver Zusammenhang zwischen marktnahen Umweltschutzaktivitäten im Absatzbereich und dem Unternehmenserfolg (gemessen am Betriebsergebnis) festgestellt[59]. Dies betraf vorwiegend Firmen aus der Holzindustrie sowie aus dem Leder-, Textil- und Bekleidungsgewerbe (wobei in der Untersuchung nur das Verarbeitende Gewerbe analysiert wurde).

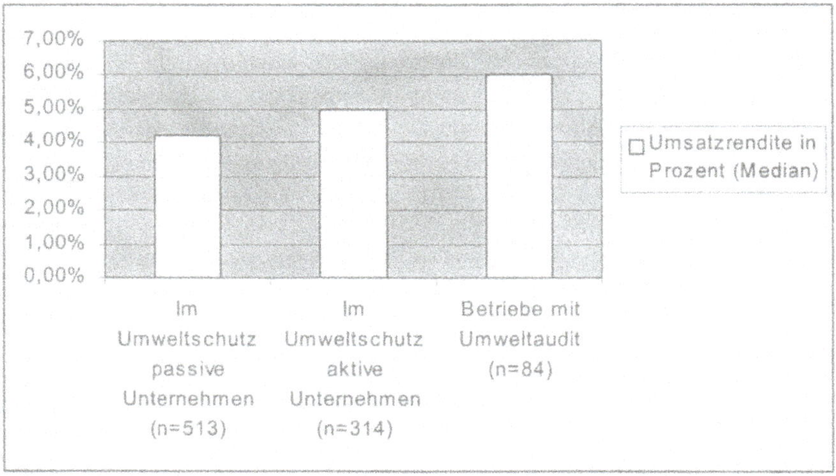

Abbildung 3-6: Korrelation zwischen Umweltschutz und wirtschaftlichem Erfolg auf der Grundlage einer Unternehmensbefragung in der Investitionsgüterindustrie[60] [Dreher et al. 2000, S. 10]

3.5 Umweltpolitische Leitbilder für ein betriebliches Stoffstrommanagement

Ausgehend von einer Herleitung einer betrieblichen Umweltpolitik aus ethischen Aspekten des Unternehmenshandelns und der stellenweise konfliktären Beziehung von Ökologie und Ökonomie hat sich unter dem Schlagwort ***Sustainable Development*** (**nachhaltige Entwicklung**) weltweit ein Ansatz etabliert, der zwischen ökologischen

[59] Siehe [Steinle et al. 1998, S. 73].

[60] Auch andere Studien belegen die positiven Zusammenhänge zwischen Unternehmenserfolg und Umweltschutzaktivitäten (siehe z.B. die Studie in [Steinle et al. 1998]).

und ökonomischen sowie sozialen Zielen und Handeln einen Ausgleich zu finden sucht[61]. Der zentrale ethische Ansatzpunkt der Nachhaltigen Entwicklung liegt im **Verantwortungsprinzip**, das seinen Niederschlag in den Forderungen nach inter- und intragenerationaler Gerechtigkeit findet. Hieraus ist beispielweise eine unternehmerische Verantwortung über den gesamten Produktlebenszyklus abzuleiten oder die Verpflichtung zum effiziente Umgang mit knappen natürlichen Rohstoffen.

Die Emissionsbelastung durch direkte oder indirekte Freisetzung von Stoffen in die Medien Luft, Wasser oder Boden sowie die Ressourcenknappheit haben dazu geführt, dass durch lineare Stoffflüsse gekennzeichnete Wirtschaftssysteme in die Diskussion geraten sind. Diese Durchflusswirtschaftssysteme sind (vereinfacht) charakterisiert durch eine Entnahme von Ressourcen aus der Ökosphäre, stoffliche Transformation in der Produktion, bei der als Kuppelprodukt Emissionen anfallen, Konsumtion und schließlich Abgabe von Stoffen in die Ökosphäre. Aus umweltpolitischer Sicht werden zunehmend Wirtschaftssysteme proklamiert, die sich durch zyklische (geschlossene) Stoffflüsse auszeichnen[62] (vgl. Abbildung 3-7). In Analogie zu geschlossenen Kreisläufen in Ökosystemen wird bei diesem Konzept einer **Kreislaufwirtschaft** das Idealbild eines Wirtschaftens unter der Zielsetzung entwickelt, dass im Produktionsprozess eingesetzte Stoff- und Energiemengen nicht aus dem Wirtschaftsprozess ausscheiden (**Kreislaufprinzip**). Hierbei handelt es sich um eine Übertragung von Erkenntnissen der Ökosystemforschung auf die Betriebswirtschaftslehre, ein Ansatz der wesentlich von der St. Galler Schule in den 70er Jahren entwickelt wurde[63] und der heute einen wesentlichen Einfluss aufgrund des Vorbildcharakters von geschlossen Stoffkreisläufen in der Natur für das betriebliche Stoff- und Energiestrommanagement besitzt[64].

Eine praktische Umsetzung setzt zum einen an Maßnahmen innerhalb eines Unternehmens an, wie der anlagen- bzw. betriebsinternen Kreislaufführung oder der recyclingorientierten Produktentwicklung. Zum anderen können Maßnahmen zur Nutzung und Verwertung von Stoff- und Energieflüssen ergriffen werden, die über das einzelne Unternehmen hinaus gehen, wie die Einrichtung von flächendeckenden Entsorgungssystemen mit einer Wiederaufbereitung für bestimmte Rückstände (siehe z. B. das Duale System zur Redistribution und Verwertung von Verpackungsmaterialien)[65]. Das Schließen von Stoffkreisläufen beschränkt sich jedoch nicht nur darauf, dass neben betriebsinternen Kreislaufprozessen auch Unternehmen aus der Entsorgungswirtschaft die Funktion des Verwertens übernehmen, sondern dass auch Produktionsunternehmen

61 Siehe zu den folgenden Ausführungen auch [Schmidt 2000 S. 89 ff.] und [Wagner 1997, S. 34 ff.] sowie zur breiten Darstellung der nachhaltigen Entwicklung die Ausführungen in Kapitel 7.

62 Vgl. beispielsweise [Dyckhoff 1993] und [Souren 1996].

63 Siehe die Ausführungen in [Meffert 1996, S. 13 f.].

64 Siehe beispielsweise die Arbeiten von [Dyckhoff 2000] und [Kirchgeorg 1999].

65 Dieser letztgenannte Ansatz hat u.a. eine gesetzliche Verankerung im bundesdeutschen Kreislaufwirtschafts- und Abfallgesetz (KrW-/AbfG) gefunden (siehe Kapitel 8).

durch eine betriebsübergreifende Verknüpfung ihrer Stoff- und Energieströme zur Verwertung bzw. zur Emissionsvermeidung beitragen. Es ist jedoch zu betonen, dass eine Betrachtung, die lediglich die mögliche Verwendung von angefallenen Rückständen (Abfällen) im Fokus hat, im Sinne des Stoff- und Energiestrommanagements zu kurz greift, da dieses auf die Betrachtung der ganzen Stoffstromkette sowie der daran beteiligten Akteure – von der Entstehung bis zur Vernichtung abzielt[66]. Das **Kooperationsprinzip** fordert eine überbetriebliche Abstimmung zwischen den Prozessen bzw. Akteuren ein.

Das Verantwortungs-, das Kreislauf- und das Kooperationsprinzip werden als Kernelemente des Sustainable Development-Konzeptes angesehen, an dem sich unternehmerisches Handeln orientieren kann[67]. Sie stellen aber nur generelle Leitbilder dar, deren konkrete Umsetzung unternehmungsindividuell und fallspezifisch erfolgen muss. Hierzu ist es notwendig, Bewertungskriterien für einzelne Maßnahmen bzw. Projekte zur Verfügung zu haben. Diese sollen sich aus den Bereichen Ökonomie, Ökologie und Sozialem rekrutieren. Auf Ebene der nationalen Volkswirtschaft werden bereits konkrete Bewertungskriterien diskutiert, deren Herunterbrechung auf die betriebliche Ebene aber problematisch ist. Wie ist beispielsweise die volkswirtschaftliche Stabilität als ökonomisches Kriterium der Nachhaltigkeit oder der gesellschaftliche Zusammenhalt als soziales Kriterium der Nachhaltigkeit auf Unternehmensebene zu transformieren, d. h. quantifizierbare Erfüllungsgrade für Stoff- und Energiestrommanagementprojekte zu benennen? Zudem gibt es (noch) keinen Konsens über die einzelnen konkreteren Zielkriterien der Nachhaltigkeit und einheitlich anerkannten Lösungsstrategien bei Zielkonflikten[68].

Ein Konzept, welches den Umweltschutz in Unternehmen als Leitidee fest verankern will, ist das sogenannte **Zero-Emission-Konzept,** die Vision einer Produktion ohne Umweltbeeinträchtigungen. Dieses geht auf den belgischen Unternehmer G. Pauli zurück. Da Aspekte der Ressourcenschonung im Mittelpunkt stehen, wäre die Begrifflichkeit **Zero-Waste** angebrachter. In einer Reihe von Projekten mit Schwerpunkt in Ostasien und Afrika wurde versucht, das Konzept in Produktionsunternehmen umzusetzen[69]. Die Charakteristika der Pilotprojekte sind eine Kooperation von Industrieunternehmen mit Forschungseinrichtungen und ein zwischenbetrieblicher Ansatz zur Vernetzung von Stoff- und Energieströmen.

---

[66] Vgl. [Friege 1999].

[67] Vgl. [Wagner 1997, S. 34 ff.], aber auch [Schmid 2000, S. 88 f.] oder [Meffert et al. 1993, S. 34 f.].

[68] Siehe zu diesem Themenkomplex die Ausführungen in Kapitel 7.

[69] Siehe beispielsweise für eine Übersicht über verschiedene Ansätze [Mwandemele 1997].

3.6 Betriebsübergreifende Konzepte zum Stoffstrommanagement

Durch den im vorangegangenen Kapitel angesprochenen Kreislaufgedanken sowie das Kooperationsprinzip gewinnt innerhalb der Entsorgungswirtschaft die Aufgabe der Verwertung von Stoffen durch eine Stofftransformation mit dem Ziel der Emissionsminderung und einer Gütererstellung (einer verwertbaren Marktleistung) an Relevanz gegenüber der Beseitigung in Form einer kontrollierten Abgabe an die Umwelt. Innerhalb der Produktionswirtschaftslehre wird diesem Umstand Rechnung getragen, indem die **Reduktion** sich als Pendant zur Produktion zu etablieren beginnt[70] (siehe Abbildung 3-7).

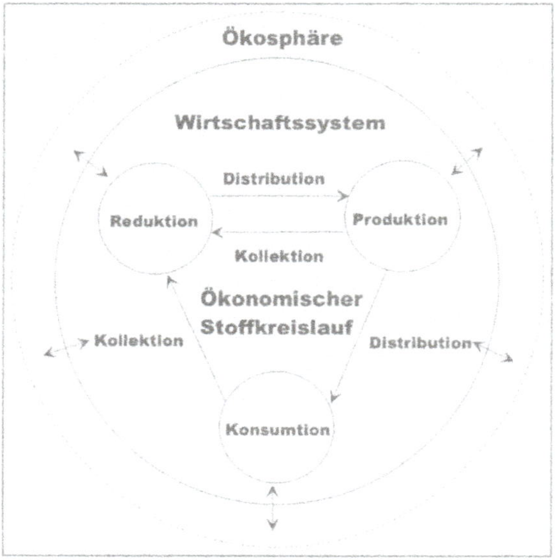

Abbildung 3-7: Wirtschaften auf Basis zyklischer Stoffkreisläufe (Pfeile geben Stoffströme an) (in Anlehnung an [Dyckhoff 1993, S. 90] und [Souren 1996, S. 13])

Die Gliederung in Produktion und Reduktion basiert im Wesentlichen auf dem Betriebszweck (Sachziel). Dieser liegt bei der Produktion in der Erstellung von Gütern (Produkten) und bei der Reduktion im Einsatz und der Transformation von verwertbaren Abfällen (Stoffen) als Produktionsfaktor, wobei sich hierfür die Bezeichnung Redukte etabliert hat. Während der Ertrag bei der Produktion über den Verkauf der Produkte erzielt wird, wird der Ertrag bei der Reduktion im wesentlichen durch den Einsatz von Redukten erwirtschaftet. Die Trennung zwischen Produktion und Reduktion ist allerdings nicht immer eindeutig – wie am Beispiel eines Müllheiz-

[70] Siehe u.a. die Veröffentlichungen von [Dyckhoff 1993], [Souren 1996], [Halfmann 1996] und [Liesegang 1993].

werkes verdeutlicht werden kann, bei dem gegen eine Gebühr Müll (als Redukt) eingesetzt und als verwertbares Marktgut Elektrizität erzeugt wird. Produktion und Reduktion können auch als spiegelverkehrte Vorgänge bezeichnet werden, weil das Planungsobjekt auf der einen Seite ein Output und auf der anderen Seite ein Input ist. Damit kann der Ansatz verfolgt werden, die Demontage (Reduktion) als Spiegelbild der Montage (Produktion) zu realisieren[71].

Ein zweiter Ansatz zur Errichtung betriebsübergreifender Konzepte zum Stoffstrommanagement besteht darin, eine stoffliche und energetische Verknüpfung von Anlagen von Produktionsunternehmen zu realisieren. Dabei entstehen Unternehmensnetzwerke. Unternehmensnetzwerke stellen nach [Sydow 1992, S. 79] "... eine auf die Realisierung von Wettbewerbsvorteilen zielende Organisationsform ökonomischer Aktivitäten dar, die sich durch ...eher kooperative denn kompetitive und relativ stabile Beziehungen zwischen rechtlich selbständigen, wirtschaftlich jedoch zumeist abhängigen Unternehmen auszeichnen." Vergleichbare Definitionen zu Unternehmensnetzwerken werden auch von anderen Autoren gegeben, wobei das Merkmal der wirtschaftlichen Abhängigkeit jedoch nicht immer in den Vordergrund gestellt wird, bzw. sogar negiert wird, da ein wesentliches Kriterium von vielen Typen von Unternehmensnetzwerken der jederzeitige Ein- oder Ausstieg eines Unternehmen aus einem derartigen Netzwerk ist. Weiterhin ist zu betonen, dass die Entstehung sowie die Stabilität von Unternehmensnetzwerken nicht nur auf ökonomischen Transaktionen beruht, sondern dass persönliche Austauschbeziehungen und das hieraus gebildete Vertrauensverhältnis zwischen den Netzwerkakteuren von entscheidender Relevanz sind. Unternehmensnetzwerke nehmen eine intermediäre Position zwischen einer rein marktlichen und einer rein hierarchischen Organisationsform ökonomischer Aktivitäten ein[72], die über eine Internalisierung von ökonomischen Aktivitäten durch eine organisationale Koordination und einer Externalisierung von Unternehmensfunktionen entstehen[73].

Unter Unternehmensnetzwerken werden eine Vielzahl an speziellen Erscheinungsformen subsummiert. Die Vielfalt an verschiedenen Typen von Unternehmensnetzwerken führt zu der Frage, was die charakteristischen Merkmale von betriebsübergreifender Konzepte zum Stoffstrommanagement sind[74]. Aufbauend auf einer Analyse von bestehenden bzw. im Aufbau befindlichen **Verwertungsnetzwerken** lassen sich folgende Charakteristische Merkmale für Verwertungsnetzwerke identifizieren[75]. Bei einem Verwertungsnetzwerk kooperieren mehrere Produktionsunternehmen mit-

[71] Vgl. die Ansätze in [Souren 1996] und [Spengler 1998].

[72] Siehe zu dieser Diskussion die ausführlichen Ausführungen in [Sydow 1992, S. 98 ff.]

[73] Siehe zur Diskussion der Funktioninternalisierung und –externalisierung [Sydow 1992].

[74] Mit dieser Thematik beschäftigen sich auch die Ausführungen in [Kaluza et al. 1996], [Strebel et al.1994] und [Strebel 1995].

[75] Vgl. [Wietschel et al. 2000b].

einander. Das Sachziel dieser Kooperation besteht in der Verwertung und Vermeidung von Rückständen. Hierzu werden die Rückstände eines Produktionsunternehmens zur Primärrohstoff- oder Energieträgersubstitution bei einem anderen Produktionsunternehmen eingesetzt. Es geht also um die Vernetzung über Stoff- und Energieflüsse, die ansonsten emittiert oder der Entsorgungswirtschaft zur Beseitigung zugeführt werden würden. Neben der Rückstandsabnahme durch Produktionsunternehmen kann aber auch der Ansatz verfolgt werden, dass verschiedene Unternehmen durch eine Funktionszusammenlegung – beispielsweise bei der Wasserversorgung, der Energieversorgung oder der Abwasserreinigung – die Entstehung von Rückständen durch gemeinschaftliche Konzepte vermeiden. Ob es sich dann noch um ein klassische Verwertungsnetzwerk handelt oder ob hierbei lieber eine allgemeinere Bezeichnung wie **kreislauforientierte Unternehmenskooperation** gewählt werden sollte, soll hier nicht weiter vertieft werden.

Auf Basis der Sachziele lassen sich die Zielsetzungen des Netzwerkes ableiten. Neben den letztlich ausschlaggebenden betriebswirtschaftlichen Bewertungskriterien, die sich beim Rückstandsanbieter auf die Ausgaben zur Entsorgung sowie einer garantierten und dauerhaften Entsorgungslösung und beim Rückstandsabnehmer auf eine wirtschaftliche Beschaffung beziehen bzw. in der wirtschaftlich effizienten Ver- oder Entsorgung durch eine Funktionszusammenlegung, werden zur Beurteilung von Verwertungsprojekten auch umweltrelevante Zielsetzungen des Ressourcenschutzes und der Emissionsvermeidung herangezogen. Ein weiteres typisches Merkmal, das sich allerdings aus der Zielsetzung des Netzwerkes bedingt ist, dass die Unternehmen aus einem Wirtschaftsraum stammen. Dies begründet sich daraus, dass aufgrund des geringen Wertes der meisten Reststoffe bzw. aufgrund von Transportverlusten bei bestimmten Reststoffen - wie beispielsweise der industriellen Abwärme - ein Transport über größere Entfernung ökonomisch wenig sinnvoll ist. Weiterhin steigen mit zunehmender Entfernung die verkehrsbedingten Emissionen, was den ökologisch-motivierten Zielsetzungen des Netzwerkes entgegen steht.

Ein relevantes Merkmal von Verwertungsnetzwerken ist auch, dass es neben horizontalen und vertikalen Kooperationsbeziehungen, die viele andere Netzwerktypen auszeichnen, schwerpunktmäßig laterale Beziehungen gibt, d. h. die Unternehmen stammen in der Regel aus verschiedenen Branchen. Die Beteiligung von Unternehmen aus verschiedenen Branchen bedingt sich aus dem Umstand, dass hierdurch Anfall und Bedarf von verschiedenen Stoff- und Energieströmen besser in Einklang gebracht werden kann[76] und Konkurrenzsituationen vermieden werden.

Ein typisches Merkmal von Verwertungsnetzwerken ist, dass der Aufbau und der Erhalt des Netzwerkes institutionell unterstützt werden kann. Neben der Bildung von Organisationseinheiten durch die beteiligten Unternehmen, die diese Aufgabe erfüllen

[76] Vgl. [Kaluza et al. 1998].

können, entsteht durch die ökologische Zielsetzung des Konzeptes ein Förderinteresse an derartigen Ansätzen seitens der Politik und Gesellschaft. Dies führt soweit, dass einzelne Trägerorganisationen mit entsprechenden Finanzmitteln ausgestattet werden, um die Netzwerkbildung und den Netzwerkerhalt zu unterstützen (siehe Tabelle 3-2).

Somit sind die Teilnehmer am Verwertungsnetzwerk nicht nur Produktionsunternehmen, sondern für organisatorische und strategische Fragestellungen können auch andere Institutionen wie Forschungseinrichtungen herangezogen werden. Auf der Ebene der physischen Stoff- und Energieflussvernetzung ist zu diskutieren, ob neben Produktionsunternehmen auch Endkunden teilnehmen können. Von einer Partizipation von Endkunden an einem Verwertungsnetzwerk kann dann gesprochen werden, wenn durch die Abnahme von industriellen Emissionen (wie beispielsweise industrieller Abwärme) ein primärer Einsatzstoff (wie beispielsweise Öl oder Gas) beim Endkunden substituiert wird.

In Abbildung 3-8 ist die **Industriesymbiose** in der Region Kalundborg (Dänemark) dargestellt, bei der 6 Industrieunternehmen und die Stadt Kalundborg kooperieren. Dort sind über einen Zeitrahmen von 20 Jahren 8 Projekte im Bereich Wasser und jeweils 6 in den Bereichen Energie und Rückstände realisiert worden[77]. Die Investitionen zur Verknüpfung derartiger Stoff- und Energieströme führen in der Regel zu langen Amortisationszeiten, wenn die in Industriebetrieben üblichen Anforderungen nach einer Amortisation innerhalb von 2 bis 4 Jahren zugrunde gelegt werden. In Kalundborg lagen sie im Durchschnitt bei 6 Jahren[78]. Betriebsübergreifende Ansätze des Stoffstrommanagements können auch unter dem Blickwinkel des nationalen Stoffstrommanagements betrachtet werden (siehe hierzu die Ausführungen in Kapitel 9).

---

[77] Vgl. [Christensen 1998, S. 324].
[78] Vgl. [Christensen 1998, S. 336].

Tabelle 3-2: Merkmalsausprägungen von ausgewählten Verwertungsnetzwerken (nach [Wietschel et al. 2000b])

Netzwerk	Industrie-symbiose Kalundborg	Energie- u. Stoffstrom-netzwerk Karlsruhe Rheinhafen	Gewerbe-gebiet Henstedt-Ulzburg/ Haltenkirchen	Verwertungs-netzwerk Steiermark	Pfaffengrund Projekt
Besteht seit	1961 erste Vernetzungen seit 1989 identifiziert	Mitte 1999 (im Aufbau[2)])	Im Aufbau	1993 identifiziert	1996
Anzahl Produktions-unternehmen	5	6	30	30	14
Weitere Akteure	Kommune	Wiss. Einrichtungen	Entsorger	Wiss. Einrichtungen	
Räumliche Ausdehnung	Bis 10 km	Bis 5 km	Bis 10 km	Bis 100 km	Bis 5 km
Förderung durch Dritte	Nein	Ja (BMBF)	Ja (Umwelt-ministerium SW u.a.)	Ja (Bundes-ministerium für Umwelt)	Ja (Deutsche Bundesstiftung Umwelt)
Anstoß zur Kooperation	Intern, durch beteiligte Unternehmen	Von außen (IIP)	Von außen (Bönsch Consulting)	Von außen (Institut für Innovations-management)	Von außen (IUWA)
Kooperations-richtung	Lateral	Lateral	Lateral	Lateral	Lateral
Informationsaustausch zwischen Industrie-partnern	Direkt	Direkt, unterstützt durch zwischen-betriebliche Institution	Indirekt über zwischen-betriebliche Institution	Direkt und indirekt über zwischen-betriebliche Institution	Direkt und indirekt über zwischen-betriebliche Institution
Flussart	Stoff- und Energieflüsse	Energieflüsse	Stoff- und Energieflüsse	Stoff- und Energieflüsse	Stoffflüsse
Investition in technische Maßnahmen zur Vernetzung	Ja	Ja	Ja	Keine Angabe	Nein
Funktions-verknüpfung	Funktions-zusammenlegung und –abstimmung	Funktions-zusammenlegung und -abstimmung	Funktions-zusammenlegung	Keine Angabe	Funktions-abstimmung

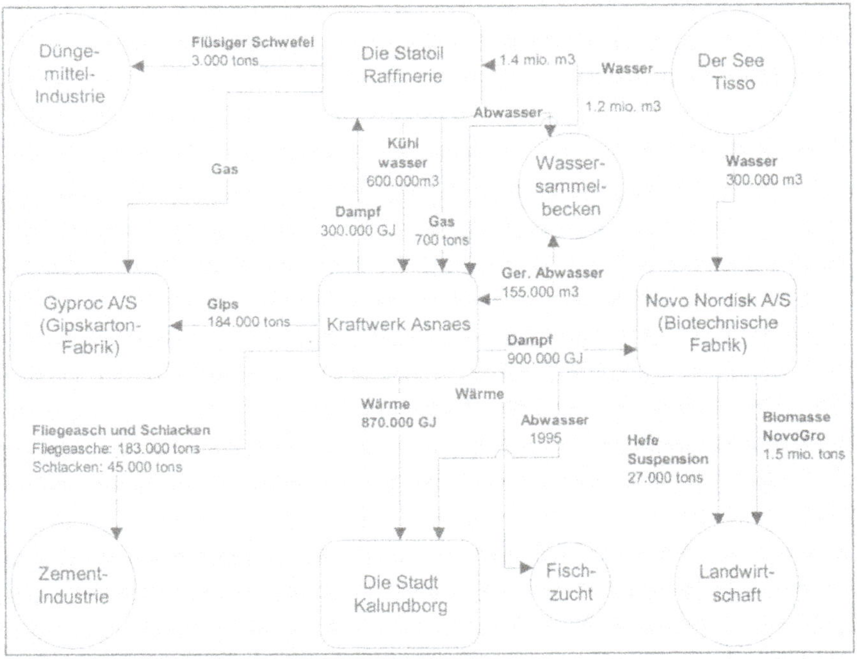

Abbildung 3-8: Vernetzte Struktur der Industriesymbiose Kalundborg [Christensen 1998, S. 335]

4 Planung und Steuerung von betrieblichen Stoff- und Energieflüssen

4.1 Einführung

Die folgenden Ausführungen beschäftigen sich unter entscheidungstheoretischer Sicht damit, wie die Ziele des Stoffstrommanagements in Betrieben erreicht werden können. Dabei werden folgende Schritte behandelt, die üblicherweise der Vorbereitung und Lösung komplexer betrieblicher Entscheidungsprobleme[79] zugrunde liegen:

1. **Problemerkennung und Zielformulierung:** Hierzu ist eine Datenerfassung der betrieblichen Stoff- und Energieströme und ergänzender Daten (Kapitel 4.2 und 4.3) sowie deren ökologischen Bewertung (Kapitel 4.4) vorzunehmen.

2. **Alternativensuche:** Die Erarbeitung möglicher Handlungsalternativen (Strategien), um Chancen zu nutzen oder um den entdeckten Problemen zu begegnen, wird in Kapitel 4.5 behandelt.

3. **Modellbildung, Informationsverarbeitung und Alternativenauswahl:** Die Bewertung der Handlungsalternativen auf Basis von Entscheidungsmodellen sowie die Wahl der zu realisierenden Handlungsalternative(n) ist Gegenstand von Kapitel 4.5 und 4.6.

Als Entscheidung wird die Auswahl zwischen zwei oder mehreren Handlungsmöglichkeiten (Alternativen) bezeichnet, die dem Entscheidungsträger zur Realisierung eines Ziels zur Verfügung stehen. Dabei wird im Folgenden ein rationales Handeln der Entscheidungsträger unterstellt (**wertende** oder **normative Entscheidungstheorie**). Auf die **deskriptive Entscheidungstheorie**, die sich mit dem Zustandekommen von Entscheidungen in der Realität auseinandersetzt, wird nicht näher eingegangen.

4.2 Datengrundlage: Erhebung von Stoff- und Energieflussdaten (Stoffstromanalyse)

Gemäß den Ausführungen in Kapitel 3 ist die konventionelle Produktionswirtschaft an wirtschaftlichen Zielen bzw. deren Ersatzzielen ausgerichtet. Aufgrund dieser Zielsetzungen basieren die konventionellen methodischen Ansätze auf wertmäßigen Daten zu Güterströmen, die über das Rechnungswesen bereitgestellt werden, und mengen- und zeitorientierten Daten wie beispielsweise produzierte Mengen, benötigte Produktionszeiten, Lagerbewegungen, Zustände von Fertigungsanlagen oder Qualitätsmerkmale, die durch die Betriebsdatenerfassung zur Verfügung gestellt werden[80]. Diese bisher übliche betriebswirtschaftliche Entscheidungsbasis reicht jedoch nicht aus, um

---

[79] Siehe zur betrieblichen Entscheidungsfindung und Methoden beispielsweise [Hanssmann 1985].

[80] Vgl. auch [Kurbel 1990, S. 291].

eine umweltverträgliche Produktion sicherzustellen. Als Grundlage für die Identifizierung ökologischer und/oder ökonomischer Schwachstellen, die Generierung von umweltbezogenen Kennzahlen, die Formulierung von Umweltzielen und die Dokumentation sowie die Ermittlung quantifizierbarer betrieblicher Stellgrößen wie Recyclingquoten oder Emissionsgrenzwerte sind zusätzliche Daten über die Stoff- und Energieströmen zu erfassen. Der Zweck der Datenerhebung muss ex-ante festgelegt sein, weil dieser den Bilanzraum sowie die Wahl und Darstellungsform der zu erhebenden Stoff- und Energiestoffe bestimmt.

Viele Stoff- und Energieströme werden nur wertmäßig erfasst[81]. Da aber wertmäßige Mengenangaben in der Regel nicht ausreichen, um die Umwelteinwirkungen darzustellen, müssen physikalische Mengenangaben mit geeigneten Messgrößen erhoben werden. Hierzu können Stoff- und Energiemengen

- für eine bestimmte Zeitperiode, die eine sachliche oder räumliche Bilanzgrenze passieren[82], z. B. m^3 Kohle pro Jahr als Ressourceninput in ein Produktionsverfahren (siehe auch das Beispiel in Abbildung 4-3) oder
- bezogen auf Größen des betrieblichen Leistungserstellungsprozesses (z. B. verbrauchte kWh Strom pro Herstellung eines Elektrogerätes oder SO_2-Emisisonen im Rauchgasvolumenstrom eines Industriekessels in g/Nm^3)

angegeben werden. Im letzteren Fall kann eine Zurechnung problematisch sein, da in der Regel mehrere Leistungen in einem Betrieb erstellt werden. Analog zur Problematik der Kostenträgerrechnung im Rechnungswesen ist die Zuordnung von Emissionen oder Stoff- und Energieeinsätzen immer dann problematisch, wenn diese

- in Anlagen bzw. Betriebsbereichen anfallen, die innerbetriebliche Leistungen erbringen, wie die betriebliche Reparatur- und Instandhaltungsabteilung, oder
- wenn eine Kuppelproduktionsproblematik vorliegt, d. h. wenn in einem Produktionsprozess zwangsweise verschiedene Produkte hergestellt werden wie beispielsweise in einem Heizkraftwerke, das Nutzwärme und Strom erzeugt.

Weiterhin kann es notwendig sein, eine Reihe an zusätzlichen Informationen zu erheben, wie z. B. die genaue Bezeichnung der Stoffe, die Funktion der Stoffe, der Verbleib/Entsorgungsweg der Emissionen und die stoffliche Zusammensetzung.

Die Datenbereitstellung, -verwaltung und verwenderspezifische Aufbereitung ist allgemein Aufgabe des betrieblichen Informationswesens, welches weiterhin die Aufgabe der Dokumentation der Entscheidungen sowie deren Grundlagen übernimmt. Bei der Datenerfassung kann auf bereits vorhandene Daten beispielsweise aus dem Rechnungswesen, der Lagerverwaltung, der Auftragsabwicklung und dem Bestell-

[81] Vgl. hierzu [Fischer et al. 1997, S. 36].
[82] Vgl. [Schmidt 2000, S. 138].

wesen zurückgegriffen werden, die aber i.d.R. zerstreut in einzelnen Abteilungen vorliegen (siehe zu Datenherkunft Tabelle 4-1). Eine Datengrundlage bilden dabei die Daten, die aufgrund gesetzlicher Vorschriften und Anlagengenehmigungen erfasst werden müssen.

Tabelle 4-1: Datenherkunft von Informationen zu Stoff- und Energiebilanzen im BUIS [BMU 1995, S. 528]

Funktionskomplex im BUIS	**Information**
PPS-Grunddaten Artikelstamm Stücklisten Rezepturen	Materialklassifizierung im PPS-System, Identnummern, ggf. Jahresverbräuche für Roh- und Hilfsstoffe sowie Produktionsmengen; Zuordnung von Einsatzstoffen zu Produkten
PPS-Auftragsdaten Mengen-Materialkosten-Rechnung Betriebsdatenerfassung	Auftrags- oder produktbezogene Zuordnung von Einsatzstoffen zu Produkten Zuordnung von Einsatzstoffen zu Prozessen, zu Chargen oder Aufträgen
Einkauf	- Eingekaufte Menge, entweder direkt für Verbrauchszahlen (z.B. Wasser, Strom, Gas, Öl, etc.) oder ggf. über Lager Ableitung verbrauchter Mengen (z.B. Hilfs- und Betriebsstoffe) - Aus Energieverbräuchen kann ggf. auf Emissionen (z.B. CO_2) rückgeschlossen werden. - Aus Wasserverbrauch kann ggf. auf Abwasseraufkommen (ohne Niederschlagswasser) rückgeschlossen werden.
Verkauf	Verkaufte Menge, ggf. kann über Lager auf produzierte Menge rückgeschlossen werden.
Materialwirtschaft	Mengenangaben (Verbräuche und Produktionsmengen)
Lager	Lagerbewegungen, darüber lassen sich z.T. Verbrauchs- und Produktionsmengen ableiten.
Abfallmanagement	Abfallaufkommen, differenziert z.B. nach Abfallartenkatalog und nach Entsorgungsweg, aus Reststoffverwertungsnachweisen, dasselbe gilt für Recycling.
Qualitätssicherung, Labor, F&E	Gewichte (bei Teilen), Materialeigenschaften
Emissionsüberwachung	Emissionsmengen (Abgase, Stäube, Abluft) und einzelne Schadstofffrachten, ggf. kann auf Energieverbräuche rückgeschlossen werden.
Abwasser	Abwassermenge und –analysewerte

Die möglichst komplette Erfassung aller betriebsinternen und externen Stoff- und Energiebewegungen, die die Indikatoren für betrieblich verursachte Umweltbelastungen sind, ist auf Basis der herkömmlichen betriebswirtschaftlichen Informationssysteme in der Regel nicht möglich. Bei der Erfassung der Ist-Situation können Datenlücken entstehen, weil Daten zu bestimmten Stoffflüssen - die keine ökonomische Relevanz besitzen, wie z. B. die CO_2-Emisisonen – oftmals überhaupt nicht erfasst werden. Es sind somit Daten zu allen ökologisch relevanten Stoff- und Energieströmen zu erheben. Die Problematik der fehlenden Daten verschärft sich, wenn mit der Zielsetzung der Stoff- und Energiestromplanung bzw. -steuerung beispielsweise eine Änderung im Produktionsablauf oder ein Einsatz neuer Produktionsverfahren bzw. -anlagen angestrebt wird.

Die Frage der Auswahl der zu erhebenden Stoff- und Energieströme ist dabei zu lösen, die sich nach der Umweltrelvanz zu richten hat. Es besteht die Gefahr der unselektierten Datenerhebung (Schaffung von „Datenfriedhöfen"), die zu hohen Kosten führen bzw. bei den involvierten Mitarbeitern zu Motivations- bzw. Akzeptanzproblemen führen. Diese Erfahrung wurde u. a. bei der Zertifizierung nach der EU-Öko-Audit-Verordnung[83] von einigen Unternehmen gemacht, die bei der dort vorgeschriebenen Erfassung der Stoff- und Energieströme viele Daten erhoben haben, die keine oder wenig umweltrelevante Informationen enthalten (beispielsweise zu Anlagengütern). Dabei sind auch Fragen einer Aggregation zu lösen, die sich aus Übersichts – und Erfassungszwecken heraus anbietet. Welche Emissionen in die Luft sind beispielsweise zusammenfassbar? Während eine Aggregation beispielsweise aufgrund von Umwelteinwirkungen vertretbar sein kann, z. B. die Zusammenfassung aller klimarelevanten Spurengase über die Normierung auf Basis des Global Warming Potentials, durch den die Treibhausgaswirkung der Spurengase gewichtet wird, bietet sich eine Zusammenfassung aller Emissionen in die Luft aufgrund des damit verbundenen Informationsverlustes kaum an (siehe auch Abbildung 9-1).

Neben der Datenauswahl sind die räumlichen und sachlichen Systemgrenzen der Datenerfassung festzulegen. Bei einer räumlichen Abgrenzung können die Stoff- und Energieströme

- für einen Umwandlungsprozess von In- zu Outputströmen (Prozessbilanz; siehe Abbildung 4-1)
- für eine stationäre Produktionsanlagen (Anlagenbilanz) bzw.
- für alle umweltrelevanten, stationären Bereiche eines Standortes wie Produktionsanlagen, Gebäude und Grundstücke (Standortbilanz) und
- standortübergreifend für ein gesamtes Unternehmen (Unternehmensbilanz; Abbildung 4-3)

in Abhängigkeit des Anwendungszweckes und des Verantwortungsbereiches erfasst werden. Problematisch bei einer räumlichen Angrenzung ist, dass die vor- und nachgelagerten Stoff- und Energieverbräuche und Emissionen ausgeklammert werden[84].

[83] Siehe zu Öko-Audits die Ausführungen in Kapitel 5.2.
[84] Siehe auch [Schmidt 2000, S. 140].

Hierdurch wird die Vergleichbarkeit von Stoff- und Energieströmen beschränkt. Beispielsweise sind bei einer Analyse der innerbetrieblichen Transportsysteme auf Standortebene die Emissionen von Antrieben mit Verbrennungsmotoren nicht vergleichbar mit den von Elektromotoren, wenn die hierzu notwendige Elektrizität extern über das öffentliche Netz bezogen wird. Deshalb kann es sinnvoll sein, neben den räumlichen Bilanzen (den sogenannten Kernbilanzen) Komplementärbilanzen zu erstellen, die die vor- und nachgelagerten Prozessstufen integrieren[85]. Die räumliche Bilanzraumeinteilung geht dabei in eine sachliche Bilanzraumfestlegung über und bei einer ganzheitlichen Betrachtung von der Wiege bis zu Bahre eines Produktes gelangt man zur Sachbilanzerstellung innerhalb der Öko-Bilanzierung, auf die in Kapitel 6 ausführlich eingegangen wird.

Ein weiteres Problem von raumbezogenen Bilanzen ist, dass strukturelle Maßnahmen wie die Auslagerung von Produktionsprozessen (z. B. durch die Aufgabe einer innerbetrieblichen Klärschlammreinigung und der Übertragung der Klärschlammreinigung auf ein kommunales Stadtwerk) sowie Produktions- und Absatzschwankungen einen erheblichen Einfluss auf die Bilanz haben können.

Bei der Erfassung stoff- und energierelevanter Informationen sollten Synergien genutzt werden, weil diese Informationen auch für andere Zwecke wie z. B. die Informationsbereitstellung für Genehmigungs- und Überwachungsbehörden, für das Kreislaufwirtschafts- und Abfallgesetz oder die EU-Öko-Audit Verordnung dienen.

Die Datenerfassung ist dem betrieblichen Rechnungs- und Informationswesens sowie dem Controlling zugeordnet und sie werden in diesem Zusammenhang auch in Kapitel 5.3 (betriebliche Umweltinformationssysteme (BUIS), die der systematischen Datenerhebung dienen) und in Kapitel 5.1 (Öko-Controlling, das unter anderem die Funktion der Informationsbereitstellung auf Basis der Stoff- und Energieströme übernimmt) behandelt.

4.3 Hilfsmittel zur Darstellung und Gliederung der Stoff- und Energieflussdaten

Zur deskriptiven Bestandsaufnahme produktions- und beschaffungsbedingter Stoff- und Energieströme steht eine Reihe an Hilfsmitteln zur Verfügung, die im Folgenden diskutiert werden.

Tabellen werden zur Beschreibung der Zusammensetzung von Einsatzstoffen, Zwischen- sowie Endprodukten und Reststoffen bzw. Abfällen herangezogen[86]. Diese dienen zur Bewertung der Umweltverträglichkeit beispielsweise bei Beschaffungs-

[85] Vgl. [Braunschweig et al. 1993].
[86] vgl. [Wicke et al. 1992, S. 190 ff.].

maßnahmen, Produktplanung und umweltschonender Entsorgung. Sie enthalten die Mengen- oder Gewichtsanteile der Stoffe.

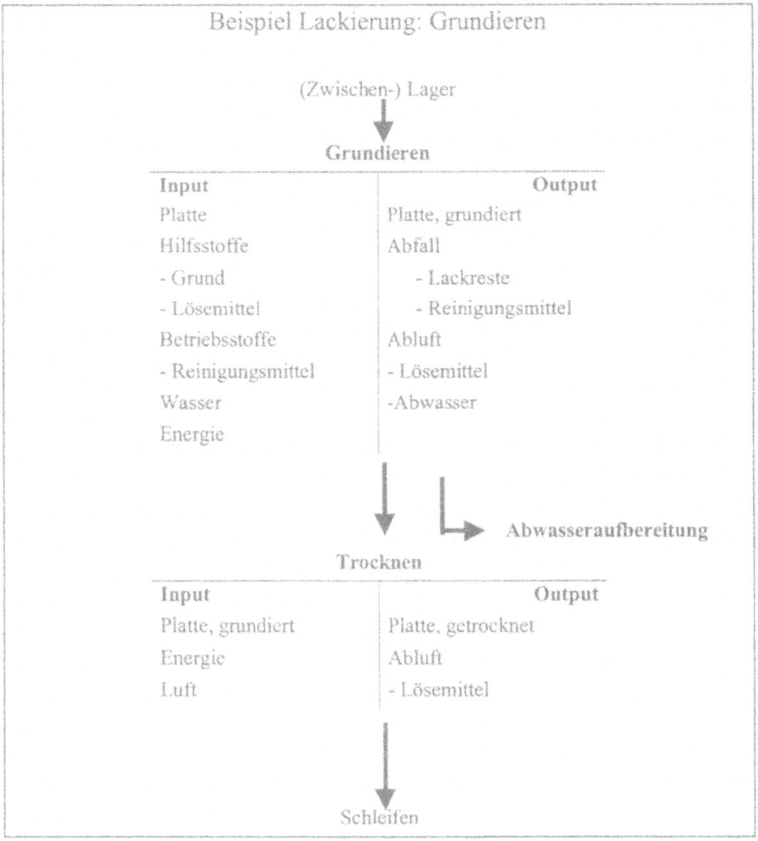

Abbildung 4-1: Beispiel für eine Prozessbilanz [BMU 1995, S. 56]

Weiterhin kann eine **Stoff- und Energiebilanz** erstellt werden, in der die **Input- und Outputmengen** an Stoffen und Energien bilanziert werden. Da die Summe der eingehenden Stoffe und Energie gleich sein muss mit der Summe der ausgehenden Stoffe und Energien, wird der Begriff der Bilanz bzw. der buchhalterischen Bilanzierung[87] verwendet. Aufgrund der stofflichen und/oder energetischen Bilanzierung können die Daten auf Plausibilität überprüft werden. Diese Bilanzierung wird über **Öko-Kontenrahmen** realisiert, die eine strukturierte Erfassung nach

[87] Siehe [Schmidt 2000, S. 144].

ökologischen Gesichtspunkten sicherstellen (siehe Abbildung 4-2 und Abbildung 4-3). Eine Systematisierung kann z. B. nach Materialart, Verwendung, Abfallart, Aggregatzustand Bearbeitungsgrad und/oder medienorientiert (Luft, Wasser, Boden) erfolgen[88]. Dabei sind die oben eingeführten räumlichen Bilanztypen zu differenzieren.

Öko-Kontenrahmen haben eine weite Verbreitung in den Betrieben gefunden, u. a. auch dadurch, dass mit ihnen Anforderungen der EG-Öko-Audit-Verordnung und der DIN ISO 14001 nach Erstellung einer Sachbilanz erfüllt werden können. Allerdings betrachten sie die Produktionsvorgänge als Black-Box, da die Verknüpfungen zwischen In- und Outputflüssen nicht erfasst werden.

Eine Erfassung der Stoff- und Energieströme ist auch in einem **Flussmodell** möglich, bei dem die Bilanzen von räumlich-getrennten Unternehmenseinheiten bzw. betrieblichen Funktionseinheiten (Produktionsstellen im weitesten Sinne) über ihre Stoff- und Energieströme miteinander verknüpft werden[89]. Abbildung 4-4 zeigt ein derartiges Flussmodell für das Heizkraftwerk-West der Stadtwerke Karlsruhe. In den Funktionseinheiten erfahren die Stoff- und Energieströme eine zielgerichtete qualitative, räumliche oder zeitliche Veränderung (Transformation).

Zu den Transformationen zählen die Stoffumformungsprozesse (Umformen, Trennen, Fügen) der Fertigung wie biegen, fräsen oder lackieren, die Stoffumwandlung, -aufbereitung und -gewinnung der Verfahrenstechnik wie Energieumwandlung oder Chlorierung sowie die Lagerung.

---

[88] Vgl. auch [Fischer et al. 1997, S. 34 f.] und [LfU 2000].

[89] Siehe auch die Ausführungen in [Fischer et al. 1997, S. 41 ff.].

Tabelle 4-2: Zusammensetzung deutscher Steinkohle[90] [Rentz et al. 1988, S. 49]

Herkunft		Aachen	Ruhr	Saar
Heizwert (MJ/kg)		23,6-31,0	26,4-30,4	17,8-29,2
Kohlezusammensetzung (Gew.-%)	Wasser (i.r.)	7-12	7-12	5-15
	Asche (wf.)	7-15	5-10	5-26
	Flüchtige (waf.)	6-13	7-35	24-40
	C	80-85	75-85	85
	H	4-5	4-5	4-5,5
	N	1-2	1-1,5	1
	O	3-4	5-7	9-10
	Cl (waf.)	0,02-0,04	0,1-0,25	0,06-0,4
	F	0,012	0,006	0,006
	S	0,9	0,7-1,3	0,6-1,3
Ascheanalyse (Gew.-%)	SiO_2	48-52	40-47	33-50
	Al_2O_3	28-30	25-30	22-35
	Fe_2O_3	7-9	8-18	9-19
	CaO	2-4	2-6	3-10
	MgO	2-3	2-4	2-7
	Na_2O	0,5	1-1,5	0,5
	K_2O	3-4	2-4	1-4
	SO_2	2-4	1-5	2-10

Öko-Kontenrahmen	
Input	**Output**
1. Werkstoffe	3. Produkte
1.1 Rohstoffe	3.1 Selbstgefertige Produkte
1.2 Hilfsstoffe	3.2 Ersatzteile
1.3 Betriebsstoffe	3.3 Handelswaren
1.4 Halbfabrikate	3.4 Sekundärprodukte
1.5 Wasser	
1.6 Büromaterial	4. Emissionen
1.7 Handelswaren	4.1 Abfälle
	4.2 Abluft
2. Energien	4.3 Abwasser
2.1 Elektroenergie	4.4 Energetische Emissionen
2.2 Primärenergie	
2.3 Verkehr	

Abbildung 4-2: Beispiel eines Öko-Kontenrahmen für Produktionsunternehmen [BMU 1995, S. 34]

[90] So kann diese Tabelle beispielsweise herangezogen werden, um über Mischung der verschiedenen Kohlesorten anhand des Schwefelgehaltes die Einhaltung des gesetzlichen SO2-Grenzwertes in Kraftwerken sicherzustellen.

INPUT	Einheit	Menge 1993	Menge 1994
Material	**kg**	**9.422.212**	**10.557.642**
Produktmaterial	kg	*5.581.874*	*6.042.975*
Rohstoffe	kg	4.562.661	5.004.103
Hilfsstoffe	kg	3.378.304	3.769.863
Wirkstoffe	kg	1.184.357	1.234.241
Vorgefertigte Waren	kg	1.019.213	1.038.872
Verpackungsmaterial	kg	*3.612.049*	*4.203.390*
Produktverpackung	kg	3.000.000**	3.500.000**
Transportverpackung	kg	604.984	700.073
Abfallverpackung	kg	7.065	3.317
Betriebsstoffe	kg	*228.289*	*311.277*
Laborbedarf	kg	13.735	31
Kühlmittel	kg	34	208.508
Gas	kg	157.132	674
Schmiermittel	kg	1.444	48.990
Wasseraufbereitung	kg	25.460	39.353
Reinigungsmaterial	kg	*	
Wasser	**m^3**	**88.605**	**87.056**
Luft	**m^3**	**1.606.276**	**1.922.915**
Energie	**kWh**	**31.467.921**	**34.553.978**
Strom	kWh	10.706.053	11.903.422
Treibstoff	kWh	6.787.680	7.834.222
Fernwärme	kWh	7.384.375	6.976.799
Heizöl (leicht)	kWh	4.755.637	5.856.446
Erdgas	kWh	1.834.476	1.983.088
Output	**Einheit**	**Menge 1993**	**Menge 1994**
Material	**kg**	**8.559.177**	**9.502.089**
Arzneimittel	*kg*	*6.951.112*	*7.943.092*
Abfälle	*kg*	*1.608.065*	*1.588.997*
Wertstoffe	kg	965.510	892.930
Reststoffe	kg	392.300	355.509
Sonderabfälle	kg	250.255	310.558
Abwasser	**kg**	**87.302**	**85.626**
Abluft	**kg**	**1.606.276**	**1.922.915**
Emissionen (Jahresfracht)	kg	1.606.276	1.922.915
CO_2	kg	1.603.301	1.919.296
NO_x	kg	1.377	1.650.
SO_2	kg	1.599	1.969
Energieabgabe	**kWh**	**31.467.921**	**34.553.978**

* Werte konnten nicht ermittelt werden

** Werte wurden hochgerechnet

Abbildung 4-3: Input-Output Unternehmensbilanz der Firma Merckle [BMU 1995]

Zielsetzung der Anwendung von Stoffflussmodellen ist es, detailliertere Erkenntnisse über betriebliche Abläufe zu gewinnen, indem die Stoff- und Energieflüsse in einem durch die arbeitsteiligen Wirtschafts- und Produktionsprozesse oft hochkomplexen Beziehungssystem transparent gemacht werden. Neben den Stoff- und Energieflüssen können mit einem Flussmodell auch weitere Informationen abgebildet werden, die für eine umweltorientierte Gestaltung der Produktionsprozesse von Relevanz sind[91]. So können entlang der Stoffströme Informationen zu Sicherheitsdatenblätter über Gefahrstoffe, Arbeitssicherheitsanweisungen, Verfahrens- und Arbeitsanweisungen oder Umweltgesetzen mitgeliefert werden (siehe Abbildung 4-5). Weiterhin können Mengengrößen und/oder monetäre Größen zu den Stoff- und Energieströmen angegeben werden. Schließlich können Flussbilder auch Informationen zu Organisationsstrukturen, Abteilungsaufgaben sowie Datenquellen enthalten.

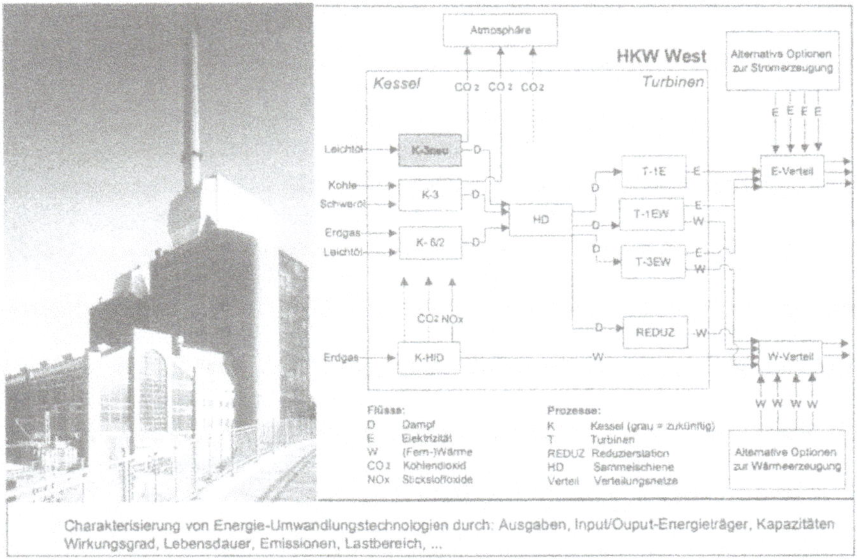

Abbildung 4-4: Energie- und Stoffflussmodell des Heizkraftwerks West in Karlsruhe

[91] Siehe auch die Ausführungen in [Fischer et al. 1997, S. 45 ff.] oder [LfU 2000], wo u.a. weitere Praxisbeispiele dargestellt sind.

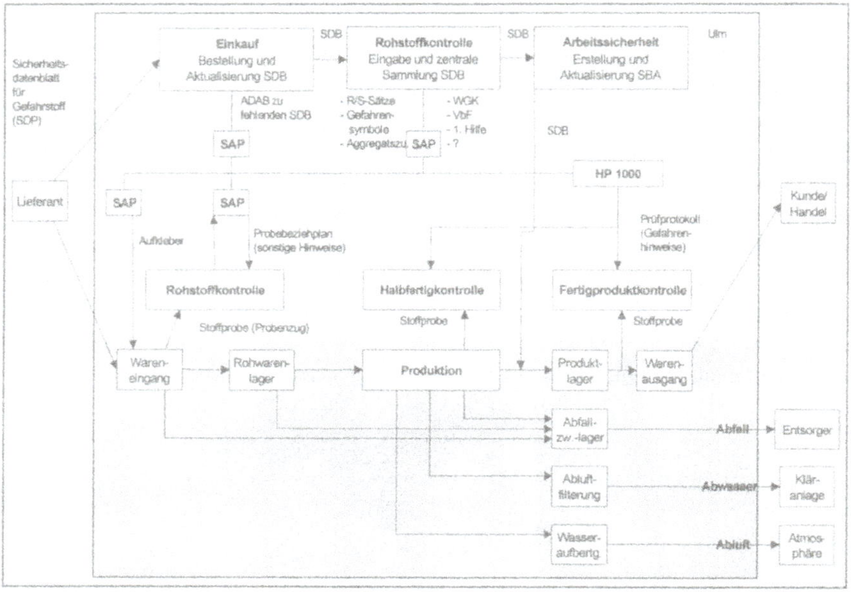

Abbildung 4-5: Flussorientiertes Organisationsmodell für Gefahrstoffmanagement des Pharmaunternehmens Merckle/ratiopharm [Fischer et al. 1997, S. 47]

Verfahrensfließbilder dienen insbesondere bei Anlagenplanung und -betrieb der Darstellung der Prozessführung von verfahrenstechnischen Anlagen oder Anlagenteilen. Die DIN-genormten Fließbilder lassen sich nach Informationsinhalt und Abstraktionsgrad differenzieren. Mit ihnen lassen sich einzelne Apparate und Maschinen sowie alle ein- und austretenden und die zwischen den Apparaten auftretenden Stoff- und Energieströme symbolisch (mit Bild- und Schriftzeichen) darstellen. Durch zusätzliche separate Tabellen bzw. integrierte Informationen über Stoffzusammensetzung, Massenströme, Druck, Temperatur, etc. sind quantitative Daten zu Anlagen bzw. Anlagenteilen und Energie- und Stoffströmen ablesbar (siehe Abbildung 4-6). Sie stellen normierte, spezielle und seit langem bekannte Flussmodelle dar.

Sankey-Diagramme sind Energieflussbilder, die Energieflüsse in einer aus mehreren Teilen bestehenden Anlage (bzw. Produktionssystems) darstellen. Die einzelnen Teile werden über Ströme verbunden, deren Breite die Größe der übertragenden Energiemengen wiedergibt (Kontrolle des 1. Hauptsatzes der Thermodynamik - Energieerhaltung).

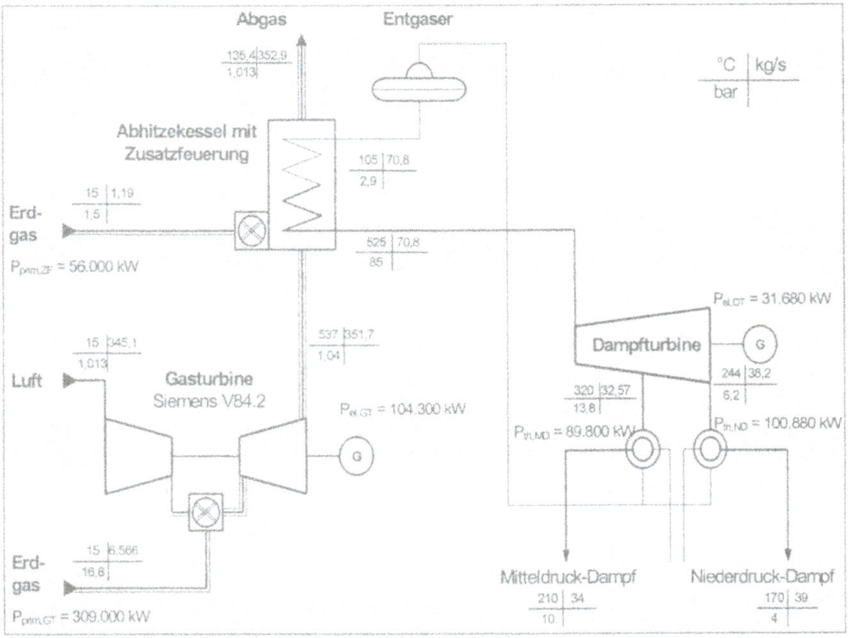

Abbildung 4-6: Verfahrensfließbilde einer Gas- und Dampfturbinenanlage (GuD-Anlage) zur Produktion von Strom und Dampf

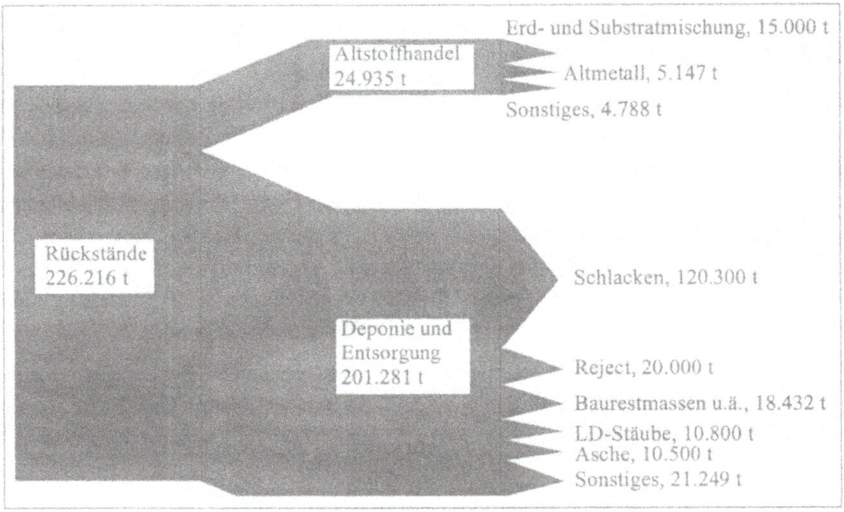

Abbildung 4-7: Analyse des Rückstandsaufkommens im Verwertungsnetz Obersteiermark (Zahlen aus [Posch 1998])

Um den 2. Hauptsatz der Thermodynamik – eingeschränkte Umwandlungsfähigkeit von Energie – zu berücksichtigen, sind Energie-Flussbilder entwickelt worden[92]. Der methodische Ansatz der Sankey-Diagramme wird inzwischen auch zur Darstellung von Materialmengenströmen verwendet (siehe Abbildung 4-7).

4.4 Schwachstellenidentifikation: Ökologische Bewertung der Stoff- und Energieflüsse

An die Erfassung der Ist-Situation schließt sich die ökologische Bewertung der Stoff- und Energieflüsse (Schwachstellenanalyse) an, in der Fragen folgenden Typs beantwortet werden müssen[93]:

- Wie sind die Umwelteinwirkungen einer spezifizierten Schadstoffmenge bzw. Stoffabgabe zu beurteilen?
- Wie sind verschiedene Emissionen (bzw. ihre Umwelteinwirkungen) gegeneinander zu gewichten, bzw.
- wie ist die Ressourcenentnahme von verschiedenen Rohstoffen zu bewerten?

Da die letzten beiden Fragestellungen nicht alleine auf Basis von naturwissenschaftlichen Zusammenhängen beantwortet werden können, sondern auch wertbezogene ethische Kriterien (wie die Gewichtung von menschlicher Gesundheit oder Artenvielfalt) herangezogen werden müssen, entstehen Unsicherheiten. Zur ökologischen Beurteilung werden zwei verschiedene methodische Ansätze diskutiert: Internalisierung externer Effekte und Bewertungsansätze mit der Erstellung einer Wirkungsbilanz und anschließender Anwendung von Bewertungsmethoden. Auf beide wird im Folgenden eingegangen.

In Anlehnung an [Prognos 1992, S. 2] wird folgende Definition des Begriffs externe Effekte gegeben: Produzenten wie Konsumenten verursachen - positive wie negative - **externe Effekte**, wenn durch ihr Verhalten andere Individuen oder Gruppen betroffen werden, ohne dass sie dies bei ihren Produktions- und Konsumentscheidungen berücksichtigen bzw. berücksichtigen müssen. **Externe Kosten** sind dabei im weitesten Sinne monetarisierbare negative Effekte, denen Individuen oder Gruppen ausgesetzt sind, ohne dass sie in den wirtschaftlichen Kalkülen der Produzenten und -konsumenten und hier insbesondere in der Preisbildung enthalten sind.

Wie aus der Definition bereits ersichtlich wird, müssen externe Effekte nicht notwendigerweise negativ sein, also sich in Schäden oder Kosten ausdrücken. Es ist jedoch häufig problematisch, positive Effekte zu monetarisieren. Zudem kann davon ausge-

---

[92] Vgl. [Baehr 1996, S. 147].

[93] Vgl. auch die Ausführungen in [Fischer et al. 1997] und [UBA 1995].

gangen werden, dass die nützlichen Effekte in der Regel über den Preis für das Produkt bzw. die Dienstleistung internalisiert sind.

Die Probleme bei der Bestimmung der (negativen) externen Effekte lassen sich folgendermaßen zusammenfassen:

- Die **Identifizierung** der externen Effekte (wie Treibhauseffekt, Saurer Regen etc.),
- der **Quantifizierung** der zurechenbaren Schäden und
- deren **Monetarisierung.**

Das erste Problemfeld liegt in der Identifizierung, der Wahrnehmung der externen Effekte. So wurde beispielsweise die potentielle Gefahr einer Klimaerhöhung durch Verbrennung fossiler Brennstoffe erst relativ spät (ab dem Jahre 1988) von der Öffentlichkeit erkannt. Einige der externen Effekte sind wahrscheinlich überhaupt (noch) nicht bekannt. Weiterhin kann sich die Menge der Effekte im Zeitablauf durch das Auftreten von Synergien ändern. Durch Existenz kritischer Schwellenwerte und Kumulationen können immer wieder neue Wirkungslinien auftreten, die die Einschätzung als potentielle externe Effekte ebenso verändern können wie ihre Beurteilung[94]. Der Hinweis auf Synergieeffekte und Kumulationsvorgänge verdeutlicht bereits die Problematik, die bei der notwendigen Analyse der Ursachen-Wirkungs-Ketten auftreten können. Die Quantifizierung der Umweltauswirkungen, d. h. hier die technisch-physikalische Beschreibung der relevanten Vorgänge, ist in vielen Fällen noch nicht gelungen, oder sie ist zumindest Gegenstand heftiger wissenschaftlicher Auseinandersetzungen. Ein Beispiel ist die Diskussion um geschädigte Waldflächen, die u. a. auf den sauren Regen, die Überdüngung, die klimatischen Einflüsse und/oder den Schädlingsbefall zurückgeführt werden. Ein weiteres Beispiel ist der Treibhauseffekt. Bereits die Identifikation des Treibhauseffektes gestaltet sich als schwierig, da zumindest das Ausmaß und die Geschwindigkeit, mit der die Klimaveränderungen infolge der anthropogenen Emissionen eintreten werden, bislang ein umstrittenes Thema ist. Da beim Treibhauseffekt sich bereits die Identifikation der Umwelteinwirkungen schwierig gestaltet, ist es wenig erstaunlich, dass Aussagen zur Quantifizierung der Umweltauswirkungen erhebliche Streubreiten aufweisen. Diese Probleme verstärken sich, wenn neben dem wichtigsten Treibhausgas CO_2 noch weitere Treibhausgase in die Analysen einbezogen werden. Denn in diesem Fall muss eine Bewertung der Klimawirksamkeit unterschiedlicher Gase vorgenommen werden[95]. Des weiteren sind chemisch-physikalische Vorgänge zu berücksichtigen. Beispielsweise bildet sich das bodennahe O_3 als Folgeprodukt der Vorläufersubstanzen Stickoxide, Kohlenmonoxid und Kohlenwasserstoffe nur bei starker Sonneneinstrah-

---

[94] Vgl. [Prognos 1992, S. 9 ff.].

[95] Zur ausführlichen Diskussion dieser Problematik wird auf die Ausführungen in Kapitel 6 verwiesen.

lung. Hieraus folgt, dass die Zurechnung des Anteils an einer Klimaänderung für Emittenten von Stickoxiden in Abhängigkeit der Witterung erfolgen müsste.

Eine Monetarisierung externer Effekte - über eine ökonomische Bewertung des quantifizierten Mengengerüstes - erscheint sinnvoll, scheitert jedoch stellenweise daran, dass die Voraussetzung der wissenschaftlich fundierten Ermittlung des Mengengerüstes oft nicht gegeben ist. Weiterhin ist die monetäre Bewertung von Umweltschäden aufgrund fehlender Daten sowie einer Reihe an offenen Bewertungsfragen selber sehr problematisch. Wie ist beispielsweise die menschliche Gesundheit oder die Artenvielfalt zu bewerten? Wie soll das Ableben eines Menschen monetarisiert werden? Auf Basis von Risikoprämien für gefährliche Arbeitsplätze oder durch das erwirtschaftete Bruttosozialprodukt? Ist somit ein Menschenleben in Bangladesch geringer zu bewerten als das in Westeuropa? Dies führt dazu, dass verschiedene Studien zu externen Kosten zu einer völlig abweichenden Beurteilung kommen können (siehe beispielsweise die Ergebnisse zu externen Kosten der Elektrizitätserzeugung in Tabelle 4-3). Die Unterschiede in der Höhe der externen Kosten in Tabelle 4-3 lassen sich u. a. auf die Abhängigkeit von der technischen Auslegung der Anlagen sowie deren Standort, vom Wertansatz für ein Menschenleben und von der Berücksichtigung öffentlicher Subventionen sowie der Abschätzung möglicher Schäden des anthropogenen Treibhauseffektes zurückführen. Des weiteren hat die Wahl des Diskontsatzes, um zukünftige Schäden ins Verhältnis zu heutigen Schäden zu setzen, einen ganz erheblichen Einfluss auf die externen Kosten. In Zusammenhang mit der Forderung nach einer nachhaltigen Entwicklung stellt sich hierbei allerdings die Frage, inwieweit externe Kosten überhaupt (und wenn in welcher Höhe) abgezinst werden dürfen, da hierdurch die künftigen Umwelteinwirkungen, mit denen sich nachfolgende Generationen auseinander zu setzen haben, geringer bewertet werden als die aktuellen Umwelteinwirkungen.

Tabelle 4-3: Ergebnisse verschiedener Studien zu externen Kosten der Elektrizitätserzeugung von ausgewählten Anlagen

	Steinkohle [Pf/kWh]	Kernenergie [Pf/kWh]	Windenergie [Pf/kWh]
Hohmeyer 1990	3,1 – 13,02	10,07 – 70,13	0,17 – 0,34
Friedrich 1990	0,44 – 1,15	0,02 – 0,64	0,2 – 0,4
Ottinger 1990	3,93 - 9,2	4,65	0 – 0,22
Pearce 1995	2,38 - 8,46	0,112 – 0,74	0,06
Rowe 1995	0,14 - 0,42	0,02	0,002
ExternE 1998	3,4 – 33,8	0,88 – 2,1	0,07 – 0,44
Voß 1999	1,8 – 3,3	0,1 – 0,9	0,04 – 0,08

Bei einer Monetarisierung externer Effekte kann eine Schadensschätzung durch eine Bewertung des Mengengerüstes mit pagatorischen oder wertmäßigen Kosten erfolgen, die u. a. auf Basis von Vermeidungs-, Schadens- oder Wiederherstellungskosten sowie Erlöseinbußen ermittelt werden, oder über die Erforschung von tatsächlichen oder erfragten Zahlungsbereitschaften der betroffenen Wirtschaftssubjekte[96]. Alternativ zu diesen beiden Ansätzen können Äquivalenzkoeffizienten als Maß für die ökologische Knappheit[97], beispielsweise gemessen über die Differenz der kritischen Abbaurate einer Ressource und der tatsächlichen Abbaurate, bestimmt werden und über diese eine monetäre Bewertung durchgeführt werden. In [Piro 1994] wird beispielsweise basierend auf Äquivalenzkoeffizienten ein Ansatz entwickelt, bei dem die externen Kosten, die durch Nutzung des Produktionsfaktors natürliche Umwelt entstehen, in das betriebliche Rechnungswesen zur Planung, Steuerung und Kontrolle des betrieblichen Umweltschutzes einbezogen werden[98].

Zweifelsohne trägt die Ermittlung externer Kosten zur Sensibilisierung der Öffentlichkeit und der politischen Entscheidungsträger bei. Aufgrund der vielschichtigen Probleme bei der Ermittlung eines „gerechten Preises" sind Analysen zu externen Kosten zur Zeit jedoch kaum in der Lage, konkrete Vorgaben für eine praktische Umweltpolitik der Betriebe zu liefern. Die Alternative hierzu ist - wie oben bereits erwähnt - die Erstellung von Bewertungsansätzen zur Beurteilung der Umwelteinwirkungen, die auf eine Monetarisierung verzichten. Diese basieren auf der Tragekapazität der Ökosysteme und Wirkungsmodellen. Sie versuchen über die toxikologische Wirkung von Stoffen bzw. deren Einfluss auf die Änderung von natürlichen Stoffwechselprozessen Immissionsgrenzwerte abzuleiten oder über Neubildungsraten in den Ökosystemen Grenzen für eine Ressourcenentnahme zu bestimmen (siehe die ausführliche Darstellung dieser Ansätze in Kapitel 6). Aus einer rein einzelbetrieblichen Sichtweise heraus ist eine Operationalisierung derartiger Vorgaben in dem Sinne, dass konkrete Ziele wie Emissionsfrachten für ein Unternehmen festgelegt werden, oftmals nicht möglich, da in der Regel eine Vielzahl von Emittenten zu einem Umweltproblem beitragen. So ist man auf die Festlegung von Belastungswerten auf Basis von naturwissenschaftlichen Erkenntnissen angewiesen, die seitens des Staates oder Organisationen wie der Weltgesundheitsorganisation festgelegt werden.

Die Operationalisierung derartiger Ansätze mit dem Ziel, dass betriebliche Emissionen oder Ressourcenverbräuche bewertet werden können, erfolgt u. a. im Rahmen der naturwissenschaftlichen Bewertungsansätze der **Ökobilanzierung,** auf die in Kapitel 6 ausführlich eingegangen wird. Die Gewichtung bei Ökobilanzen erfolgt in der Regel zweistufig. Zuerst werden im Rahmen der **Wirkungsbilanz** die Emissionen einzelnen

[96] Siehe zu den einzelnen Methoden [Roth 1992], [Prognos 1992], [Piro 1994] und [Hohmeyer 1991].

[97] Dieses Konzept wird im Rahmen der ökologischen Buchhaltung aufgegriffen [Müller-Wenk 1978].

[98] Siehe auch die Ausführungen von [Letmathe 1998] zur Integration von externen Kosten in die betriebliche Kostenrechnung.

Umwelteinwirkungen (wie Klimaveränderung, Abbau der Ozonschicht, Eutrophierung oder Ressourcenbeanspruchung) zugeordnet und über **Gewichtungsfaktoren** (wie Global Warming Potential beim Treibhauseffekt, Ozone Depletion Potential beim Ozonabbau in der Stratosphäre oder Toxizitäts-Äquivalenz-Faktoren) eine Bewertung vorgenommen. Kritisch bei den Gewichtungsfaktoren ist, dass sie in einigen Fällen kaum nachvollziehbar sind, sehr vereinfachend oder stark aggregierend die Ursachen-Wirkungs-Zusammenhänge abbilden und Zusammenhänge herstellen, bei den Ursachen-Wirkungs-Beziehungen nur unzureichend bekannt sind.

Im zweiten Schritt werden zur Gewichtung der verschiedenen Umwelteinwirkungen untereinander naturwissenschaftliche Bewertungsverfahren herangezogen. Diese basieren beispielsweise auf gesetzlichen Grenzwerten oder auf maximalen Belastungen von Ökosystemen. Als Fazit ist zu sagen, dass diese naturwissenschaftlichen Ansätze nur eingeschränkt praktikabel sind und deshalb bisher kaum Eingang in die betriebliche Praxis gefunden haben. Neben diesen Ansätzen werden bei Ökobilanzen alternative Konzepte verfolgt. Zu nennen sind hier die verbal-argumentativen Bewertungsmethoden sowie die relativ-abstufenden Verfahren. Diese genügen zwar pragmatischen Ansprüchen, aber eine naturwissenschaftliche Fundierung fehlt, und sie sind subjektiv (durch den Anwender) geprägt (siehe zur näherer Diskussion dieser Ansätze Kapitel 6).

Ein alternativer naturwissenschaftlicher Bewertungsansatz basiert auf der Ermittlung der **entropischen Effizienz** von Prozesse. Ziel dabei ist es, die Nutzungseffizienz von stofflichen und energetischen Ressourcen auf Basis einer gemeinsamen Größe, der Entropie, über die gesamte Lebensdauer zu ermitteln. Dieser Ansatz basiert auf der Erkenntnis, dass jeder natürliche Prozess mit einer Dissipation (Übertragung einer umwandelbaren Energieform in eine nicht umwandelbare) von Energie und/oder Materie verknüpft ist; d. h. das Produktions-, Konsum- oder Recyclingprozesse als irreversible stoffliche und energetische Umwandlungsprozesse zu begreifen sind[99]. Das Ausmaß dieser Dissipation wird durch die Entropie[100] beschrieben. Ein fiktiver, thermodynamisch optimaler Prozess würde keine Entropie erzeugen und somit in Summe zu keiner Dissipation führen. Jeder andere Prozess ist umso ineffizienter, je stärker die Entropie anwächst. Um zu einer Bewertung von Prozessen zu kommen, lässt sich ein theoretischer Mindestentropieanstieg bestimmen. Durch Bildung des Quotienten aus Mindestentropieanstieg und tatsächlichem Entropieanstieg, lässt sich dann die sogenannte entropische Effizienz des betrachteten Prozesses bestimmen[101]. Vergleichbar mit dem Vorgehen bei der Ökobilanzierung werden zur Bewertung eines

[99] Siehe Kapitel 1.

[100] Das Konzept der Entropie wurde von Clausis (1822-1888) zu Beschreibung der Verfügbarkeit von Energie verwendet.

[101] Siehe zu dieser Definition [Stahl 1996] und [Gößling 1999].

Prozesses bezüglich seiner Nachhaltigkeit alle Entropiegehalte der ein- und ausfließenden Stoff- und Energieströme erfasst und beurteilt.

Da sowohl die Internalisierung externer Effekte wie auch die Bewertungsansätze durch eine eingeschränkte Praktikabilität gekennzeichnet sind, werden im Folgenden zwei alternative Ansätze diskutiert, die auf eine explizite ökologische Bewertung verzichten:

- Zum einen können **Kennzahlen** erstellt werden.
- Zum anderen kann ein sogenanntes **Umweltkostenmanagement (Environmental Cost Management)**[102] eingeführt werden, bei dem über eine Erfassung der Umweltkosten eine Prioritätenreihenfolge erstellt wird und darauf aufbauend Maßnahmen zur Minderung der Umweltkosten ergriffen werden.

Umweltkennzahlen werden als „eine mittelbare oder unmittelbar umweltrelevante Größe in Form einer absoluten oder relativen Zahl, die gezielt einen betrieblichen Sachverhalt mit erhöhtem Erkenntniswert beschreibt“ definiert[103]. Ein **Umweltkennzahlensystem** entsteht, wenn die Kennzahlen zusammengestellt und in Beziehung zueinander gesetzt werden.

In Abhängigkeit des Beschreibungszieles lassen sich für Unternehmen zwei Kategorien von Umweltkennzahlen differenzieren[104]:

- **Umweltbelastungskennzahlen** stellen die vom Unternehmen ausgehenden Umweltbelastungen dar, wie beispielsweise die Schwermetallbelastung im Abwasser. Sie sind häufig in der Praxis anzutreffen, da sie u. a. im Rahmen eines Öko-Audits zur Dokumentation der Leistungen und Zielsetzungen eine Rolle spielen.
- **Kennzahlen der Umweltpolitik** und **des Umweltmanagements** zur Erfassung des umweltrelevanten Verhaltens und der umweltrelevanten Strukturen im Unternehmen (wie der Anzahl an Mitarbeitern in Umweltschutzabteilungen, Schulungen im Umweltschutz oder die Dokumentation von umweltrelevanten Vorschriften).

Umweltkennzahlen können als absolute Kennzahlen - wie Einzelzahlen oder Summen (siehe Abbildung 4-8) – formuliert werden, die ein realistisches Bild beispielsweise zu den ökologisch relevanten Emissionen gegeben. Diese beinhalten allerdings

[102] Systematisch diskutiert und mit Praxisbeispielen belegt wird dieses Konzept in [Fischer et al. 1997].

[103] Nach [Kottmann et al. 1999, S. 7]. Eine vergleichbare Definitionen finden sich in [BMU 1995].

[104] Vgl. [Kottmann et al. 1999, S. 9 f.]. Neben diesen beiden Kategorien lassen sich auch Kennzahlen zum Umweltzustand (**Umweltzustandkennzahlen**) bilden, die primär jedoch für politische Entscheidungsträger von Interesse sind.

Produktions- und Absatzschwankungen und sind somit im allgemeinen in ihrer Aussagekraft eingeschränkt. Dies spricht für die Bildung von Verhältniskennzahlen wie z. B. die CO_2-Emissionen pro erzeugter kWh (Beziehungszahl) oder der %uale Anteil von verwendetem Regenwasser am gesamten Wasserverbrauch (Gliederungszahl). Messzahlen zeigen relative Änderungen an. In Tabelle 4-4 sind ausgewählte Kennzahlen für wasserwirtschaftliche Umweltziele dargestellt.

Für sich alleine genommen bietet eine solche Kennzahl jedoch keinen Erkenntnisgewinn bezüglich der Identifikation von ökologischen Schwachstellen. Dies ist erst dann möglich, wenn diese entweder in eine zeitliche Entwicklung gesetzt wird (**Zeitvergleich**) – siehe das Beispiel in Abbildung 4-3 – oder ein Vergleich mit anderen Kennzahlen aus dem selben Unternehmen (internes Benchmarking) - beispielsweise aus vergleichbaren Standorten - oder anderen Unternehmen (externes Benchmarking) vorgenommen wird (**Betriebsvergleich**). Gerade im Rahmen eines externen Benchmarking stellt sich die Problematik der Datenbeschaffung. Ein weiteres Problem bei der Verwendung von Umweltkennzahlen zur Schwachstellenanalyse besteht darin, dass sie bei Problemverlagerungen zwischen den einzelnen Umweltmedien keine gültigen Bewertungsmaßstäbe liefern und deshalb nur bedingt als Entscheidungsgrundlage dienen können.

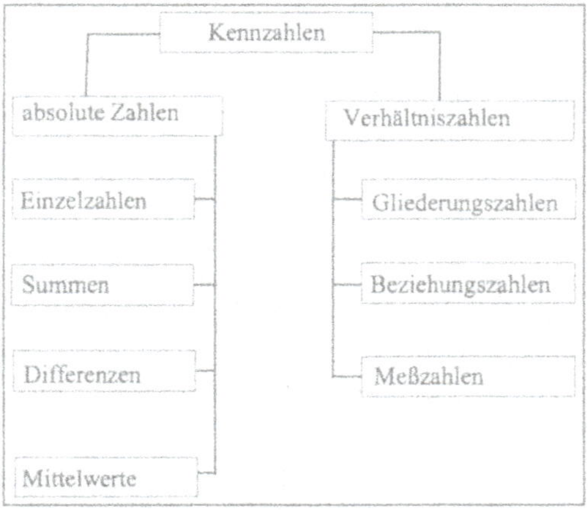

Abbildung 4-8: Arten von Kennzahlen [UBA 1995, S. 540]

Neben der Identifikation von ökologische Schwachstellen und Optimierpotentialen werden Umweltkennzahlen auch zur Zielfestlegung und Zielüberwachung (Kontrolle) durch einen **Soll-Ist-Vergleich** eingesetzt. Kennzahlen spielen auch im ökologieorientierten Controlling und für die interne oder externe Dokumentation von Leistungen im

Umweltschutz (z. B. im Rahmen der EU-Öko-Audit-VO zum Nachweis der geforderten kontinuierlichen Verbesserung) eine wesentliche Rolle[105].

Tabelle 4-4: Ausgewählte Kennzahlen zur Beurteilung wasserwirtschaftlicher Ziele [BMU 1995, S. 305]

Ziel	Kennzahl	Berechnung
Ressourcenschonung	Gesamtwasserverbrauch	Summe der Einzelverbräuche pro Zeiteinheit
	Wasseranteile	Verbrauch an Trinkwasser, Brunnenwasser etc. pro Zeiteinheit
	Wassereinsatzquote	Wassereinsatz bezogen auf produzierte Stückzahl
Verminderung der Stofffrachten	Abwasserquote	Summe Abwasser bezogen auf produzierte Stückzahl
	Rückstandsquote	Summe der Rückstände aus der Abwasserbehandlung bezogen auf die produzierte Stückzahl

Beim Umweltkostenmanagement werden zuerst die Umweltkosten bestimmt. Nach der traditionellen Definition von Umweltkosten[106] beinhalten diese die Kosten von Maßnahmen zur Verminderung, Vermeidung und Überwachung von Emissionen, wobei als Maßnahmen für den Umweltschutz explizit:

- nachgeschaltete Umweltschutzmaßnahmen,
- produktionsintegrierte Umweltschutzmaßnahmen und
- produktintegrierte Maßnahmen

aufgeführt werden. Über diese Konzentration der Umweltkosten auf die durch die betrieblichen Umweltschutzmaßnahmen verursachten Kosten ist es beispielsweise möglich, die Schätzung der zu erwartenden Kosten, die Erfassung der Ist-Kosten oder eine Beurteilung der ökonomischen Implikationen vorzunehmen bzw. die Kosten als Grundlage für eine Beurteilung der wirtschaftlichen Vertretbarkeit oder einen Maßnahmenvergleich heranzuziehen[107].

---

105 Einen Überblick über verschiedene Anwendungsfelder sowie ein kritische Diskussion der Verwendung von Kennzahlen bzw. Kennzahlensystemen findet sich in [Seidel et al. 1998].

106 Nach VDI-Norm 3800 [VDI 1992]; vergleichbare Definitionen werden in [Rentz 1979], [Roth 1992] und [Keilus 1993] formuliert.

107 Verwiesen wird hierzu auf [Rentz 1979].

Neben dieser etablierten Definition werden in neueren Ansätzen[108] Umweltkosten als die Kosten definiert, die mit dem Anfall von Reststoffen verknüpft sind[109] (siehe Abbildung 4-9). Dabei kann folgende Aufteilung vorgenommen werden[110]:

- Vermeidung von Reststoffen:

  Alle Kosten von Maßnahmen zum produktionsintegrierten Umweltschutz

- Produktion von Reststoffen:

  Z. B. Einkaufskosten von Um- und Verkaufsverpackungen oder Verschnittmaterial, innerbetrieblicher Transportaufwand, Gefahrstofflager, Umweltbeauftragter

- Entsorgung von Reststoffen:

  Kosten der Entsorgung

- Kosten für nachgeschaltete Umweltschutzmaßnahmen

Abbildung 4-9: Anfall von Reststoffen im Produktionsablauf [Fischer et al. 1997, S. 3]

Diese neuere Definition von Umweltkosten, die sich auf die **Reststoffkosten** konzentriert, ist darauf ausgerichtet, Ansatzpunkte für kostensenkende Maßnahmen im Umweltschutz, deren Realisation sich gegebenenfalls auch unter rein wirtschaftlichen Überlegungen heraus rentiert, zu identifizieren und entsprechend zu nutzen. Die Sichtweise, Umweltschutzauflagen als primäre Kostentreiber im Umweltschutz zu identifizieren, wird somit durch eine mehr entscheidungsorientierte, offensive Sicht-

[108] Wie beispielsweise in [BMU 1995, S. 442] oder [Fischer et al. 1997].

[109] Neben den beiden bisher vorgestellten Definitionen von Umweltkosten existiert eine dritte Definition, die den Einbezug von Umwelteinwirkungen über externe Kosten anstrebt (vgl. [Piro 1994], [Eichhorn 1972] und [Schreiner 1994]).

[110] Nach [Fischer et al. 1997, S. 14 f.].

weise ersetzt[111]. Motivieren lässt sich dieser Ansatz durch folgende Größenordnungen[112]: Nur 60 % des Gesamtoutputs sind Produkte, 40 % sind Reststoffe. 5 - 15 % der gesamten Herstellkosten beziehen sich auf Reststoffe. 45 Mrd. DM fallen in der deutschen Industrie pro Jahr für die Entsorgung an.

Den Vorteilen der relativ guten Datenverfügbarkeit für die Umweltkosten, der Transparenz des Verfahrens und der damit verbundenen einfachen Realisierbarkeit stehen allerdings einige Schwachpunkte gegenüber. Bei der Erstellung einer Prioritätenreihenfolge auf Basis der Höhe der so definierten Umweltkosten für die einzelnen Betriebsbereiche (siehe das Beispiel in der Abbildung 4-10) ist nicht belegt, dass auch die Bereiche identifiziert werden, in denen die wirtschaftlich effizientesten Maßnahmen zu finden sind und/oder in denen der größte ökologische Nutzen erzielbar ist. Weiterhin wird bei einer derartigen Erfassung von Umweltkosten die Konzentration auf Maßnahmen zur Vermeidung von Reststoffen, deren Anfall zu betrieblichen Kosten führt, gelenkt. Beispielsweise bleiben Maßnahmen zur Minderung bestimmter Emissionen in die Luft - wie des Treibhausgases CO_2 oder den zur Photooxidantienbildung beitragenden flüchtigen organischen Kohlenwasserstoffen[113] - unberücksichtigt, weil für diese (zur Zeit) keine „Reststoffkosten“ anfallen. Eine Möglichkeit, den Emissionen in die Luft nach diesem Ansatz Kosten zu zuordnen, wäre die Ausweisung von Energiekosten. Hierbei ist jedoch eine weitere Differenzierung dieser Kosten auf einzelne Emissionen nicht möglich, weshalb in diesem Ansatz keine gezielte Steuerungs- und Bewertungsfunktion enthalten ist. Aus ökologischen - und auch ökonomischen - Gründen heraus lässt sich eine derartige Ausgrenzung nicht begründen.

Es stellt sich weiterhin die Frage, inwieweit sich ein solcher Ansatz von dem herkömmlichen Controlling unterscheidet. Werden Umweltkosten wie andere betriebliche Kosten behandelt, so ist ein derartiger Ansatz nicht notwendig bzw. er deckt Defizite im bisherigen betrieblichen Controlling auf[114]. Werden Maßnahmen zur Senkung der Umweltkosten präferiert, so stellt sich das Problem, dass andere Investitionen mit höherer Rentabilität gegebenenfalls verdrängt werden.

Wie die vorangegangenen Ausführungen gezeigt haben, besteht bei der ökologischen Beurteilung der Stoff- und Energiedaten trotz der bisher entwickelten Lösungsansätze ein großer Forschungsbedarf.

---

[111] Eine Weiterentwicklung des Konzeptes stellt das Flusskostenkonzept dar, das in [Fischer et al. 1997] entwickelt wird.

[112] Zahlen aus [Fischer et al. 1997].

[113] Für andere Emissionen wie SO_2 existieren für genehmigungspflichtige Anlagen Grenzwerte, und somit können Maßnahmen zur Erreichung dieser Grenzwerte in der skizzierten Definition der Umweltkosten Eingang finden.

[114] In [Schreiner 1992, S. 477] wird darauf hingewiesen, dass Umweltschutz zwar das auslösende Element für Kosteneinsparungen sein kann, diese aber nicht das eigentliche Ziel sein können.

Reststoffstrom	Kosten der Produktion				Kosten der Entsorgung	Gesamt
	Einkaufs-Kosten	Personal	AfA	Andere Kosten		
Ausfälle und Nacharbeit	1006	270			-14	1263
Schnittreste	167					167
Produkt- und Transport-verpackungen am Produkt					461	461
Umadjustierung u. Umfärben	256	931			6	1192
Sonst. Verpackungsmaterialien	182	99	48		9	338
Abwasser	521				257	779
Weitere Abwärme	744					744
Gesamt	**2876**	**1300**	**48**	**0**	**720**	**4944**
Weitere Kosten						
Differenzen	508					508
Nachsätze	19	122	34			175
Bestände	1128					1128
Komplexität						
Gesamt	**1655**	**122**	**34**	**0**	**0**	**1812**

Abbildung 4-10: Die Reststoffkosten des Feinstrumpfhosenwerkes der Kunert AG im Werk Mindelsheim [Fischer et al. 1997, S. 97]

4.5 Maßnahmenplanung und -realisierung

Im Folgenden stellt sich die Frage, wie aufbauend auf den Erkenntnissen über die als ökologisch-relevant identifizierte Problemfelder, einzelne Maßnahmen bzw. Maßnahmenbündel geplant werden können. Dabei sind Handlungsalternativen zu erarbeiten und zu bewerten, um so das „optimale“ Vorgehen identifizieren zu können. Umweltorientierte Maßnahmen können dabei auf den verschiedenen betrieblichen Planungsebenen für unterschiedliche Bilanzierungsebenen anfallen (siehe hierzu die Beispiele in Tabelle 4-5).

Tabelle 4-5: Umweltorientierte Entscheidungen in Industriebetrieben [Haasis 1996]

Zeithorizont	Bilanzierungsebene		
	Anlage	Betrieb	Betriebsverbund
Strategische Entscheidungen	Verfahrensumstellung	Rohstoffersatz vs. Sekundärmaßnahme	Reststoffaufbereitung
	Anlagenersatz	Produktplanung	Produktdienst-leistungsplanung
	Anlagennachrüstung	Standortplanung	Redistributionsplanung
Operative Entscheidungen	Anlagenbetrieb	Mengenplanung	Mengenplanung
	Anlagenzuordnung	Produktions-programmplanung	Produktions-programmplanung
	Rohstoffeinsatz-planung	Termin- und Kapazitätsplanung	Termin- und Kapazitätsplanung
		Produktionssteuerung	Produktionssteuerung

Zusätzlich zu der Istaufnahme des bestehenden Systems bedingt eine umweltorientierte Gestaltung die Erarbeitung beispielsweise von alternativ einsetzbaren Produktions- und Emissionsminderungsverfahren, alternativen Prozessfahrweisen, neuer kreislauforientierter Stoff- und Energieflussvernetzung und alternativen Einsatzstoffen[115]. Dieser kreative Prozess basiert oftmals auf Erfahrung und Intuition und kann auch durch externe Beratung – z. B. Lieferanten-, Hersteller- und/oder Abnehmerauskünften - unterstützt werden. Um eine Bewertung und Auswahl der Handlungsalternativen vornehmen zu können, müssen dann die Daten zu den Stoff- und Energieflüssen sowie den anderen relevanten Planungsgrößen. Diese anderen Faktoren sind beispielsweise Daten zu gesetzliche Regelungen, Budgetvorgaben oder der Zinsentwicklungen.

Bei der Datenerhebung muss in der Regel mit zwei Problemen umgegangen werden:

- Da die Planung auf die Zukunft zielt, ist es notwendig, die zukünftige Entwicklung der Daten abzuschätzen.
- Es können unvollkommene Informationen auftreten, d. h. es liegen entweder keine Informationen vor oder die Menge der Umweltzustände ist bekannt[116], aber es können nur Wahrscheinlichkeiten für das Eintreten dieser Zustände angegeben werden (**Risikosituation**; beispielsweise wird die Wahrscheinlichkeit der gesetzlichen Einführung von neuen Immissionsgrenzwerten zu Ozon mit 50% angesehen). Wenn selbst keine Wahrscheinlichkeiten angegeben werden können, liegt eine **Unsicher-**

[115] Vgl. auch [Wicke et al. 1992, S. 197].
[116] Vgl. beispielsweise [Wöhe 1996, S. 133].

heitssituation vor (z. B. könnten künftig höhere Deponiekosten anfallen, ohne dass man die Wahrscheinlichkeit hierfür nennen kann)[117].

Neben der ökologischen Bewertung von Maßnahmen zur Emissionsminderung und/oder zum Ressourcenschutz, zu der die im vorangegangenen Kapitel angesprochenen methodischen Ansätze in dem Sinne herangezogen werden können, als dass verschiedenen Maßnahmen im Vergleich bzw. gegenüber einer Referenzentwicklung gesehen werden können, ist eine ökonomische Beurteilung vorzunehmen. Deshalb müssen zur umweltorientierten Planung und Steuerung des betrieblichen Beschaffungs- und Produktionsbereiches neben den angesprochenen technisch- und mengenorientierten Größen von Stoff- und Energieströmen monetäre Größen erhoben werden. Eine der bestehenden Problematiken bei der Maßnahmenplanung liegt nun in der bewertenden Zusammenführung der ökonomischen und ökologischen Kriterien. Methodisch kann dies - neben der oben bereits diskutierten Option, die externen Effekte monetär zu bewerten - über

- Portfolioanalyse,
- multikriterielle Ansätze oder
- optimierende oder simulierende Stoff- und Energieflussmodelle

realisiert werden. Auf die Portfolioanalyse wird im folgenden eingegangen, während die anderen Ansätze im Rahmen der Entscheidungsmodelle behandelt werden.

Als eine mögliche Alternative zur Lösung von multikriteriellen Entscheidungsproblemen wird die **Portfolioanalyse** verwendet. Die Portfolio-Technik wird in der Regel dort angewendet, wo nicht-quantifizierbare oder schlechtquantifizierbare Sachverhalte auftreten, wie sie im Rahmen der strategischen Planung oftmals anzutreffen sind. Dabei überwiegen Anwendungen zur Analyse einer Wettbewerbssituation. Dabei wird in der Regel eine zweidimensionale Darstellungsformen (Matrizen, Portfolios) verwendet, wobei auf den Achsen die Bewertungskriterien abgebildet sind. Die möglichen Ausprägungskombinationen der Beurteilungsgrößen werden in Äquivalenzklassen eingeteilt.

Die Stärke der Portfolio-Technik liegt vor allem in ihrer Anschaulichkeit. Probleme treten allerdings auf

- bei der Einteilung der Felder in der Portfolio-Matrix (wobei oftmals eine sehr einprägsame Bezeichnungen der Felder gewählt wird),
- in der Operationalisierung der häufig nicht direkt meßbaren Daten und

[117] Während zur Lösung von Problemen bei Risiko auf das Erwartungswertprinzip zurückgegriffen werden kann, kommen zur Lösung von Entscheidungen bei Unsicherheit Entscheidungsregeln wie bspw. die Maximin-, Minimax- oder Hurwicz-Regel zum Einsatz (vgl. [Neumann 1993, S. 736]).

- der Gewichtung der Bewertungsdimensionen untereinander, die subjektiven Einflussgrößen unterliegt.

Von der Methode sind somit in der Regel keine im mathematischen Sinne exakten Ergebnisse zu erwarten. Sie erlaubt nur eine relativ globale und pauschale Einschätzung.

Die Portfolio-Analyse wird in der betrieblichen Umweltökonomie angewendet, um insbesondere einer eindimensionalen ökonomischen Bewertung eine eindimensionalen ökologischen Bewertung gegenüberzustellen. Dabei können Produkte, Stoff- und Energiestromprojekte oder auch Stoff- und Energieströme bewertet werden. Im Beispiel der Abbildung 4-11 ist der Schadschöpfungsindex, der in einer Maßzahl die Summe aller Umwelteinwirkungen repräsentiert, wiedergegeben. In Kapitel 6 werden die Probleme diskutiert, die bei der Erhebung einer solchen Maßzahl anfallen. Generell liegt in der Bestimmung einer adäquaten Maßgröße der ökologischen Belastung ein weiteres Problem bei der Anwendung dieses Verfahrens.

Die Klassen in der Abbildung 4-11 sind folgendermaßen zu interpretieren. Die *Black Dogs* haben eine hohe Umweltbelastung bei einem tiefen Deckungsbeitrag. Sie sind aus dem Produktionsprogramm zu entfernen. Die *Black Cash Cows* tragen zum wirtschaftlichen Erfolg bei, sie zeichnen sich aber durch eine hohe Umweltbelastung aus. Die Gefahr besteht, dass sie künftig nicht mehr vom Markt akzeptiert werden oder durch umweltpolitische Instrumente seitens des Staates ihre Nutzung verteuert oder eingeschränkt wird. Die *Green Question Marks* sind ökologisch-attraktive Produkte, die aber (noch) nicht wesentlich zum wirtschaftlichen Erfolg beitragen. Die *Green Stars* vereinigen die ökonomischen und ökologischen Anforderungen.

Bei der Maßnahmenplanung ist generell zu beachten, dass eine Konzentration auf einzelne Unternehmensbereiche zu Suboptima führen kann, da sich die Maßnahmen entlang der Prozesskette beeinflussen können. Eine integrierte Betrachtung entlang der Prozesskette ist deshalb oftmals zu präferieren. Dabei ist ausgehend von einer konkretisierten Produktionsaufgabe (z. B. Erzeugung von Elektrizität aus Steinkohle mit einem vorgegebenen Lastprofil), das gesamte Produktionssystem optimal in gegebenen Bilanzierungsgrenzen bei Einhaltung bestimmter Umweltziele (beispielsweise konkretisiert über Emissions- oder Immissionsstandards) zu gestalten. Dieses technische-ökonomische-ökologische Optimierungsproblem ist unter der Aufgabe zu lösen, an welcher Stelle des gesamten Produktionsprozesses bzw. der Prozesskette ein bestimmter Schadstoffmassenstrom bzw. mehrere Schadstoffmassenströme auszutragen sind (siehe Abbildung 4-12)[118]. So besteht beispielsweise zwischen der Entschwefelung von Kohle bei der Primärenergieaufbereitung und dem Einsatz von nachgeschalteten Rauchgasentschwefelungsanlagen (REA) in einem Kohlekraftwerken eine Trade-off-Beziehung.

[118] Vgl. [Rentz 1995b, S. 67]

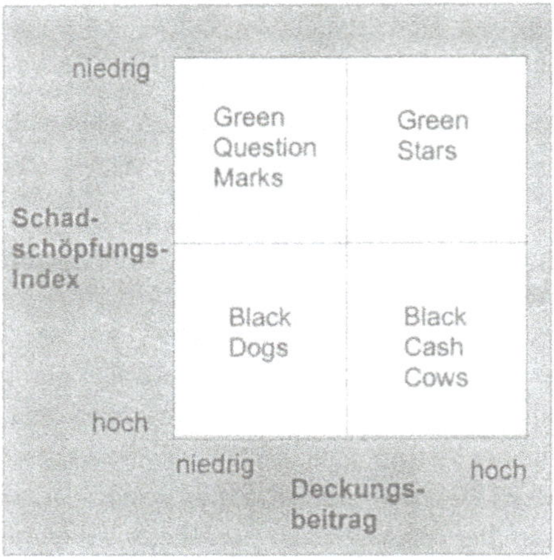

Abbildung 4-11: Beispiel für ein Portfolio zur Produktbewertung (in Anlehnung an [Schaltegger et al. 1995])

Eine Senkung des Schwefelgehaltes in der Kohle führt zu höheren Heizwerten und geringeren Transportkosten, aber auch zu höheren Ressourcenverbräuchen bei der Kohle und Abfallfolgenproblemen. Die investitionsabhängigen Kosten einer REA, die weit über den variablen Kosten liegen, hängen primär vom Rauchgasvolumenstrom und weniger vom abzuscheidenden Schadstoffmassenstrom ab. Somit ist in der Regel eine Entschwefelung des Energieträgers Kohle oder eine Installation einer REA vorzunehmen, wobei die optimale Entscheidung u. a. durch die zu erzielende Emissionsminderung bestimmt wird. Umgekehrt ist zur NO_x-Minderung bei fossilen Kraftwerken oftmals eine Kombination von Primär- mit Sekundärmaßnahmen eine ökonomisch sinnvolle Option.

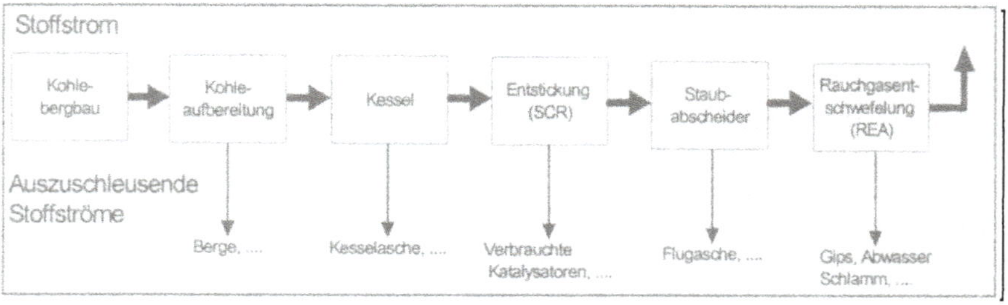

Abbildung 4-12: Stoffströme bei einer Kohlenstaubfeuerung mit trockenem Ascheabzug (in Anlehnung an [Rentz 1995b, S. 68])

Neben SO_2-Emissionen werden in einer REA als Nebeneffekt noch andere Emissionen wie HCI oder HF gemindert[119]. Der Umstand, dass eine Maßnahme sich auf die Höhe mehrere Emissionen auswirkt, ist bei der Maßnahmenauswahl Rechnung zu tragen. Dabei treten jedoch nicht nur synergistische Effekte auf.

So führt

- die thermische Nachverbrennung von flüchtigen organischen Kohlenwasserstoffen (VOC) aufgrund der Bildung von thermischen NO_x und der oftmals notwendigen Zusatzfeuerung von Gas zu einem Anstieg der NO_x-Emissionen oder
- die Substitution von lösemittelhaltigen Lacken durch wasserbasierende Lacke in der Automobillackierung zur VOC-Emissionsminderung zu einem zusätzlichem Energiebedarf für die Trocknung – und damit zu energiebedingten Emissionen.

Allerdings ist zu bilanzieren, dass aufgrund der Komplexität vieler Planungsaufgaben der Gesamtplan oftmals in Teilpläne zerlegt und deren Optima losgelöst voneinander bestimmt werden, auch unter der Gefahr, dass aufgrund der existierenden Interdependenzen dies gegebenenfalls nicht zur optimalen Gesamtlösung führt.

An die Maßnahmen- und Strategieplanung schließt sich die Umsetzung und Kontrolle der geplanten Maßnahmen an.

4.6 Entscheidungsmodelle zur Maßnahmenplanung

4.6.1 Einführung

Die Grundlage für eine Maßnahmenplanung im Stoff- und Energiestrommanagement bildet das Rationalitätsprinzip aus der betriebswirtschaftlichen Entscheidungslehre, welches besagt, dass bestimmte Ziele unter der Annahme unterschiedlicher realer Handlungsalternativen optimal realisiert werden. Die Ausgangsfragestellung lautet wie die Gestaltung zukünftiger, innovativer Produktionsanlagen bzw. -verfahren unter bestimmten Gütekriterien zu gestalten ist. Ein dabei möglicherweise auftretendes Problem liegt darin, dass Untersuchungen am realen System oder Experimente an Versuchsanlagen aus Kosten-, Zeit- und/oder Risikogründen nicht durchführbar sind. In diesen Fällen bietet sich der Einsatz rechnergestützter Produktionsmodelle an.

Um komplexe Zusammenhänge mit Problemlösungsansätze aus der Logik oder der Mathematik zu handhaben, bedient man sich dabei der Modellbildung. Unter einem Modell versteht man hierbei die zweckorientierte Abbildung des Originals auf ein anderes System. Entscheidend ist dabei die Zweckorientierung, die zugleich Leitlinie bei der Auswahl bestimmter abzubildender Eigenschaften des Originals und das Güte-

119 Vgl. [Rentz 1995, S. 67 f.].

kriterium für das Modell darstellt. In der Tabelle 4-6 ist eine mögliche Klassifikation von Modellen dargestellt. Die Entscheidungstheorie fokussiert sich auf Entscheidungsmodelle um Mittel und Wege aufzuzeigen, die zur Verbesserung der Entscheidung in Betrieben beitragen.

Tabelle 4-6: Klassifizierung von Modellen[120]

Merkmale	**Ausprägungen**		
Einsatzfeld / Zweck	Beschreibung	Erklärung oder Prognose	Entscheidungsunterstützung
Planungshorizont	strategisch	taktisch	operational
Geltungsanspruch	konkretes Modell	allgemeines Modell[1)]	
Systemtheorie	deskriptives Modell	normatives Modell	
Realitätsbezug	Realmodell	Idealmodell	
Art der Abbildung	isomorph[2)]	homomorph	
Grad der Bestimmbarkeit	deterministisch	stochastisch	
Zeitbezug	statisch	dynamisch	
Art der Beziehung	linear[3)]	nichtlinear	
Vollständigkeit	Totalmodell	Partialmodell / sektorales Modell	

1) Während ein konkretes Modell sich auf ein spezifisches Original bezieht, dient ein allgemeines Modell der Nachbildung einer Vielzahl von Einzelobjekten.

2) Bei Isomorphie (Strukturgleichheit) ist jedem Originalelement ein Element im Modell eindeutig zugeordnet.

3) Das Unterstellen von Linearität erleichtert die Problemlösung erheblich, andererseits sind in der Realität die wenigsten Prozesse rein linear. Die Annahme linearer Verläufe ist auch in der Betriebswirtschaft weit verbreitet (vgl. bspw. Leontief-Produktionsfunktionen).

In [Schneeweiß 1993] wird dabei die Planung als iterativer Prozess dargestellt (siehe Abbildung 4-13): im ersten Schritt wird ausgehend von einem oftmals komplexen **Realproblem** ein sogenanntes **Realmodell** formuliert, welches das zu lösende Problem in seinen wesentlichen Elementen (oftmals nur verbal) beschreibt. So könnte z. B. im Fallbeispiel des vorangegangenen Kapitels zu Stoffströmen bei einer Kohlestaubfeuerung andere Emissionen außer Schwefeldioxid vernachlässigt werden, oder Emissionen des Transportes nicht berücksichtigt werden, wenn sie kaum entscheidungsrelevant sind.

120 Vgl. u.a. [Penkuhn 1997, S. 26], [Dyckhoff 1994], [Krallmann 1988].

Im zweiten Schritt wird dann ein mathematisch beschreibbares Entscheidungsmodell aufgestellt, wobei die Reduktion/Vereinfachung vom Realmodell auf das Formalmodell (die sogenannte **Relaxation**) aus Gründen der mathematischen Lösbarkeit herbeigeführt wird. Im Fallbeispiel der Kohlefeuerung könnte z. B. der Schwefelgehalt der Kohle als deterministisch angesehen werden, obwohl er variiert, um ein deterministisches und kein stochastisches Entscheidungsmodell formulieren zu können.

Die Überprüfung der Modelleignung erfolgt beim Realmodell durch eine empirische Überprüfung gehaltvoller Hypothesen. Beim Formalmodell werden die erhaltenen Entscheidungsvorschläge an dem Realmodell getestet.

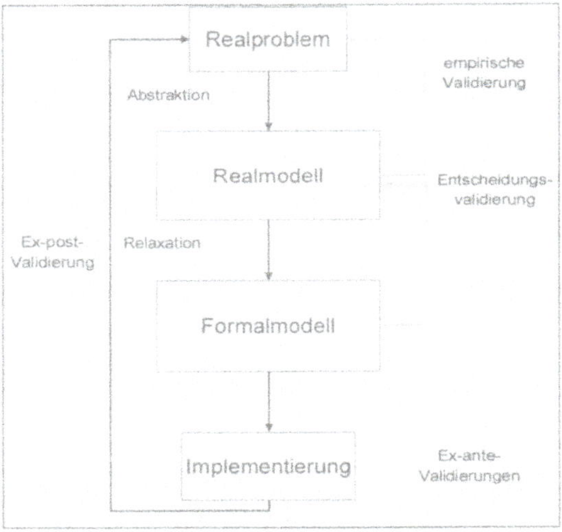

Abbildung 4-13: Zur Modellbildung in der Planung [Schneeweiß 1993, S. 79]

Die mathematischen Methoden zur Ermittlung optimaler Entscheidungen, die Gegenstand des Operations Research (der mathematischen Planungsmethoden in der Betriebswirtschaftslehre) sind, lassen sich in Methoden der **Optimierung** und der **Simulation** einteilen. Beide Methoden basieren auf mathematischen Modellen und sind rechnergestützt.

Die Aufgabe der Optimierung besteht in der Suche nach der bestmöglichen (optimalen) Lösung unter verschiedenen Alternativen gemäß einem bestimmten Gütekriterium unter Berücksichtigung von Nebenbedingungen[121]. Simulation ist die Nachahmung des realen Verhaltens eines Systems unter Benutzung mathematischer Modelle mit dem Ziel, Aussagen über das Verhalten des realen Systems zu gewinnen.

[121] Siehe z.B. [Neumann et al. 1993].

Sie findet häufig dann Anwendung, wenn die Problemstellung durch eine hohe Komplexität gekennzeichnet ist und mit einem Optimiermodell nicht abgebildet werden kann bzw. kein geeignetes mathematisches Lösungsverfahren zur Verfügung steht. Die Simulation gehört zu den heuristischen Verfahren. Durch systematisches Probieren bzw. modellorientiertes Experimentieren will man dabei ein möglichst gute Lösung erhalten[122].

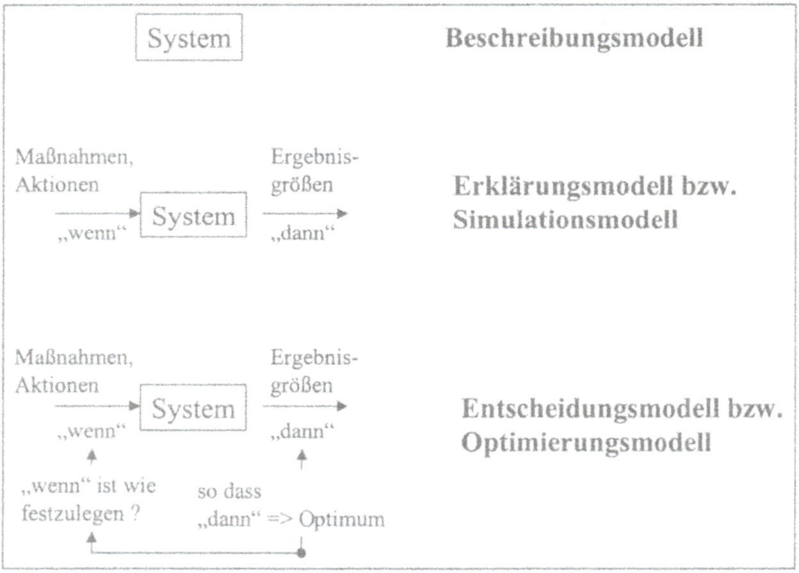

Abbildung 4-14: Modelltypen [Küll et al. 1999. S. 3]

Im folgenden Kapitel wird das Thema behandelt, wie bei einem systematischen Einbezug des Umweltschutzes Ziel- und Mittelentscheidungen unterstützt werden können. Dabei werden exemplarisch verschiedene methodische Ansätze vorgestellt, die zu der Simulation oder zur Optimierung von Stoff- und Energieströmen eingesetzt werden können.

Neben Methoden des Operation Research *(problem solving)* werden zwei weitere prinzipielle Lösungsansätze diskutiert:

- *Problem resolving*: hier wird eine zufriedenstellende Lösung aufgrund praktischer Erfahrung gesucht und
- *Problem dissolving*: Lösung des Entscheidungsproblems durch eine Änderung der Rahmenbedingungen, so dass das eigentliche Problem nicht mehr besteht.

[122] Siehe [Küll et al. 1999, S. 1].

Diese können ebenfalls bei der Planung und Steuerung von Stoff- und Energieströmen eine Rolle spielen, gerade wenn mathematische Methoden nicht geeignet sind. Dies ist dann der Fall, wenn geeignete Lösungsverfahren nicht zur Verfügung stehen, notwendige Daten nicht zu ermitteln sind, der Aufwand zur Modellbildung den Ertrag übersteigt oder wenn das Problem nicht formalisierbar ist[123].

4.6.2 Methoden zur Simulation von Stoff- und Energieflüssen

Im Folgenden wird auf die Aktivitätsanalyse und auf Stoffstromnetze eingegangen. Die Berechnungen sogenannter Stoffstromnetze bzw. die Anwendung der Aktivitätsanalyse dient dazu, unbekannte Stoff- und Energieströme ausgehend von bekannten Stoff- und Energieströmen zu bestimmen. Dies hat u. a. den Zweck, das Emissionsverhalten und/oder die Kosten modifizierter oder neuer Produktionsanlagen abzuschätzen, ohne die Anlage betreiben und die Emissionen messen zu müssen (Simulation an einem Modell, nicht am System). Ausgangspunkt beider Methoden ist eine definierte Darstellung von Produktionssystemen als Flussmodelle.

Da die Wechselwirkungen eines Unternehmens mit der Umwelt aus stofflichen und energetischen Strömen bestehen, die durch seine Produktionsaktivitäten ausgelöst werden, werden solche Planungssysteme insbesondere zur Erfassung und Auswertung dieser Daten eingesetzt, um so eine Informationsgrundlage für das Umweltmanagement des Unternehmens bilden zu können. Aus diesem Grunde ist der Übergang zwischen den in diesem Kapitel und den in Kapitel 5 und 6 dargestellten betrieblichen Umweltinformationssystemen und Modellen zur Ökobilanzierung fließend.

4.6.2.1 Die Aktivitätsanalyse

Die Produktions- und Kostentheorie ist ein Teilgebiet der Allgemeinen Betriebswirtschaftslehre. Sie ist auf produktionswirtschaftliche Fragestellungen konzentriert und hat ein theoretisches Wissenschaftsziel. Die **Produktionstheorie** analysiert die Beziehungen zwischen den mengenmäßig ausgebrachten Produkten und den eingesetzten Mengen an Produktionsfaktoren (Mengengerüst). Die Organisation und die Art oder der Ablauf der Produktion werden nicht berücksichtigt[124]. Die **Kostentheorie** behandelt die funktionalen Beziehungen zwischen Ausbringungsmenge und den durch die Produktion verursachten Kosten (mit Preisen bewerteten Einsatzmengen an Produktionsfaktoren) (Wertgerüst). Ein Produktionssystem bzw. eine Anlage kann über Transformationsbeziehungen zwischen In- und Outputs beschrieben werden. Eine

[123] Siehe [Wöhe 1981, S. 152 f.].
[124] Siehe zur abstrahierten Darstellung eines Produktionssystems auch die Abbildung 3-2.

derartige Erfassung produktiver Gesetzmäßigkeit ist Ziel der **Aktivitätsanalyse**[125], die in den letzten Jahren verstärkt in die Produktions- und Kostentheorie eingeflossen ist[126]. Die Grundlage für die Aktivitätsanalyse bilden die Aktivitäten, die die Input-Output-Beziehung in einem Betriebspunkt eines Produktionssystems widerspiegeln, die **Technologien**, die die Summe an Produktionsmöglichkeiten (**Aktivitäten**) eines Produktionssystems beschreiben, und die **Produktionsfunktionen**, die ausschließlich die effizienten Input-Output-Kombinationen einer Technologie über eine analytische Transformationsfunktion abbilden. Formale Beschreibungen von Faktoreinsatzmengen und Ausbringungsmengen über Technologien oder hieraus abgeleiteten Produktionsfunktionen werden auch als Produktionsmodelle bezeichnet[127]. In Abbildung 4-15 sind für eine spezielle Produktionsfunktion die Zusammenhänge graphisch dargestellt. Produktionsfunktionen (PF) lassen sich anhand der Klassifikationskriterien **Substituierbarkeit der Produktionsfaktoren** sowie den **Produktionskoeffizienten** $a_{ij} = \frac{r_i^p}{x_j^p}$, wobei x_j die Ausbringungsmenge (Output) und r_i die Faktoreinsatzmenge (Input) ist, unterscheiden (siehe Abbildung 4-16).

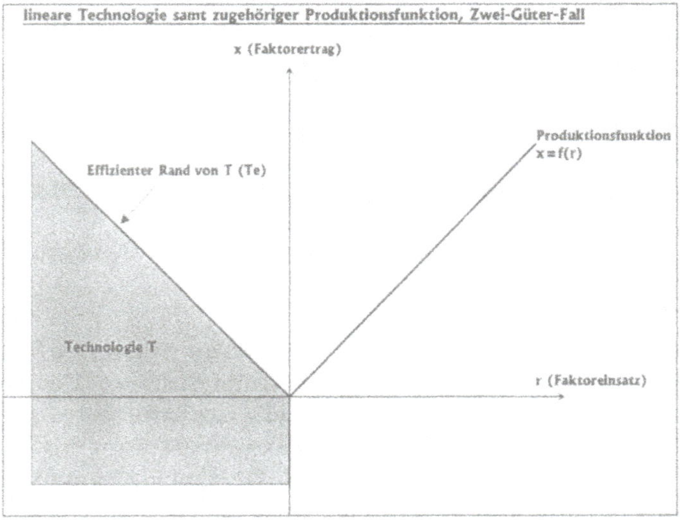

Abbildung 4-15: Beispiel einer linearen Technologie samt dazugehöriger Produktionsfunktion [Zahn et al., 1996, S. 188]

125 Die Aktivitätsanalyse geht auf [Koopmans 1951] zurück und wurde von [Wittmann 1968] erweitert.

126 Eine Übersicht über aktivitätsanalytische Ansätze sowie deren Eignung für produktionstheoretische Analysen bieten u.a. [Fandel 1991], [Kistner 1993], [Dyckhoff 1994], [Steven 1994], [Dyckhoff 1995], [Dinkelbach et al. 1997].

127 Vgl. [Fandel 1991, S. 11 f.].

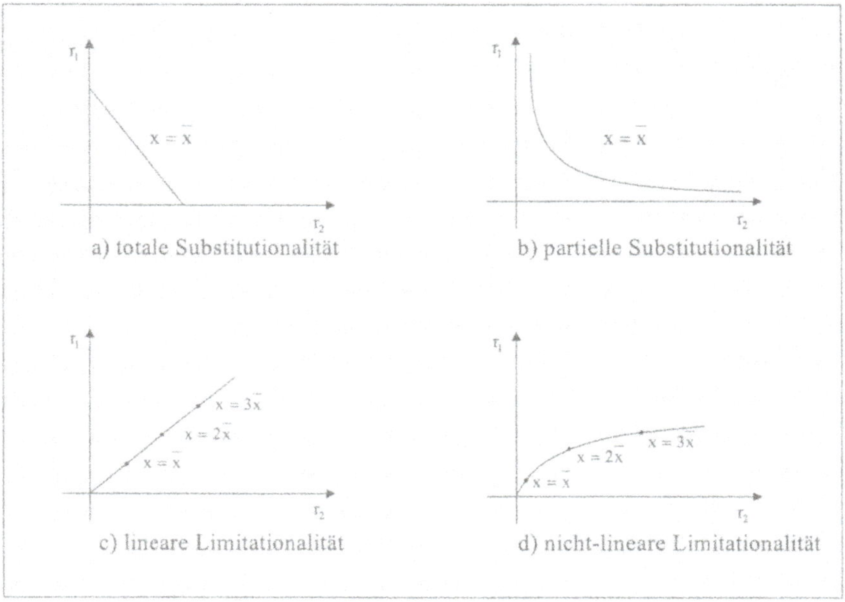

Abbildung 4-16: Substitutionalität und Limitationalität als Kriterien zur Differenzierung von PF [Steven 1994, S. 18f]

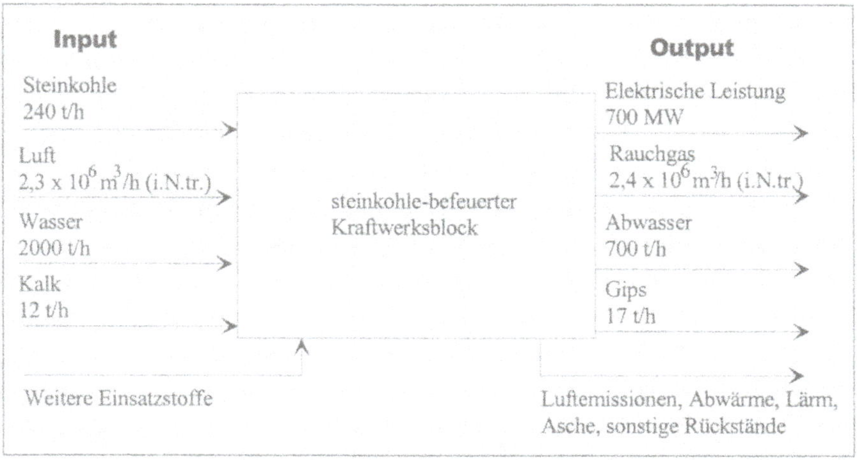

Abbildung 4-17: Realer Produktionsprozess eines steinkohlebefeuerten Kraftwerks in einer Input-Output-Darstellung[128]

[128] Zahlen aus [Bucher et al. 1985].

In Abbildung 4-17 werden relevante Energie- und Stoffströme eines ausgewählten Kraftwerkes über Input-Output-Beziehungen in einem bestimmten Betriebspunkt wiedergegeben.

Die Input-Output-Beziehungen einer energietechnischen Anlage, wie des dargestellten Kraftwerksblocks, lassen sich für einen spezifizierten Betriebspunkt durch die Faktoreinsatzmengen (Inputs) $r = (r_1, ..., r_n)$ beschreiben, die zu einer bestimmten Kombination von Ausbringungsmengen (Outputs) $x = (x_1, ..., x_m)$ führen[129]. Der Betriebspunkt $y = (r, x)$ ist somit darstellbar als ein Vektor im (n + m) - dimensionalen Güterraum[130]. In der aktivitätsanalytischen Terminologie wird er als Aktivität (oder auch als Produktion bzw. Produktionspunkt) bezeichnet. Die Energie- und Stoffströme des steinkohlebefeuerten Kraftwerkblocks lassen sich somit in Form eines Aktivitätsvektors folgendermaßen darstellen:

$$y = \begin{bmatrix} r_1 \\ r_2 \\ r_3 \\ r_4 \\ x_1 \\ x_2 \\ x_3 \\ x_4 \end{bmatrix} = \begin{bmatrix} Steinkohle \\ Luft \\ Wasser \\ Kalk \\ Strom \\ Rauchgas \\ Abwasser \\ Gips \end{bmatrix}$$

Eine Planung und Steuerung von Energie- und Stoffströmen basiert u. a. auf Informationen über Mengenbeziehungen von Energie- und Stoffströmen in verschiedenen Betriebspunkten. Wird die Leistung (auch als Intensität bezeichnet), mit der eine Produktionsanlage gefahren werden kann, mit $\lambda \in R_0^+$ und der sich bei dieser Intensität einstellende Energie- und Stoffstromvektor mit $z \in R^{n+m}$ bezeichnet, so stellt sich bei energietechnischen Anlagen (wie bei vielen industriellen Produktionsprozessen) ein zumeist nichtlinearer Zusammenhang $z = y(\lambda)$ ein[131]. In der Abbildung 4-18 ist ein derartiger Zusammenhang für eine Dampfturbine dargestellt.

---

[129] In der Aktivitätsanalyse wird in der Regel nicht explizit zwischen Faktoreinsatzmengen und Ausbringungsmengen (Produkten) unterschieden. Eine Differenzierung erfolgt in diesen Fällen über ein negatives Vorzeichen für Einsatzfaktoren und ein positives für Produkte. In der vorliegenden Arbeit wird jedoch das positive Vorzeichen auch für Faktoreinsatzmengen beibehalten (zu Vor- und Nachteilen dieser Darstellungsart siehe [Kistner 1993, S. 54 f.]).

[130] Die technische Realisierbarkeit wird im folgenden immer vorausgesetzt.

[131] Vgl. [Spengler 1998, S. 108].

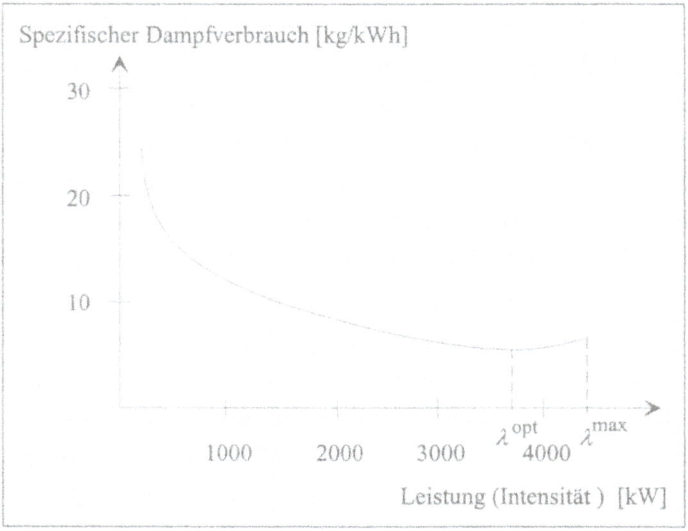

Abbildung 4-18: Die Verbrauchsfunktion einer Dampfturbine (nach [Fandel 1991, S. 205])

Für einige wichtige Planungsaufgaben bei Produktionsunternehmen ist eine lineare Abbildung der Transformationsbeziehung zwischen Faktoreinsatz- und Ausbringungsmenge ausreichend bzw. eine Approximation von Nichtlinearitäten durch eine stückweise Linearisierung kann ein adäquater Lösungsweg sein.

Im Folgenden wird deshalb von einer linearen Beziehung zwischen Faktoreinsatz- und Ausbringungsmengen ausgegangen. Weiterhin wird festgesetzt, dass sowohl bei den Einsatzfaktoren wie auch bei den Produkten keine substitutionalen Beziehungen existieren. Es liegt somit der Fall einer starren Kuppelproduktion[132] vor (siehe Abbildung 4-19). Es liegt somit eine limitationalen PF (die auch als Leontief-PF bezeichnet wird) vor, die für produktionswirtschaftliche Fragestellungen eine hervorgehobene Rolle spielt. Die outputorientierte Leontief-Produktionsfunktion (allgemein $x = f(r)$) lässt sich folgendermaßen angeben:

$$x_j = \frac{1}{a_{ij}} \cdot r_i \quad \textit{für alle } j \in \{1,\ldots,m\}$$

$$\textit{mit} \quad a_{ij} = \textit{konstant} > 0, \quad \frac{1}{a_{ij}} \cdot r_i = \frac{1}{a_{i'j}} \cdot r_{i'} \quad \textit{für alle } i,i' \in \{1,\ldots,n\} \textit{ und } j \in \{1,\ldots,m\}$$

[132] Zur Behandlung von Kuppelproduktion in vernetzten Produktionssystemen unter Einschluß von Recycling auf Basis von wird auf [Jahnke 1986] verwiesen, der die Input-Output-Ansätze von [Kloock 1969] erweitert hat.

Wird der lineare Fall[133] unterstellt, so werden die möglichen Energie- und Stoffströme eines einstufigen Kraftwerksprozesses (beispielsweise ein Aggregat wie eine Dampfturbine oder ein Produktionssystem wie das in Abbildung 5.2 dargestellten steinkohlebefeuerter Kraftwerksblockes) durch die Menge $\{z \mid z = \lambda \cdot y^{p} \ , \lambda \geq 0\}$ erfasst[134]. Dabei ist $y^{p} = (r^{p}, x^{p})$ die **Basisaktivität**[135], die eine Produktion in ihrer elementaren Verfahrensweise beschreibt. Da es sich bei dem hier betrachteten Output Energie um eine kontinuierliche Größe handelt, ist die Festlegung einer Basisaktivität – anders als bei Herstellung von Stückgütern – relativ beliebig. Mit bekannten Input- und Outputkoeffizienten (r_i^{p}, x_i^{p}) und bekannten λ lassen sich dann die Energie- und Stoffströme kalkulieren. Zur Berechnung der Stoff- und Energieströme im vernetzten Produktionssystem des Beispiels der Abbildung 4-19 kann ein lineares Gleichungssystem aufgestellt werden. Aufgrund der Formulierung als lineares Gleichungssystem und der Option, auf dieser Basis sogenannte **Input-Output-Modelle** aufzustellen, die aus einzelnen lokalen Leontief-PF bestehen (siehe Abbildung 4-19), hat die Leontief-PF eine gewisse produktionswirtschaftliche Relevanz. Dies gilt insbesondere dann, wenn nicht der Lösungsalgorithmus im Vordergrund steht, sondern das notwendige Grundverständnis - beispielsweise bezüglich Modellformulierung oder Ergebnisinterpretation - für Modelle auf Basis der linearen Programmierung. So basieren die meisten computergesteuerten Produktionsplanungs- und -steuerungssysteme auf linear-limitationalen Input-Output-Modellen.

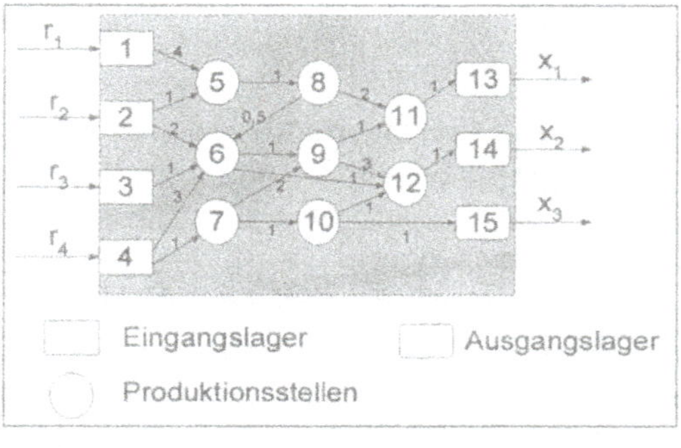

Abbildung 4-19: Beispiel einer betriebswirtschaftlichen Input-Output-Analyse auf Basis einer Leontief-PF [Steven 1998, S. 205]

[133] Lineare produktionstechnische Beziehungen haben sowohl in der Produktions- und Kostentheorie wie auch bei deren praktischen Anwendung eine hohe Relevanz (siehe z.B. [Dyckhoff 1995]).

[134] Ein Produktionsprozeß umfaßt somit die Menge aller Aktivitäten, die durch eine proportionale Ausdehnung aller Einsatzfaktormengen der Aktivität y^{p} realisierbar sind (vgl. [Kistner 1993, S. 56 f.]). In der aktivitätsanalytischen Terminologie wird ein Prozeß in der geometrischen Darstellung auch als Prozeßstrahl bezeichnet (siehe auch Abbildung 4-15).

[135] Siehe zur Einführung und Definition einer Basisaktivität [Dyckhoff 1995, S. 53 ff.].

4.6.2.2 Petri- und Stoffstromnetze

Eine Möglichkeit, komplexe vernetzte Produktionssysteme über ihre Stoff- und Energieströme abzubilden, basiert auf einer Anwendung der Petri-Netz-Theorie, die von Carl Adam Petri entwickelt wurde[136]. Petri-Netze werden neben der Abbildung von Produktionssystemen (Stoffstromnetzen) für die formale Beschreibung von Systemen eingesetzt, die nicht zentral gesteuert werden, in denen kein strenges Muster von Ursache und Wirkung herrscht und in denen Ereignisse unabhängig voneinander auftreten können (z. B. zur Beschreibung von Geschäftsprozessen).

Ein Stoffstromnetz ist ein Graph mit Knoten und Kanten zwischen diesen Knoten. Die Netze werden in Form von Netzplänen dargestellt, die aus vier Elementen bestehen[137]:

- *Stellen* werden im Netz durch Kreise oder Ellipsen symbolisiert und dienen als Zwischenspeicher ohne Stoff- und Energieumwandlung. Das bedeutet, dass das was eingebracht wird, auch wieder entnommen werden kann. Allgemein verbindet sich mit der Stelle die Modellierung eines Zustandes. In anderen Rechnungswesensystemen nennt man Knoten dieser Art Bestandsknoten. Die Integration von Beständen ist ein wesentliches Charakteristikum der sogenannter Stoffstromnetze. In- und Outputstellen sind Sondertypen von Stellen, die die Stoff- und Energieströme über die Systemgrenze abbilden.

- *Transitionen*, auch als Ereignisse oder Instanzen bezeichnet, werden durch Quadrate dargestellt und haben die Aufgabe, ankommende Informationen zu verrechnen. In Stoffstromnetzwerken werden Prozesse als Transitionen abgebildet, in die als Input (bzw. Output) Stoffe und Energien eingehen (bzw. ausgehen). Die Elemente Stellen und Transitionen werden als Knoten bezeichnet. Die Transitionspezifikationen beinhalten Informationen zur Art der Stoffe und Energien und zu Mengenangaben zwischen den einzelnen Strömen. Die Transformation von In- und Outputströmen erfolgt auf Basis linearer oder nicht-linearer mathematischer Funktionen oder Verhältniszahlen.

- *Kanten* (auch als Konnektoren bezeichnet) werden durch Pfeile repräsentiert. Ihre Aufgabe liegt in der Verbindung von Stellen und Transitionen. In den Produktionsmodellen transportieren die Konnektoren die Materialien und Energien von den Stellen zu den Transitionen. Es dürfen allerdings keine Verbindungen direkt zwischen zwei Stellen oder direkt zwischen zwei Transitionen integriert werden.

- *Marken* (auch als Objekte bezeichnet) werden im Netz durch einen Punkt dargestellt und symbolisieren die von den Stellen zu Transitionen fließenden Informationen. In den Produktionsmodellen repräsentieren Marken die Material- und Energieströme in den Produktionsprozessen.

---

[136] Siehe [Petri 1962].

[137] Vgl. [Otto 1997, S. 47], [Rolf 1994, S. 60] und [Möller 1995, S. 39ff.].

Abbildung 4-20: Elemente von Petri-Netzen [Möller 1995, S. 40]

Um ein Stoffstromnetz zu entwickeln und somit eine graphische Darstellung der Stoffströme zu erhalten, werden die Orte der Transformation durch Stellen voneinander abgegrenzt (siehe als Beispiel Abbildung 4-22). Die zugehenden Ressourcen werden den Inputstellen entnommen, die bei der Transformation anfallenden Produkte und Abfälle werden den Outputstellen zugeführt. Eingangsstellen können Ausgangsstellen anderer Transitionen bilden sowie Ausgangsstellen Eingangsstellen wieder anderer Transitionen. Dabei gibt es im Modell keine zeitliche Diskrepanz zwischen Entnahme des Inputs und Abgabe des Outputs. Man kann Teilnetze zu einzelnen Netzelementen vergröbern und umgekehrt Netzelemente durch detailliertere Teilnetze verfeinern. Bei der Verfeinerung wird eine Transition oder eine Stelle durch ein Teilnetz ersetzt, das alle relevanten Komponenten enthält. Atomare Bestandteile eines Stoffstromnetzes sind diejenigen Transitionen, die nicht weiter verfeinert werden[138].

Eine mögliche Transformation ist eine chemische Reaktion[139]. Beispielsweise reagiert Methan mit Sauerstoff zu Kohlendioxid und Wasser, wobei in der Tabelle 4-7 die dazugehörige Transition dargestellt ist.

Tabelle 4-7: Die Transition der Methanverbrennung [Möller 1995, S. 46 f.]

Methanverbrennung			
$CH_4 + 2\,O_2 \rightarrow CO_2 + 2\,H_2O$			
Stoff und Energiebilanz einer Transition der Methanverbrennung			
Inputseite		Outputseite	
Methan	16 kg	Kohlendioxid	44 kg
Sauerstoff	64 kg	Wasser	36 kg
Summe	80 kg	Summe	80 kg
Koeffizienten zur Transition der Methanverbrennung			
Inputseite		Outputseite	
x1	16	y1	44
x2	64	y2	36

[138] Vgl. [Möller 1995, S. 43 und S. 469].

[139] Vgl. hierzu [Möller 1995, S. 46 f.].

Mit Hilfe der folgenden Funktionen lassen sich in diesem Beispiel bei Kenntnis einiger Variablen (bspw. des eingesetzten Methans) alle noch unbekannten Variablen bestimmen:

$h = f_1(x_1,...,y_2,h) = x_1/16$ $h = f_2(x_1,...,y_2,h) = x_2/64$

$h = f_3(x_1,...,y_2,h) = y_1/44$ $h = f_4(x_1,...,y_2,h) = y_2/36$

$x_1 = f_5(x_1,...,y_2,h) = 16h$ $x_2 = f_6(x_1,...,y_2,h) = 64h$

$y_1 = f_7(x_1,...,y_2,h) = 44h$ $y_2 = f_8(x_1,...,y_2,h) = 36h$

Während in diesem Beispiel nur lineare Funktionen betrachtet werden, sind in Petri-Netzen generell alle berechenbaren Funktionen zugelassen, was weitaus komplexere Spezifikationen ermöglicht.

Ein bekanntes und verbreitetes Modell auf Basis der Petri-Netze ist Umberto. Das Modell wurde in Kooperation zwischen dem ifu-Institut für Umweltinformatik Hamburg GmbH und dem ifeu-Institut für Energie und Umweltforschung Heidelberg GmbH entwickelt (vgl. [ifeu 1998]). Dabei bildet die Theorie der Petri-Netzen zwar das formale Rückgrat, der Benutzer von Umberto muss sich aber nicht mit den Inhalten der Theorie direkt auseinandersetzen. Der theoretische Ansatz gewährleistet eine saubere Modellierung der Stoff- und Energieströme[140], bei der konsequent zwischen Umwandlungsprozessen (Transitionen) sowie Stoff- und Energielagern (Stellen) unterschieden wird. Für Stellen, die Lager darstellen, sind Anfangsbestände von Materialien anzugeben, sofern die Bestände größer Null sind. Für Verbindungen können die Mengen der dort fließenden Stoff- und Energieströme angegeben werden. Umberto beinhaltet ein Rechenverfahren, das die vom Benutzer vorgegebenen Spezifikationen auswertet und die noch unbekannten Werte von Materialströmen und –beständen kalkuliert. Aufgrund der diskreten Schaltregeln der Transitionen lassen sich besonders gut diskret betriebene und limitationale Produktionssysteme beschreiben. Zur Simulation kontinuierlich betriebener, nichtlinearer und substitutionaler Produktionsprozesse ist das Modellierungskonzept zu erweitern.

Das Problem in der Praxis liegt oftmals in der Bestimmung der Transitionsspezifikationen, da die notwendigen Daten zumeist nicht in der gewünschten Art und Weise vorliegen[141]. Nachdem die Transitionsspezifikationen einmal ermittelt worden sind, können sie ebenso wie Bewertungssysteme in einer Bibliothek gespeichert werden und damit in beliebigen anderen Projekten wiederverwendet werden.

---

[140] In Umberto werden Stoffe und Energieformen unter dem Begriff Material zusammengefasst.

[141] Nachdem die Transitionsspezifikationen ermittelt worden sind, können sie ebenso wie Bewertungssysteme in einer Bibliothek gespeichert werden und damit in beliebigen anderen Projekten wiederverwendet werden.

4.6.2.3 Fallbeispiel: Analyse und Planung von Stoff- und Energieströmen bei kleinen und mittleren Unternehmen der Autoreparaturlackierung auf Basis eines Stoffstromnetzes[142]

In Deutschland führen knapp 10 000 Betriebe Autoreparaturlackiertätigkeiten aus, wobei die meisten Betriebe kleine Handwerksunternehmen sind[143]. Bei den verschiedenen Arbeitsschritten der Karosserieeinstandsetzung, der Vorbehandlung der zu lackierenden Fläche (z. B. Oberflächenreinigung, Abdeckung, Schleifen, Spachteln) und der Lackierung (z. B. Lackmischung, Lackauftrag, Werkzeugreinigung) werden eine Vielzahl unterschiedlicher Schadstoffe in die Umwelt abgegeben. Problematisch sind hier insbesondere die durch die Lösemittelanwendung verursachten Emissionen an leichtflüchtigen organischen Verbindungen (VOC), die humantoxisch wirken können und als Vorläufersubstanzen zur Photooxidantienbildung (Sommersmog) beitragen. In den neueren Umweltgesetzen, wie z. B. dem Kreislaufwirtschafts- und Abfallgesetz (KrW-/AbfG) (§19: Abfallwirtschaftskonzept, §20: Abfallbilanz), die Gefahrstoffverordnung (Gef. StoffV) (§16 Abs. 3a: Gefahrstoffkataster) und die EU-Lösemittelrichtlinie (Anhang III: Lösemittelwirtschaftsplan) wird neben der Bestimmung der Verbrauchswerte auch zunehmend eine Verpflichtung der Betriebe zur Bilanzierung des betrieblichen In- und Outputs gegeben[144]. Zielsetzung dabei ist eine Bewusstseinsschaffung und die Identifikation betrieblicher Schwachstellen.

Die Erfüllung dieser Anforderungen in Form der Ermittlung und Aufbereitung betrieblicher Daten sowie der Bilanzierung der betrieblichen Stoffströme ist für Autoreparaturlackierbetriebe zum einen durch die Vielzahl eingesetzter Stoffe, die sich gegenseitig beeinflussen und unterschiedliche Auswirkungen auf Materialeinsatz, Art der Emissionen, Gesundheitsschutz und Wirtschaftlichkeit haben, und zum anderen durch die geringe finanzielle und personelle Ausstattung schwierig. In der Regel werden in den Betrieben nur wenige Daten gründlich erhoben, sinnvoll dokumentiert und analysiert. Vorhandene Kosten- und Emissionsminderungspotentiale, die durch die Vielzahl primärer (z. B. Einsatz lösemittelarmer Lacke) und prozessintegrierter (z. B. Einsatz von oversprayarmen Spritzpistolen) Maßnahmen bei den einzelnen Arbeitsschritten gegeben sind, können daher nicht vollständig ausgeschöpft werden.

Für die Autoreparaturlackierbranche ist daher der Einsatz eines Instrumentes sinnvoll, mit welchem durch eine transparente Abbildung und Berechnung der Stoff- und Energieströme zum einen die Betriebe bei der Erfüllung der Anforderungen aus dem Umweltschutz unterstützt und zum anderen Schwachstellen, Kosten- und Emissions-

[142] Dieses Fallbeispiel geht auf ein von der Deutschen Bundesstiftung Umwelt (DBU) gefördertes Forschungsprojekt des Deutsch-Französischen Institutes für Umweltforschung (DFIU) der Universität Karlsruhe zurück. Siehe als Veröffentlichungen hierzu [Rentz et al. 2000], [Blümel et al. 1999] und [Lonjaret et al. 1998].

[143] Siehe hierzu und zu den folgenden Ausführungen [Blümel et al. 1999].

[144] Siehe [May 1997].

minderungspotentiale in den Betrieben aufgezeigt und damit Investitionsentscheidungen vorbereitet werden können.

Hierzu wurde das Modell IMPROVE entwickelt, das auf der kommerziellen Software UMBERTO 3.0 basiert. Mit dem Modell werden unterschiedliche Lackierprozesse von Modellbetrieben mit verschiedenen Arbeitsschritten von der Fahrzeugannahme bis zur Fahrzeugabgabe und eine große Anzahl unterschiedlicher Produkte und Technologien pro Arbeitsschritt abgebildet. Je nach Lackart (Uni/Metallic 1, 2 oder 3-Schicht) und Lackstufe (I: Neuteillackierung, II: Farbtonangleichung, Lackierung kleiner Beschädigungen ohne Spachtelarbeit, III: Reparaturlackierung mit Spachtelauftrag bis zu 50 % der Oberfläche bzw. bei mehr als 50 % (IV)) gestaltet sich der Arbeitsprozess in der Anzahl und der Abfolge der Arbeitsschritte sehr unterschiedlich. Die Lackierprozesse sind durch verschiedene Parameter wie Materialverbräuche, Arbeitszeiten, Leistungskennzahlen, Maschinenlaufzeiten und Mischungsverhältnisse der Lacke charakterisiert. Die Input-Output-Relationen der einzelnen Arbeitsschritten werden über lineare und nichtlineare Gleichungen erfasst (siehe Abbildung 4-22).

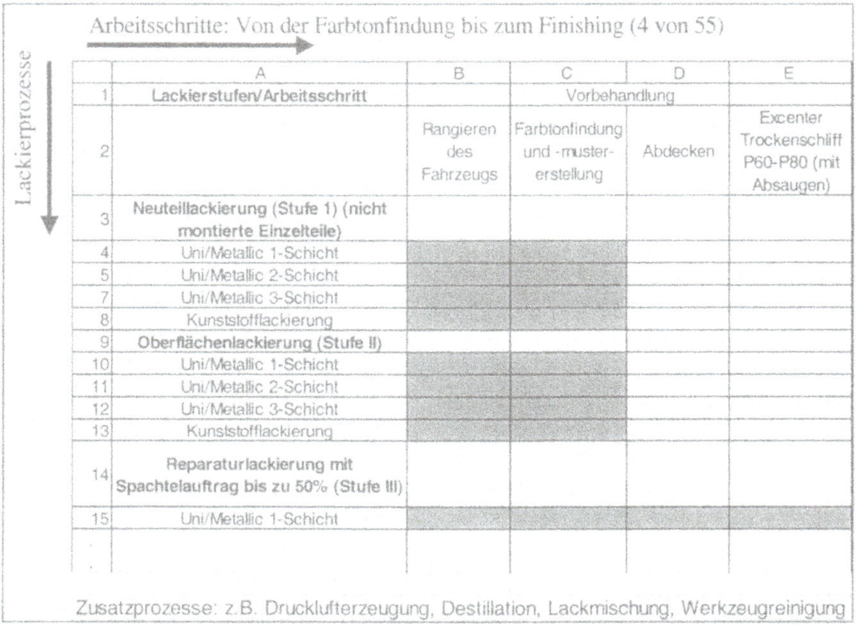

Abbildung 4-21: Ausschnitt aus den modellierten Arbeitschritten von ausgewählten Lackierprozessen [Blümel et al. 1999]

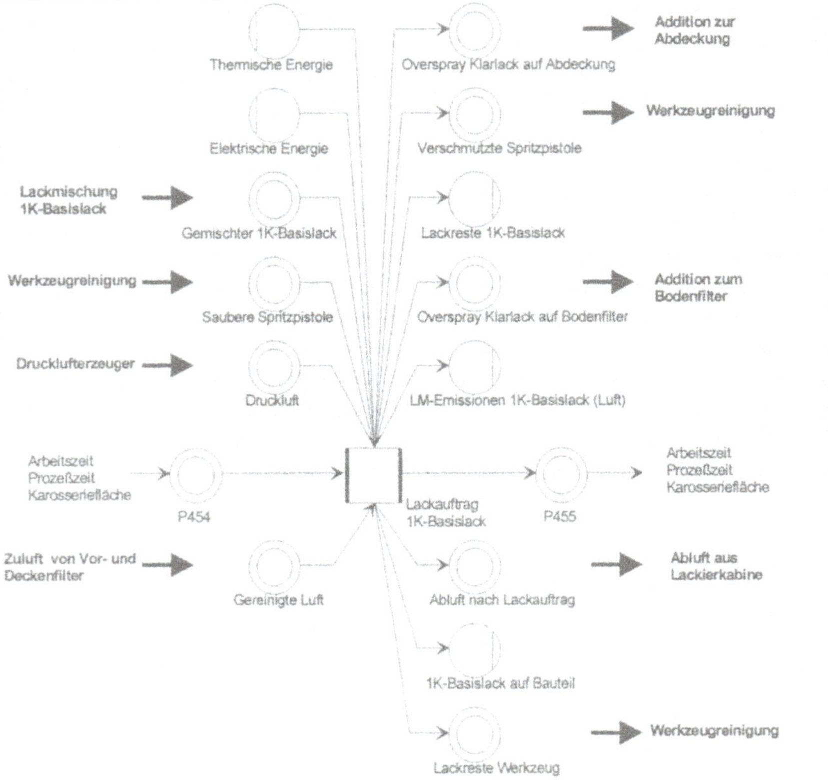

Beispielhafte Berechnung der Stoffströme:

Lackreste 1K-Klarlack (in kg)
= ((Anteil Lackreste - Anteil Lackreste Werkzeug) / 100) * gemischter 1K-Klarlack

Overspray 1K-Klarlack auf Bodenfilter (in kg)
= (1 - (Auftragswirkungsgrad Klarlack / 100)) * (gemischter 1K-Klarlack * (1 - (Anteil Lackreste / 100)))
* (1 - (Anteil Overspray Kabine auf Abdeckung / 100))

LM-Emissionen (1K-Klarlack) (in kg)
= gemischter 1K-Klarlack * (1 - (Festkörpergehalt Klarlack / 100)) * (1 - LM-Emissionen Lackmischung)

Parameterfestlegung:

Anteil Lackreste = 10 %
Anteil LAckreste Werkzeug = 2 %
Auftragswirkungsgrad Klarlack = 35 %
.....

Abbildung 4-22: Beziehungen zwischen In- und Output bei einzelnen Arbeitsschritten des Modells IMPROVE am Beispiel eines Arbeitsschrittes in der Automobillackierung [Blümel et al. 1999]

Für die ökonomische und ökologische Analyse der Stoff- und Energieströme wird die mit dem Modell bzw. der Software ermittelte Mengenbilanz (siehe Abbildung 4-23) in ein Auswertungsprogramm exportiert. Hier werden die einzelnen Stoff- und Energieverbräuche nach speziellen Produktgruppen (z.B. die Menge von besonders überwachungsbedürftigen Abfällen) zusammengestellt und mit den spezifischen Materialpreisen multipliziert. Damit können die Kosten bestimmter Produktgruppen und ausgewählter Emissionsminderungsmaßnahmen berechnet werden.

Abbildung 4-24 zeigt beispielhaft die ermittelten ökonomischen Auswirkungen beim Einsatz oversprayarmer Applikationsverfahren in Verbindung mit verschiedenen Lacksystemen für einen Referenzbetrieb bei einer Anzahl von 1.523 lackierten Fahrzeugteilen pro Jahr.

Da die Automobillackierbetriebe aufgrund ihrer personellen und finanziellen Möglichkeiten in der Regel nicht in der Lage sind, ein solches Instrument einzusetzen, wird das Instrument zur Zeit von Betriebsberatern aus der Lackindustrie für die Beratung von Reparaturwerkstätten verwendet.

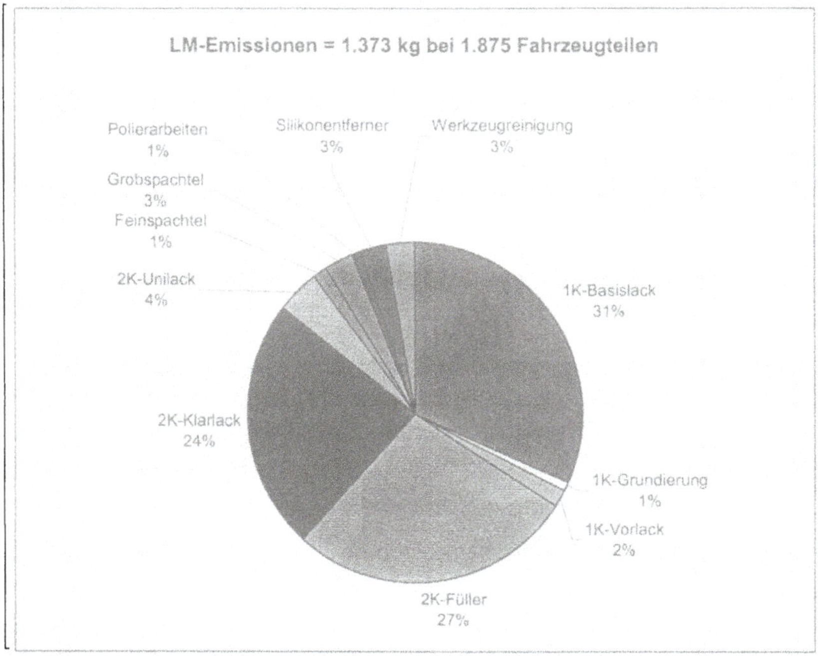

Abbildung 4-23: Berechnete Verteilung des Aufkommens an Lösemittelemissionen (LM) bei einem Betrieb [Blümel et al. 1999]

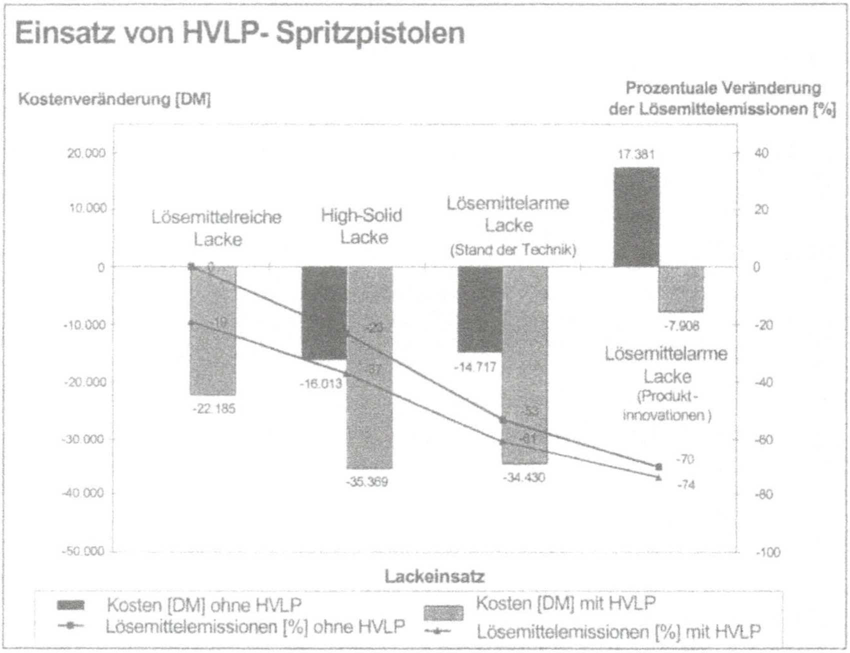

Abbildung 4-24: Kostensenkungs- und Emissionsminderungspotential durch Einsatz von HVLP (High Volume Low Pressure)-Spritzpistolen

4.6.3 Methoden zur Optimierung von Stoff- und Energieflüssen

4.6.3.1 Einführung

Zur Gesamtoptimierung des betrieblichen Beschaffungs- und Produktionsbereiches müssen die Zielgrößen (ökologische und ökonomische) festgelegt werden. Weiterhin ist die Problematik der Gewichtung einzelner Zielgrößen zu lösen. Im folgenden werden

- Multikriterielle Entscheidungsmodelle und
- optimierende Stoff- und Energieflussmodelle

behandelt. Aufgrund der Vielzahl an Planungsaufgaben (siehe Tabelle 4-5) und dem Umstand, dass zumeist die methodischen Ansätze und Branchenspezifika wie Produktionstechnologien, Unternehmensgrößen oder gesetzliche Vorgaben berücksichtigen werden müssen, kann hier kein Überblick über alle relevanten Ansätze erfolgen.

Bei Optimierproblemen sind prinzipiell drei Fälle zu unterscheiden:

Fall (1):

Zielfunktion:	$f(x_1,...,x_n) \rightarrow$ min./max.
ohne Nebenbedingungen	

Notwendige Optimalitätsbedingung: $\delta f / \delta x_i = 0$;

Hinreichende Optimalitätsbedingung: Lösung mit Hilfe der Hesse-Matrix.

In Kapitel 4.6.3.6 werden für diesen Fall zwei Fallbeispiele diskutiert.

Fall (2):

Zielfunktion:	$f(x_1,...,x_n) \rightarrow$ max./min.
mit Nebenbedingungen als Gleichungssystem:	$g_j(x_1,...,x_n)= 0 \quad (j = 1...m)$

Lösungsansatz nach Lagrange:

$$L\,(x_1,...x_n, \lambda_1,.., \lambda_m) = f(x_1,..,x_n) - \sum_{j=1}^{m} \lambda_j \cdot g_j(x_1,..,x_n) \rightarrow \text{max./min.}$$

Zur Ermittlung der Extrema bildet man folgende Ableitungen der Lagrangefunktion L und setzt sie gleich Null (notwendige Bedingung für ein Extremum).

$$\delta L / \delta x_i \overset{!}{=} 0 \quad (i = 1, .., n) \qquad \delta L / \delta \lambda_j \overset{!}{=} 0 \quad (j = 1,.., m)$$

Allerdings ist zu beachten, dass man durch das Auffinden einer Lösung (x_1*..x_n*, λ_1*...λ_m*) nur einen Kandidaten für eine Optimallösung erhält. Es gilt noch zu prüfen, ob die zu dem berechneten λ* gehörige Funktion L konvex ist. In Kapitel 4.6.3.6 wird dieser Fall kurz angerissen.

Fall (3):

Zielfunktion:	$f(x_1,..,x_n) \rightarrow$ max./min.
mit Nebenbedingungen in Form von Ungleichungen:	$g_j(x_1,..,x_n) \neq 0$ für $j = 1...m$

Dieses Problem ist nicht immer lösbar. Nur für spezielle Fälle, bspw. dass die Zielfunktion f und sämtliche Nebenbedingungen g_j linear sind, existieren Lösungsmethoden. Für eine lineare Optimierung werden Modellansätze und ein Anwendungsfall in den Kapiteln 4.6.3.4 und 4.6.3.5 behandelt.

4.6.3.2 Multikriterielle Entscheidungsmodelle

Wie die Ausführungen in Kapitel 3 verdeutlicht haben, kann es bei umweltrelevanten Planungsproblemen zu Zielkonflikten zwischen den verschiedenen ökonomischen und ökologischen Zielen kommen. Die Entscheidungsfindung bei mehreren Zielen, die aus wirtschaftlichen, technischen und ökologischen Überlegungen heraus abgeleitet werden, berührt alle Phasen des Planungsprozesses, vor allem die Zielbildung sowie die Bewertung und Entscheidung. Es sind i.d.R. umfassende Analysen notwendig, um die bestehenden Ziele zu erfassen, ihre Bedeutung zu ermitteln, Zielkonflikte zu erheben (nur bei Zielkonflikten liegt ein echtes Mehrzielproblem vor) und Lösungskonzepte zu entwickeln[145].

U. a. sind folgende Punkte bei multikriteriellen Entscheidungsmodellen zu beachten[146]. Bei der Kriterienauswahl ist auf Unabhängigkeit der Kriterien bzw. der Existenz von Zielhierarchien zu achten. Für ökologische Kriterien sind beispielsweise transmediale Problemverlagerungen (z.B. von der Abluft ins Abwasser) und synergistische Effekte mehrerer umweltrelevanter Stoffe (z.B. tragen CO_2 und CH_4 zum Treibhauseffekt bei) zu erfassen[147]. Die verschiedenen Kriterien sind i.d.R. unterschiedlich skaliert (als Nominal-, Ordinal- oder Kardinalskala[148]) und haben unterschiedliche Maßeinheiten (z.B. Kosten in DM, Emissionen in mg/m^3 Rauchgasvolumenstrom und Anlagenausfallwahrscheinlichkeit in %), so dass Verfahren zur Normierung entwickelt werden müssen. Oftmals wird eine lineare Skalentransformation gewählt, bei der für jedes Kriterium der Zielerreichungsgrad der jeweils besten Alternative auf eins und der schlechtesten Alternative auf null gesetzt wird[149]. Die Gewichtung der Kriterien untereinander ist zu lösen, wobei dieses bei vielen Verfahren auf der Basis der Präferenzstruktur der Entscheidungsträger erfolgt.

Verfahren zur multikriteriellen Entscheidungsunterstützung (Multi Criteria Decision Making) werden hinsichtlich der zu untersuchenden Problemstruktur in

- **Multi-Attribut-Entscheidungen (Multi Attribute Decision Making** (MADM)) bei diskreten Lösungsräumen (Einzelentscheidungen – Bestimmung einer Option unter mehrere Alternativen) und
- **Vektoroptimierungsproblemen (Multi Objective Decision Making** (MODM)) bei stetigen Lösungsräumen (Programmentscheidungen, bei der mehrere der Alternativen verwirklicht werden können)

unterschieden.

[145] Vgl. [Götze et al. 1992, S. 135].

[146] Vgl. [Zimmermann et al. 1991] und [Spengler 1998], wo auch weitere Aspekte diskutiert werden.

[147] Vgl. [Spengler 1998, S. 171].

[148] Bei einer Nominalskala werden verschiedene Objekte in verschiedene Klassen eindeutig zugeordnet, wobei arithmetische Operationen nicht möglich sind. Eine Ordinalskala erlaubt die Aussagen über Rangordnungen der Objekte, wobei die Differenz zwischen den Objekten nicht gemessen werden kann. Bei einer Intervallskala lassen sich Rangfolgen bilden und der Ausmaß der Differenz zwischen den Objekten bestimmen.

[149] Vgl. [Hwang et al. 1979].

Bei den klassischen MADM-Verfahren wird die Existenz einer schwachen Ordnung vorausgesetzt, dass heißt alle Alternativen lassen sich transitiv[150] und vollständig[151] ordnen, so dass die optimale(n) Alternative(n) gefunden werden kann (können). Bei der Nutzwertanalyse, die aufgrund ihrer einfachen Anwendbarkeit in der Praxis weit verbreitet ist, werden mehrere, entsprechend ihrer Bedeutung für den Entscheidungsträger gewichtete Zielgrößen berücksichtigt[152]. Dabei existieren monetäre und nicht-monetäre Zielgrößen und eine Rückführung der nicht-monetären Zielgrößen auf monetäre ist nicht möglich[153]. Die Erfüllung der einzelnen Ziele durch die verschiedenen Alternativen ist jeweils zu messen und in Form eines Teilnutzenwertes anzugeben, wobei der Teilnutzenwert in Form einer Kardinalskala gemessen wird und über Transformationsfunktionen aus dem jeweiligen Zielerreichungswert abgeleitet wird. Die Teilnutzenwerte werden unter Einbeziehung der Kriteriengewichte zu einem Gesamtwert für jede Alternative zusammengefasst, dem sogenannten Nutzwert[154]. Das Vorgehen bei der Nutzwertanalyse wird im Fallbeispiel des Kapitels 4.6.3.3 verdeutlicht.

Die Nutzwertanalyse ist ein in der Praxis sehr beliebtes Verfahren. Allerdings sind u. a. folgende Punkte kritisch zu bewerten[155]. Die Festlegung der Transformationsfunktionen und evtl. auch der Gewichte verschiedener Kriterien erfolgt unabhängig voneinander und ist damit möglicherweise nicht konsistent. Die Festlegung der Gewichte erfolgt auf Basis der Präferenzfunktion der Entscheidungsträger bzw. des Modellanwenders, die oftmals nicht in der Lage sind, für eine Vielzahl an Kriterien konsistente Gewichte anzugeben. Die Gewichte stellen pauschale Aussagen über die Bedeutung dar, das Verhältnis zweier Gewichte ist keine Substitutionsrate zwischen zwei Zielen. Damit ist nicht sichergestellt, dass die Bedingungen für die Existenz einer additiven Gesamtnutzenfunktion gelten.

Neben klassischen nutzwertbasierten Konzepten wie der Nutzwertanalyse gibt es entscheidungstechnologische Verfahren (Outranking-Verfahren), auf die hier nicht weiter eingegangen wird[156].

Optimierungsprobleme mit stetigen Lösungsräumen und mehreren Zielsetzungen sind schwierig zu lösen, weil es im allgemeinen keine zulässige Lösung gibt, für die

[150] Transitivität bedeutet, dass für die drei Elemente a,b,c aus einer Relation aRb und bRc folgt: aRC.

[151] Vollständigkeit ist gegeben, wenn für alle Paare (a,b) einer Menge mindestens eine Relation besteht (alle Elemente miteinander vergleichbar sind).

[152] Vgl. [Zangenmeister 1976].

[153] Wenn dies möglich ist, können die bekannten Methoden der finanzwirtschaftlichen Bewertung (statische und dynamische Methoden der Investitionsbewertung) angewendet werden.

[154] Vgl. [Götze et al. 1992, S. 143] und [Zangenmeister 1976].

[155] Vgl. [Götze et al. 1992, S. 151].

[156] Siehe zu diesen Verfahren und deren Anwendung im betrieblichen Stoff- und Energiestrommanagement [Spengler 1998].

gleichzeitig alle Zielfunktionen ihren Optimalwert annehmen[157]. Dies Probleme werden auch als Vektoroptimierprobleme bezeichnet. Die Zielsetzung der Optimierung in diesem Fall ist, eine Kompromisslösung zu finden. Ein möglicher Lösungsansatz[158] kann darin bestehen, eine Prioritätenreihenfolge der Zielfunktionen festzulegen und bei der Optimierung zuerst die erste (wichtigste) Zielfunktion berücksichtigt. Die zweite (dritte usw.) Zielfunktion wird nur herangezogen, wenn es mehrer optimale Lösungen bezüglich der ersten Zielfunktion gibt. Ein anderer Lösungsweg besteht darin, aus den verschiedenen Zielfunktionen eine Zielfunktion zu bilden, die eine gewichtete Summe der ursprünglichen Zielfunktionen darstellt. Wenn zwei Zielfunktionen vorliegen, kann auch eine parametrische Optimierung vorgenommen werden. Diese basiert auf der Pareto-optimalen Lösungen. Diese ist dadurch charakterisiert, dass es keine andere zulässige Lösung gibt, die für das eine Zielkriterium besser und für die anderen Zielkriterium nicht schlechter ist. Diese Lösungen sind bei gemischt-ganzzahligen linearen Vektoroptimierungsproblemen durch eine einfache parametrische Optimierung zu bestimmen. Eine der beiden Zielfunktionen wird dabei als Nebenbedingung formuliert. Die individuellen Optimallösungen der dann entstehenden skalaren Zielfunktion (enthält nur eine Zielfunktion) wird dann bei variierenden Beschränkungen der Nebenbedingung berechnet. Die resultierende Trade-off-Kurve stellt die Beziehung zwischen den beiden Zielen dar (siehe Abbildung 4-25). Dem Entscheider obliegt die Wahl über die zu akzeptierende Austauschrate (Trade-Off). Im Kapitel 4.6.3.5 wird ein optimierendes Stoff- und Energieflussmodell mit einer ökonomischen Zielfunktion vorgestellt. Die Emissionen werden dabei bilanziert und über eine Nebenbedingung beschränkt. Wenn nun die Höhe der Emissionsbeschränkung variiert wird, können die Auswirkungen auf die Zielfunktion erfasst werden. Es liegt dann eine parametrische Optimierung vor, wenn die Veränderungen der Ausgangsdaten so groß werden, dass sich die optimale Lösung qualitativ ändert.

4.6.3.3 Fallbeispiel: Ganzheitliche Bilanzierung und Bewertung von Produktionsprozessen am Beispiel von Reinigungssystemen für die Oberflächenbehandlung[159]

Die Bewertung von Produktionsverfahren mit dem Ziel der Anlagenoptimierung oder eines Verfahrensvergleiches wird üblicherweise unter technischen und ökonomischen Kriterien durchgeführt. Ziel des Fallbeispieles ist zu zeigen, wie auf Basis eines nutzwertanalytischen Bewertungskonzeptes neben den technischen und ökonomischen Kriterien auch ökologische Kriterien zur Entscheidungsunterstützung herangezogen werden können.

---

[157] Siehe [Neumann et al. 1993, S. 135].

[158] Siehe zu den Lösungsmethoden [Neumann et al. 1993, S. 135 ff.].

[159] Das Fallbeispiel ist aus [Kippelen et al. 1995] entnommen. In [Spengler 1998, S. 179 ff.] wird für das Beispiel als alternatives Entscheidungsmodell ein Outranking-Verfahren angewendet.

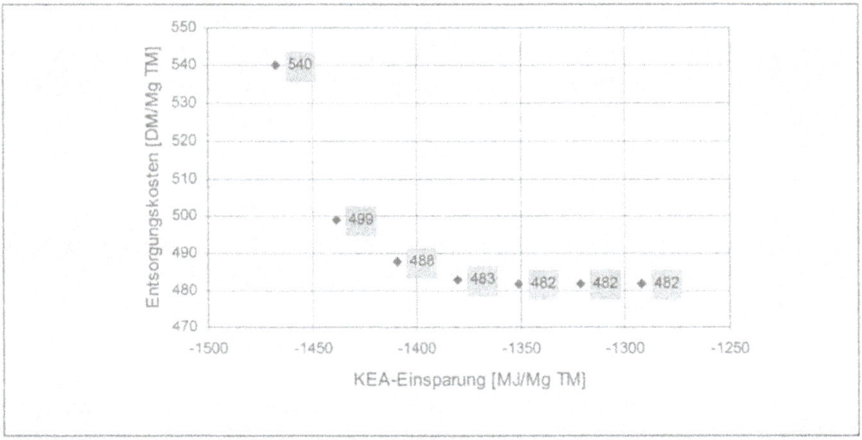

Abbildung 4-25: Trade-off-Kurve zwischen Entsorgungskosten und Einsparung des kumulierten Energieaufwandes (KEA) im Fallbeispiel der Entsorgung von kommunalen Klärschlamm[160] [Sasse 2000]

Die Modellbildung und Validierung erfolgt auf der Basis der Bewertung von folgenden verschiedenen Reinigungsverfahren für die Oberflächenbehandlung[161]:

- Reinigungssysteme mit chlorierten Kohlenwasserstoffen (CKW), die nicht der novellierten 2. BImSchV entsprechen
- Reinigung mit wässrigen Systemen
- Reinigungssysteme mit Kohlenwasserstoffen (KW)
- Reinigung mit CKW-Systemen in geschlossenen Anlagen entsprechend der novellierten 2. BImSchV

Um eine Vergleichbarkeit zu ermöglichen, wird eine Referenzanlagenauslegung und eine Reinigungsaufgabe festgelegt[162]. Im ersten Schritt wird dann ein Pflichtenheft zu den zu berücksichtigenden **technischen Kriterien** (Stand der Anlagentechnik, techni-

[160] Erklärung: In dem Fallbeispiel wird die Frage der Auswahl zwischen verschiedenen Entsorgungsmöglichkeiten von kommunalen Klärschlamm in Baden-Württemberg analysiert. Als ökonomische Zielgröße wird dabei die Summe der Entsorgungskosten herangezogen, als ökologisches Kriterium der kumulierte Energieaufwand, der in Kapitel 6.2.4.7 vorgestellt wird. Der starke Anstieg der Trade-off- Kurve ergibt sich durch die starke Degression der Transportkosten in Abhängigkeit von der Transportentfernung und die Größendegression der neu installierten zentralen Monoverbrennungsverfahren. Hieraus zeigt sich, dass der Einsatz möglichst dezentraler Anlagen energetisch vorteilhaft, jedoch mit einer deutlichen Zunahme der spezifischen Entsorgungskosten verbunden ist. Siehe zur ausführlichen Darstellung des Fallbeispiels [Sasse 2000].

[161] Zur genaueren Beschreibung der Verfahren sowie deren Praxiseinsatz in Betrieben und der Datenherkunft siehe [Leisewitz et al. 1994a] und [Leisewitz et al. 1994b].

[162] Das Ergebnis hängt u.a. von der gewählten Anlagengröße und Art des zu reinigenden Werkstückes ab. Sinnvoll ist ein Verfahrensvergleich direkt für den jeweiligen Anwendungsfall.

sche Komplexität, Anlagensicherheit, Flexibilität des Reinigungsmediums, Energieverbrauch, Rückgewinnungsanteil (Altöl-Heizwert), Toxizität der eingesetzten Stoffe, Gesundheitsrisiko und Störfallrelevanz) und **ökonomischen Kriterien** (betriebsabhängige und investitionsabhängige Kosten) erstellt. Zur Bewertung der ökologischen Umwelteinwirkungen wird auf die Ökobilanzierung zurückgegriffen, wobei als Gewichtungsmethodik zu den einzelnen Umwelteinwirkungen auf das Verfahren der kritischen Volumina zurückgegriffen wird (siehe zur Ökobilanz und dem Verfahren der kritischen Volumina die Ausführungen in Kapitel 6). Beim Verfahren der kritischen Volumina werden die vier kritischen Indikatoren kritisches Volumen Luft, kritisches Volumen Wasser, Gesamtenergieverbrauch und Gesamtabfallaufkommen erhoben. Die Berechnung der ersten beiden Indikatoren erfolgt über eine Gewichtung der Emissionen untereinander nach spezifischen Emissions- bzw. Immissionsgrenzwerten, während die beiden anderen Indikatoren aufaddierte Mengenangaben enthalten. In der Tabelle 4-8 ist auszugsweise die erstellte Sachbilanz und in der Tabelle 4-9 die Ergebnisse der Bilanzbewertung dargelegt.

Tabelle 4-8: Sachbilanz der vier Reinigungssysteme [Kippelen et al. 1995, S. 363]

Verfahren	CKW-System alte Anlage	Wässriges System	KW-System	CKW-System neue Anlage
Zur Reinigung anstehende Produkte *Input pro Jahr*	Mit Öl/Fett verunreinigte Werkstücke	Mit Öl/Fett verunreinigte Werkstücke	Mit Öl/Fett verunreinigte Werkstücke	Mit Öl/Fett verunreinigte Werkstücke
Energie	153 MWh	240 MWh	353 MWh	210 MWh
CKW bzw. KW	17 271 l	-	9 786 l	10 912 l
Wasser	Keine Angaben	222 m^3	Keine Angaben	Keine Angaben
... *Output in g/h*				
CKW- bzw. KW-Emissionen	1360	-	538	43
SO_2	6,36	9,97	14,67	8,73
Staub	0,95	1,49	2,19	1,30
CO_2	9 313	14 608	21 486	12 782
Sonderdeponat	88	9	-	-
...				

Tabelle 4-9: Ökologische Indikatoren [Kippelen et al. 1995, S. 364]

Verfahren	CKW-System alte Anlage	Wässriges System	KW-System	CKW-System neue Anlage
Kritisches Volumen Luft Mio m^3/h	1,011	0,795	1,205	0,712
Kritisches Volumen Wasser Mio. l/h	-	0,010	-	-
Energieverbrauch MWh/a	153	240	353	210
Abfallvolumen (Sonderdeponat)	88	9	-	-

Tabelle 4-10: Zielertrags- und Nutzwertmatrix zur ökologischen Bilanzbewertung (in Anlehnung an [Kippelen et al. S. 364])

Verfahren *Zielertragsmatrix (Transformation der Zielerreichungswerte)*	Gewichtungs-faktor g_i 1)	CKW-System alte Anlage	Wässriges System	KW-System	CKW-System neue Anlage
Kritisches Volumen Luft	5	0,70	0,90	0,59	1
Kritisches Volumen Wasser	2	1	0,5	1	1
Energieverbrauch	1	1	0,64	0,43	0,73
Abfallvolumen *Nutzwertmatrix*	2	0,07	0,66	1	1
∑gewichteten Teilnutzwerte (TN_j)		6,64	7,47	7,38	9,73
Nutzwert = TN_j /∑ Gewichtungsfaktoren		0,64	0,747	0,738	0,973
Auf 100 normiert		68,2	76,8	75,8	100

1) *Die Gewichtungsfaktoren werden aufgrund von Expertenwissen festgelegt.*

Die vier ermittelten Indikatoren aus Tabelle 4-9 werden mittels der Nutzwertanalyse zu einer ökologischen Gesamtbewertung zusammengefasst (siehe Tabelle 4-10). Nach der ökologischen Bilanzbewertung erfolgt die Bewertung der technischen Kriterien über eine Nutzwertanalyse (siehe Tabelle 4-11) und die ökonomische Bewertung anhand der jährlichen Gesamtkosten und dessen Normierung auf 100. Danach erfolgt die Gesamtbewertung anhand der Rangziffern[163] (siehe Tabelle 4-12).

Tabelle 4-11: Ausgewählte technische Kriterien und Zielertrags- und Nutzwertmatrix zur funktionalen Bilanzbewertung (in Anlehnung an [Kippelen et al. S. 365])

Verfahren *Technische Kriterien*	Gewichtungs-faktor g_i 1)	CKW-System alte Anlage	Wässriges System	KW-System	CKW-System neue Anlage
Stand der Anlagentechnik		gering	hoch	hoch	hoch
Technische Komplexität		gering	hoch	mittel	hoch
Anlagensicher-heit		gering	hoch	mittel	hoch
.... *Zielertrags-matrix*					
Stand der Anlagen-technik 1)	1	0,33	1	1	1
Technische Komplexität 1)	1	1	0,33	0,66	0,33
Anlagensicherh eit	1	0,33	1	0,66	1
.... *Nutzwertmatrix*					
∑gewichteten Teilnutzwerte (TN_j)		5,167	7,15	6,43	5,713
Nutzwert = TN_j /∑ Ge-wichtungs-faktoren		0,574	0,794	0,714	0,635
Auf 100 normiert		72,3	100	89,9	80

Anmerkung: Die Transformationsfunktionen erklären sich bei diesen Kriterien folgendermaßen: Ein hoher Stand der Anlagentechnik wird positiv bewertet, während eine

[163] Diese werden nach dem Borda-Kriterium ermittelt. Dabei erhält die schlechteste von n-Alternativen n-Punkte, die zweitschlechteste n-1 Punkte usw.

hohe technische Komplexität aufgrund der geringeren Beherrschbarkeit negativ gesehen wird.

Tabelle 4-12: Gesamtbewertung der vier Reinigungsverfahren bei gleichmäßiger Gewichtung der drei Prozessdimensionen [Kippelen et al. 1995, S. 365]

Verfahren	CKW-System alte Anlage	Wässriges System	KW-System	CKW-System neue Anlage
Ökologische Bewertung	4	2	3	1
Funktionale Bewertung	4	1	2	3
Ökonomische Bewertung	1	2	4	3
Gesamt-bewertung	4	1	3	2

4.6.3.4 Optimierende Stoff- und Energieflussmodelle

Optimierende Stoff- und Energieflussmodelle eignen sich insbesondere dazu, ausgehend von einer Produktionsaufgabe, das gesamte Produktionssystem wirtschaftlich optimal in gegebenen Bilanzierungsgrenzen bei Einhaltung bestimmter Emissionsstandards zu gestalten bzw. Emissionsminimierungen bei gegebenen Ausgabenlimits vorzunehmen. Sie lösen technische-ökonomische-ökologische Optimierungsprobleme unter der Fragestellung, an welcher Stelle des gesamten Produktionsprozesses (bzw. der Prozesskette) ein bestimmter Schadstoffmassenstrom (bzw. mehrere Schadstoffmassenströme) auszutragen sind und welche Maßnahmen hierfür ergriffen werden müssen. Sie haben sich als methodisches Hilfsmittel u. a. in der Energiewirtschaft, der Prozessindustrie, der Eisen- und Stahlindustrie sowie der Papierindustrie bewährt, unter anderem deshalb, weil sie Interdependenzen im System erfassen können. Diese Interdependenzen entstehen zum einen, weil einzelne Maßnahmen auf gleiche Ressourcen wie Rohstoffe, Mitarbeiter oder finanzielle Mittel zurückgreifen (sogenannte **indirekte** Interdependenzen). Zum anderen beeinflussen sich Maßnahmen gegenseitig (was zu sogenannten **direkten** Interdependenzen führt, wie sie in Kapitel 4.5 bereits thematisiert wurden).

Erste Ansätze zur Integration von ökologisch-motivierten Mengenbegrenzungen in linearen betrieblichen Planungsmodellen gehen bereits in die siebziger Jahre zurück[164] und stellen somit relativ frühe Ansätze zur Integration der Umweltwirtschaft in die Produktion dar.

Da es sich bei den Produktionsanlagen um offene dynamische Systeme handelt, kann man unter systemtheoretischer Sichtweise die Modelle folgendermaßen beschreiben

[164] Siehe die Ausführungen in [Meffert 1996, S. 5 f.] sowie die dortigen Literaturhinweise.

(siehe Abbildung 4-26). Die Elemente des Systems sind Funktionseinheiten (Aktivitäten) mit ein- und ausfließenden Strömen, in denen Transformationsvorgänge stattfinden und die über die Stoff- und Energieströme miteinander verknüpft sind. Die Funktionseinheiten, die die Knoten in dem Netzwerk darstellen, sind in der Regel Technologien, die zumeist über eine hierarchische Struktur abgebildet werden. Die physikalisch-chemischen Eigenschaften der Stoffe und Energien werden nicht geändert. Da es sich um ein offenes Systeme handelt, werden die Stoff- und Energieströme, die in das System hereinfließen (z.B. in Form von Hilfs- oder Betriebsmitteln) sowie abgeben werden (als Güter oder Emissionen), ebenfalls erfasst.

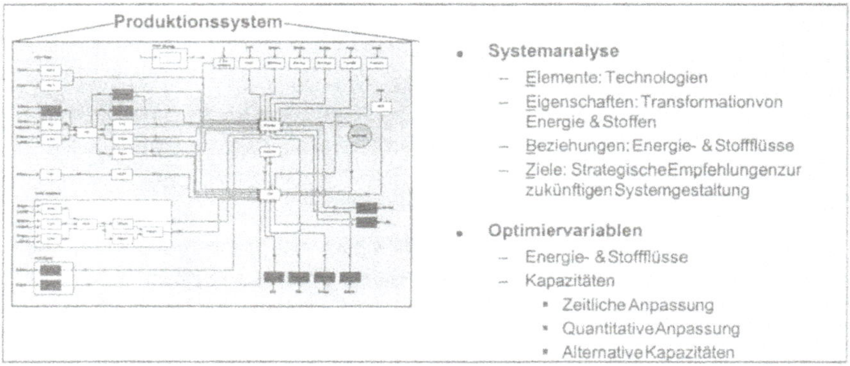

Abbildung 4-26: Beispiel für eine ökonomische Systemanalyse eines Produktionssystems

Die Funktionseinheiten (Technologien) werden je nach Anwendungsfall unterschiedlich detailliert abgebildet (z.B. kann ein Kraftwerk als eine technische Einheit betrachtet werden oder in einzelne Teilkomponenten wie Kessel, Hochdrucksammelschiene und Turbinen zerlegt werden). Die Funktionseinheiten werden mit Hilfe

- technischer Parameter wie technische Lebensdauer oder Wirkungsgrad,
- ökonomischer Parameter wie investitionsabhängiger Ausgaben oder Beschaffungspreise für Rohstoffe und
- umweltrelevanter Parameter wie Emissionsfaktoren

abgebildet. Über modellierte Transport- und Verteilungsanlagen werden die einzelnen Anlagenbestandteile durch Stoff- und Energieflüsse miteinander verknüpft. Als Zielfunktionen werden in der Regel ökonomische Größen wie die Gewinn- oder Deckungsbeitragsmaximierung oder die Ausgaben- bzw. Kostenminimierung vorgegeben. Die Optimiervariablen sind je nach Modellformulierung Stoff- und Energieflüsse bzw. Kapazitäten. Dabei kann gegebenenfalls bei den Kapazitäten eine zeitliche Anpassung (Änderung des Auslastungsgrades oder der Einsatzzeiten), eine quantitative Anpassung (durch Zu- oder Abbau) bzw. der Zubau alternativer Kapazitäten (Investitionen in neue Technologien) erfolgen. Den einzelnen Flussvariablen der Zielfunktion sind ökonomische Größen wie Ausgaben oder Preise zugeordnet.

Zur Abbildung des Produktionssystems werden Nebenbedingungen formuliert, die beispielsweise

- die Kundennachfrage nach verschiedenen Gütern in verschiedenen Zeitintervallen berücksichtigen,
- sicherstellen, dass die bestehenden bzw. neu zu installierenden Kapazitäten unter Berücksichtigung ihrer zeitlichen Verfügbarkeit ausreichen, um die Prozessaktivitäten durchführen zu können,
- modellieren, dass die Summe der in eine Funktionseinheit einfließenden Stoff- und Energieflüsse unter Berücksichtigung des Wirkungsgrades mit der Summe an herausfließenden Flüssen übereinstimmt und/oder
- die bilanzierte Summe an Emissionen oder Primärstoffen des betrachteten Systems auf einen maximalen Wert beschränken.

Die Berücksichtigung derartiger ökologischer Stellgrößen ist jedoch nicht nur über das Restriktionensystem möglich. Durch eine Umformulierung der Zielfunktion können auch Maximierungs- oder Minimierungsprobleme bezüglich bestimmter ökologischer Stellgrößen formuliert werden, wobei dann sinnvollerweise Vorgaben für ökonomische Größen wie beispielsweise eine Eingrenzung der Ausgabenhöhe vorzunehmen sind.

Das zur Abbildung von Produktionssystemen notwendige mathematische Formalmodell erreicht relativ schnell einen großen Umfang an Variablen, Parametern und Gleichungen bzw. Ungleichungen, so dass für einen praxisrelevanten Einsatz oftmals rein lineare Optimierprobleme, für die geeignete Lösungsalgorithmen zur Verfügung stehen und die Rechenzeit in einem akzeptablen Bereich liegen, formuliert werden. In gewissen Anwendungsfällen werden auch ganzzahlige Variablen integriert, um beispielsweise sicherzustellen, dass ein Anlagenzu- oder -rückbau nur in definierten Kapazitätsgrößen erfolgen kann. Die Formulierung ganzzahliger Variablen schränkt aufgrund einer deutlichen Erhöhung der Rechenzeiten und des Speicherplatzbedarfes die Modellgröße ein. In neueren Ansätzen werden Unsicherheiten mittels stochastischer Modelle berücksichtigt bzw. mit Modellen, die auf Basis der Theorie der unscharfen Mengen (Fuzzy-Set) basieren.

4.6.3.5 Fallbeispiel[165]: Ein optimierendes Stoff- und Energieflussmodell zur Minderung von Ozon-Vorläufersubstanzen bei der Oberflächenbehandlung von Holz

Vor einer ähnlich gelagerten Ausgangslage wie im Fallbeispiel 4.6.2.3 geschildert, stehen Unternehmen der Holzindustrie. Zielsetzung im vorliegenden Fall ist es, aus verschiedenen Optionen zur Minderung der VOC-Emissionen, die nicht unabhängig voneinander bewertet werden können, die unter den getroffenen Rahmenannahmen betriebswirtschaftlich sinnvollsten Option bzw. Optionenbündel zu identifizieren.

Die Minderung von VOC-Emissionen im Sektor Holzoberflächenbehandlung ist prinzipiell durch drei Optionen möglich. Zum einen kann bereits der Einsatzlack unterschiedliche VOC-Anteile aufweisen. Wasserbasierende Lacke stellen ökonomisch beurteilt die günstigste Minderungsmaßnahme dar, wenn sie in den vorhandenen Anlagen eingesetzt werden können (aufgrund der korrosiven Eigenschaften der wasserbasierenden Lacke ist gegebenenfalls der Austausch einzelner Anlagenkomponenten durch korrosionsbeständige Werkstoffe erforderlich). Durch den Umstand, dass geeignete wasserbasierende Lacke noch nicht für alle Anwendungsfälle verfügbar sind, ist diese Option jedoch begrenzt. Für die Bewertung der Möglichkeiten zum Technologiewandel (das automatische Auftragverfahren verursacht pro m^2 beschichteter Holzoberfläche nur etwa die Hälfte an VOC-Emissionen wie das manuelle Spritzverfahren) ist zum einen die Größe des Betriebes von Bedeutung, da aufgrund der hohen Investition für das Auftragverfahren für kleinere Betriebe dieses Verfahren nicht wirtschaftlich zu nutzen ist. Sollen bereits installierte (und noch einsetzbare) Kapazitäten eines Verfahrens durch neue Kapazitäten technisch fortschrittlicher Prozesse ersetzt werden, so sind den variablen Ausgaben der Altanlage die variablen und investitionsabhängigen Ausgaben der Neuanlage gegenüberzusetzen. Für diese Fälle ist in der Regel der Technologiewandel eine betriebswirtschaftlich ineffiziente Option. Ist die technische Lebensdauer einer Anlage jedoch erreicht und Ersatzbedarf gegeben, so sind bei beiden Anlagenvarianten jeweils alle Ausgaben zu berücksichtigen, wodurch Technologiewandel eine günstige Minderungsoption für VOC-Emissionen sein kann. Die dritte und aus ökonomischen Gründen erst bei hohen Minderungsgraden eingesetzte Minderungsmaßnahme stellt der Einsatz von End-of-Pipe-Technologien dar, wie die thermische oder katalytische Nachverbrennung sowie adsorptive Verfahren.

[165] Das Fallbeispiel wurde vom Autor in [Wietschel et al. 1997b] veröffentlicht.

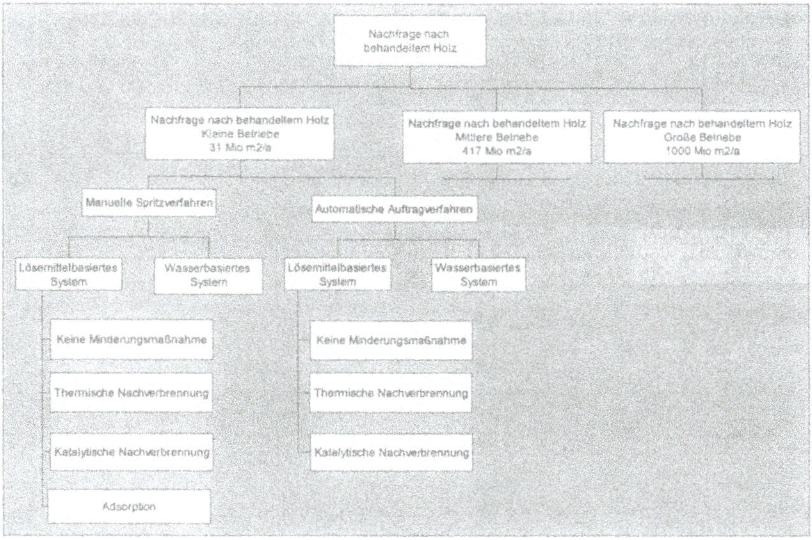

Abbildung 4-27: Gliederung des Sektors Oberflächenbehandlung von Holz mit Minderungsmaßnahmen für VOC-Emissionen

Um die Maßnahmenplanung zu unterstützten, wurde ein optimierendes Stoff- und Energieflussmodell entwickelt. Zur Veranschaulichung sind die vereinfachte Struktur und die wichtigsten Parameter des Modells in Tabelle 4-13 aufgeführt. Dargestellt ist ein Ausschnitt aus dem Sektor Holzoberflächenbehandlung.

Wie die Graphik in Tabelle 4-13 illustriert, ist das Modell PERSEUS-VOC[166] in diesem Sektor in der Lage, die Nachfrage nach oberflächenbeschichtetem Holz durch den Einsatz unterschiedlicher Produktionstechniken zu befriedigen. Hierbei können verschiedene Lacke mit unterschiedlichem Lösemittelgehalt eingesetzt werden. Ferner besteht die Möglichkeit, verschiedenartige End-of-Pipe-Techniken für eine VOC-Minderung einzusetzen.

[166]Das Modell PERSEUS-VOC (**P**rogram Package for **E**mission **R**eduction **S**trategies in **E**nergy **U**se and **S**upply - **VOC**) gehört zu einer am IIP entwickelten Modellfamilie von optimierenden Energie- und Stoffflussmodellen.

Tabelle 4-13: Struktur und Charakteristika des Stoff- und Energieflussmodells

<table>
<tr><th colspan="2">Inputflüsse -></th><th>Prozeß -> Flüsse->Prozeß->Flüsse->...</th><th>->Outputflüsse</th></tr>
<tr><td colspan="2">Elektrizität f_1
Holz f_2
Lösemittelhaltige Lacke f_3
Wasserbasierende Lacke f_4

Prozesse:</td><td>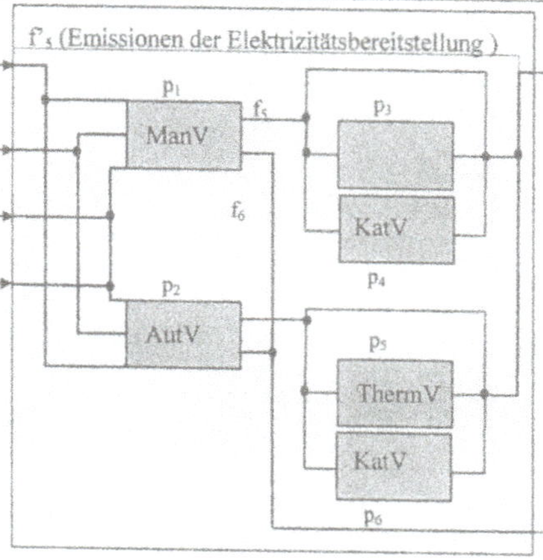

P_1: Manuelles Spritzverfahren; p_2: Automatisches Auftragverfahren; p_3/p_5: thermische Nachverbrennung und p_4/p_6: katalytische Nachverbrennung</td><td>Emissionen:
VOC

Nachfrage:
oberflächenbeschichtetes Holz</td></tr>
<tr><td>Restriktionen für Flüsse</td><td>Minimum,
Fix,
Maximum</td><td>Minimum,
Fix,
Maximum</td><td>Minimum,
Fix,
Maximum</td></tr>
<tr><td>An Flüsse gekoppelte Emissionen</td><td>Emissionsfaktoren (z.B. VOC)</td><td>Emissionsfaktoren (z. B. für VOC)</td><td>Emissionsfaktoren (z. B. für VOC)</td></tr>
<tr><td>Mit Flüssen verbundene Ausgaben/ Einnahmen</td><td>Ausgaben für Einsatzstoffe (z. B. für Lacke)</td><td>variable Ausgaben für Flüsse (z. B. für Transport)</td><td>Einnahmen (z. B. Verkauf von Nebenprodukten)</td></tr>
<tr><td>Parameter für Prozesse</td><td>-</td><td>Art der In- und Outputflüsse, Umsetzungszahlen für Verhältnis In- zu Outputflüssen, Verfügbarkeit, investitionsabhängige, fixe und variable Ausgaben, Emissionsfaktoren, installierte Kapazitäten</td><td>-</td></tr>
<tr><td>Restriktionen für Prozesse</td><td>-</td><td>Minimale, fixe und maximale Prozeßkapazitäten, Marktanteile von Prozessen (Technologien)</td><td>-</td></tr>
</table>

Im Folgenden werden die wichtigsten Gleichungssysteme des Modells vorgestellt.

Zielfunktion - vereinfachte Formel (Gleichung 1):

$$\min \sum_{t=T_0}^{T} (\alpha_t \cdot (\sum_{f \in F} (X_{ni,f,t} \cdot C_{var,f,t} + X_{no,f,t} \cdot C_{var,f,t}) + \sum_{p \in P} [\sum_{p' \in P} (X_{p',p,f,t} \cdot C_{var,p',p,f,t}) + PA_{p,t} \cdot C_{var,p} + Cap_{n,p,t} \cdot (C_{fix,p,t} + C_{inv,p,t}) + Cap_{o,p,t} \cdot C_{fix,p,t}]))$$

Auf Basis der Kapitalwertmethode werden die Ausgaben unter Einhaltung definierter Minderungsziele (siehe Gleichung 4) für einen vorgegebenen Zeithorizont minimiert. Berücksichtigt werden die Ausgaben für Einsatzstoffe, Transport und Verteilung der Stoff- und Energieflüsse, die Ausgaben für Produktionsprozesse/Abscheidetechniken sowie Einnahmen (z. B. durch Verkauf von Nebenprodukten). Minderungsausgaben errechnen sich dann aus der Differenz der Ausgaben für einen Optimierlauf mit einer Minderungsvorgabe gegenüber einem Lauf ohne Minderung.

Wichtige Nebenbedingungen:

Befriedigung der Nachfrage (Gleichung 2):

$$\sum_{f \in F} X_{no,f,t} \geq D_{f,t} \qquad \forall t, T_0 \leq t \leq T$$

Die exogen vorgegebene Nachfrage ist zu befriedigen. Im oben aufgeführten Beispiel ist dies die jährlich zu beschichtende Holzoberfläche für Betriebe mit einer definierten Produktionsgröße. Eine Unterteilung in große, mittlere und kleine Betriebe ist unter der Annahme vorgenommen worden, dass die Produktpalette und Kundengruppen unterschiedlich sind und daher keine Substitution der nachgefragten Mengen aus kleinen Betrieben durch Großbetriebe erfolgen kann.

Kapazitätsrelationen[167] *(Gleichung 3):*

$$(Cap_{o,p,t} + Cap_{n,p,t}) \cdot v_p \cdot 8760 \geq PA_{p,t} \qquad \forall p \in P; \forall t, T_0 \leq t \leq T$$

Die für die Befriedigung der Nachfrage erforderliche Kapazität muss zur Verfügung stehen. Das Model kann hierfür bereits installierte Kapazitäten nutzen und muss gegebenenfalls neue Kapazitäten für Produktionsanlagen oder Emissionsminderungstechniken errichten.

[167] vereinfacht dargestellt für eine jährliche Betrachtungsweise

Maximale Emissionsmengen (Gleichung 4):

$$\sum_{f\in F} X_{ni,f,t}\cdot E_k + \sum_{p\in P} X_{aus,p,k,t} - \sum_{p\in P} X_{ein,p,k,t} + \sum_{f\in F}\sum_{p\in P}\sum_{p'\in P} X_{p',p,f,t}\cdot E_k + \sum_{f\in F} X_{no,f,t}\cdot E_k \le E_{\max,k,t}$$

$$\forall k \in K; \forall t, T_0 \le t \le T$$

Die jährlich entstehenden Emissionen errechnet sich aus den an die Ressourcenflüsse gekoppelten Emissionen sowie der Differenz der aus Prozessen austretenden und in Prozesse (in Emissionsminderungstechnologien) eintretenden Emissionsflüsse summiert mit den gekoppelten Emissionen von Flüssen im Netzwerk und beim Transport zur Nachfrage. Weiterhin ist es möglich, auf Anlagenebene Emissionsrestriktionen zu setzen und so beispielsweise gesetzliche Grenzwerte nachzufahren. In den bisherigen Ansätzen zur Gestaltung von Minderungsstrategien für VOC werden alle Stoffe, die unter die VOC-Klassifizierung fallen, gleichgewichtig behandelt. In realitas haben allerdings die einzelnen Stoffe eine unterschiedliche Wirkung auf die Photooxidantienbildung. Zukünftig könnte die Betrachtung verschiedener Gruppen von VOC oder einzelner Stoffe sinnvoll werden (siehe [Röll 1994]). Die Anzahl an zu berücksichtigenden Emissionsflüssen ist im Modell deshalb variabel gestaltet. Die hier entwickelte Methodik ermöglicht es nun, auch anfallende NO_x-Emissionen mit zu bilanzieren bzw. simultane Minderungsstrategien für NO_x- und VOC-Emissionen (sogenannte „Multi-Pollutant-Strategies") zu entwickeln. Beispielsweise ist mit dem Einsatz von Abscheidetechnologien für VOC-Emissionen ein Energieverbrauch verbunden und bei der Erzeugung von Energie mit fossilen Energieträgern fallen NO_x-Emissionen an.

Bilanzierung an den Knoten

Die für ein Flussmodel notwendige „Bilanzierung" um einen Netzwerkknoten (Gleichung 5) stellt in einem Stoffflussmodell den Bezug zwischen Input- und Outputflüssen von Prozessen her und stellt damit die Umsetzung der Prozesseigenschaften zu Flüssen dar. Jeder Output- und Inputfluss ist durch einen Umsetzungszahl mit der Prozessaktivität verknüpft. Für jeden Prozess gilt (Gleichung 5):

$$X_{ein,p,f,t} + \left(PA_{p,t} \times \gamma_{f,p,t}\right) \times \beta_{f,t} = X_{aus,p,f,t} \times \delta_{f,t} \qquad \forall f \in F;\ \forall p \in P;\ \forall t, T_0 \le t \le T$$

Dieser Sachverhalt lässt sich an der Betrachtung eines Beschichtungsprozesses aus dem oben aufgeführten Beispiel veranschaulichen. In einem Beschichtungsprozess gehen pro Output beschichtetes Holz [m^2/a] eine Einheit unbeschichtetes Holz [m^2/a] und ein vom Verfahren abhängiger Fluss an Lacken [kg/m^2] sowie Energie [GJ/m^2] ein und verursachen einen ebenfalls vom gewählten Verfahren abhängigen Fluss an VOC-Emissionen [kg-VOC/kg-Lack]. Die Prozessaktivität definiert durch Multiplikation mit den Umsetzungszahlen die Höhe der zu- und abfließenden Flüsse.

Indizes:

t := Zeitindex ($T \succ t \succ T_0$)

f := Index für Flüsse im Netzwerk

p := Prozessindex

k := Index für Schadstoffflüsse

p'' := Index direkt nachgelagerter Prozess

p' := Index direkt vorgelagerter Prozess

o := Index für bestehende Kapazitäten

n := Index für neue Kapazitäten

ein := Index für Flüsse in einen Prozess

aus := Index für Flüsse aus einem Prozess

ni := Index für Flüsse in das Netzwerk

no := Index für Flüsse aus dem Netzwerk

var := Index für variable Ausgaben

fix := Index für fixe Ausgaben

inv := Index für investitionsabhängige Ausgaben

Variablen

T := Zieljahr

T_0 := Basisjahr

P := Menge der Prozesse

F := Menge der Flüsse

K := Schadstoffe (mit $K \subset F$)

PA := Prozessaktivität

X := Stoff- / Energiefluss

D := Nachfrage

C := spezifische Ausgaben

Cap := Kapazitäten

α_t := Abzinsungsfaktor

v := Verfügbarkeit

β := Umsetzungszahl für Input-Flüsse

E_k := Emissionsfaktor für an Flüsse gekoppelte Emissionen

δ := Umsetzungszahl für Output-Flüsse

γ := Verwendung des Flusses

γ := -1/Wirkungsgrad des Prozesses p (wenn f Input des Prozesses p ist)

γ := 1 (wenn f Output des Prozesses p ist)

Das lineare Optimiermodell ist in der in der Programmiersprache GAMS (**G**eneral **A**lgebraic **M**odelling **S**ystem) umgesetzt, die von der Weltbank zur Lösung großer mathematischer Optimierprobleme entwickelt wurde (Brooke 1988). Zur Lösung des Problems werden kommerzielle Standardsolver verwendet. Als Ergebnisse der Modellanwendung erhält man in Abhängigkeit des Emissionsminderungszieles für den jeweils betrachteten Betrieb die wirtschaftlich sinnvollste Maßnahme (Maßnahmenpaket) und die damit verbunden Ausgaben.

4.6.3.6 Beispiele für analytische Lösungen von umweltorientierten Optimierproblemen

In [Haasis 1996] und [Spengler 1998] werden eine ganze Reihe an Modellansätzen zur Planung und Steuerung von industriellen Stoff- und Energieflüssen vorgestellt. Im Folgenden werden zwei ausgewählte Beispiele kurz skizziert, um exemplarisch die Einsatzmöglichkeiten von optimierenden Ansätzen auf Basis analytischer Lösungen aufzuzeigen.

Im ersten Fall geht es um eine Anlagenprojektierung einer Emissionsminderungsmaßnahme unter Berücksichtigung einer künftigen Anlagennachrüstung. In diesem Fall liegt das Problem darin, dass bei der Anlagenprojektierung alternative Entwicklungspfade bezüglich unsicherer Erwartungen über Zeitpunkt und Höhe künftiger Grenzwertvorgaben berücksichtigt werden müssen. Die sich dabei stellenden Alternativen lassen sich folgendermaßen formulieren:

- Alternative 1: Auslegung der Anlage auf den jetzigen Grenzwert unter Inkaufnahme einer möglichen Nachrüstung.
- Alternative 2: Auslegung der Anlage auf eine vorweggenommene Grenzwertfortschreibung.

Das Entscheidungsproblem lässt sich folgendermaßen formalisieren[168]: Eine im Zeitpunkt $n \leq T$ aufgrund eines um $\Delta\eta$ gesetzlich erhöhten Emissionsminderungsgrades notwendige Erweiterungsinvestition mit Investitionsauszahlungen A_n $(\Delta\eta)$ wird bereits zum Zeitpunkt $t = 0$ realisiert falls gilt:

$$-\Delta A_0(\Delta\eta,\eta_0) - \sum_{t=1}^{n} a_t(\Delta\eta) * \frac{1}{(1+i)^t}$$
$$+ A_n(\Delta\eta) * \frac{1}{(1+i)^n} + \sum_{t=n+1}^{T} \Delta a_t(\Delta\eta) * \frac{1}{(1+i)^t} \geq 0$$

mit:

η_0	in $t = 0$ einzuhaltender Emissionsminderungsgrad
$\Delta\eta$	in $t = n$ additiv einzuhaltender Emissionsminderungsgrad
$\Delta A_0(\Delta\eta,\eta_0)$	zusätzlich in $t = 0$ durch einen um $\Delta\eta$ erhöhten Emissionsminderungsgrad entstehende Auszahlungen (Anlagenprojektierung mit höherer Minderungskapazität)
$A_n(\Delta\eta)$	zusätzlich in $t = n$ durch einen um $\Delta\eta$ erhöhten Emissionsminderungsgrad entstehende Auszahlungen (Nachrüstung)

[168] Vgl. [Haasis 1996, S. 75].

$a_t(\Delta\eta)$	zusätzlich in t durch einen um $\Delta\eta$ erhöhten Emissionsminderungsgrad (Anlagenprojektierung mit höherer Minderungskapazität) entstehende Auszahlungsüberschüsse
$\Delta a_t(\Delta\eta)$	zusätzlich in t durch eine erst in t = n realisierte Erweiterungsinvestition (Nachrüstung) entstehende Auszahlungsüberschüsse
i	Kalkulationszinsfuß
T	Planungshorizont

Verfahrenswechsel, Verfahrensoptimierungen und Schaltungsänderungen sind in den Auszahlungsgrößen ebenfalls zu berücksichtigen.

Im zweiten Beispiel stellt sich die Frage nach der Ermittlung einer optimalen Bestellmenge, wobei als Zielgrößen die Summe der entscheidungsrelevanten Kosten (Summe aus Bestell-, Transport- und Lagerkosten) sowie die induzierten Emissionen (des Transportes und der Lagerung) zu berücksichtigen sind. Wenn zwei Zielfunktionen (Kostenminimierung und Emissionsminimierung) aufgestellt werden, kann das Problem folgendermaßen formuliert und gelöst werden[169].

1. Minimierung der Kosten (Zielfunktion)

$$K_L(x) + K_B(x) + K_T(x) \quad -> \min$$

mit

den Lagerkosten [DM/Jahr]: $K_L(x) = \frac{x}{2} \cdot p \cdot k_L$

den Beschaffungskosten [DM/Jahr] $K_B(x) = p \cdot M + F \cdot \frac{M}{x}$

den Transportkosten [DM/Jahr] $K_T(x) = M \cdot k_{T,u} + s \cdot \frac{M}{x} \cdot k_{T,a}$

p = Einstandspreis [DM/ME]

k_L = Lagerkostensatz [1/Jahr]

F = Fixe Bestellkosten pro Bestellung [DM]

M = Jahresbedarf [ME]

s = Transportstrecke [km]

$k_{T,a}$ = Transportkostensatz, variabel [DM/km]

$k_{T,u}$ = Transportkostensatz, fix [DM]

[169] Vgl. [Haasis 1996, S. 151 f.].

Durch eine analytische Lösung (Ableitung der Zielfunktion nach x) erhält man die optimale Bestellmenge ${x^K}_{opt}$

$$x_{opt}^{K} = \sqrt{\frac{2 \cdot M \cdot (F + s \cdot k_{T,a})}{p \cdot k_L}}$$

2. Minimierung der Emissionen

$E_L(x) + E_T(x) \quad -> \min$

mit

den Lageremissionen [kg/Jahr]: $E_L(x) = \frac{x}{2} \cdot e_{L,a} \cdot e_{L,a}$

den Transportemissionen [kg/Jahr]: $E_T(x) = s \cdot \frac{M}{x} \cdot e_{T,a} + M \cdot e_{T,u}$

$e_{L,a}$ = Lageremissionssatz, bestandsabhängig [kg/ME]

$e_{L,u}$ = Lageremissionssatz, bestandsunabhängig [1/Jahr]

$e_{T,a}$ = Transportemissionssatz, variabel [kg/km]

$e_{T,u}$ = Transportemissionssatz, fix [kg]

Wiederum erhält man über eine analytische Lösung die optimale Bestellmenge bei einer Emissionsminimierung ${x^E}_{opt}$

$$x_{opt}^{E} = \sqrt{\frac{2 \cdot M \cdot s \cdot e_{T,a}}{e_{L,a} \cdot e_{L,u}}}$$

Ein Zielkonflikt besteht immer dann, wenn

$$\sqrt{\frac{e_{L,a} \cdot e_{L,u} \cdot F}{s \cdot p \cdot e_{T,a} \cdot k_L} + \frac{e_{L,a} \cdot e_{L,u} \cdot k_{T,a}}{e_{T,a} \cdot k_L \cdot p}} \neq 1$$

Die Darstellung des Zielkonfliktes findet sich in Abbildung 4-28.

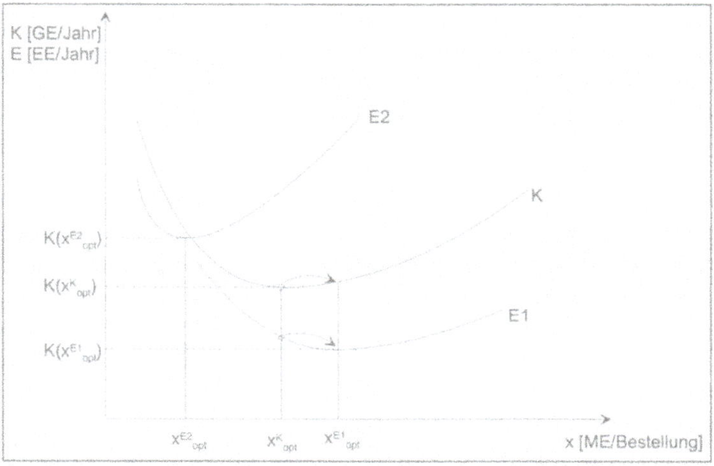

Abbildung 4-28: Illustration des Zielkonfliktes zwischen Minimierung der Kosten und Minimierung der Emissionen [Haasis 1996, S. 153]

4.6.4 Methodische Ansätze zur Ermittlung von Transformationsfunktionen

4.6.4.1 Einleitung

Bei den bisher vorgestellten Modellansätzen wie den betriebswirtschaftlichen Input-Output-Modellen der Aktivitätsanalyse, der Stoffstromanalyse auf Basis der Petri-Netze sowie den optimierenden Energie- und Stoffflussmodellen (und auch den Flussmodellen aus Kapitel 4.3) wird immer vorausgesetzt, dass die funktionalen Zusammenhänge zwischen Input- und Output-Flüssen (die sogenannten Transformationsfunktionen) bekannt sind. Bei Prozessmodifikationen, einer Anlagenneuauslegung oder der Erhebung von Emissionsdaten, die nicht gemessen werden, ist dies jedoch nicht immer der Fall.

Um notwendige Informationen hierzu zu gewinnen, kann auf einfache Ansätze wie Daten von vergleichbaren Anlagen (Betreiberinformationen), Datenbanken oder Herstellerinformationen zurückgegriffen werden. Gerade bei innovativen Ansätzen stehen jedoch solche Informationen nicht immer zur Verfügung. In diesen Fällen kann neben experimentellen Untersuchungen, die in der Regel jedoch sehr aufwendig sind, auf ingenieurwissenschaftliche Modellierungsansätze zurückgegriffen werden.

Der Aufwand zur Informationsgewinnung muss dabei in Relation zum Erkenntnisgewinn stehen. Er steigt in Abhängigkeit der Planungsaufgabe von

- ersten Wirtschaftlichkeitsplanungen über
- einen Verfahrensvergleich oder Erstellung eines Investitionsplanes bis hin

- zur Genehmigung für die Ausführung (Vorstandsvorlage, Kreditantrag), Vertragsverhandlungen und -unterzeichnung oder Budgetierung.

4.6.4.2 Verfahrenstechnische Modellierung

Um bei der Modellierung eines energie- oder verfahrenstechnischen Produktionssystems die Komplexität zu reduzieren, ist es sinnvoll, das **System**[170] in unterschiedliche Hierarchiestufen einzuteilen (siehe Tabelle 5.2). Während bei den niedrigeren Stufen - den Prozessbereichen – eher naturwissenschaftliche und technische Fragestellungen im Mittelpunkt stehen, steigt die Relevanz ökonomischer Fragestellungen bei den höheren Stufen – den energietechnischen Systemen[171]. Aufgrund der Komplexität der Planungsaufgabe und des begrenzten zeitlichen Rahmens beschränkt sich die Anlagenplanung und -entwicklung in der Regel auf die energie- und verfahrenstechnischen Systeme.

Die **Prozesseinheiten**, auch als **Unit Operations** bezeichnet, bestimmen aufgrund ihrer Auslegung die Stoff- und Energieumwandlung innerhalb des verfahrenstechnischen Systems. Sie bilden u. a. die Modellelemente eines verfahrenstechnischen Systems und damit die oberste Ebene der verfahrenstechnischen Prozesse. Den Unit Operations kommt bei der verfahrenstechnischen Modellbildung von Systemen deshalb eine besondere Bedeutung zu.

Die einzelnen Unit Operations werden bei einer verfahrenstechnischen, analytischen Modellbildung durch Bilanzen von ein- und austretenden, umgewandelten und akkumulierten Stoff- und Energiemengen erfasst[172]. Die Bilanzen beruhen dabei auf den beiden empirischen Fundamentalsätzen der Massen- und der Energieerhaltung. Nach dem **Massenerhaltungssatz** kann die Masse durch chemische Vorgänge weder geschaffen noch zerstört werden. Für ein offenes stationäres System oder eine offene stationäre Prozesseinheit kann die Gesamtmassenbilanz oder die Komponentenmassenbilanz aufgestellt werden. Der **Energieerhaltungssatz** entspricht dem ersten Hauptsatz der Thermodynamik, der besagt, dass Energie durch chemische oder physikalische Vorgänge weder geschaffen noch vernichtet werden kann. Bei offenen Systemen hat sich in der Praxis die Bilanzierung der Enthalpie bewährt[173]. Da

[170] Nach [Blaß 1989] gilt folgende Definition für ein **System**: „Ein System ist ein in Raum und Zeit durch eine (ideale oder reale) Systemgrenze begrenzter Teil der Wirklichkeit, der in einer bestimmten Umgebung ein charakteristisches Verhalten zeigt. Die Struktur des Systems ist bestimmt durch die Menge seiner Elemente und durch die Menge der Kopplungen (Relationen), welche die Elemente aufgrund ihrer Eigenschaften verknüpft. Die Umgebung liefert die Eingangsgrößen für das System und nimmt seine Ausgangsgrößen auf."

[171] Vgl. [Schleef 1999, S. 36 f.].

[172] Vgl. [Penkuhn 1997, S. 61].

[173] Vgl. [Schulze et al. 1981].

bestimmte Zustandsgrößen wie Druck und Temperatur sowohl die Material- als auch die Energiebilanz beeinflussen, sind die Bilanzen immer gemeinsam zu berechnen.

Zur Berechnung der gekoppelten Material- und Energiebilanzen komplex verschalteter verfahrenstechnischer Systeme werden **Fließschematasimulationsprogramme (Flowsheetingprogramme[174])** eingesetzt, die den analytischen Modellierungskonzepten[175] zuzurechnen sind. Für die modellierten Prozesse lassen sich dabei die wichtigsten Reaktionen, ihre energetischen Ausbeuten und die anfallenden Produkte durch Anwendung der thermodynamischen Hauptsätze, der Stöchiometrie sowie der Reaktionskinetik ableiten[176]. Grundlegend hierbei ist die Bestimmung thermodynamischer Gleichgewichtszustände unter den vorherrschenden Reaktions- und Prozessbedingungen.

Im Folgenden wird die Vorgehensweise zur Durchführung einer Prozesssimulation am Beispiel des Flowsheetingprogramms ASPEN PLUS kurz skizziert[177]:

- Festlegung der Verfahrensfluss-Konfiguration durch
- Definition der Unit Operations,
- Bestimmung der Stoff- und Energieflüsse zwischen den Unit Operations und
- Auswahl der Unit Operations aus einer Programmdatenbank.
- Spezifikation der Stoffe durch Auswahl aus einer Programmdatenbank oder Definition.
- Wahl des thermodynamischen Modells zur Darstellung des physikalischen Verhaltens der Stoffe bzw. Stoffgemische.
- Festlegung der Stoff- und Energieflüsse und thermodynamischen Parameter wie Druck und Temperatur.
- Spezifikation der Prozessbedingungen der Unit Operations des Verfahrensfließbildes.

Flowsheetingsysteme werden u. a. eingesetzt, um die Auswirkungen von Designspezifikationen (z. B. alternativen Temperatur- oder Druckprofilen) auf die Massen- und Energiebilanz einer Anlage zu untersuchen, denen im Rahmen der Anlagenprojektierung eine wichtige Rolle zufällt (siehe Abbildung 4-29). Andere Einsatzgebiete liegen in der Minimierung des Energieeinsatzes oder der Kosten[178].

---

[174] Der Begriff lehnt sich an die angelsächsische Bezeichnung für Verfahrensfließbild (*Flowsheet*) an.

[175] Die analytische Modellierung der Elemente energie- und verfahrenstechnischer Systeme basiert auf den chemischen und physikalischen Vorgängen im Inneren des jeweils betrachteten Prozeßelementes.

[176] Vgl. auch [Spengler 1998] und [Futterer et al. 1995].

[177] Vgl. [Aspen 1994].

[178] Siehe zu Einsatzgebieten die Ausführungen in [Penkuhn 1997, S. 65 f.].

Tabelle 5.2: Hierarchiestufen energietechnischer Systeme und Prozesse ([Schleef 1999, S. 37], in Anlehnung an [Hartmann et al. 1985])

	Hierarchiestufe	Typisches Beispiel
Energietechnische Systeme	Energieverbundsystem	Alle Energiewandlungsanlagen eines Landes, alle Kraftwerke eines EVU
	Energiewirtschaftliches Werk	Einzelnes Kraftwerk inklusive aller Nebenanlagen zur Brennstoff-aufbereitung, Rauchgasreinigung, etc.
	Energietechnisches Verfahren	Kohlevergasung, Schmelzkammer-feuerung
	Energietechnische Verfah-rensstufe	Abhitzekessel, Gasturbine
Energietechnische Prozesse	Prozesseinheit (Unit Operation)	Verdampferrohrbündel, Absorp-tionskolonne in der Rauchgas-reinigung
	Charakteristischer Teil-prozess	Brennerflamme
	Volumenelement/ Mikro-prozess	Verdampfungs- und Kondensa-tionsvorgänge
	Elementarprozess	Chemische Reaktion (Verbrennung, Vergasung), Konduktion und Konvektion von Stoff und Energie

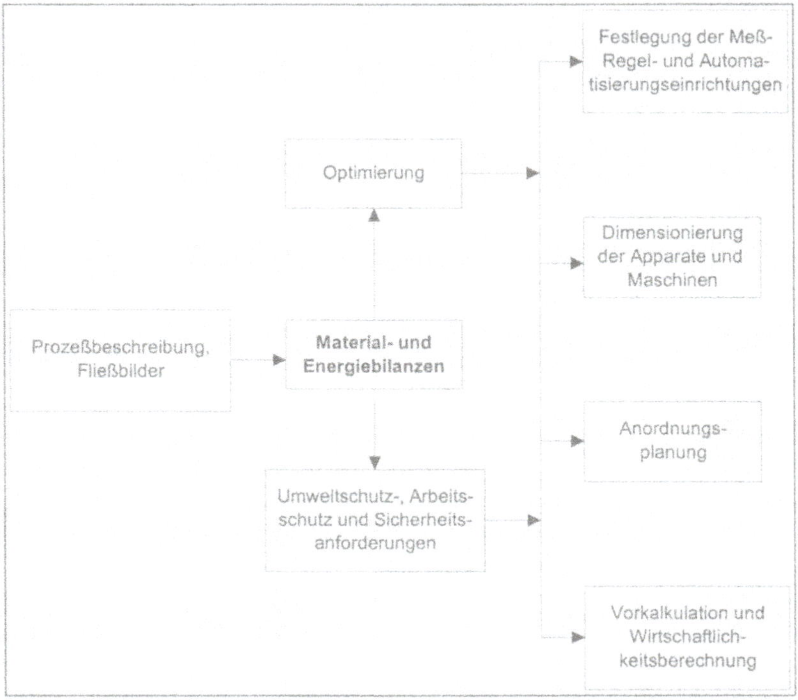

Abbildung 4-29: Material- und Energiebilanzen als zentraler Planungsschritt für die Projektierung energie- und verfahrenstechnischer Systeme [Schulze et al. 1981]

Neben den analytischen Modellierungsansätzen gibt es eine statistische Modellierung von Elementen energie- und verfahrenstechnischer Systeme[179]. Das Ziel der statistischen Modellierungsansätze ist es, die Abhängigkeit der Ausgangsgröße y_j eines Elements von den Eingangsgrößen x_p auf der Basis von Messwerten zu ermitteln und durch ein geeignetes Gleichungssystem ($y_j = y_j(x_1,......,x_n)$; $j = 1....m$) anzugeben.

Je nach Modellierungszweck kann der Eingangsvektor $x^T=(x_1,...,x_n)$ neben den Einsatzfaktormengen auch weitere Informationen wie z.B. den Druck oder die Temperatur einer Anlage enthalten. Die Relation zwischen den Ein- und Ausgangsgrößen wird dabei aber ohne Betrachtung der physikalischen oder chemischen Vorgänge innerhalb des Systems ermittelt (sogenannte Black-Box-Modelle). Hieraus folgt u. a., dass die Parametrisierung der Modelle auf experimentell gewonnen Daten angewiesen ist. Die Parametrisierung erfolgt auf Basis der Regressionsanalyse, wobei häufig die Methode der kleinsten Quadrate angewendet wird.

[179] Siehe zu den folgenden Ausführungen [Schleef 1999, S. 51 f.].

5 Einbindung des betrieblichen Stoff- und Energiestrommanagements

5.1 Umwelt-Controlling

5.1.1 Das Umwelt-Controlling im Vergleich zum traditionellen Controlling

Das **Umwelt-Controlling** ist dem betrieblichen Umweltmanagement zuzuordnen. Dem Begriff des Umwelt-Controlling fehlt eine Präzisierung[180]. Gerade die Abgrenzung einzelner Aufgabenschwerpunkte des Umwelt-Controllings zum in Kapitel 3 und 4 eingeführten Stoff- und Energiestrommanagement ist nicht immer eindeutig.

Das betriebswirtschaftliche (traditionelle) **Controlling** ist eine Teilfunktion der Unternehmensführung. Unter das Controlling fällt die Summe aller Maßnahmen, die dazu dienen die Führungsbereiche Planung, Kontrolle, Organisation, Personalführung und Information so zu koordinieren, dass die Unternehmensziele optimal erreicht werden[181]. Die übergeordnete Aufgabe des Controllings ist die Unterstützung der Unternehmensführung durch Informationsbereitstellung auf Basis der internen Rechnungslegung (Kosten-, Leistungs- und Investitionsrechnung). Als übliche Aufgaben des Controllings sind zu nennen: Budgetierung, Erstellung von Kostenstandards, Berichterstattung auf der Basis von Plan-Ist-Vergleichen sowie deren Bewertung und Beratung zur Beseitigung von identifizierten Schwachstellen. Im Gegensatz zum Rechnungswesen, das vergangenheitsorientiert ist und auf die vollständige, sachlich richtige Informationserstellung abzielt, ist das Controlling zukunftsbezogen und zielt auf die Informationsaufbereitung und -erläuterung ab. Es existiert eine unterschiedliche Ausrichtung des Controllings auf verschiedene Unternehmenszielrichtungen[182]:

- **Erfolgsziele** (z. B. Gewinn, Umsatz und Rentabilitätsziele),
- **Leistungsziele** (z. B. Absatz- und Produktionsziele) und
- **Finanzziele** (z. B. Liquiditäts- und Investitionsziele).

Dabei sind folgende Schwerpunkte zu unterscheiden:

- **Informationsorientierte Konzeption** - Koordination von Informationserzeugung, -bereitstellung und -bedarf
- **Planungs- und kontrollorientierte Konzeption** - Koordination von Informations-, Planungs- und Kontrollsystem

[180] Siehe z.B. auch [Wagner 1996, S. 186 f.].
[181] Siehe [Wöhe 2000, S. 234 f.]
[182] Vgl. [Schierenbeck 1989, S. 56].

- **Koordinationsorientierte Konzeption** - Koordination des gesamten Führungssystems

In Anlehnung und Ergänzung an das finanziellen Controlling wurde das Umwelt-Controlling, welches auch als **Öko-Controlling** bezeichnet wird, als ein Instrumentarium zur Gestaltung einer umweltverantwortlichen Unternehmenspolitik konzipiert. Es lässt sich über seine umweltschutzbezogene Aufgabe und seine Funktion zur Sicherstellung der Rationalität des betrieblichen Umweltmanagements ableiten. Die Verbindung zum betriebswirtschaftlichen Controlling besteht darin, dass die Integration von ökologischen Fragestellungen nicht dazu führt, dass alle bisherigen betriebswirtschaftlichen Konzepte vollkommen neu gestaltet werden müssen. Das Umwelt-Controlling hat sich aus Effektivitäts- und Effizienzgründen sowohl aus methodischer Sicht als auch aus organisatorischen Gründen am finanziellen Controlling zu orientieren. In Analogie zum herkömmlichen Controlling sollte auch des Umwelt-Controlling als eigenständige Fachfunktion definiert werden[183], deren Einbindung in die Organisationsstruktur z. B. innerhalb der Umweltschutzabteilung oder des klassischen Controllings liegen kann. Die Aufgaben innerhalb dieses Funktionsbereiches liegen u. a. in der Koordination des Umwelt-Controllings, in der zentralen Aufbereitung und Verdichtung von Informationen sowie der Integration des Umwelt-Controllings in den betrieblichen Fachabteilungen (Prozesspromotorfunktion). In Abbildung 5-2 sind die Ziele und Aufgaben des Öko-Controlling in Verbindung mit dem traditionellen Controlling dargestellt.

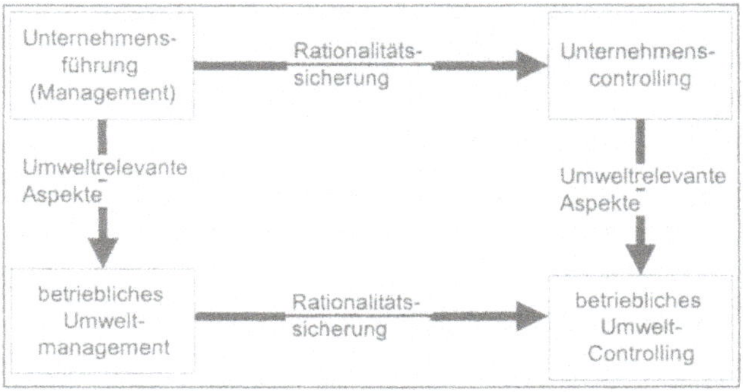

Abbildung 5-1: Zweistufige Ableitung des Umwelt-Controllings (nach [Dyckhoff 2000, S. 6] und [Rüdiger 1998, S. 282])

[183] Siehe [BMU 1995, S. 471].

Gemeinsamkeiten

- Zielsetzung: Entscheidungsbasis durch Informationsbereitstellung liefern
- Controlling ist eine führungsunterstützende, abteilungsübergreifende und zukunftsorientierte (operative wie strategische) Querschnittsfunktion
- und umfaßt folgende Aufgaben
  - Analyse,
  - Planung,
  - Kontrolle,
  - Koordination und
  - Kommunikation
- zur Unternehmenssteuerung.

Besonderheiten des Öko-Controllings

- Ziele:
  - Setzen von Umweltzielen
  - Entscheidungsorientierte Aufbereitung von Umweltinformationen
  - Beschlußfassung zu umweltrelevanten Themen sicherstellen
- Informationserfassung:
  - Stoff- und Energiedaten sowie
  - deren ökologischen Wirkungen und
  - deren rechtliche und gesellschaftliche Bewertung

Abbildung 5-2: Wesentliche Gemeinsamkeiten und Abgrenzung zwischen dem traditionellen Controlling und dem Umwelt-Controlling

Das Öko-Controlling übernimmt die Funktion eines **Informations-, Analyse-, Planungs-, Steuerungs- und Kontroll- sowie Kommunikationsinstrumentariums** im Umweltmanagement. Es ist somit integraler Bestandteil des gesamten betrieblichen Informations- und Kommunikationssystems. Es ist auf die Zukunft ausgerichtet, um ein für ein Unternehmen ungewolltes, umweltrelevantes Ereignis zu verhindern. Dabei gibt es unterschiedliche Schwerpunkte, die beispielsweise liegen bei[184]:

- internen (technischen) Risiken, die direkt oder indirekt von der Produktion ausgehen (eher im operativen Bereich angesiedelt),
- politischen Risiken aufgrund neuer Gesetzte und Vorschriften (eher im strategischen Bereich angesiedelt) oder
- Marktrisiken durch eine Kundenorientierung auf „umweltfreundlichere“ Produkte und Produktion (eher im strategischen Bereich angesiedelt).

5.1.2 Verschiedene Ansätze des Umwelt-Controllings

Prinzipiell lassen sich drei verschiedene Ansätze des Öko-Controllings differenzieren[185]:

Finanziell orientierte Ansätze: Bei diesen liegt der Schwerpunkt in der expliziten Ausweisung der finanziellen Auswirkungen von Umweltschutzmaßnahmen, die als Ziel- und Entscheidungsbasis genommen werden. Dieser Ansatz ermöglicht eine verursachungsgerechte Zuordnung der Gemeinkosten auf einzelne Kostenträger und

[184] Vgl. [Schulz 1994].

[185] Nach [Schaltegger et al. 1995a, S. 11 ff.].

damit eine bessere umweltorientierte Steuerung der Produktion (siehe Abbildung 5-3). Es ist allerdings zu beachten, dass diese Kosten bereits innerhalb des finanziellen Controllings bzw. Rechnungswesens erfasst werden und dass Umwelteinwirkungen mit dem Ansatz nicht erfasst werden (Dimension: Geldeinheiten).

Ökologisch orientierte Ansätze: Hier wird der Fokus auf die Umwelteinwirkungen gelegt, d. h. parallel zum finanziellen Controlling wird die Steuerung der wirtschaftlichen Aktivitäten auf die Erhebung und Steuerung der Umwelteinwirkungen ausgerichtet (Dimension: Massengrößen der Umweltbelastung) (siehe Abbildung 5-4). Diese eindimensionale Ausrichtung bietet keine Lösungsansätze zu möglichen Zielkonflikten zwischen Ökologie und Ökonomie bzw. keine Ansätze, Wirtschaftlichkeitsüberlegungen in ökologische Fragestellungen zu integrieren.

Integriert ökonomisch-ökologisch orientierte Ansätze: Dabei wird eine integrierte Bewertung und Steuerung der wirtschaftlichen wie der ökologisch relevanten Handlungen angestrebt (Dimension: Geldeinheiten pro Umweltbelastungseinheit bzw. Umweltbelastung pro Geldeinheit).

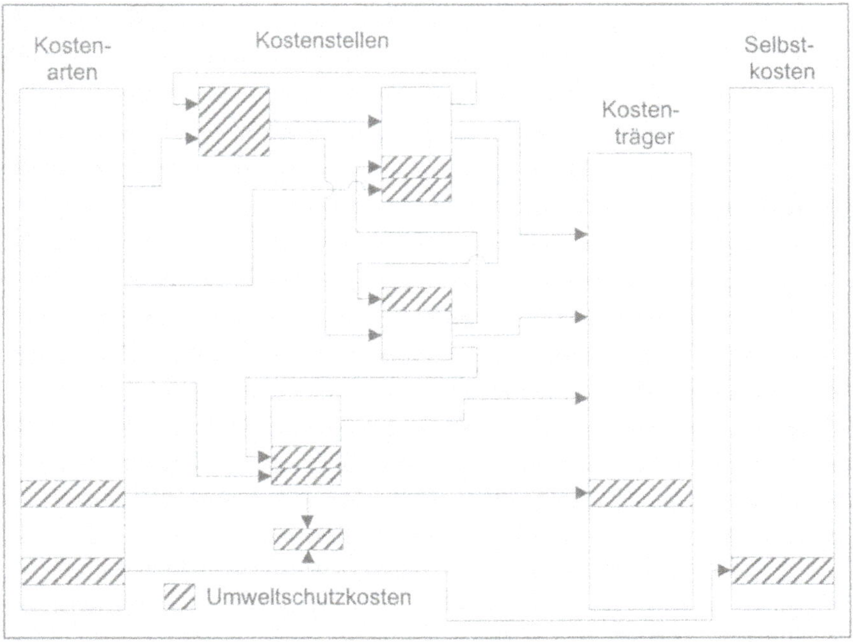

Abbildung 5-3: Erfassung und Verrechnung von Umweltschutzkosten innerhalb des herkömmlichen Rechnungswesens [Rentz 1979]

*Erläuterung: Bei der **umweltorientierten (traditionellen) Rechnungslegung** werden die Umweltschutzkosten in die traditionelle betriebliche Kosten- und Leistungs-*

rechnung integriert. Das bestehende betriebliche Rechnungswesen wird im Aufbau beibehalten und lediglich um die umweltbezogenen Kostenarten und dessen Weiterverrechnung erweitert. Eine Erfassung von Umweltbelastungen, von physikalischen Mengenströmen und externen Kosten ist allerdings nicht möglich.

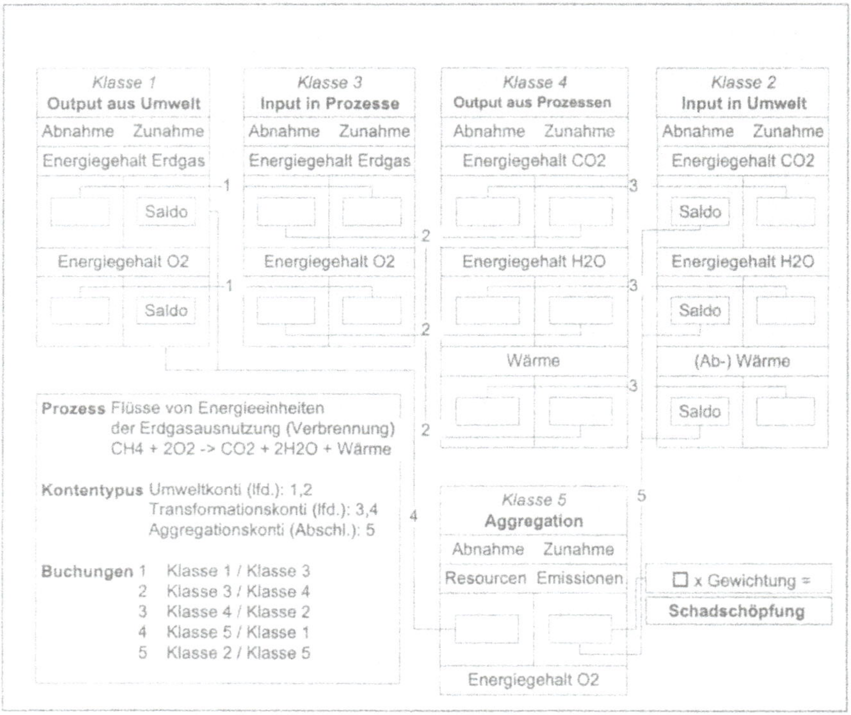

Abbildung 5-4: Buchungs- und Kontensystem des ökologischen Rechnungswesens [Schaltegger et al. 1992]

Erläuterung: Neuentwicklung eines ***ökologischen Rechnungswesens****. Hierbei werden anstelle von Geldflüssen Stoff- und Energieflüsse erfasst. In einer Schadschöpfungsrechnung - die in Analogie zu einer Wertschöpfungsrechnung aufgestellt wird - werden die Schäden einer betrieblichen Leistungserstellung über diese Flüsse erfasst (stoffflussorientierte Methodik der Bewertung). Die umweltrelevanten Einwirkungen werden über die Emissionen erfasst, wobei über Immissionsgrenzwerte die „Schädlichkeit der Emission" erfasst werden (siehe hierzu auch die naturwissenschaftlichen Bewertungsverfahren der Ökobilanzierung in Kapitel 6).*

Der dritte Ansatz steht in den folgenden Ausführungen im Mittelpunkt. Ein alternatives Klassifizierungsmerkmal liegt in der Unterscheidung zwischen strategischen und operativen Ansätzen[186]. Bisher überwiegen strategische Ansätze.

5.1.3 Der Umwelt-Controlling Regelkreis

In Anlehnung an die Darstellung des klassischen Controllings lassen sich die einzelnen Funktionen des Umwelt-Controllings in der Form eines Kreislaufes darstellen (siehe Abbildung 5-5).

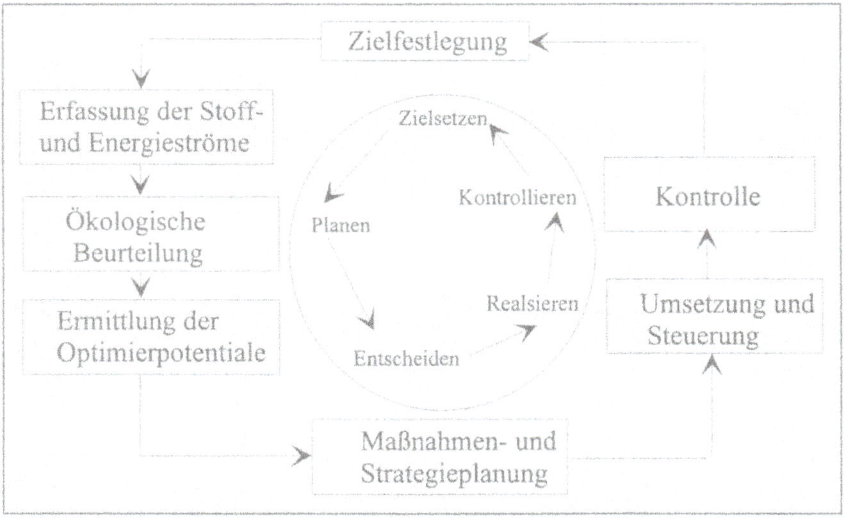

Abbildung 5-5: Öko-Controlling als Regelkreis[187]

Nach der Zielfestlegung steht zu Beginn des Regelkreises die Erfassung der betrieblichen Ist-Situation. Hierzu muss ein **Informationssystem** aufgebaut werden, für das alle ökologisch-relevante Informationen beschafft, bewertet und entscheidungsorientiert aufbereitet werden müssen. Da die umweltrelevanten Auswirkungen von unternehmerischen Aktivitäten im Wesentlichen auf Stoff- und Energieströme zurückführbar sind - entweder direkt durch Aktivitäten oder indirekt im Rahmen des Produktlebenszyklus - sollte ein Umweltinformationssystem im Rahmen der Informationsbeschaffung folgende Daten liefern[188]:

- Stoff- und Energieflüsse des gesamten Betriebes und von einzelnen Verfahrens-schritten,

[186] Ein umfassender Überblick über Zielrichtungen der Ansätze eines betrieblichen Umwelt-Controllings findet sich in [Schaltegger et al. 1995a, S. 12].
[187] Siehe zum Umwelt-Controlling als Regelkreis die Ausführungen in [Hallay et al. 1992].
[188] In Anlehnung an [BMU 1995, S. 26 ff.].

- stoffliche Wechselwirkungen im Rahmen ökologischer Produktlebenszyklen und
- stoffliche Wechselwirkungen durch die Bereitstellung der Produktionsfaktoren und der notwendigen Infrastruktur.

Gerade die betriebliche Erfassung der Stoff- und Energieflüsse gewinnt zunehmend an Bedeutung. Zu den Hilfsmitteln der Datenerfassung und den dabei auftretenden Problemen wird auf Kapitel 4 verwiesen. Zur Informationsbeschaffung gehört auch eine Aufarbeitung der aktuellen umweltbezogenen Forderungen, die von den einzelnen Anspruchsgruppen an das Unternehmen gestellt werden. Diese lassen sich gliedern in[189]:

- Erkenntnisse über den allgemeinen gesellschaftlichen Wertewandel
- Erkenntnisse der ökologischen Ursachen-Wirkungsforschung
- Veränderung der gesellschaftlichen Anforderungen an ein Unternehmen
- Politische Umsetzung dieser Ansprüche
- Juristische Umsetzung dieser Ansprüche
- Veränderung relevanter Marktfaktoren

Die weiteren Funktionen des Umwelt-Controllings wurden für eine produktionsorientierte Ausrichtung in Kapitel 4 ausführlich dargestellt. Diese Orientierung überwiegt in den meisten Ausführungen zum Umwelt-Controlling. Für die Betrachtung weiterer Unternehmensbereiche im Rahmen des Umwelt-Controllings wird auf die entsprechende Fachliteratur verwiesen.

Wenn die ökologische Bewertung nicht nur auf den betrieblichen Bilanzraum beschränkt sein soll, dann sind die Methoden der Ökobilanzierung anzuwenden, auf die in Kapitel 6 eingegangen wird.

5.2 Umwelt-Audits

5.2.1 Einleitung

Der Begriff Audit in seiner betriebswirtschaftlichen Bedeutung kommt aus dem Englischen und wird mit **Revision (Prüfung)** übersetzt. Analog der Revision kann ein **Umwelt-Audit** (oder auch **Öko-Audit** genannt) allgemein als periodisch stattfindende, systematisch durchgeführte Überprüfung des Umweltschutzes bezeichnet werden[190]. Im betriebwirtschaftlichen Sinne ist ein wesentliches Merkmal einer Revision, dass die

[189] In Anlehnung an [Halley et al. 1992].
[190] Vgl. [Förschle et al. 1994].

Überwachung von einer Person durchgeführt wird, die vom zu überwachenden Prozess oder Verantwortungsbereich nicht abhängig ist[191].

Bei Umwelt-Audits kann eine Überprüfung der

- Umweltfolgen von Unternehmenstätigkeiten,
- Umweltschutzmaßnahmen,
- Einhaltung von Gesetzen und Verordnungen,
- Einhaltung der Unternehmensumweltziele und
- Kontrolle des Umweltmanagementsystems

erfolgen. Aufgrund dieser unterschiedlichen Zielsetzungen lassen sich folgende Audit-Formen differenzieren:

- **Compliance-Audit:** Überprüfung der Einhaltung sämtlicher Gesetze, Verordnungen und Vorschriften.
- **System-Audit (Management-Audit):** Überprüfung der zur Durchführung des Umweltschutzes vorhandenen Systeme.
- **Leistung-Audit (Performance-Audit):** Prüfung, ob bestimmte, vorgegebene Ziel- oder Leistungswerte erfüllt werden.

Erste Umwelt-Audits wurden von Unternehmen in den 70er Jahren in den Vereinigten Staaten von Amerika entwickelt und durchgeführt[192]. Ursächlich hierfür war eine Sensibilisierung der Bevölkerung und Unternehmen für Umweltprobleme durch eine Reihe an Umweltkatastrophen sowie die damit einhergehende fortschreitende Einführung einer Reihe von neuen Umweltgesetzen. Aus Gründen der rechtlichen Haftungsabsicherung standen und stehen bei den Umwelt-Audits der amerikanischen Unternehmen Compliance-Audits im Mittelpunkt. Weiterhin wird eine Veröffentlichung von Daten und Umwelteinwirkungen oftmals vermieden, da Konsequenzen aus den strikten amerikanischen Umwelthaftungsgesetzten befürchtet werden. In Europa wurden auf Firmenebene ab Ende der achtziger Jahre Umwelt-Audits entwickelt und intern eingesetzt. Weiterhin wurden Vorlagen für Umwelt-Audits auf nationaler Ebene entworfen. Aufgrund der europaweiten Verbreitung in Firmen ist hier insbesondere die entsprechende Verordnung der EU zu nennen, auf die im nächsten Kapitel ausführlich eingegangen wird, die im Gegensatz zu den amerikanischen Konzepten ganzheitlich angelegt ist und eine Information der Öffentlichkeit vorsieht. Als nicht-staatliches Konzept ist aufgrund ihrer Relevanz die internationale Norm der *International Organization of Standardization* (ISO) zu nennen, die ebenfalls später behandelt wird.

---

[191] Siehe [Wöhe 2000, S. 192]. Wenn dieses Merkmal nicht erfüllt ist, spricht man von **Kontrolle**.

[192] Siehe zur Entwicklungsgeschichte des Umwelt-Audits [Baumast 1998].

5.2.2 Die EU-Öko-Audit-Verordnung

5.2.2.1 Einführung

Die **Umwelt-Audit-Verordnung der Europäischen Gemeinschaft (EG-Öko-Audit-VO)**[193] ist mit dem offiziellen Namen als die „Verordnung (EWG) Nr. 1836/93 des Rates vom 29. Juni 1993 über die freiwillige Beteiligung gewerblicher Unternehmen an einem Gemeinschaftssystem für das Umweltmanagement und die Umweltbetriebsprüfung“ am 13. Juli 1993 in Kraft getreten[194]. Die Mitgliedstaaten der EU mussten bis April 1995 die entsprechenden Strukturen und Rahmenbedingungen schaffen, damit sich Unternehmen dann an diesem Gemeinschaftssystem beteiligen konnten.

Die Umwelt-Audit-Verordnung steht unter der Leitidee des Sustainable Developments, wobei die Eigenverantwortung der Unternehmen für den Umweltschutz aufgegriffen wird. Im Vordergrund der umweltpolitischen Zielsetzung der Verordnung stehen dabei „...die Verhütung, die Verringerung und, soweit wie möglich, die Beseitigung der Umweltbelastung nach Möglichkeit an ihrem Ursprung auf der Grundlage des Verursacherprinzips sowie eine gute Bewirtschaftung der Rohstoffquellen und der Einsatz von sauberen oder saubereren Technologien“ und die „kontinuierliche Verbesserung des betrieblichen Umweltschutzes im Rahmen der gewerblichen Tätigkeiten“ (EG-Öko-Audit-VO, Artikel 1).

Zur Erreichung dieser Zielsetzung werden zum einen materielle Anforderungen an betriebliche Umweltschutzpflichten gestellt, die in der Überprüfung und Einhaltung der Umweltgesetze und darüber hinaus in der Verpflichtung zu kontinuierlichen Verbesserung im wirtschaftlich vertretbaren Umfang nach Maßgabe des Stands der Technik liegen. Zum anderen wird der Aufbau eines Umweltmanagementsystems gefordert. Den Unternehmen in den Mitgliedstaaten der Europäischen Union wird mit der Verordnung die Möglichkeit geboten, sich auf freiwilliger Basis an diesem gemeinschaftlichen System des Umweltmanagements und der Umweltbetriebsprüfung zu beteiligen und hierüber ein entsprechendes Zertifikat zu erwerben. Nachdem die Verordnung zuerst nur für gewerbliche Unternehmen galt, wurden später auch Nichtproduzierendes Gewerbe und Verwaltungen zugelassen[195].

5.2.2.2 Vorgehensweise

Die Vorgehensweise bei der EG-Öko-Audit-VO ist in Abbildung 5-6 schematisch dargestellt. Die einzelnen Schritte werden im Folgenden kurz erläutert[196].

---

[193] Oftmals wird sie mit Bezug auf die englischsprachige Abkürzung als **EMAS** (Eco-Management and Audit Scheme) bezeichnet.

[194] Siehe [EU 1993].

[195] Nach der Umweltauditgesetz-Erweiterungsverordnung [Bundesgesetzblatt 1998] vom Februar 1998.

[196] In Anlehnung an [LFU 1994] und [Löbel 1997].

Festlegung der **Umweltpolitik**

Das Unternehmen erklärt in Form einer betriebs- bzw. standortspezifischen Umweltpolitik seine Grundsätze zum Umweltschutz und deren Verankerung in den Unternehmensgrundsätzen. Dabei kann unterschieden werden in eine generelle Unternehmenspolitik und einer sich daraus ableitenden betrieblichen Umweltpolitik. Auf höchster Managementebene werden die umweltbezogenen Gesamtziele und Handlungsgrundsätze des Unternehmens festgeschrieben. Damit sind dann die globalen Soll-Vorgaben gemacht. Die Umweltpolitik sollte spätestens nach der Umweltprüfung erstmals schriftlich fixiert und nach jeder Umweltprüfung überarbeitet werden.

Durchführung der **Umweltprüfung** - „Betriebsbilanz"

Die in der Umweltpolitik festgeschriebenen Gesamtziele gilt es zu konkretisieren. Hierzu werden Informationen über den betrieblichen Ist-Zustand benötigt, die in der Umweltprüfung durch die erstmalige Untersuchung des Standortes erhoben werden. Zu folgenden Bereichen sind Informationen zu erheben bzw. Analysen durchzuführen[197]:

- Erfassung aller ein- und ausfließenden Stoff- und Energieströme (z. B. differenzierte Erhebung der Ressourceneinsätze oder der Emissionen), wobei die in Kapitel 4 dargestellten Hilfsmittel eingesetzt werden können, insbesondere Öko-Kontenrahmen und Stoff- und Energieflussbilder[198]. In einem weiteren Schritt sind die Auswirkungen auf die Umwelt zu bewerten (zu verschiedenen möglichen Bewertungsansätzen wird auf Kapitel 4 und 6 verwiesen).
- Bestandsaufnahme über die Aufbau- und Ablauforganisation (Zuständigkeiten, Verfahrensanweisungen für Notfälle etc.).
- Umweltrechtliche Anforderungen und deren Einhaltung.

Die Bestandsaufnahme dient der Identifikation von Schwachstellen und zeigt den Handlungsbedarf im Vergleich mit den Soll-Vorgaben aus der Umweltpolitik auf. Daraus werden die Ziele sowie Schwerpunktbereiche und Prioritäten für das Umweltprogramm des Unternehmens abgeleitet.

Erstellung eines **Umweltprogramms**

Auf der Basis der Ergebnisse der Umweltprüfung stellt das Unternehmen sein Umweltprogramm auf. Dieses betriebsintern zu publizierende Umweltprogramm beschreibt die quantitativ bestimmten und mit Zeitvorgaben versehenen Umweltziele, z. B. Einsparung von Energie um 10% in den nächsten drei Jahren, und die zur

[197] Vgl. [Löbel 1997, S. 13].

[198] In [Steven et al. 1999, S. 69] wird auf Basis einer systematischen Auswertung der Umwelterklärungen verschiedener Unternehmen darauf verwiesen, dass ca. 55 % der Umwelterklärungen systematisch-aufgebaute Input/Ouptut-Tabellen enthalten.

Erreichung dieser Ziele in Betracht gezogenen Maßnahmen und Tätigkeiten. Darüber hinaus werden im Umweltprogramm bereits die Verantwortlichen für die Umsetzung der Maßnahmen und die zur Verfügung stehenden Mittel festgelegt[199]. Damit befindet man sich an der Schnittstelle zum Umweltmanagementsystem.

Aufbau eines **Umweltmanagementsystems** (UMS)

Um die vorgesehenen Maßnahmen des Umweltprogramms umzusetzen, muss ein geeignetes Instrument, das Umweltmanagementsystem, aufgebaut werden. Dies lässt sich in die Bereiche Organisation und Personal, Aufbauorganisation[200] und Ablaufkontrolle sowie Dokumentation gliedern.

Organisation und Personal: Dazu gehören im einzelnen die Entwicklung bzw. Bereitstellung der notwendigen Umweltschutzorganisation und des Personals. Ein Vertreter der Unternehmensleitung wird zuständig für den Umweltschutzbereich. Verantwortlichkeiten, Befugnisse und Beziehungen zwischen den Beschäftigten in Schlüsselfunktionen werden genau festgelegt. Das Personal wird geschult und bei allen Beschäftigten wird das Umweltbewusstsein gefördert.

Aufbauorganisation: Hier wird der Aufbau der betrieblichen Organisationsstrukturen festgelegt, dass betrifft z. B. Verantwortungen, delegierte Pflichten oder Mitarbeiterbefugnisse, die beispielsweise in Stellenbeschreibungen oder Zuständigkeitsmatrizen dokumentiert werden.

Ablauforganisation: In der Ablauforganisation werden die Tätigkeiten und Verfahren festgelegt und beispielsweise in Arbeits- und Verfahrensanweisungen dokumentiert. Diese Regelungen werden kontrolliert und bei Nichteinhaltung korrigiert. Dazu gehören z.B. Regelungen zum Umgang mit wassergefährdenden Stoffen, die Beseitigung von Abfällen oder Einkaufsrichtlinien.

Dokumentation: Die erforderlichen Dokumentationen umfassen das Umweltmanagementsystem wie auch die Erhebung und Bewertung der umweltrelevanten Daten. Zur Darstellung des Managementsystems gehören auch die Umweltpolitik, die Ziele und Maßnahmen, die Schlüsselfunktionen und -verantwortlichkeiten sowie sonstige organisatorische Regelungen, z. B. in Form eines Handbuches oder als Verfahrens- und Arbeitsanweisungen. Die Darstellung der umweltrelevanten Daten umfasst die in den Betrieb eingehenden Stoffe und Energien (Inputs) und die den Betrieb verlassenden Stoffe und Energien (Outputs) sowie die betrieblichen Bestände. Die Dokumentation beinhaltet auch die zugehörigen Datenquellen, die Datengüte, die Rechenarten und Bewertungsmethoden.

---

[199] Eine Auswertung von Umwelterklärungen kommt zu dem Fazit, dass ca. 27 % (bzw. 26 %) aller Umwelterklärungen keine konkreten Zahlen zu Maßnahmen (bzw. Umweltzielen) enthalten [Steven et al. 1999, S. 71]. Über 60 % beinhalten ein bis fünf quantifizierbare Maßnahmen.

[200] Siehe hierzu auch Kapitel 2.

Durchführung der **Umweltbetriebsprüfung** - „Umwelt-Audit", „Environmental Audit"

Die Umweltbetriebsprüfung schließlich dient als übergeordnetes internes Kontrollinstrument des Umweltmanagements. Mit Hilfe unabhängiger Betriebsprüfer, die sowohl unternehmensfremd als auch betriebszugehörig sein können, überprüft das Unternehmen regelmäßig die Wirksamkeit des Umweltmanagementsystems für die Umsetzung der betrieblichen Umweltpolitik. Die Durchführung erfolgt erstmals, wenn ein Umweltmanagement aufgebaut wurde und Erfahrungen aus der Umsetzung des Umweltprogramms vorliegen. Nach der Durchführung der Umweltbetriebsprüfung schließt sich ein „Regelkreis", indem die Erkenntnisse direkt in die Umweltpolitik des Unternehmens einfließen, entsprechende Korrekturen erfolgen und die Schritte erneut durchgeführt werden (siehe Abbildung 5-6). Diese Umweltbetriebsprüfung soll der Unternehmensleitung eine Beurteilung ermöglichen, inwiefern das Umweltmanagementsystem im Betrieb angewandt wird und die Umweltpolitik des Unternehmens wirksam umsetzt.

- **Umwelterklärung**

Das Unternehmen muss bei der Beteiligung an der EG-Öko-Audit-VO regelmäßig eine Umwelterklärung veröffentlichen. In dieser wird erläutert, welche Umweltfaktoren an den Betriebsstandorten gegeben sind und wie das Umweltmanagementsystem, die Umweltpolitik, -programme und -ziele aussehen. Die jährlich zu veröffentlichende Umwelterklärung ist wesentlicher Bestandteil der Verordnung und stellt eine Antwort auf das öffentliche Interesse dar. Sie ist die einzige nach der EG-Öko-Audit-VO geforderte Veröffentlichung über die umweltrelevanten Leistungen eines Unternehmens.

- **Gültigkeitserklärung**

Für die Teilnahme am EU-Öko-Audit ist es erforderlich, dass ein zugelassener Umweltgutachter die erstellte Umwelterklärung zusammen mit der Umweltpolitik, dem Umweltprogramm, dem Umweltmanagementsystem, der Umweltprüfung oder dem Umweltbetriebsprüfungsverfahren auf die Übereinstimmung mit der EG-Öko-Audit-VO prüft.

Die Umwelterklärung wird dabei unter folgenden Gesichtspunkten geprüft:

- Zuverlässigkeit und Plausibilität der Daten und Informationen;
- angemessene Berücksichtigung aller wichtigen Umweltfragen in der Umwelterklärung.

Wenn

- die Umweltpolitik im Einklang mit den einschlägigen Vorschriften der EG-Verordnung Nr. 1836/93 festgelegt wurde,
- die Umweltprüfung bzw. Umweltbetriebsprüfung in technischer Hinsicht zufriedenstellend ist,
- in dem Umweltprogramm alle bedeutsamen Fragestellungen angesprochen werden,
- das Umweltmanagementsystem die Anforderungen des Anhangs I der EG-Verordnung erfüllt und
- die Umwelterklärung sich als genau, hinreichend detailliert und mit den Anforderungen der EG-Verordnung vereinbar erweist,

dann erklärt der Umweltgutachter die Erklärung für gültig.

Eintragung und Veröffentlichung des Standortes

Abschließend erfolgt die Eintragung als zertifizierter Standort in das Standortregister der zuständigen Industrie- und Handelskammer.

Der in der Abbildung 5-6 dargestellte Betriebsprüfungszyklus stellt einen Regelkreis dar, der zur Erstellung der ersten Umwelterklärung oder bei der weiteren, in der Verordnung festgeschriebenen und verbindlichen Aktualisierung („kontinuierliche Verbesserung") durchlaufen werden kann. Spätestens drei Jahre nach der Eintragung in das Standortregister muss eine erneute Überprüfung des Umweltprogramms, der Umweltziele und des Umweltmanagementsystems erfolgen (bezeichnet als Umweltbetriebsprüfung – siehe Abbildung 5-6).

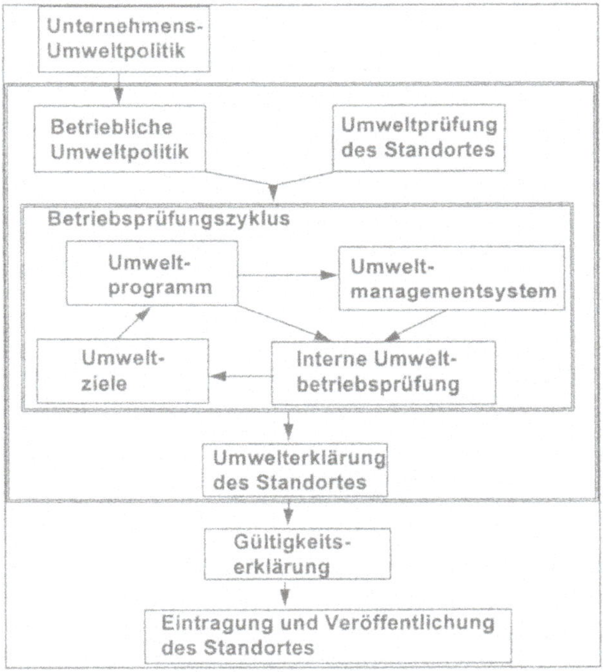

Abbildung 5-6: Überblick über den Ablauf eines Öko-Audits nach der EG-ÖKO-AUDIT-VO

5.2.2.3 Organisatorische und funktionelle Anforderungen

Der Aufbau eines Umweltmanagementsystems (UMS) ist in der EG-Öko-Audit-VO der zentrale Punkt. Die Elemente eines Auditsystems nach der EG-Öko-Audit-VO sind in untenstehender Abbildung aufgeführt. Obwohl die Umweltpolitik, -ziele und -programme sowie die Umweltbetriebsprüfung nach Anhang I der EG-Öko-Audit-VO zu dem UMS zu zählen sind, so gehören sie jedoch nicht zum eigentlichen Kern. Die Anforderungen, die sich aus den eigentlichen Elementen der EG-Öko-Audit-VO ableiten lassen (können), sind in der Abbildung 5-7 angegeben.

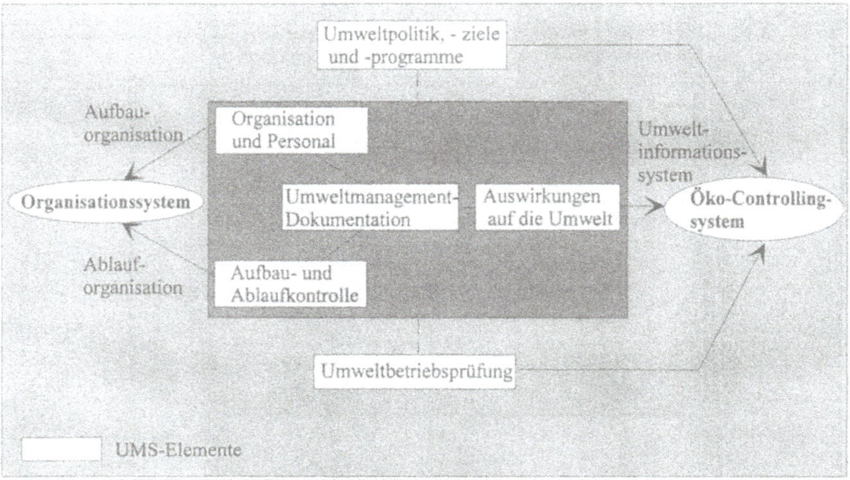

Abbildung 5-7: Anforderungen aus den UMS-Elementen der EG-Öko-Audit-VO

Der erste Anspruch besteht darin, ein Organisationssystem für den Umweltschutz mit den Komponenten Aufbau- und Ablauforganisation aufzubauen. Diese Interpretation des UMS ist relativ unstrittig. Über die Organisationsstruktur werden die gewünschten Funktionen wie Planung, Organisation, Führung und Kontrolle im Umweltschutz umgesetzt. Gerade die Ausgestaltung der funktionellen Ebene - die sich aus der EG-Öko-Audit-VO ableiten lässt bzw. durch diese gefordert ist - wird unterschiedlich interpretiert und kontrovers diskutiert. Tendenziell steht bei Unternehmen die Haftungsabsicherung als primäres Ziel im Vordergrund und sie richten dementsprechend ihre Organisationsstruktur auf die Schaffung einer „gerichtsfesten" Organisation[201] aus. Dies bedeutet, dass die geforderte Erfassung der „Auswirkungen auf die Umwelt"[202] darauf konzentriert wird, die in der EG-Öko-Audit-VO geforderte „Einhaltung der einschlägigen Umweltvorschriften" (Anhang I A der EG-Öko-Audit-VO) zu erfüllen. Bei der Festlegung des Inhaltes der Umweltpolitik wird jedoch auch die Verpflichtung zur angemessenen kontinuierlichen Verbesserung der betrieblichen Umweltschutzleistungen in dem Maße eingefordert, wie sie die wirtschaftlich vertretbare Anwendung der besten verfügbaren Technik erlaubt. Bei Festlegung der wirtschaftlich vertretbaren Anwendung obliegen dem Unternehmen aber in Übereinstimmung mit dem Umweltgutachter rein unternehmensbezogene Maßstäbe mit Bewertungsspielraum[203].

[201] Siehe zu dem Begriff „gerichtsfeste" Organisation [Adams 1995] oder [Malcher 1996].

[202] Einige Autoren ([Lübbe-Wolf 1994]) halten diesen Teil der Verordnung im Kontext zum UMS als deplaziert, weil er konkret gegenstandsbezogen ist und nicht mit den bisherigen organisatorischen Maßnahmen und Verfahren übereinstimmt.

[203] Ausführlich wird diese Thematik in [Boos 2000] behandelt.

Eine entscheidende Frage ist somit, ob die Verordnung nicht auch über die Forderung zur Einhaltung der Rechtsvorschriften und den Aufbau eines Umweltinformationssystems hinausgeht und eine Anforderung zum Aufbau eines Öko-Controllingsystems beinhaltet. Denn neben der Informationserfassung wird auch eine Abschätzung und Bewertung von Umweltbelastungen sowie eine Erfassung möglicher Auswirkungen von beispielsweise abnormalen Betriebsbedingungen, Unfällen oder laufenden Tätigkeiten gefordert (siehe Anhang I B der EG-Öko-Audit-VO). Werden zudem die Umweltpolitik, -ziele und -programme sowie die interne Umweltbetriebsprüfung einbezogen, so bilden sie zusammen mit dem Element „Auswirkungen auf die Umwelt" zumindest ansatzweise ein Öko-Controllingsystem[204]. Zur Verdeutlichung dieses Zusammenhanges ist in der nachstehenden Abbildung ein Öko-Controlling Regelkreis dargestellt. Den Funktionen beim Öko-Controlling sind die entsprechenden Elemente aus der EG-Öko-Audit-VO zugeordnet.

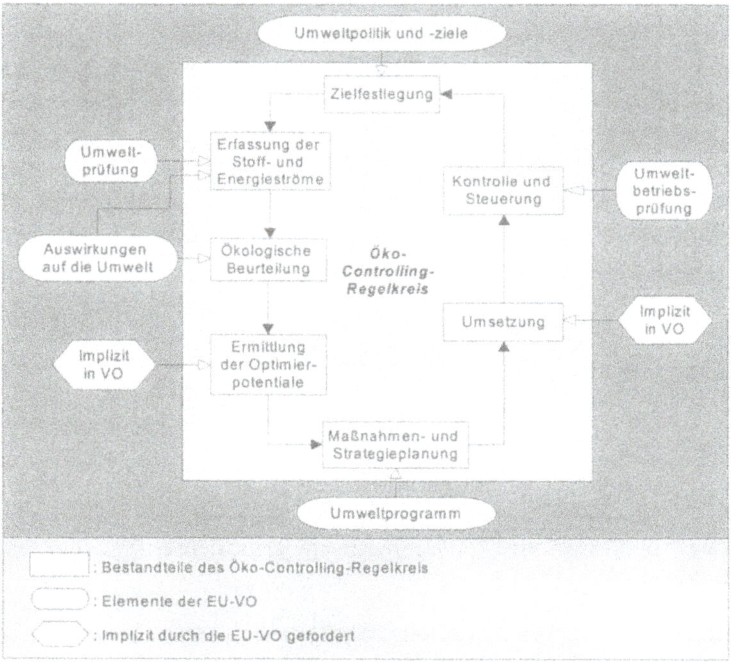

Abbildung 5-8: Ein Öko-Controlling Regelkreis und die Anbindung der Elemente der EG-Öko-Audit-VO

[204] In [BMU 1995, S. 23 f] wird diese Auffassung dahingehend unterstützt, dass die EU-ÖKO-AUDIT-VO als Rahmenwerk (durch Anforderungen hinsichtlich Systematik und Struktur) zum Aufbau eines Öko-Controlling gesehen wird, dessen konkrete Umsetzung in die betriebliche Praxis offen gehalten ist.

5.2.2.4 Diskussion der EU-Öko-Audit-Verordnung

Von Seiten der Unternehmen wird eine Reihe an Vorteilen gesehen, die sich durch die Teilnahme an einen der beiden Umwelt-Audits ergeben (siehe Abbildung 5-9). Als quantifizierbare Größe werden Kosteneinsparpotentiale beispielsweise durch eingesparte Entsorgungs- oder geringere Beschaffungskosten genannt und in Firmenerhebungen bestätigt.

Abbildung 5-9: Angeführte Vorteile durch ein zertifiziertes Umweltmanagement [Franke 1997 S. 40]

Unternehmen, die nicht an Umwelt-Audits teilnehmen nehmen, nennen als wesentlichen Grund keinen Handlungsbedarf[205]. Als weitere Nachteile werden die Bürokratie, die oft unpräzise Formulierungen sowie die Kosten der Durchführung von Umwelt-Audits genannt. Als durchschnittliche Kosten werden auf Basis von Befragungen 160.000 DM angegeben, die sich aus internen Kosten von 90.000 DM, 35.000 DM für externe Beratung, 15.000 DM für die Validierung sowie die Umwelterklärung und

[205] Siehe die Ergebnisse der empirischen Erhebung in [Unternehmensinstitut 1997].

1.400 DM für die Registrierung zusammensetzen[206]. Allerdings weisen die Kosten eine weite Spannbreite auf, wobei wesentliche Einflussfaktoren die Standortgröße sowie die Branchenzugehörigkeit ist. In [Freimann 1999, S. 270 f.] wird allerdings darauf hingewiesen, dass diese Kostenangaben aufgrund von Erfassungsproblemen sowie Interessenslagen der Auskunftsgeber mit einiger Skepsis betrachtet werden sollten, ebenso wie die Auskünfte zu den Einsparungen (siehe Abbildung 5-10).

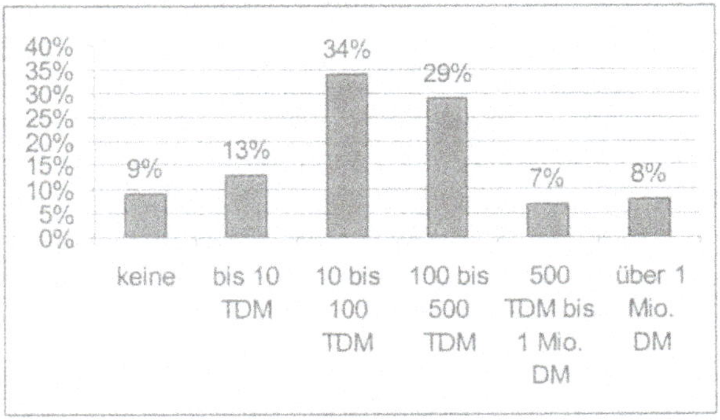

Abbildung 5-10: Kosteneinsparungen durch den betrieblichen Umweltschutz[207] [Freimann 1999, S. 273]

Unternehmen weisen weiterhin auf Wettbewerbsverzerrungen innerhalb der EU hin, weil in der Bundesrepublik Deutschland die umweltrechtliche Regulierungsdichte sehr hoch ist. Als weitere Hindernisse für eine Teilnahme an einer Zertifizierung werden, die bürokratischen Anforderungen sowie die geringe Öffentlichkeitswirkung des Audit-Systems genannt. Umwelterklärungen werden überwiegend von Bildungs- oder Forschungseinrichtungen nachgefragt (zu knapp 80%), wobei allerdings die anvisierten Zielgruppen die Öffentlichkeit, Mitarbeiter, Kunden, Behörden und Anrainer sind[208].

Die Zertifizierung wird zur Zeit vor allen von Unternehmen mit starker ökologischer Ausrichtung, von Unternehmen mit hohen Umweltproblemen und -risiken sowie von Unternehmen aus Branchen mit Imageproblemen - wie Chemieunternehmen oder Energieversorgungsunternehmen - vorgenommen[209], wobei weiterhin große Unternehmen sich eher beteiligen als kleine und mittlere Unternehmen (die KMUs)[210]. Bis Januar 1999 (bzw. November 2000) haben sich 1795 (bzw. 2525) Betriebs-

[206] Zahlen aus [Unternehmensinstitut 1997].

[207] Ergebnisse einer Unternehmensumfrage, die sich allgemein auf Umweltmanagementsysteme bezogen hat.

[208] Ergebnisse aus zwei Erhebungen (siehe [Steven 1999, S. 74]).

[209] Siehe beispielsweise [AGE 1995] oder [Seitz 1994].

[210] Vgl. [Freimann 1999, S. 269].

standorte in Deutschland nach der EG-Öko-Audit-VO zertifizieren lassen[211], obwohl es mit der Ausdehnung der Verordnung von Gewerbe und Industrie auch auf Nicht-produzierendes Gewerbe und Verwaltung ca. 1,5 Millionen Teilnahmeberechtigte gibt[212]. Aufgrund dieser geringen Teilnahmequote von weit unter einem Prozent ist die praktische Relevanz der EG-Öko-Audit-VO zu relativieren.

Empirische Studie über Audits nach der EG-Öko-Audit-VO kommen oftmals zu dem Schluss, dass bei den bisher teilnehmenden Unternehmen aus allen Branchen die Überprüfung der Einhaltung sämtlicher Gesetze, Verordnungen und Vorschriften als auch die Überprüfung der zur Durchführung des Umweltschutzes vorhandenen Systeme mit Konzentration auf Organisationsstrukturen und deren Dokumentation im Mittelpunkt steht[213]. Eine ökologische Modernisierung über einen selbsttragenden Innovationsprozess in den Unternehmen wurde bisher nur in Ansätzen erreicht. Anzumerken ist aber, dass es erhebliche Spielräume bei der Auslegung der EG-Öko-Audit-VO gibt und einige Unternehmen diese auch im Sinne einer ökologischen Modernisierung bereits nutzen bzw. nutzen wollen[214].

Als weitere generelle Kritik zur EU-Öko-Audit-VO wird folgendes angeführt[215]:

- Die Verordnung führt zur Fokussierung veralteter Managementstrukturen durch die Schwerpunktlegung auf das Umweltmanagementsystem (hierarchische Strukturen, feste Stellen- und Aufgabenbeschreibungen etc.).
- Formale Kontrollprozesse werden in Form von Umweltinformationen und Handbucherarbeitung in den Vordergrund gestellt und weniger unternehmens-individuelle und innovative Lösungen.
- Der Standortbezug der Verordnung erscheint gerade bei Betrachtung der jüngsten Entwicklungen hin zur Kreislaufwirtschaft und zu Produktlebens-zyklen anachronistisch zu sein.
- Nur in Einzelfällen stehen Umweltinformationssysteme und Öko-Controlling-Ansätze im Vordergrund, bzw. werden Instrumente oder Analyseverfahren aus diesen Bereichen eingesetzt.

In einer empirischen Studie[216] wird konstatiert, dass die in der EG-Öko-Audit-VO angesprochene Bewertung der Umweltauswirkungen (gemäß Anhang I B.3) in den Umwelterklärungen bei knapp 80 % der Unternehmen rein verbal erfolgt. Lediglich knapp 6 % der untersuchten Umwelterklärungen enthalten Bewertungsdaten, die auf die Verwendung von quantitativen, naturwissenschaftlich-fundierten Bewertungs-

---

[211] Zahlen aus [Schwaderlapp 1999, S. 93] und von der DIHT [DIHT 2000].
[212] Siehe [Merkel 1998].
[213] Siehe z.B. [Freimann 1995], [Freimann 1999].
[214] In [Freimann 1997] und [Hartmann 1998] finden sich Praxisauswertungen zum Öko-Audit.
[215] Siehe [Hartmann 1998] oder [Freimann 2000].
[216] Siehe [Steven et al. 1999, S. 67].

verfahren[217] schließen lassen. Umweltkennzahlen (primär Quotenkennzahlen oder Einzelzahlen zur zeitlichen Entwicklung) finden sich in ca. 50 % der Umwelterklärungen.

In der Bundesrepublik Deutschland gab es während der Diskussionen über die Einführung eines gesetzlich-verankerten Auditierungssystem seitens der Politik gewisse Vorbehalte, weil die Umweltgesetzgebung bis dahin stark vom Ordnungsrecht, d. h. Ge- und Verboten seitens staatlichen Körperschaften, geprägt war (und weiterhin auch noch stark geprägt ist). Ferner war die deutsche Umweltpolitik bis dahin medienorientiert und hat Wechselwirkungen aufgrund von Problemverlagerungen bis zu diesem Zeitpunkt keiner Aufmerksamkeit bedacht. Somit hat die EU-Öko-Audit-VO dazu geführt, dass ein gewisser Paradigmenwechsel im Sinne eines Stoff- und Energiestrommanagements in der Umweltpolitik Einzug gehalten hat. Als weitere neue Komponenten sind zu nennen, dass nicht mehr nur Verbesserungen von einzelnen Anlagen, sondern des gesamten Standortes angestrebt werden und dass neben Anforderungen an die Technik auch Anforderungen an des Management erhoben werden.

Durch die am 10. Februar 1998 in Kraft getretenen Erweiterungsverordnung zum Umweltauditgesetz wurde das Umwelt-Audit-System auch für Dienstleistungsunternehmen (Banken und Versicherungen, der Groß- und Einzelhandel, das Gastgewerbe, Verkehrsunternehmen, Reisebüros, Post- und Fernmeldedienste, Hochschulen, Krankenhäuser und Kommunen) geöffnet. Bei Dienstleistungsunternehmen besteht oftmals die Situation, dass neben den direkten Umweltauswirkungen am Standort (Abfallanfall, Energieverbrauch etc.), insbesondere von deren Dienstleistungen und Produkten (Kreditvergabe, Abschluss von Versicherungspolicen, Sortimentsgestaltung im Einzelhandel, Urlaubsreiseangebote), Umweltauswirkungen indirekt ausgehen. So kann bei einer Kreditvergabe der Verwendungszweck für die Kredite an Auflagen zum Umweltschutz verknüpft sein. Deshalb haben Dienstleistungsunternehmen, deren Marktleistungen eine besondere Umweltrelevanz zukommt die Verpflichtung, diese auch in ihre Umweltmanagementsystem einzubeziehen.

Im April 2001 wurde die EU-Öko-Audit-VO novelliert (Verordnung Nr. 761/2001 des Europäischen Parlamentes und des Rates)[218]. Die wesentlichen neuen Elemente sind:

- Ausdehnung auf alle Arten von Organisationen, die ihre Umweltleistung verbessern möchten (d. h. Einrichtungen aus allen Wirtschaftssektoren, öffentliche Einrichtungen, Verbände etc.)
- Bei den Anforderungen an eine notwendiges Umweltmanagementsystem wurden die Anforderungen der ISO 14001 übernommen.
- Stärkere Berücksichtigung von indirekten Effekten (siehe Tabelle 5-1).

---

[217] Diese werden in Kapitel 6 vorgestellt.
[218] Siehe [EU 2001].

- Stärkere Förderung der Teilnahme von kleineren und mittleren Unternehmen (z. B. durch Zugang zu Fördermitteln oder die Unterstützung durch branchenspezifische oder lokale Kontaktstellen wie Handelskammern).
- Erhöhung der Anforderungen an eine transparente Darstellung und Veröffentlichung gegenüber Anspruchsgruppen

Tabelle 5-1: Direkte und indirekte Umweltaspekte, die eine Organisation im Rahmen der EU-Öko-Audit-VO einbeziehen soll [EU 2001]

Direkte Umweltaspekte *Diese betreffen die Tätigkeiten der Organisation, deren Ablauf sie kontrolliert, und können sich unter anderem auf Folgendes erstrecken*	**Indirekte Umweltaspekte** *Tätigkeiten, Produkte und Dienstleistungen einer Organisation können auch zu wesentlichen Umweltauswirkungen führen, die die Organisation unter Umständen nicht in vollem Umfang kontrollieren kann*
Emissionen in die Atmosphäre	produktbezogene Auswirkungen (Design, Entwicklung, Verpackung, Transport, Verwendung und Wiederverwertung/Entsorgung von Abfall)
Einleitungen und Ableitungen in Gewässer	Kapitalinvestitionen, Kreditvergabe und Versicherungsdienstleistungen
Vermeidung, Verwertung, Wiederverwendung, Verbringung und Entsorgung von festen und anderen Abfällen, insbesondere gefährlichen Abfällen	neue Märkte
Nutzung und Verunreinigung von Böden	Auswahl und Zusammensetzung von Dienstleistungen (z. B. Verkehr oder Gaststättengewerbe)
Nutzung von natürlichen Ressourcen und Rohstoffen (einschließlich Energie)	Verwaltungs- und Planungsentscheidungen
lokale Phänomene (Lärm, Erschütterungen, Gerüche, Staub, ästhetische Beeinträchtigung usw.)	Zusammensetzung des Produktangebots
Verkehr (sowohl im Hinblick auf Waren und Dienstleistungen als auch auf die Arbeitnehmer)	Umweltleistung und Umweltverhalten von Auftragnehmern, Unterauftragnehmern und Lieferanten.

Die Zertifizierung nach der EU-Öko-Audit-Verordnung weist gewisse Gemeinsamkeiten, aber auch Unterschiede zur Zertifizierung von Qualitätsmanagementsystemen (QMS) nach der DIN-ISO 9000 ff. auf. Aus diesem Grund führen einige Unternehmen beide Zertifizierungen direkt nacheinander oder parallel durch. Der Synergieeffekt beruht dabei auf der Neugestaltung des Managementsystems unter Berücksichtigung der Interdependenzen von Qualität und Umweltschutz. Die untenstehende Abbildung 5-11 illustriert, dass es gerade auf der Ebene der Verfahrensanweisungen und Arbeitsabläufe sinnvoll sein kann, die beiden Aspekte Umweltschutz und Qualtitätssicherung integriert zu betrachten. So trägt die Vermeidung von Ausschuss oder Nacharbeiten in der Regel zu einer höheren Produktqualität und niedrigeren Emissionen bzw. Ressourcenverbrauch bei. Neben Umwelt- und Qualitätsmanagementsystemen kann auch die simultane Berücksichtigung von Aspekten der Arbeitssicherheit sinnvoll sein. Auch wird in der Praxis der Ansatz verfolgt, ein bestehendes Qualitätsmanagementsystem so zu erweitern, dass die Belange des Umweltschutzes und/oder der Arbeitssicherheit auch abgedeckt werden[219].

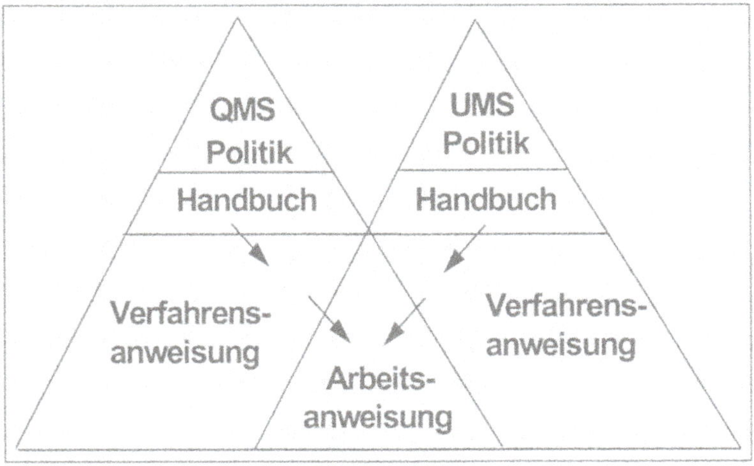

Abbildung 5-11: Verknüpfung von QMS und UMS

5.2.3 Die ISO 14000

Neben dem Ansatz der EG-Öko-Audit-VO wurde ein privatwirtschaftlicher Ansatz zur Auditierung von Umweltmanagementsystemen entwickelt. Dies ist die ISO[220]-Norm 14001, die 1996 verabschiedet wurde. Diese wurde in starker Anlehnung an die ISO

[219] Siehe [Pischon 1997].

[220] International Organisation for Standardisation: Förderung der Normung auf internationaler Ebene, wobei die Normen nur für die Mitglieder nationaler Normungsorganisationen (z.B. DIN e.V.) bindend sind.

9000 Reihe zur Qualitätssicherung konzipiert, wegen der vermeintlichen Parallelität von Qualitäts- und Umweltmanagementsystemen. Die ISO 14001 bildet durch die Spezifikation des Umweltmanagementsystems den Kern des sogenannten ISO 14000-Systems, das ein Bündel unterschiedlicher Normen im betrieblichen Umweltmanagement umfasst. Diese sind in der Abbildung 5-12 dargestellt.

Die wesentlichen Unterschiede zwischen der ISO-Norm 14001 und der EG-Öko-Audit-VO sind in Tabelle 5-2 dargestellt, wobei generell das Fazit zu fällen ist, dass beide Systeme ein hohes Maß an Übereinstimmung aufweisen[221].

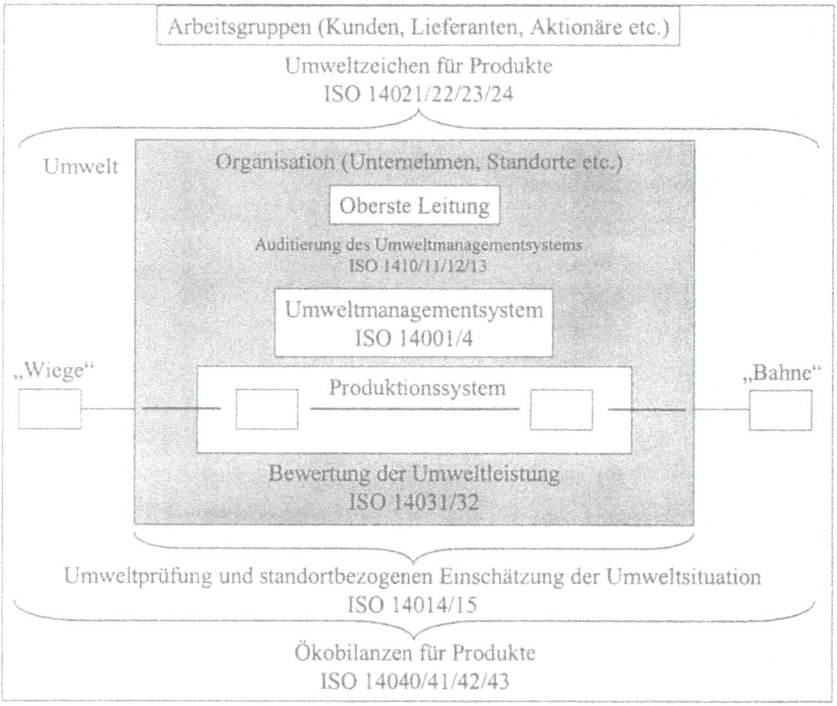

Abbildung 5-12: Struktur des ISO-14000-Systems [Brunn 1995, S. 2]

[221] Zum Vergleich der beiden Ansätze siehe beispielsweise [Brunn 1995], [Dyllick 1995].

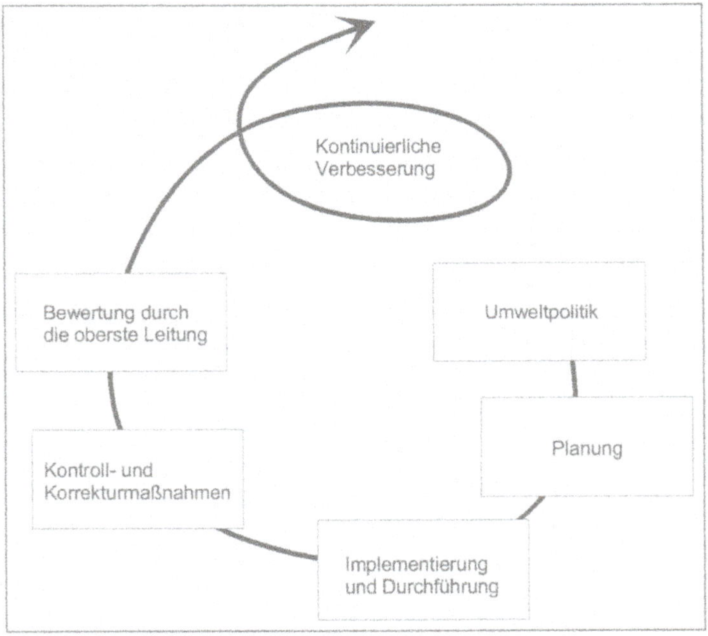

Abbildung 5-13: Modell des Umweltmanagementsystems für die ISO 14001 [ISO 14001 1996, S. 4]

Trotz der ähnlichen Zielsetzung ist die ISO 14001 von der EG-Öko-Audit-VO zu unterscheiden[222]. Die EG-Öko-Audit-VO stellt konkretere Anforderungen als die ISO 14001, die wiederum ein breiteres Anwendungsspektrum hat. Die EG-Öko-Audit-VO ist stärker öffentlichkeitsorientiert und hat dabei einen starken Fokus auf die Umweltleistung, während die ISO 14001 detaillierter auf den Aufbau und die Abläufe eines Managementsystems ausgerichtet ist. Aufgrund der engeren Anforderungen bzw. strengeren Leistungskriterien wird die EG-Öko-Audit-VO oftmals im Sinne des Umweltschutzes als überlegenes System angesehen.

Welches der beiden Umwelt-Audit-Systeme sich durchsetzen wird, oder ob es eine Koexistenz beider Systeme auf Dauer geben wird, ist offen[223]. In der Bundesrepublik Deutschland sind bis Januar 1999 1100 Unternehmen nach der ISO-Norm zertifiziert worden[224] (zum Vergleich die Zahlen für die EG-Öko-Audit-VO zum selben Zeitpunkt: 1795). Unter der Berücksichtigung, dass die ISO-Norm erst seit 1996 gültig ist und unter Zugrundelegung der internationalen Beteiligungszahlen kommt [Freimann 1999, S. 267] zum Schluss, dass die Akzeptanz der ISO-Norm höher

[222] Vgl. [Kottmann et al. 1999].
[223] In [Dyllick 1997] finden sich weitere Ausführungen zur Abgrenzung der beiden Audit-Systeme.
[224] Zahlen aus [Schwaderlapp 1999, S. 93].

liegt[225]. Dies ist auf die höhere Vertrautheit mit der ISO-Norm aufgrund deren Anlehnung an die weitverbreitete ISO Norm zur Qualitätssicherung, der die schwer verständlichen und unstrukturierten Darlegung der EG-Öko-Audit-VO gegenübersteht, und dem Verzicht auf die Einbindung der Öffentlichkeit zurückzuführen.

Neben diesen beiden Systemen setzen manche Betriebe auch interne Umwelt-Audit-Systeme ein, die sich jedoch gegebenenfalls an der EG-Öko-Audit-VO oder der ISO 14001 orientieren und eine Zertifizierung nach einem dieser beiden Systeme vorbereiten sollen.

Tabelle 5-2: Unterschiede zwischen der EG-Öko-Audit-VO und der ISO 14000ff. (in Erweiterung und Aktualisierung von [Dyllick 1995, S. 26])

	EU-Öko-Audit	ISO 14001
Geltungsbereich	EU und EWR Gesetzliche Regelung	Weltweit Privatwirtschaftliche Norm
Systembezug	Standort Zuerst auf Industrie und Gewerbe beschränkt, später keine Beschränkung Produkte ausgeklammert	Organisation Alle Branchen Aktivitäten, Produkte und Dienstleistungen
Veröffentlichung	Umwelterklärung	Freigestellt, Ausnahme ist Umweltpolitik
Prüfung	Validierung durch zugelassene Umweltgutachter Mindestens alle 3 Jahre	Zertifizierung durch ISO-Auditor Häufigkeit nicht vorgeschrieben
Zu behandelnde Aspekte	In Anhang I C vorgeschrieben	Umweltaspekte, die das Unternehmen kontrollieren kann und bei denen eine Einflussnahme möglich erscheint
Leistungskriterien	Beste verfügbare Technik (bei wirtschaftlicher Vertretbarkeit) Gute Managementpraktiken Kontinuierliche Verbesserung der Umweltleistung (performance)	Freiwillige Selbstverpflichtung festgelegt in Unternehmens-politik Kontinuierliche Verbesserung des Umweltmanagementsystems

[225] Nach der ISO-Survey [ISO-Survey 2000] haben sich bis Ende 1999 mehr als 14 000 Unternehmen in 84 Ländern nach der ISO 14001 zertifizieren lassen.

5.3 Umweltinformationssysteme

Als Entscheidungsgrundlage zu umweltrelevanten Fragestellungen wie dem betrieblichen Stoff- und Energieflussmanagement, dem Öko-Controlling oder zu Umwelt-Audits werden Daten benötigt. Die umweltrelevanten Daten lassen sich nach verschiedenen Kriterien klassifizieren[226] (siehe Tabelle 5-3).

Tabelle 5-3: Klassifizierung von Daten

Kriterien	Differenzierung	Beispiele
Tragweite (zeitlicher Rahmen)	Operative Daten	Variable Kosten wie Deponiegebühren Abwasser- oder Abfallfrachten
	Strategische Daten	Verwertungskapazitäten Investitionsvolumen von Abscheidetechnologien
Datenart	Wirtschaftliche Daten	Abwassergebühren
	Umweltbezogene Daten	Emissionsgrenzwerte
	Technische Daten	Wirkungsgrade von Abscheidetechnologien Technische Lebensdauer
Datenherkunft	Sekundärdaten	Emissionsgrenzwerte aus Anlagengenehmigung Abwassergebühren
	Primärdaten	Messwerte zu Stromverbrauch oder Emissionswerten
	Prognosewerte	Erwarteter Marktanteil Deponiegebührenentwicklung
Datenbezug	Innerbetriebliche Daten	Abwasserfrachten
	Überbetriebliche Daten	Immissionswerte Käuferverhalten
Datenqualität	Sichere Daten	Kapazitätsobergrenzen
	Unsichere Daten	Künftige Höhe von Emissionsgrenzwerten
	Unscharfe Daten	Wirtschaftlich vertretbare Kosten Umweltbelastungssituation

226 Vgl. auch [Haasis 1996])

Die möglichst komplette Erfassung aller betriebsinternen und externen Stoff- und Energiebewegungen, die die Indikatoren für betrieblich verursachte Umweltbelastungen sind, ist auf Basis der herkömmlichen betriebswirtschaftlichen Informationssysteme in der Regel nicht möglich, da dort auf mengenorientierter Ebene nur Stoff- und Energieströme mit monetärem Wert abgebildet werden (siehe die Diskussion in Kapitel 4). Neben den hieraus entstehenden Datenlücken liegt das zweite Problem in der Einführung eines Wertmaßstabes zur Bewertung der Stoff- und Energiedaten bezüglich ihrer ökologischen Relevanz. Zu den dabei auftretenden Problemen bzw. Lösungsansätzen wird auf die Ausführungen in den Kapiteln 4 und 6 verwiesen.

Tabelle 5-4: Datenherkunft von Informationen zur Wirkungsbilanz im BUIS [UBA 1995, S. 529]

Funktionskomplex im BUIS	Information
Arbeitsschutz	Sicherheitsdatenblätter liefern für alle ökologisch relevanten Stoffe Informationen wie z.B. Wassergefährdungsklasse, MAK-Werte, etc.
Gefahrguttransport Straße	Gefahrstoffe nach GGVS
Störfallverordnung	Gefährliche Stoffe
Genehmigungen für genehmigungsbedürftige Anlagen	Einsatzstoffe, Emissionsmengen, Stoffeigenschaften, Anlagendaten
Qualitätssicherung, Labor, F&E	Informationen zu Stoffeigenschaften
Gefahrstoffdatenbank	Inhaltsstoffe bei Zubereitungen, ökologisches Gefahrenpotential

Nach der Istaufnahme sind die fehlenden Daten beispielsweise über Lieferanten- oder Anlagenbauerbefragungen zu erfassen, wobei Datenlücken insbesondere bei

- überbetrieblichen Daten zu Umweltauswirkungen und außerbetrieblichen Lebenswegphasen,
- bei Daten zur Zusammensetzung und Eigenschaften von Stoffen und
- Daten über einsetzbare alternative Einsatzstoffe, alternative Anlagenfahrweisen und -modifikationen und alternative Produktionstechnologien

vorhanden sein können.

Die Datenbereitstellung kann über

- eine Integration in das betriebliche Rechnungswesen erfolgen (siehe die Ausführungen und Beispiele im Kapitel 5.1 zu finanziell orientierten Umweltcontrollingansätzen) oder
- den Aufbau eines eigenständigen ökologischen Rechnungswesens (siehe die Ausführungen und Beispiele im Kapitel 5.1 zu ökologisch orientierten Umweltcontrollingansätzen).

Die Datenbereitstellung, -verwaltung und verwenderspezifische Aufbereitung ist allgemein Aufgabe des betrieblichen Informationswesens, welches weiterhin die Aufgabe der Dokumentation der Entscheidungsgrundlagen und der Entscheidungen übernimmt. **Betriebliche Umweltinformationssysteme (BUIS)** sind organisatorisch-technische Systeme die innerhalb des Informationswesens die Aufgabe der systematischen Informationserfassung und -bereitstellung zu umweltrelevanten Informationen wie Stoff- und Energiedaten, ihren ökologischen Wirkungen und den rechtlichen wie gesellschaftlichen Rahmenbedingungen übernehmen[227]. Weitergefasst dienen BUIS auch der Unterstützung von Maßnahmen zur Vermeidung, Begrenzung und Beseitigung von Umweltschäden[228]. Sie liefern somit die Datenbasis zu allen umweltbezogenen betrieblichen Entscheidungen. Neben dieser innerbetrieblichen Informationsfunktion, die sich an die Unternehmensführung, Umweltschutzbeauftragte oder Mitarbeiter richtet, besteht auch eine außerbetriebliche Informationsfunktion zur umweltbezogenen Kommunikation zwischen Unternehmen und Umfeld, wobei dort u. a. Behörden, Kunden u. Lieferanten, Investoren, Versicherungen oder die Öffentlichkeit die Zielgruppe darstellen. Auch wenn Informationssysteme nicht zwangsläufig computergestützte Systeme sind, werden unter BUIS in der Regel Softwaresysteme zur Unterstützung des Umweltinformationsmanagements verstanden[229].

Die Komponenten eines vollständigen BUIS sind in Abbildung 5-14 dargestellt. Die **Umweltmonitoringsysteme** dienen dabei der Erfassung, Verabreitung und Bereitstellung von Emissionsdaten zur Darstellung der betrieblichen Umweltbelastung. Die notwendigen Daten werden in **Messnetzen** erhoben. Diese dienen i.d.R. der Erfüllung gesetzlicher Anforderungen zur Messung und Erfassung umweltrelevanter Emissionsdaten (**Messdaten**). Umweltmonitoringsysteme gehen über die gesetzeskonforme Datenerfassung hinaus und erfüllen weitere Mindestanforderungen[230] wie

- die Möglichkeit der dynamisch steuerbaren Erfassung und frei programmierbarer Auswertung und Verabreitung von Prozess- und Produktionsdaten,
- eine Darstellung der zeitlichen Verläufe der erfassten Daten und
- Schnittstellen zu einem übergeordneten umfassenden BUIS.

---

[227] Siehe auch die Definitionen in [Haasis 1996, S. 205] und [Hilty et al. 1995, S. 296].
[228] Siehe [Rautenstrauch 1999].
[229] Siehe z.B. [Hilty et al. 1997, S. 160].
[230] Siehe auch [Adelwöhrer et al. 1995].

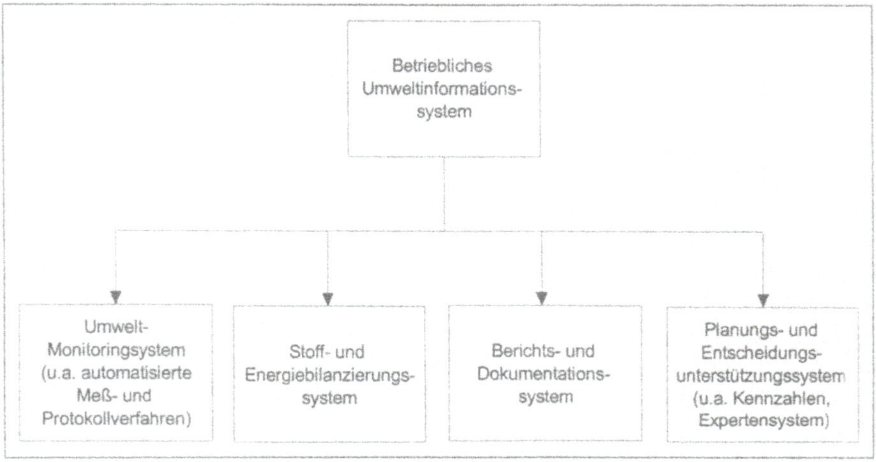

Abbildung 5-14: Komponenten eines BUIS [Halley et al. 1992, S. 173]

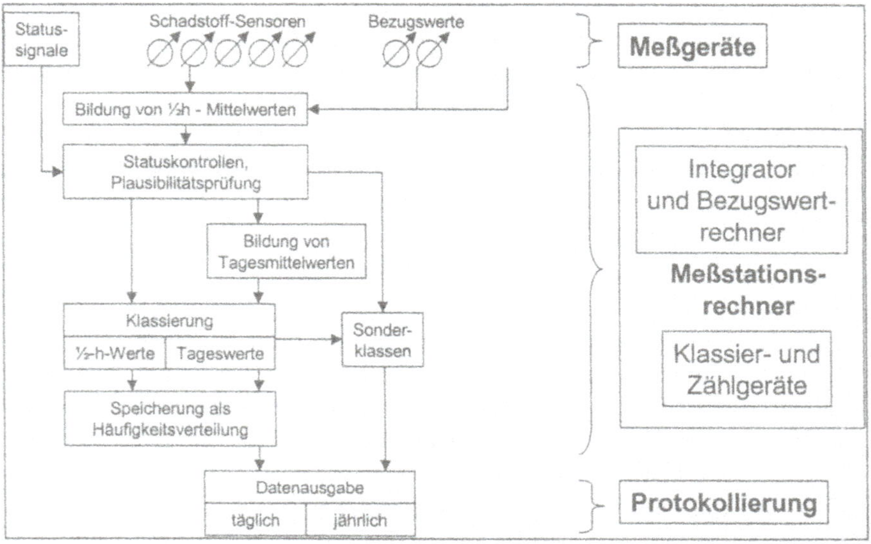

Abbildung 5-15: Beispiel für den Aufbau eines Messnetzes [UBA 1990]

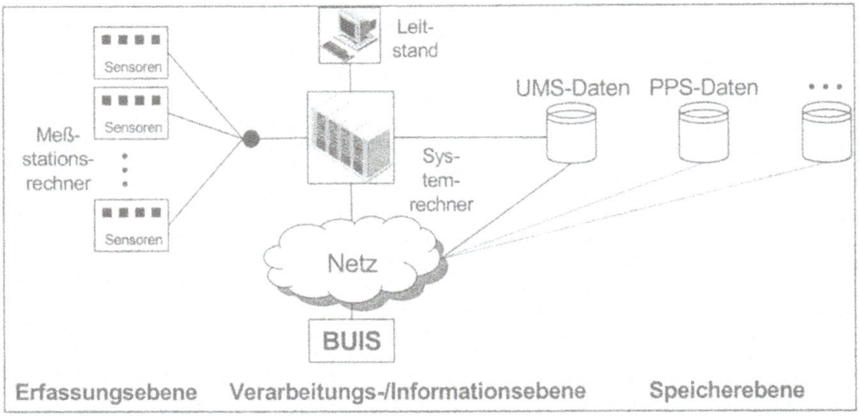

Abbildung 5-16: Systemanforderungen an ein Umweltmonitoringsystem

Zu den Aufgaben und Konzepten der Stoff- und Energiebilanzierung wird auf Kapitel 4 verwiesen. Da diese die wesentliche Grundlage für ein gezieltes Stoff- und Energiestrommanagement - wie auch für Öko-Audits, ein Umwelt-Controlling oder eine Ökobilanzierung – darstellt, bilden sie ein Kernelement jedes BUIS. Die Berichts- und Dokumentationserstellung bezieht sich u. a. auf Umwelterklärungen oder Umweltberichte, die Führung von Karteien und Verzeichnissen (z. B. DIN-Sicherheitsdatenblätter für Gefahrstoffe, Emissionserklärungen, Entsorgungsnachweise, Begleitscheine) oder umweltbezogene Wartungsarbeiten. Die vollständige und konsistente Dokumentation umweltbezogener Tätigkeiten erhöht die Rechtssicherheit. Motiviert wird der verstärkte Einsatz von BUIS durch die steigende Zahl an umweltrelevanten Gesetzen und Verordnungen[231] und den damit einhergehenden Berichtspflichten und Revisionsfähigkeit sowie der Notwendigkeit, für umweltbezogene Entscheidungen Informationen abteilungsübergreifend und konsistent zur Verfügung zu haben.

Die bisherigen Ansätze der EDV-gestützten BUIS gehen in der Regel über Verwaltungs- und Dokumentationsaufgaben nicht hinaus. Für weitergehende Ansätze mit Zielrichtung einer Entscheidungsunterstützung der Führungsebenen bei der Alternativenbewertung für Umweltschutzmaßnahmen sind aber **Planungs- und Entscheidungsunterstützungssysteme** notwendig[232] zur

- Planung (z. B. Verwendung methodischer Ansätze zur Simulation und Optimierung von Stoff- und Energieflusssystemen wie sie in Kapitel 4 vorgestellt wurden),

[231] 1975 waren es noch etwas mehr als 2 000 Gesetze, Verordnungen und Verwaltungsvorschriften, 1985 bereits über 4 000 und 1994 über 9 000 (siehe [Haasis 1996, S. 206]).

[232] Vgl. [Haasis 1996, S. 208].

- Steuerung (z. B. durch Umsetzungsvorgaben an Fertigungs- und Prozessleitständen) und
- Überwachung (etwa Schwachstellenanalysen bzw. Soll-Ist-Vergleiche).

Für eine systematische Erhebung und ökobilanzielle Bewertung von Stoff- und Energiebilanzen sowie eingeschränkt auch für Öko-Audits stehen inzwischen eine Reihe an kommerziellen Softwaretools zur Verfügung. In anderen eher produktionsnahen Bereichen (umweltorientierte PPS-Systeme) wie der Demontage- und Recycling-Planung, der Umweltlogistik, dem Abfallmanagement oder dem Stoffstrommanagement sind bisher erst wenige informationstechnische Konzepte entwickelt worden und es ist kaum kommerzielle Software auf dem Markt verfügbar[233].

Generell ist anzumerken, das viele der kommerziell verfügbaren BUIS bisher eher Insellösungen darstellen und beispielweise eine direkte Anbindung zur Emissionsdatenerfassung nicht besteht. Als wesentliche weitere Nachteile sind der hohe Aufwand bei der Einführung derartiger Systeme zu nennen, hervorgerufen durch die Anschaffungs- und Betriebskosten für BUIS, die interne Personalbindung und die Datenbeschaffungs- und -aufbereitungskosten.

[233] Siehe den Übersichtsartikel in [Hilty et al. 1997], die Beschreibung verschiedenen Anwendungen in [Rautenstrauch 1999] sowie die Datenbasis zu kommerziellen BUIS-Produkten in http://www.lis.iao.fhg.de/ikarus/.

6 Die Ökobilanzierung

6.1 Einführung in die Ökobilanzierung

Mit dem Instrument **Ökobilanz**[234] wird versucht, die physikalischen Wechselwirkungen eines untersuchten Gegenstandes - eines Produktes, eines Prozesses oder eines Betriebes - mit der Umwelt zu quantifizieren, und zwar von der Gewinnung der Rohprodukte ("Wiege") über die Herstellung und Nutzung bis zur Entsorgung ("Bahre") des Gegenstandes (Betrachtung des gesamten Lebensweges). Das Konzept der Ökobilanz baut auf einer systemtheoretischen Betrachtungsweise auf, bei der jede wirtschaftliche Aktivität sowohl eine Stoff- und Energieentnahme aus der Umwelt (Input) als auch eine Stoff- und Energieabgabe an die Umwelt (Output) bewirkt. Die Ökobilanz ist somit eine auf die materielle Ebene ausgerichtete Stoffstromanalyse entlang des Lebenszyklus[235]. Dabei werden die qualitativen, räumlichen und zeitlichen Transformationsprozesse von Objekten sowie Interaktionsprozesse, d. h. der Austausch von Objekten zwischen Wirtschaftseinheiten (Güteraustausch) bzw. zwischen der Natur und Wirtschaftseinheiten (durch Ressourcenabbau oder Emissionen) betrachtet. Die Ökobilanz verfolgt dabei einen holistischen (ganzheitlichen) Ansatz[236] zur Analyse der Umwelteinwirkungen von Produktions-, Konsum-, Recycling- und Entsorgungsprozessen. Zielsetzung ist die Identifikation von ökologischen Verbesserungspotentialen und die Entscheidungsunterstützung z. B. bei der strategischen Planung, Prioritätensetzung, Produkt- oder Prozessentwicklung. Anstelle der Ökobilanzierung wird zunehmend auch der Begriff **Life-Cycle-Assessment** (LCA) als Synonym verwendet. Die Definition des Begriffes Ökobilanz ist nicht eindeutig[237]. Den unterschiedlichen Definitionen für Ökobilanzen sind folgende Gemeinsamkeiten zu entnehmen[238]:

- eine Datengrundlage in Form von Stoff- und Energieflüssen
- eine Datenerfassung mittels Prozessanalyse
- eine Gewichtung mit Ziel einer teilweisen oder vollständigen Aggregation

[234] Die Ökobilanz ist nach ISO 14040 eine „Methode zur Abschätzung der mit einem Produkt verbundenen Umweltaspekte und produktspezifischen potentiellen Umweltwirkungen".

[235] Während das betriebliche Stoffstrommanagement räumlich begrenzt ist. Hieraus resultiert auch, das bei einer Ökobilanzierung Elementarflüsse berücksichtigt werden können, während beim rein betrieblichen Stoffstrommanagement eine höhere Aggregationsstufe vorliegt (so kann in eine Ökobilanzierung zur Bewertung von Elektrizität die Entnahme von Primärbrennstoffen wie Kohle an bestimmten Abbauorten eingehen, während beim Stoffstrommanagement die Elektrizität die Eingangsgröße darstellt).

[236] Ganzheitlich mit Bezug auf die Zeit (über den Lebensweg) und die Umwelteinwirkungen.

[237] Verschiedene Definitionen sind in [Schaltegger et al. 1995b] dargestellt.

[238] Nach [Schaltegger et al. 1992a].

- eine nicht-betriebswirtschaftliche Verwendung des Begriffes Bilanz

Ökobilanzen bestehen aus verschiedenen Phasen, die i. d. R. folgendermaßen strukturiert sind[239]:

- Festlegung des Ziels und des Untersuchungsrahmens
- Sachbilanz
- Wirkungsabschätzung und Gewichtung
- Interpretation (Auswertung) aller Elemente der Ökobilanz

Der prinzipielle Aufbau einer Ökobilanz gemäß der ISO-Norm 14040 (zeigt Abbildung 6-1. Diese Phasen der ISO-Norm werden im Folgenden dargestellt und diskutiert. Hinzuweisen ist noch darauf, dass inzwischen eine Reihe an Software-Programmen zu Ökobilanzen zur Verfügung steht[240].

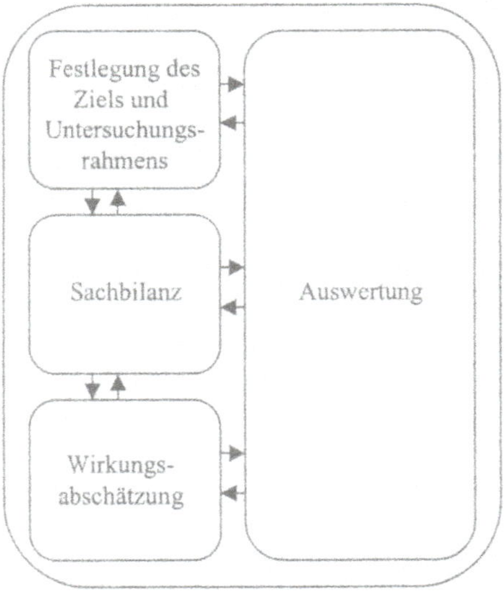

Abbildung 6-1: Phasen der Ökobilanz nach ISO 14040 [ISO 1997]

6.2 Phasen der Ökobilanzierung

6.2.1 Festlegung des Ziels und des Untersuchungsrahmens

In diesem ersten Schritt wird das Erkenntnisinteresse an der Bilanzierung formuliert. Dies ist die Begründung für die Auswahl des Produktes (bzw. Prozesses oder

[239] Siehe die bekannten Konzepte der Ökobilanzierung der ISO [ISO 1997], des Umweltbundesamtes [UBA 1995] oder der SETAC [SETAC 1996].

[240] Siehe die Marktübersicht in [BUJF 1998] und die Ausführungen zu BUIS in Kapitel 5.3.

Betriebes) und mit welchem Ziel (Anwendungszweck) die Ökobilanz durchgeführt wird. Im Interesse der Transparenz und Akzeptanz einer Ökobilanz sollte das Erkenntnisinteresse, das zu der Untersuchung führte, möglichst präzise beschrieben werden. Auch der Definition der Bezugsgröße bzw. Vergleichseinheit (die sogenannte funktionelle Äquivalenz/Einheit[241]), auf die sich die Bilanzierung beziehen soll, kommt besondere Bedeutung zu (z. B. Personen- bzw. Tonnenkilometer zum Vergleich unterschiedlicher Verkehrsmittel oder dem Schutz einer bestimmten Menge Füllgut im Verpackungsbereich). Die funktionelle Einheit ist definiert als „quantifizierter Nutzen eines Produktionssystems für die Verwendung als Vergleichseinheit in einer Ökobilanzstudie"[242]. Weiterhin ist der räumliche und zeitliche Bilanzraum festzulegen. Der gesamte Bilanzraum beispielsweise eines Produktes (siehe Abbildung 6-2) kann in der Regel aufgrund des damit verbundenen Aufwandes und der steigenden Komplexität von Zuordnungsfragen nicht zur Ökobilanz verwendet werden.

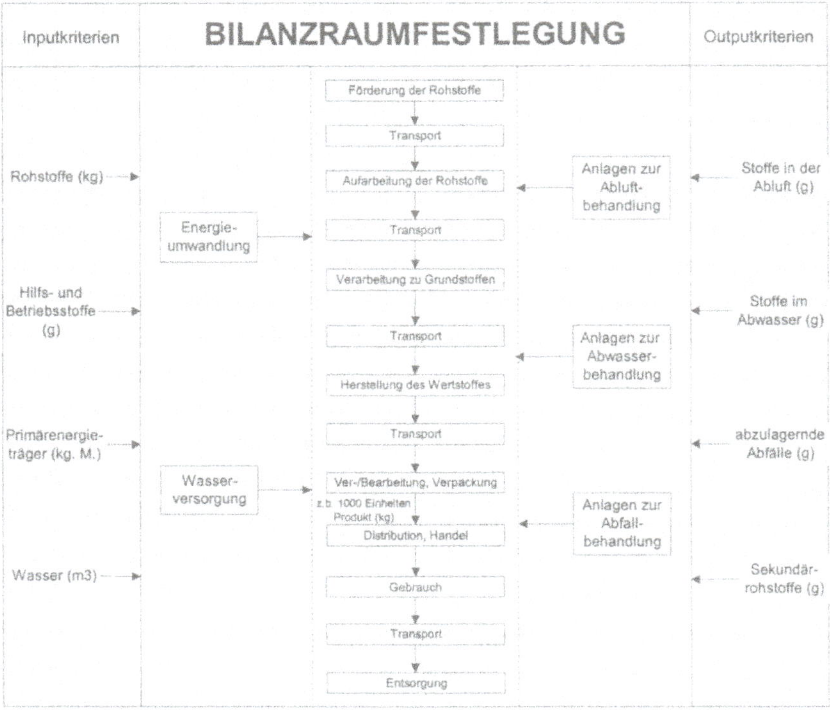

Abbildung 6-2: Schematische Darstellung einer Bilanzraumfestlegung

---

241 Demgegenüber basiert das betriebliche Stoffstrommanagement auf Mengenbetrachtungen pro Zeit.
242 [ISO 1997].

6.2.2 Die Sachbilanz

Als Sachbilanz werden in der Ökobilanz die Datensammlung und die Berechnungsverfahren zur Quantifizierung der relevanten Input- und Output-Flüsse des Untersuchungssystems bezeichnet[243]. Es handelt sich um eine systematische Erfassung sämtlicher Stoff- und Energieströme, wie sie aus den Ingenieurwissenschaften als Stoff- und Energiebilanz bekannt ist. Hierzu wird in der Regel ein Öko-Kontenrahmen verwendet. Dieser bildet die Grundlage zur Wirkungsabschätzung und bezieht sich auf die Beanspruchung von Ressourcen (einschließlich Energie) sowie auf die Emissionen in die Umweltmedien. Die Datenerhebung ist in der Regel der aufwendigste Teil einer Ökobilanzierung[244]. Da der offenkundigste Mangel vieler Ökobilanzen die nicht transparente Herkunft und Inhomogenität der Daten ist, ist an dieser Stelle besondere Sorgfalt nötig.

Das Ergebnis der Sachbilanz ist eine Matrix der quantifizierten Umweltbelastungen, z. B. des Energieverbrauchs, des Abfallaufkommens, der Luft- und Wasserbelastungen und des Transports in Mengenangaben bezogen auf die funktionale Einheit sowie ergänzend eine systematisierte Übersicht der lediglich qualitativ zu beschreibenden Umweltbelastungen (siehe das Beispiel in Tabelle 6-8). Ein wesentlicher Kritikpunkt an dieser Vorgehensweise ist, dass die Emissionen unabhängig von ihrem Entstehungsort erfasst werden. Gerade bei der Bewertung der Emissionen ist der Entstehungsort bei den lokalen Umweltproblemen wie der Photooxidantienbildung (Sommersmog verursacht durch hohe Ozonkonzentration) oder der Kanzerogenität (Krebsbildung) von entscheidender Bedeutung. Deshalb wird in neueren Ansätzen eine Einteilung nach Gebietsklassen (z. B. in Gebiete mit hoher Bevölkerungsdichte wie Innenstädte oder Gebiete mit geringerer Bevölkerungsdichte wie ländlichen Regionen) vorgenommen und die Stoff- und Energieströme diesen zugeordnet.

Grundsätzlich entspricht das Konzept der Ökobilanzierung einer Black-Box-Betrachtung, da die Stoff- und Energieströme innerhalb des Systems nicht weiter spezifiziert werden[245]. Für eine statische Betrachtung eines Produktionssystems ist dieses Vorgehen ausreichend, doch für eine ökologische Bewertung mit dem Ziel, Verbesserungspotentiale für die betrachteten Techniken bzw. Produktionsabläufe zu identifizieren, ist die ökobilanzielle Sachbilanz weniger geeignet.

6.2.3 Wirkungsabschätzung und Gewichtung

Die Daten aus der Sachbilanz müssen einer Bewertung hinsichtlich ihrer Umweltrelevanz unterzogen werden, was Zielsetzung der Wirkungsbilanz ist. Unter einer

---

243 Vgl. [Geldermann 1999, S. 52].

244 Siehe zu den Problemen bei der Datenerfassung auch die Ausführungen in Kapitel 4.

245 Vgl. [Geldermann 1999, S. 53].

Wirkungsbilanz versteht man eine Abschätzung der in der Sachbilanz erhobenen physikalischen Mengeneinheiten der Stoff- und Energieströme hinsichtlich möglicher - globaler wie lokaler - Umweltwirkungen wie z. B. Klimaveränderung, Abbau der Ozonschicht, Human- und Ökotoxizität oder Belästigungen durch Geräusche und Gerüche (Problemfelder, Wirkungskategorien). Zu den einzelnen Wirkungskategorien sind Indikatoren (Umweltindikatoren) festzulegen, die quantitative Kennzahlen zur Beschreibung des Zustandes eines Systems darstellen[246] (siehe zu Beispielen Tabelle 6-1).

Die Daten der Sachbilanz werden hierzu mit wirkungsspezifischen Indizes (z.B. dem schadstoffspezifischen GWP_i), gewichtet und zusammengefasst (z.B. zum GWP). Ihre Erarbeitung erfolgt auf Basis der Daten der Sachbilanz, sofern die dort erhobenen Stoff- und Energieströme bestimmten Wirkungen zugeordnet werden können. Die prinzipielle Vorgehensweise lässt sich dabei folgendermaßen beschreiben:

- Auswahl der Wirkungskategorien
- Zuordnung der Daten aus der Sachbilanz zu den Wirkungskategorien **(Klassifizierung).**
- Modellierung der Sachbilanzdaten innerhalb einer Wirkungskategorie (zur Ermittlung des Beitrages der einzelnen Schadstoffe zur jeweiligen Umwelteinwirkung). Dazu sind geeignete Gewichtungsfaktoren[247], die auch als **Wirkungsabschätzungsfaktoren** oder **Klassifizierungsfaktoren** bezeichnet werden, zu bestimmen, die jeweils nur für die einzelnen Umweltindikatoren Geltung haben. Gewichtungsfaktoren sind z. B. Global Warming Potential, Ozone Depletion Potential, (siehe zu einer Übersicht Tabelle 6-1) **(Charakterisierung).**

Wird diese Wirkungsabschätzung kritisch gewürdigt, so ist zu bilanzieren, dass

- es keine allgemein anerkannten Methoden für eine durchgängige und genaue Zuordnung der Sachbilanzdaten zu spezifischen Umweltindaktoren gibt[248],
- die Entwicklung der Umweltindikatoren sich noch in der Entwicklung befindet und ihre Auswahl das Ergebnis beeinflusst[249] und
- die Gewichtungsfaktoren sehr vereinfachend oder stark aggregierend die Ursachen-Wirkungs-Zusammenhänge abbilden oder Umweltbereiche betreffen, bei denen Ursachen-Wirkungs-Beziehungen nur unzureichend bekannt sind. Insbesondere können zeitliche und räumliche Auswirkungen sowie die Hintergrundbelastung kaum angemessen berücksichtigt werden.

---

[246] Siehe zur ausführlichen Diskussion von Indikatoren auch 7.3.3.

[247] Die Gewichtungsfaktoren für die einzelnen Umweltindikatoren werden laufend weiterentwickelt.

[248] Siehe [ISO 1997].

[249] Siehe [ISO 1997].

Diese allgemeine Kritik soll beispielhaft an der Gewichtung von treibhausgasrelevanten Spurengasen über das Global-Warming-Potential (GWP) konkretisiert werden. Das GWP betrachtet die unterschiedliche Klimawirksamkeit der Freisetzung eines kg eines Treibhausgases im Vergleich zur Klimawirksamkeit eines kg des wichtigsten Treibhausgases CO_2 in einer definierten Zeitperiode (massenspezifische GWP-Faktor) (siehe Tabelle 6-2). Die Bildung von GWP-Faktoren gibt folgende Gleichung an:

$$GWP = \frac{\int_0^n (a_i \cdot c_i)dt}{\int_0^n (a_{CO_2} \cdot c_{CO_2})dt}$$

mit:

i: Treibhausgas

a: momentanes Radiative Forcing durch Erhöhung der Treibhausgaskonzentration

c_i: Konzentration des Treibhausgases i zum Zeitpunkt t

n: Anzahl der Jahre, für die das GWP berechnet werden soll

Durch die Multiplikation der GWP-Faktoren mit den emittierten Treibhausgasmassen erfolgt die Berechnung von CO_2-Äquivalenten. Ein wesentlicher Kritikpunkt an dieser Methodik ist die Abhängigkeit der GWP-Faktoren vom gewählten Integrationszeitraum (Tabelle 6-2). Weiterhin ist anzumerken, dass durch die Integration der Klimawirksamkeit über die Zeit die beiden Einflussgrößen *Stärke der Klimawirksamkeit* und *Zeit* zu einer dimensionslosen Zahl verschmelzen. Ein hoher GWP-Faktor kann somit bedeuten, dass ein Treibhausgas weniger klimawirksam ist, aber eine lange Verweilzeit in der Atmosphäre hat, oder dass es sich umgekehrt verhält. Da aber bezüglich des Treibhauseffektes sowohl der absolute Temperaturanstieg von umweltrelevanter Bedeutung ist wie auch die Geschwindigkeit der Temperaturänderung – es wird davon ausgegangen, dass die Ökosysteme einen Temperaturanstieg von 0,1 Grad pro Dekade noch verkraften können – gehen mit der Verwendung des GWP-Faktors relevante Informationen verloren[250].

Mit der Wirkungsanalyse entsteht ein weitgefächertes Ökoprofil der untersuchten Alternativen. Da in der Regel aber immer mehrere Wirkungskategorien betroffen sind, stellt sich die Frage nach einer Gesamtbewertung.

[250] Verwiesen wird auf [Ardone 1999], der auch eine alternative Bewertungsmethodik vorstellt.

Tabelle 6-1: Empfohlene Gewichtungsfaktoren (Wirkungsabschätzungsfaktoren) [UBA 1995]

Wirkungskategorie	***Berechnung des Wirkungs-Potentials (Umweltindikatoren) über Gewichtungsfaktoren***	***Einheit des Wirkungspotentials***
Verbrauch von Rohstoffen	$R = \sum_i \left(m_i \cdot \frac{1}{R_{stat,i}} \right)$	kg/a
Treibhauseffekt	$GWP = \sum_i \left(m_i \cdot GWP_i \right)$	kg CO_2-Äquivalent
Ozonabbau	$ODP = \sum_i \left(m_i \cdot ODP_i \right)$	kg FCKW 11-Äquivalent
Beeinträchtigung der Gesundheit des Menschen (Humantoxizität)	Stoffe einzeln bewerten, z.Z. nicht aggregierbar	
Direkte Schädigung von Organismen und Ökosystemen (Ökotoxizität)	Stoffe einzeln bewerten, z.Z. nicht aggregierbar	
Bildung von Photooxidantien	$POCP = \sum_i \left(m_i \cdot POCP_i \right)$	kg Ethylen-Äquivalent
Versauerung von Böden und Gewässern	$AP = \sum_i \left(m_i \cdot AP_i \right)$	kg SO_2-Äquivalent
Eintrag von Nährstoffen in Böden und Gewässer	$NP = \sum_i \left(m_i \cdot NP_i \right)$	kg PO_4^{3-}-Ionen-Äquivalent
Flächenverbrauch	noch nicht abgestimmt	m^2
Lärmbelastung	Lärm = Schall	$Pa^2 \cdot s$

wobei:

R = Rohstoffverbrauch
R_{stat} = statische Reichweite
GWP = global warming potential
ODP = ozone depletion potential
POCP = photochemical ozone creation potential
AP = acidification potential

NP = nutrification potential
m_i = emittierte Menge (bzw. verbrauchte Rohstoffmenge) des Stoffes i

Tabelle 6-2: Global-Warming-Potential (GWP) – Faktoren verschiedener Treibhausgase [IPCC 1992]

Spurengas	Geschätzte Lebensdauer Jahre	Momentanes Forcing relativ zu CO_2	GWP-Faktor bei Integrationszeiten von		
			20 Jahren	100 Jahren	500 Jahren
CO_2	120	1	1	1	1
CH_4	10	58	63	21	9
N_2O	150	208	270	290	190
FCKW-11	60	3970	4500	3500	1500
FCKW-12	130	5750	7100	7300	4500

6.2.4 Auswertung

Die Bilanzbewertung umfasst die Ergebnisse der Sachbilanz und/oder der Wirkungsbilanz, um Schlussfolgerungen zu ziehen und gegebenenfalls zu einer Gesamtbewertung zu gelangen.

Wird von den untersuchten Alternativen nur ein und derselbe Schadstoff emittiert (bzw. nur ein Umweltindikator), so fällt die Bestimmung der ökologisch schädlichsten Alternative nicht schwer. Dieser Fall stellt in der Praxis jedoch die Ausnahme dar. Praxisrelevant sind Entscheidungssituationen, in denen mehrere Schadstoffe und damit mehrere Umweltauswirkungen parallel betrachtet werden müssen. In dieser Situation liegt ein multikriterielles Entscheidungsproblem vor.

In den folgenden Kapiteln wird auf ausgewählte Bewertungsverfahren eingegangen. Diese basieren entweder direkt auf Daten aus der Sachbilanz oder sie setzen an den Ergebnissen der Wirkungsbilanz an. Wenn auch einige Verfahren versuchen, eine Gewichtung aus naturwissenschaftlichen Erkenntnissen abzuleiten, spielen bei der Bilanzbewertung individuelle Wertesysteme eine dominante Rolle. Eine Lösung im wissenschaftlich-objektiven Sinne ist nicht möglich. Der Wunsch nach einem klaren und eindeutigen Ergebnis steht dem Anspruch nach einem methodisch korrekten Vorgehen bei der Bewertung der Sachbilanz bzw. der Wirkungsbilanz gegenüber.

6.2.4.1 Naturwissenschaftlich orientierte Bewertungsverfahren

Ziel der naturwissenschaftlich orientierten Bewertungsmethoden stellt die Quantifizierung der durch die Stoff- und Energieströme potentiell verursachten Umweltauswirkungen dar[251]. Aufgrund der komplexen Ursachen-Wirkungs-Beziehungen stützen sich sämtliche Bewertungsansätze dieser Kategorie auf verschieden stark vereinfachende Modellannahmen. Weiterhin basieren diese Ansätze auf einer Anwendung des nutzwertanalytischen Konzeptes[252], das in Kapitel 4 vorgestellt wurde. Das Grundschema der Vorgehensweisen bei den naturwissenschaftlich orientierten Bewertungsverfahren lässt sich folgendermaßen beschreiben: Jedem Kriterium (z. B. SO_2-Emissionen) wird eine Kriteriumsausprägung (z. B. SO_2-Emissionsfracht) sowie ein Kriteriumsgewicht zugeordnet. Die Gewichtung der Kriterien basiert auf Zielerfüllungsgraden (z. B. bestimmt durch die Differenz der tatsächlichen Emissionsfracht zu einem gesetzlichen Grenzwert) und führt somit zu metrischen Größen (Abstandsmaßen). Die gewichteten Kriterien werden im Anschluss durch einfache mathematische Operationen zu einem Bewertungsurteil verknüpft. Die Einschätzung der Zielerfüllung, die Kriterien- und Gewichtungsfestlegung sowie die Verknüpfungsregel stellen subjektive Schritte dar, die aber offengelegt werden können[253].

Die **Methode der kritischen Volumina**[254] stellt eine **grenzwertorientierte Methode** dar, bei der die vier Indikatoren I_j (j=1,...,4) kritisches Volumen Luft [m^3/kg], kritisches Volumen Wasser [m^3/kg], Gesamtenergieverbrauch [MJ/kg] und Gesamtabfallvolumen [m^3/kg], von denen zwei (Gesamtenergieverbrauch und Gesamtabfallvolumen) ungewichtet sind, berücksichtigt werden. Die zwei Indikatoren kritisches Volumen Luft und kritisches Volumen Wasser ergeben sich aus der Summe der gewichteten Belastungen:

$$I_j = \sum_{i=1}^{n} f_{ji} \cdot E_{ji}$$

wobei n die Anzahl der Belastungen im Indikator j, E_{ji} die Intensität der Belastungen i im Indikator j (die aus der Sachbilanz entnommen wird) und f_{ji} den jeweiligen Gewichtungsfaktor angibt.

Der Gewichtungsfaktor f_{ji} wird als Reziprokgrenzwert für den Stoff i definiert:

[251] In einigen Ausführungen wird auch die Methode der Wirkungskategorien (beschrieben im vorangehenden Kapitel als Methode zur Erstellung einer Wirkungsbilanz) unter diese Bewertungsverfahren gefasst

[252] Siehe auch [Bieltzke 1999, S. 61 f.].

[253] Siehe [Bieletzke 1999, S. 62].

[254] Siehe zur ausführlichen Darstellung dieser Methodik [Böning 1994].

$$f_{ji} = \frac{1}{Grenzwert\ i\ im\ Medium\ j}$$

Die Grenzwerte werden aus MIK-Werten (maximale Immissionskonzentration), MEK-Werten (maximale Emissionskonzentration), MAK-Werten (maximale Arbeitsplatzkonzentration) oder VDI-Richtwerten entnommen.

Die Methodik der kritischen Volumina ist, wenn auch mit Variationen, eine sehr häufig eingesetzte Methodik zur Quantifizierung von Umweltbelastungen[255]. Der Hauptkritikpunkt dieser Methodik liegt in der Benutzung von gesetzlich festgelegten Grenzwerten, um die Umweltbelastung zu gewichten. Die Grenzwerte basieren nicht ausschließlich auf wissenschaftlichen Erkenntnissen, sondern sie werden innerhalb eines wertbehafteten gesellschaftspolitischen Prozess der Willensbildung festgelegt. Bedingt durch unterschiedliche Gesetzgebung ist es ohne geographische Harmonisierung nicht möglich, ein einheitliches Instrument zu definieren, das in verschiedenen Ländern eingesetzt werden kann. Ferner müssen für jeden emittierten Schadstoff Grenzwerte vorliegen, sonst besteht die Gefahr, dass diese Schadstoffe nicht in die Betrachtung einbezogen werden können. Grenzwerte sind meist nur für die menschliche Gesundheit festegelegt und weniger nach der Ökotoxizität. Kritisch ist auch zu bewerten, wenn Immissionsgrenzwerte zur Bewertung von Emissionen herangezogen werden.

Das zweite hier vorgestellte Bewertungsverfahren ist die **Methode der ökologischen Knappheit**[256]. Sie basiert auf der **ökologischen Buchhaltung**, die Anfang der siebziger Jahre von Müller-Wenk[257] entwickelt wurde und als erster umfassender und vieldiskutierter Ansatz zur ökologischen Bewertung von Stoff- und Energieströmen bezeichnet werden kann. Die Gewichtung der Indikatoren über den **distance-to-target Ansatz** basiert auf einer Abschätzung der Abweichung (distance) der tatsächlichen Werte der Stoff- und Energieflüsse vom erstrebenswerten Zielwert (target), d. h. vom kritischen Fluss.

Die Methode ermöglicht die Erzeugung eines einzelnen Index, des sogenannten Umweltbelastungspunktes, der dimensionslos ist und der sich durch einfache Addition aller gewichteten Emissionen ergibt:

$$I = \sum_{i=1}^{n} f_i \cdot E_i$$

wobei n die Anzahl der Belastungen, E_i die Intensität der Belastungen und f_i den jeweiligen Gewichtungsfaktor angibt. Dieser Gesamtindex berücksichtigt das

[255] Siehe [Houghton 1992].
[256] Siehe [Ahbe 1990] und [BUWAL 1997].
[257] [Müller-Wenk].

Verhältnis zwischen der Belastbarkeit einer Umweltressource und der heutigen Belastung.

Der Gewichtungsfaktor (Äquivalenz-Koeffizient AeK oder Ökofaktor OeF) ergibt sich aus:

$$f_i = OeF = 1/F_{ki} \cdot F_i/F_{ki} \cdot c$$

wobei F_{ki} die maximal zulässige jährliche Belastungsfracht und F_i die tatsächliche jährliche Belastungsfracht einer Belastung i angibt. C ist eine dimensionslose Konstante mit dem Wert 10^{12}. Tabelle 6-3 zeigt eine Liste von Ökofaktoren. Allerdings werden nicht alle Ökofaktoren nach dieser Formel berechnet[258].

Tabelle 6-3: Liste von ausgewählten Ökofaktoren (Zahlen aus [BUWAL 1997, S. 10 f.])

	Aktueller Fluss [t/a]	Kritischer Fluss [t/a]	Gewichtungsfaktor (Ökofaktor)
NO_x	136000	45000	67 Oef/g NO_x
SO_2	34300	25400	53 Oef/g SO_2
CO_2	44200000	15000000	0,20 Oef/g CO_2
Zn	188	940	210 Oef/g Zn
Hg	0,47	1,4	240000 Oef/g Zn
Abfall in Untertage-deponie	41000	41000	24 Oef/g Abfall

Bei der Methode der ökologischen Knappheit werden die Vorbelastungen einer Umweltressource in die Bewertung einbezogen. Der Gewichtungsfaktor errechnet sich aus der Beziehung zwischen der heutigen Belastung und der maximal zulässigen Belastung für die betrachteten Umwelteinwirkungen für einen bestimmten geographischen Raum. Mit dieser Methode können lokale Gegebenheiten angemessen berücksichtigt werden.

Die Feststellung der maximal zulässigen Belastungsfrachten F_{ki} bildet das Grundproblem dieser Methodik. Bis jetzt wurden sie nur für ausgewählte Umwelteinwirkungen und mit Schwerpunkt für die Schweiz bestimmt. Sie werden hauptsächlich über nationale Immissionsziele, politische Absichtserklärungen oder Expertenabschätzungen ermittelt.

---

258 Siehe hierzu [BUWAL 1997].

6.2.4.2 Verbal argumentative Bewertung

Die verbal argumentativen Methoden verzichten auf eine numerische Bewertung. Durch Abwägung der Umweltbelastungen über Wertargumente wird ein Urteil getroffen. Dieses basiert in der Regel auf einem Diskurs und einer Hierarchiebildung der zugrundegelegten Kriterien und ihren Ausprägungen (Ergebnisse der Sach- und Wirkungsbilanz). Es besteht die Gefahr, dass die Gewichtung auf Bereichen der aktuellen öffentlichen Diskussion basiert. Die erzielten Ergebnisse sind in der Regel wenig transparent.

6.2.4.3 Kostenorientierte Bewertung

Die kostenorientierte Bewertung hat zum Ziel, die ökologisch relevanten Auswirkungen eines Produktes oder Prozesses in Geldeinheiten auszudrücken.

Ein Konzept besteht in der Erfassung betrieblicher Umweltschutzkosten und ihrer Zuordnung zu den in der Sachbilanz erfassten Stoffen, Verfahren, Produkten und Betriebsbereichen. Diese Vorgehensweise wird in Kapitel 4 behandelt. Eine weitere Ausprägung stellt die Internalisierung externer Kosten dar, die ebenfalls ausführlich in Kapitel 4 diskutiert wird. Dort werden auch die Schwachpunkte dieses Ansatzes ausführlich diskutiert.

6.2.4.4 Relativ abstufende Bewertung

Ziel der relativ abstufenden Bewertungsmethoden ist der Vergleich der Alternativen anhand eines unternehmensspezifischen Fragenkatalogs, um betriebliche Schwachstellen zu identifizieren, wobei auf eine Quantifizierung der Umweltwirkungen verzichtet wird.

Ein bekannter Vertreter dieser Klasse ist die ABC-Analyse. Die in den Bilanzraum ein- und austretenden Stoff- und Energieströme werden mittels des Klassifizierungsschemas der ABC-Analyse bewertet. Besonders dringlicher Handlungsbedarf besteht bei A-Fällen, während dieser bei B-Fällen weniger akut ist und C-Fälle werden als derzeit unbedenklich charakterisiert. Durch diese Einstufung wird eine Prioritätenliste für Handlungsbedarfe aufgestellt. Kriteriengruppen sind z. B. umweltrechtliche/politische Anforderungen, gesellschaftliche Akzeptanz, Gefährdungs- bzw. Störfallpotential oder internalisierte Umweltkosten (siehe auch Abbildung 6-3). Mittels einer zusätzlichen XYZ-Bewertung wird der Mengeneffekt der Umweltbelastung abgeschätzt und ebenfalls relativ abgestuft. Die relativ-abstufende Bewertungsmethodik basiert somit auf einer Ordinalskalierung.

Abbildung 6-3 zeigt die ABC-Methode des IÖW und Tabelle 6-4 die Kriterien der ABC-Bewertung, die die Stadtwerke Karlsruhe zur Ableitung von Maßnahmen für ihr Umweltprogramm eingesetzt haben.

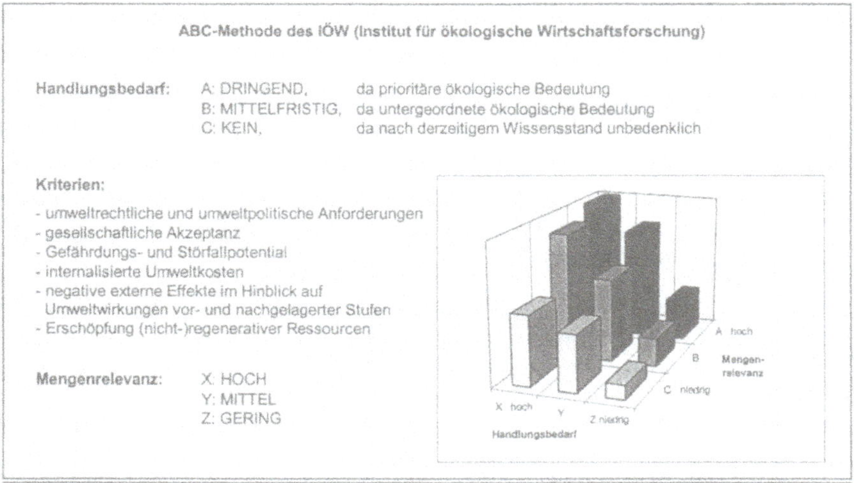

Abbildung 6-3: ABC/XYZ-Analyse

Tabelle 6-4: Kriterien der ABC-Bewertung bei den Stadtwerken Karlsruhe

	A	B	C	D
Ökologische Vorteilhaftigkeit	sehr hoch	eher hoch	Eher gering	Keine
Handlungsbedarf (gesetzliche Vorgaben, Öffentlichkeit, Image)	sehr hoch	eher hoch	Eher gering	minimal/keiner
Kosten (Investitionskosten)	minimal (<1000 DM)	gering (<10.000 DM)	hoch (<100.000 DM)	sehr hoch (>100.000 DM)
Kosten-Nutzen-Verhältnis (nur betriebswirtschaftlich)	sehr positiv	eher positiv	eher negativ	sehr negativ
Realisierungszeitraum	< 3 Monate	< 1 Jahr	< 5 Jahre	> 5 Jahre

Diese Methodik zeigt eine sehr hohe Praktikabilität bei der Schwachstellenanalyse in einem Betrieb und sie erlaubt in gewissem Umfang eine Priorisierung. Sie verzichtet aber auf hohe Objektivität, da die Bewertung sich am gesellschaftlichen Urteil orientiert (es wird weniger die Menge der entsprechenden Schadstoffe als das Vorkommen bewertet) und ist anwenderabhängig. Somit können Ergebnisse der

Anwendung der ABC-Methodik nicht verglichen werden, wenn sie nicht vom gleichen Bearbeiter bei vergleichbaren Rahmenbedingungen erstellt wurden.

6.2.4.5 Kombinierte Verfahren

Bei den kombinierten Verfahren, die Elemente der oben skizzierten methodischen Ansätze verknüpfen, ist insbesondere das Verfahren vom Umweltbundesamt zu nennen[259]. Es verknüpft bei der Bewertung methodische Ansätze aus der Nutzwertanalyse mit einer verbal-argumentativen Bewertung.

Die spezifischen Beiträge des Untersuchungsgegenstandes an der nationalen Gesamtbelastung werden je Wirkungskategorie[260] erfasst und innerhalb eines fünfstufigen Ratings mit den Gewichtungsklassen gering, gering-mittel, mittel, groß und sehr groß gewichtet (Ordinalskalierung) (siehe Tabelle 6-5). Die Klassenbildung ist transparent und nachvollziehbar, sie unterliegt allerdings einem Wertesystem (welche Klassen werden gewählt und welche Klassengrenzen werden gezogen) und ist somit aus wissenschaftlicher Sichtweise nicht objektiv.

Zur Lösung der Bewertungsfragen zwischen den einzelnen Wirkungskategorien wird ebenfalls auf die fünfstufige Ordinalskalierung zurückgegriffen. Für diese ebenfalls subjektive Abwägung werden Kriterien aus den Bereichen

- Ökologisches Gefährdungspotential,
- Reversibilität bzw. Irreversibilität,
- Umweltpräferenzen der Bevölkerung
- Lokale bzw. regionale oder globale Belastung und
- Istbelastung und Qualitätsziele

herangezogen (siehe auch Tabelle 6-6). Für eine abschließende Gesamtbewertung wird auf eine Quantifizierung verzichtet und die verbal-argumentative Methode angewendet.

259 Siehe [UBA 1995].
260 Siehe zu Wirkungskategorien Tabelle 6-1.

Tabelle 6-5: Grundlagen zur Ermittlung der spezifischen Beiträge (Energieverbrauch und Emissionen in Deutschland im Jahr 2010: Pkw-Verkehr und übrige Sektoren inkl. übriger Straßenverkehr) und spezifische Wirkungsbeiträge (Quelle: [Örtel et al. 2000, S. 66 f] mit Bezug auf [ifeu 1999] und [Prognos 1998])

			PKW-Verkehr	**Übrige Sektoren**	**Gesamt**	**PKW-Verkehr/Gesamt**	
						Quantitativ	Qualitativ*
Primärenergie		PJ	1.971	12.259	14.230	13,9%	sehr groß
Emissionen							
CO_2		Mt	125	729	854	14,6%	sehr groß
CH_4		kt	7,56	2.663	2.670	0,3%	sehr klein
N_2O		kt	8,57	148	157	5,5%	groß
SO_2		kt	3,52	550	553	0,6%	sehr klein
NO_X		kt	131	1.084	1.215	10,8%	sehr groß
NMHC		kt	61,97	1.092	1.154	5,4%	groß
Dieselpartikel		kt	3,98	6,23	10,21	39,0%	sehr groß
NH_3		kt	6,86	622	628	1,1%	klein
Benzol		kt	2,76	3,81	6,58	42,0%	sehr groß
BaP		t	0,024	8,27	8,3	0,3%	sehr klein
Wirkungen							
Kanzerogenität			k.A.	k.A.	k.A.	k.A.	k.A.
Versauerung	SO_2-Äq.	kt	108	2.477	2.585	4,2%	mittel
Eutrophierung	PO_4^{3-}-Äq.	kt	19,3	344	363	5,3%	groß
Photosmog	NCPOCP	kt	63,8	769	837	7,6%	groß
Stratos. Ozonabbau	N_2O	kt	8,57	148	157	5,5%	groß
Treibhauseffekt	CO_2-Äq.	Mt	128	831	958	13,3%	sehr groß
Ressourcen	KEA	PJ	1.971	12.259	14.230	13,9%	sehr groß

Übrige Sektoren: Alle mobilen und stationären Verbraucher bzw. Emittenten incl. Nicht-PKW-Straßenverkehr

*: Vorschlag des IFEU

Tabelle 6-6: Kriterien und Vorschläge zur Rangbildung der betrachteten Wirkungskategorien nach dem Kriterium der Ökologischen Gefährdung [TAB 2000, S. 68 f] mit Bezug auf [ifeu 1999]

Auswirkungen	Reversibilität	Räumliche Ausdehnung	Prognose-Belastbarkeit	Ökolog. Gefährd.
Treibhauseffekt				
katastrophale Auswirkungen auf Ökosysteme auf allen Hierarchieebenen und auf die menschliche Gesundheit	Fast ausschließlich irreversibel	global	sehr komplexe Ursache-Wirkungs-Zusammenhänge => sehr große Unsicherheiten	sehr groß
Kanzerogenität				
schwerwiegende Auswirkungen auf die menschliche Gesundheit	nur begrenzt heilbar, d.h. nur zum Teil reversibel	lokal bis regional	sehr komplexe Ursache-Wirkungs-Zusammenhänge => sehr große Unsicherheiten	sehr groß
Terrestrische Eutrophierung				
erhebliche Auswirkungen auf terrestrische Ökosysteme und auf deren Biodiversität auf allen Hierarchieebenen	zum Teil langfristig reversibel; Auswirkungen auf die Biodiversität größtenteils irreversibel	europaweit, jedoch regional qualitativ unterschiedlich	sehr komplexe Ursache-Wirkungs-Zusammenhänge => sehr große Unsicherheiten	Groß
Ressourcenbeanspruchung (erschöpfliche energetische)				
Auswirkungen beschränkt auf das Schutzgut „Ressourcen“	irreversibel	global	keine Verzögerung der Schadwirkung => keine Unsicherheiten	mittel

6.2.4.6 Panel-Methoden

Panel-Methoden werden in der Meinungsforschung eingesetzt, um die gleiche repräsentative Personengruppe (*panel*) innerhalb eines bestimmten Zeitraums mehrfach zu einem Thema zu befragen. Im Kontext ökologischer Bewertungen sind die Delphi-Methode und die Mediation bekannte Varianten[261]:

- Beim Einsatz der **Delphi-Methode** werden Experten unabhängig voneinander aufgefordert, Aspekte in einer Entscheidungssituation zu bewerten. Anschließend werden den Experten die gemittelten Ergebnisse präsentiert, anhand derer die Experten eine Neugewichtung vornehmen. Dieser zyklische Prozess kann solange fortgeführt werden, bis eine weitgehende Übereinstimmung erzielt worden ist.
- In **Mediationsprozessen** werden neutrale Personen speziell für die Begleitung von Entscheidungsprozessen, an denen interessierte Personen beteiligt sind, ausgebildet (die sogenannten Mediatoren).

Der Vorteil dieser Methoden liegt in der einfachen Durchführbarkeit. Die Problematik besteht in der ausgewogenen Zusammensetzung des Panels, die nur schwer zu erreichen ist, und der Qualität und der Akzeptanz des Ergebnisses, die von der Kompetenz des Panels abhängen.

6.2.4.7 Das MIPS- und das KEA-Konzept

Das MIPS (Massenintensität pro Produkt-Service) - Konzept zieht zur Bewertung den absoluten Masseninput in den Untersuchungsgegenstand heran (rein inputbezogen). Emissionen bleiben mit der Argumentation unberücksichtigt, da sie indirekt in den Inputgrößen einbezogen sind. Bei den Massenberechnungen wird auch angestrebt, die insgesamt bewegten Massen der Vorprodukte wie z. B. die Abraummengen bei der Gewinnung von Mineralien, die zur Herstellung eines Produktes benötigt werden, zu erfassen. Der Masseninput wird dann auf die funktionelle Äquivalenz bezogen.

Der Vorteil des Verfahrens liegt in der Zeitersparnis, weil nur inputbezogene Daten erhoben werden müssen. Der große Nachteil liegt allerdings in der unterstellten linearen Proportionalität von Umweltproblemen und Massendurchsatz. Große Masseneinsätze – z. B. Kühlwasser oder auch der Bodenabraum beim Abbau von Erzen oder Kohle – stehen nicht unbedingt mit hoher Umweltbelastung in Korrelation.

Der Kumulierte Energieaufwand (KEA) ist definiert als die Gesamtheit des primärenergetisch bewerteten Aufwands, der im Zusammenhang mit der Herstellung, Nutzung und Beseitigung eines ökonomischen Gutes (Produkt oder Dienstleistung)

[261] Siehe [Geldermann 1999, S. 66 f.]

entsteht bzw. diesem ursächlich zugewiesen werden kann[262]. Somit werden aus der Sachbilanz nur die Teilinformationen zu Energieinputs und nutzbaren Outputs verwendet. Im Ansatz gilt die selbe Kritik wie am MIPS-Konzept, allerdings sind viele relevante Umwelteinwirkungen wie der Treibhauseffekt, der energetische Ressourcenbedarf oder die Versauerung eng mit dem Energieeinsatz verbunden. Deshalb ist die Repräsentanz des KEA's als Größe für die gesamte Umweltbelastung deutlich höher einzuschätzen als beim MIPS-Konzept.

6.3 Übersicht der Bilanztypen

Je nach Festlegung der Bilanz- und Systemgrenzen spricht man von verschiedenen Bilanztypen, die im Folgenden kurz vorgestellt werden:

Die Betriebsbilanz Durch die Betriebsbilanz erfolgt die Ermittlung aller ökologisch relevanten In- und Outputströme innerhalb eines räumlich definierten Betriebs in einem begrenzten Erfassungszeitraum. In Anlehnung an die handelsrechtliche Bilanz empfiehlt sich als Periodenlänge ein Kalenderjahr. Sofern die Betriebsbilanz über mehrere Jahre hinweg aufgestellt wird, bietet sie die Möglichkeit, Vergleiche zwischen den Ergebnissen der einzelnen Perioden anzustellen. Sie stellt damit ein Instrument dar, mit dem der Erfolg innerbetrieblicher Umweltschutzanstrengungen bewertet werden kann.

Die Standort- und Anlagenbilanz: Während in der Betriebsbilanz nur In- und Outputströme erfasst werden, erfolgt in der Standortbilanz die Bewertung aller umweltrelevanten, stationären Bereiche. Hierunter fallen Güter des Anlagevermögens wie Produktionsanlagen, Gebäude und Grundstücke.

Die Prozessbilanz: Die Prozessbilanz betrachtet die ökologischen Auswirkungen eines Umwandlungsprozesses von In- zu Outputströmen. Hierbei werden auch Eigenleistungen aus vorgelagerten Produktionsprozessen als Input angesehen. Ebenso werden Zwischenprodukte, die in nachgelagerten Prozessschritten weiterverarbeitet werden, als Output betrachtet. Durch diese Bilanzierung können Prozessschritte mit hoher Umweltschädigung ausfindig gemacht werden. Sie kann als Schwachstellenanalyse eingesetzt werden und akuten Handlungsbedarf aufzeigen.

Die Produktbilanz: In einer Produktbilanz werden die umweltrelevanten Wirkungen eines Produktes betrachtet. Hierbei erstreckt sich die Untersuchung über den gesamten Produktlebensweg von der Rohstoffgewinnung bis zur Entsorgung.

In der Vertikalanalyse werden die einzelnen Phasen des Produktlebensweges getrennt voneinander betrachtet. Hierbei wird angestrebt, jede Phase in technisch abgrenzbare Untersuchungseinheiten (Module) zu zerlegen, deren In- und Outputströme mit vertretbarem Aufwand ermittelbar sind. Mit Hilfe der getrennten Betrachtung der Phasen

[262] [VDI 1997].

ist es möglich, besonders umweltrelevante Teile des Lebensweges zu identifizieren und Verbesserungsansätze für diese zu entwickeln.

Die Horizontalanalyse hat die quantitative Erfassung der Stoffströme in den nach Festlegung der Bilanz- und Systemgrenzen einzubeziehenden Kategorien zur Aufgabe.

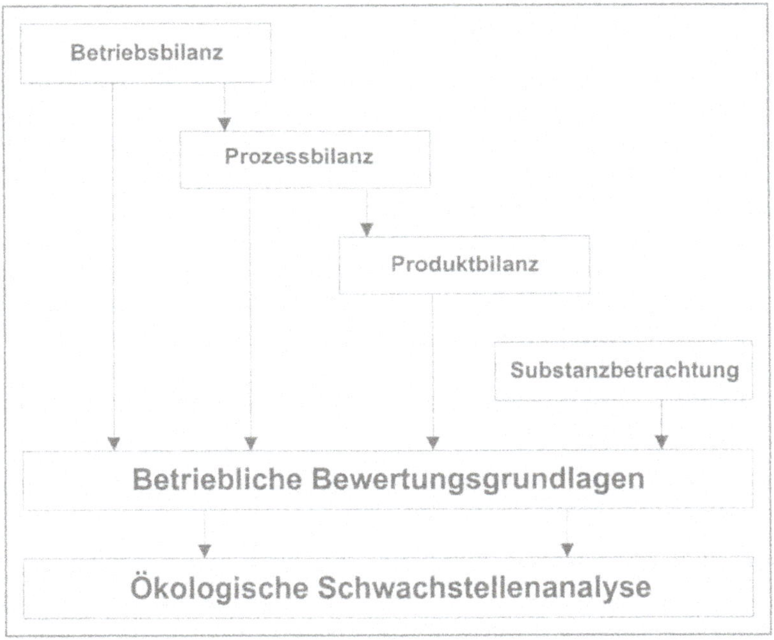

Abbildung 6-4: Stoff- und Energiebilanzierung

6.4 Bewertung des Instrumentes Ökobilanz

Grundsätzlich wird das Instrument Ökobilanz sowohl von der Politik als auch von der Industrie befürwortet. Aufgrund der noch vorherrschenden Unsicherheit der verwendeten Methoden und Daten besteht jedoch noch ein großer Handlungsbedarf. So kommen verschiedene Ökobilanzen, die sich mit der gleichen Problematik beschäftigen (z. B. dem Vergleich von Milch-Mehrwegflaschen mit Verbundkartonverpackungen oder PVC-haltigen und PVC-freien Produkten), aufgrund der unterschiedlichen methodischen Ansätze zu gegenteiligen Ergebnissen. Nach Meinung des Umweltbundesamtes erfordert die Lösung dieser Probleme u. a. die Entwicklung von Standardmodellen, die Sicherung der Transparenz und die Sammlung validierter Daten an zentraler Stelle[263].

[263] Vgl. [UBA 1992].

Bei den bisherigen praktischen Anwendungen überwiegen Ansätze der Produktbilanz, weshalb auch die meisten Bewertungsmethoden auf eine Produktbewertung ausgerichtet sind. Neuerdings gewinnt die Betriebsbilanz durch die Einführung von Öko-Audits zunehmend an Bedeutung, ebenso wie die Anlagen- und Prozessbilanz.

6.5 Die Produktlinienanalyse

Wie bei der Ökobilanzierung ist der Ansatz bei der Produktlinienanalyse eine Vertikalanalyse (der Produktlinie bzw. des Produktlebenszyklus: der Weg eines Stoffes oder Produktes von der Rohstoffgewinnung, Vorproduktion, Gebrauch, Entsorgung, Recycling und den Transport zwischen den einzelnen Stufen). Im Gegensatz zur Ökobilanzierung werden bei der Horizontalbetrachtung neben ökologischen auch ökonomische und soziale Auswirkungen analysiert (vgl. das drei Säulen-Konzept der Nachhaltigkeit). Die Produktlinienanalyse verzichtet auf eine numerische Bewertung und ein aggregiertes Gesamturteil. Die ökologischen Umwelteinwirkungen werden durch einfache Bewertungskriterien (wie plus-minus-Einordnungen) bewertet.

6.6 Fallbeispiel: Ökobilanz für Verfahrensvarianten zur Herstellung von Primäraluminium

6.6.1 Einleitung: Verfahrensbeschreibung der Primäraluminiumherstellung

Die Herstellung von Primär-Aluminium erfolgt in zwei Stufen: Gewinnung von Aluminiumoxid aus Bauxit (Bayerverfahren) in der Tonerdefabrik und anschließend Reduktion des Oxids mittels Schmelzflusselektrolyse zu metallischem Aluminium in der Aluminiumhütte. In der Tonerdefabrik wird aus dem Rohstoff Bauxit das Zwischenprodukt Aluminiumoxid (Tonerde) gewonnen. Das verbreitetste Verfahren hierfür ist das Bayerverfahren. Dabei wird das aufbereitete Bauxit mit wässriger Natronlauge unter erhöhtem Druck und Temperatur im Rohrreaktor oder Autoklaven aufgeschlossen (Drucklaugung). Das Aluminium geht als Natriumaluminat in Lösung. Die übrigen Bestandteile des Bauxits bleiben ungelöst im Rückstand, dem sogenannten Rotschlamm, und werden mechanisch abgetrennt. Aus der gereinigten und abgekühlten Natriumaluminat-Lauge fällt Aluminiumhydroxid ($Al(OH)_3$) aus. Das Aluminiumhydroxid wird anschließend in Drehrohr- oder Wirbelschichtöfen durch thermische Spaltung in Aluminiumoxid (Al_2O_3) überführt (Kalzinierung).

In der Aluminiumhütte wird das Aluminiumoxid, gelöst in einer Kryolithschmelze, elektrochemisch zu metallischem Aluminium reduziert. Der Elektrolyseofen besteht aus mit Kohlenstoffsteinen ausgekleideten Wannen, welche die Funktion der Kathode übernehmen. Als Anoden werden Graphitblöcke verwendet, die vorgebrannt oder als selbstbackende Söderberg-Elektroden eingesetzt werden können. An der Kathode wird

Aluminium abgeschieden, welches am Boden des Ofens abgesaugt wird. An der Anode entsteht Sauerstoff, der mit dem Anodengraphit zu CO_2 umgewandelt wird. Das in der Elektrolyse gewonnene flüssige Hüttenaluminium wird in der Gießerei einer Schmelzreinigung unterzogen und nach Zusatz von Legierungszusätzen vergossen.

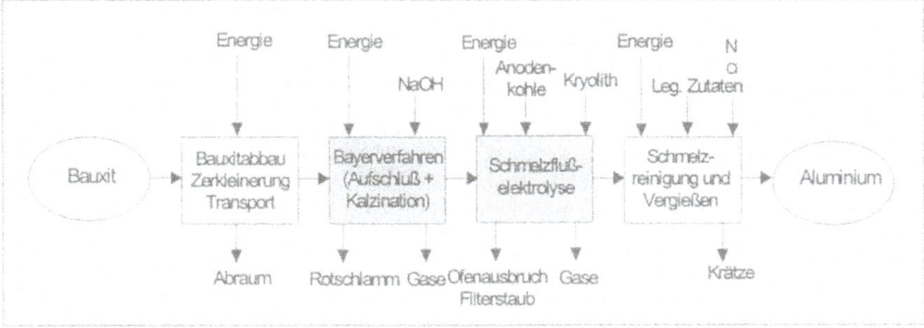

Abbildung 6-5: Primäraluminiumerzeugung[264]

In der Tonerdefabrik werden neben dem Rohstoff Bauxit, Hilfsstoffe wie Kalk, Natriumhydroxid und Wasser eingesetzt. Als Energieträger für Aufschluss und Kalzinierung werden Strom und Erdgas verwendet. Für die Schmelzflusselektrolyse müssen jeweils einige Kilogramm Kryolith, Aluminiumfluorid und Flussspat je Tonne Aluminium ersetzt werden, da ein Teil dieser Stoffe mit der Abluft, dem Abwasser oder dem Ofenausbruch aus dem Ofen ausgetragen wird. Für die Anode werden Petrolkoks, Pech, Anthrazit und Erdgas benötigt. Als Energieträger für die Elektrolyse wird elektrischer Strom eingesetzt.

Im Bayerprozess entstehen bei der Drucklaugung größere Mengen Rotschlamm, welche Oxide und Hydroxide der im Bauxit enthaltenen Begleitelemente enthalten. Der entwässerte Rotschlamm wird zur Zeit noch deponiert. Die Auskleidung des Elektrolyseofens, bestehend aus Feuerfestmaterial und Kathodengraphit, wird mit der Zeit ausgetragen und fällt als Ofenausbruch an. Der Ofenausbruch kann teilweise von der Herstellerfirma wieder zurückgenommen und wiederverwertet werden, teilweise wird er deponiert. Die entstehenden Abgase werden einer Abgasreinigung unterzogen. Dabei fallen Filterrückstände in Form von Stäuben (oder Schlämmen) an. Je nach Prozessführung fallen Abwässer an, die einer Abwasserreinigungsanlage zugeführt werden.

[264] Siehe auch [Sage 1993].

6.6.2 Zieldefinition und Bilanzraumfestlegung

Folgende drei Verfahrensvarianten zur Herstellung von Primäraluminium sind hinsichtlich ihrer Umweltauswirkung zu bewerten:

A) Bayerverfahren: Autoklavenaufschluss mit Wirbelschichtkalzination

Schmelzflusselektrolyse: Elektrolyse mit vorgebrannten Anoden und Abgasreingung über Trockenadsorption

B) Bayerverfahren: Rohrreaktoraufschluss mit Wirbelschichtkalzination

Schmelzflusselektrolyse: Elektrolyse mit vorgebrannten Anoden und Abgasreinigung über Trockenadsorption

C) Bayerverfahren: Autoklavenaufschluss mit Drehrohrkalzination

Schmelzflusselektrolyse: Elektrolyse mit Söderberganoden und feuchter Hallenabgasreinigung

Die Bilanzraumabgrenzung wird folgendermaßen durchgeführt:

- Bilanzierungsgrenzen sind die „Werkstore" der betrachteten Anlage. Im Gegensatz zu einer Produktökobilanz werden die Stoffströme nicht bis zum Ursprung zurückverfolgt. (Das hat zur Folge, dass die Stoff- und Energieströme, die an der Systemgrenze nicht als Elementarstrom vorliegen, nicht in die Wirkungsbilanz aufgenommen werden können).
- Es wird davon ausgegangen, dass die zu untersuchenden Verfahren vergleichbar sind; d. h. es sind für alle Verfahren gleiche Daten zu erheben (z. B. Mittelwerte für eine repräsentative Anzahl an realisierten Anlagen). Weiter werden bei allen Verfahren die gleichen Einsatzstoffe eingesetzt, d. h. die Unterschiede in den Emissionen sind rein prozessbedingt. Somit lässt sich von den Ergebnissen der Ökobilanz direkt auf das verwendete Verfahren schließen.
- Es werden keine Transportvorgänge im Werk berücksichtigt (Energie für Förderbänder, Pumpen, Gebläse etc.).
- Es werden keine Aufbereitungsvorgänge der Einsatzstoffe (z. B. Aufmahlen des Bauxits) berücksichtigt (bzw. diese Schritte befinden sich außerhalb der Bilanzierungsgrenzen).
- Der Bilanzraum umfasst, die Schritte Rauchgasreinigung (RGR), Abwasserreinigungsanlage (ARA) und die Aufbereitung der festen Abfälle. Das hat zur Folge, dass es sich bei den den Bilanzraum verlassenden Stoffströmen um Elementarströme handelt, denen eine Umweltwirkung zugeordnet werden kann.
- Die Daten werden auf eine Bezugsgröße, in dem Fall auf 1 t Hüttenaluminium, bezogen.

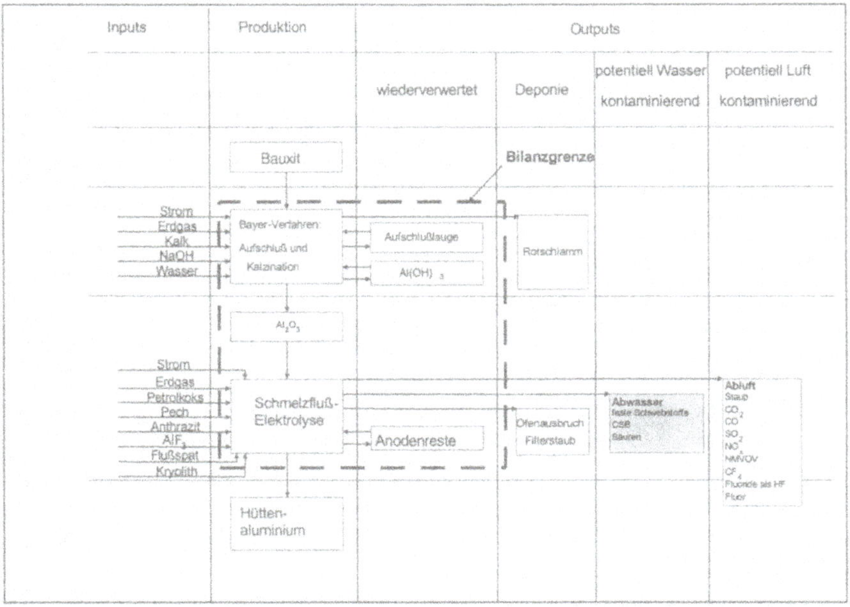

Abbildung 6-6: Systemgrenzen für die Bilanzierung exemplarisch für das Verfahren C[265]

6.6.3 Sach- und Wirkungsbilanz

In der

Tabelle 6-7 ist die Sachbilanz der drei alternativen Verfahren dargestellt.

Zur Erstellung der Wirkungsbilanz werden zuerst die in der Sachbilanz erhobenen umweltbeeinflussenden Größen je nach ihren potentiellen Umweltwirkungen den entsprechenden Wirkungskategorien zugeordnet. Hierzu werden die Wirkungskategorien der SETAC (Society for Environmental Toxicology and Chemistry) genommen[266].:

1. Verbrauch von Rohstoffen: In der Kategorie Verbrauch von Rohstoffen wird die Inanspruchnahme nicht nachwachsender knapper Rohstoffe berücksichtigt, die, einmal der Umwelt entnommen, weiteren Anwendungen nicht mehr zur Verfügung stehen. Die in der Sachbilanz aufgeführten Einsatzstoffe sind entweder keine Elementarströme (Kalk, NaOH) oder sind z.Z. in ausreichenden

[265] Siehe auch [Mori 1978].
[266] Siehe [SETAC 1993].

Mengen vorhanden (Bauxit, Anthrazit, Wasser). Lediglich der fossile Energieträger Erdgas wird in dieser Kategorie berücksichtigt.

2. Treibhauseffekt: In der Wirkungskategorie Treibhauseffekt wird berücksichtigt, dass die Emission gewisser Stoffe zu einer zusätzlichen Erwärmung der Atmosphäre beitragen und dies wiederum zu einer möglichen Klimaveränderung führen kann. Zur dieser Kategorie sind die Emission von CO_2 und CF_4 zu zählen.

3. Ozonabbau: In der Kategorie Ozonabbau werden die Emissionen halogenierter Kohlenwasserstoffe bilanziert, die zu einem Abbau des stratosphärischen Ozons beitragen. Es wurden in der Sachbilanz keine Stoffe erfasst, die zur Kategorie Ozonabbau beitragen.

4. Beeinträchtigung der Gesundheit des Menschen (Humantoxizität): Innerhalb der Wirkungskategorie Humantoxizität ist eine wirkungsmäßige Aggregation derzeit nicht möglich. Es herrscht noch keine Abstimmung über den Wirkungsbezug. Schadstoffe, welche die Gesundheit des Menschen beeinträchtigen können sind im Fall der Primäraluminiumherstellung SO_2, NO_X, Staub, CO und die Fluoride.

5. Direkte Schädigung von Organismen und Ökosystemen (Ökotoxizität) Innerhalb der Wirkungskategorie Ökotoxizität ist eine wirkungsmäßige Aggregation derzeit nicht möglich. Es herrscht noch keine Abstimmung über den Wirkungsbezug. Es wurden in der Sachbilanz keine Stoffe erfasst, welche die Kategorie Ökotoxizität betreffen.

6. Bildung von Photooxidantien: Die Wirkungskategorie Photooxidantienbildung berücksichtigt, dass die Reaktion von ungesättigten Kohlenwasserstoffen und Stickoxiden bei gleichzeitiger Sonneneinwirkung zur Bildung von Sommersmog führen kann. Zu dieser Kategorie tragen vor allem die mit der Abluft emittierten Kohlenwasserstoffe (NMVOC, non-methane hydrocarbons) bei.

7. Versauerung von Böden und Gewässern: Die Wirkungskategorie Versauerung von Böden und Gewässern berücksichtigt die Schadwirkung saurer Gase, die z. B. zu Waldschäden oder Fischsterben beitragen können. Zur Versauerung von Böden und Gewässern trägt beim betrachteten Beispiel die Emission von SO_2, NO_X und HF bei.

8. Eintrag von Nährstoffen in Böden und Gewässer (Eutrophierung): Die Wirkungskategorie Eutrophierung berücksichtigt die Schadensbildung durch übermäßige Nährstoffzufuhr in Böden und Gewässer. Stoffe, die zur Überdüngung beitragen, sind NO_X und CSB (Chemischer Sauerstoffbedarf).

9. Flächenverbrauch: Keine Angaben

10. Lärmbelastung: Keine Angaben

Tabelle 6-7: Sachbilanz für die drei Verfahren zur Aluminiumherstellung

Input und Output	***Stoff/Energie***	***Verfahren A***	***Verfahren B***	***Verfahren C***	***Einheit pro t Aluminium***
Einsatzstoffe	Bauxit	4,1	4,1	4,1	t
	Kalk	100	100	100	kg
	NaOH	150	150	150	kg
	Wasser	490	490	490	l
	Petrolkoks	425	410	375	kg
	Pech	110,8	102,8	162,8	l
	Anthrazit	20	20	20	kg
	Kryolith	0	0	35	kg
	AlF_3	20	20	20	kg
	Flussspat	2	2	3	kg
Energieeinsatz	Strom	14.685	13.885	15.960	kWh
	Erdgas	774	598	794	Nm^3
Haupt- und Nebenprodukte	Hütten-aluminium	1	1	1	t
luftseitige Emissionen	Staub	20	18	25	kg
	CO_2	1480	1400	1480	kg
	CO	16	15	16	kg
	SO_2	14,1	13,6	15	kg
	NO_x	0,2	0,25	0,18	kg
	NMVOC	9	8	9	kg
	CF_4	0,4	0,35	0,45	kg
	Fluoride als HF	0,65	0,75	0,85	kg
	Fluor	0,5	0,45	0,5	kg
wasserseitige Emissionen (nach ARA)	feste Schweb-stoffe	0	0	0,04	kg
	CSB	0	0	0,0001	kg
	Säuren	0	0	0,04	kg
Abfall (nach Aufbereitung)	Rotschlamm	1	1	1	t
	Ofenausbruch	15	15	15	kg
	Filterstaub	0,2	0,2	0,25	kg

Tabelle 6-8: Klassifizierung der Stoffe für drei Verfahren zur Aluminiumherstellung

Input und Output	***Stoff/Energie***	***Wirkungskategorie***
Einsatzstoffe	Bauxit	
	Kalk	
	NaOH	
	Wasser	
	Petrolkoks	
	Pech	
	Anthrazit	
	Kryolith	
	AlF_3	
	Flussspat	
Energieeinsatz	Strom	
	Erdgas	Verbrauch von Rohstoffen
Haupt- und Nebenprodukte	Hüttenaluminium	
Luftseitige Emissionen (nach RGR)	Staub	Humantoxizität
	CO_2	Treibhauseffekt
	CO	Humantoxizität
	SO_2	Humantoxizität Versauerung
	NO_x	Humantoxizität Versauerung Überdüngung
	NMVOC	Photooxidantienbildung
	CF_4	Treibhauseffekt
	Fluoride	Versauerung
	Fluor	
wasserseitige Emissionen (nach ARA)	feste Schwebstoffe	
	CSB	Überdüngung
	Säuren	
Abfall (nach Aufbereitung)	Rotschlamm	
	Ofenausbruch	
	Filterstaub	

In der Abbildung 6-7 sind beispielhafte Berechnungen für das Verfahren A dargestellt, die auf der Verwendung von den Standardformeln aus der Tabelle 6-1 beruhen.

Ressourcenverbrauch:

$$R = \sum_i \left(m_i \cdot \frac{1}{R_{stat,i}} \right)$$

m_i = Menge des verbrauchten Rohstoffes i
m_{Erdgas} = 774 Nm^3/t Aluminium
$R_{stat,i}$ = statische Reichweite des verbrauchten Rohstoffes i
$R_{stat,Erdgas}$ = 60 a

$R_{Verfahren\ A}$ = 774·1/60 = 12,9 Nm^3/a

Treibhauseffekt:

$$GWP = \sum_i (m_i \cdot GWP_i)$$

m_i = Menge des emittierten Stoffes i
m_{CO2} = 1.480 kg/t Aluminium
m_{CF4} = 0,4 kg/t Aluminium
GWP_i = Klassifizierungsfaktor für den Schadstoff i
GWP_{CO2} = 1,0 kg CO_2-Äquivalent/kg emittierter Schadstoff
GWP_{CF4} = 4.500 kg CO_2-Äquivalent/kg emittierter Schadstoff

$GWP_{Verfahren\ A}$ = 1.480·1+0,4·4.500 = 3.280 CO_2-Äquivalent/t Aluminium

Photooxidantienbildung:

$$POCP = \sum_i \left(m_i \cdot POCP_i \right)$$

m_i = Menge des emittierten Stoffes i
m_{NMVOC} = 9 kg/t Aluminium
$POCP_i$ = Klassifizierungsfaktor für den Schadstoff i
$POCP_{NMVOC}$ = 0,416 kg Ethen-Äquivalent/kg emittierter Schadstoff

$POCP_{Verfahren\ A}$ = 9·0,416= 3,744 Ethen-Äquivalent/t Aluminium

Abbildung 6-7: Beispielberechnungen für das Verfahren A

Tabelle 6-9: Wirkungsabschätzung für drei Verfahren zur Aluminiumerzeugung

Wirkungspotential	***Verfahren A***	***Verfahren B***	***Verfahren C***	***Einheit pro Tonne Aluminium***
Ressourcenverbrauch	12,90	9,97	13,23	Nm^3/a
Treibhauseffekt	3.280	2.975	3.505	kg CO2-Äquivalent
Photooxidantienbildung	3,744	3,328	3,744	kg Ethen-Äquivalent
Versauerung	15,28	14,98	16,49	kg SO2-Äquivalent
Überdüngung	0,026	0,033	0,023	kg PO4-Äquivalent
Daten aus Sachbilanz	***Verfahren A***	***Verfahren B***	***Verfahren C***	***Einheit pro Tonne Aluminium***
Bauxit	4,1	4,1	4,1	t
Kalk	100	100	100	kg
NaOH	150	150	150	kg
Wasser	490	490	490	l
Petrolkoks	425	410	375	kg
Pech	110,8	102,8	162,8	l
Anthrazit	20	20	20	kg
Kryolith	0	0	35	kg
AlF3	20	20	20	kg
Flussspat	2	2	3	kg
Strom	14.685	13.885	15.969	kWh
Fluor	0,5	0,45	0,5	kg
feste Schwebstoffe	0	0	0,04	kg
Säuren	0	0	0,04	kg
Rotschlamm	1	1	1	t
Ofenausbruch	15	15	15	kg

6.6.4 Bilanzbewertung

In der Bilanzbewertung werden die untersuchten Verfahren anhand der in Tabelle 6-9 aggregierten Daten hinsichtlich ihrer Umweltrelevanz bewertet. Die Entscheidung selbst erfolgt verbal-argumentativ, d. h. es erfolgt eine Diskussion der Werte aus der Wirkungsbilanz unter Miteinbezug der mengenmäßigen und ökologischen Bedeutung. Im berechneten Beispiel ist eine Gewichtung der einzelnen Kategorien nicht notwendig, weil sofort erkennbar ist, dass Verfahren B von Umweltgesichtspunkt her das beste ist. Es ist bis auf die Überdüngung in allen Wirkungskategorien wie auch beim Vergleich der Sachbilanzdaten besser als die anderen beiden (oder gleich). Verfahren C weist in praktisch allen Kategorien die schlechtesten Werte auf. Lediglich in der Wirkungskategorie Überdüngung ist es besser als Verfahren A und B.

7 Die volkswirtschaftliche Umweltökonomie und die Nachhaltige Entwicklung im Überblick

7.1 Einleitung

Nach [Bundesregierung 1971] ist der Begriff der Umweltökonomie folgendermaßen belegt: „Umweltökonomie ist die Wirtschaftswissenschaft, die in ihren Theorien, Analysen und Kostenrechnungen ökologische Parameter mit einbezieht". Der Bereich der Umweltökonomie, der in der Vergangenheit im Vordergrund der Betrachtung gestanden ist, ist die **volkswirtschaftliche Umweltökonomie**[267]. Hierunter ist eine volkswirtschaftliche Teildisziplin zu verstehen, deren Aufgabe es ist, ökonomische Hilfestellung dabei zu leisten, den gesellschaftlichen Wohlstand unter Berücksichtigung der wichtigen Wohlstandskomponente „hohe Umweltqualität" zu maximieren. Auslöser für die Beschäftigung mit derartigen Fragestellungen waren Erkenntnisse über die Endlichkeit von Ressourcen[268].

Die Umweltökonomie versucht nun unter Anerkennung der Existenz von Knappheiten und zunehmender Umweltverschmutzung die effizientesten Lösungen zu suchen, damit die vorhandenen Ressourcen möglichst effizient genutzt werden. Dabei stehen folgende Aufgaben im Mittelpunkt[269]:

- Sie soll einen Beitrag zur Wohlstandsoptimierung innerhalb der Volkswirtschaft leisten, d. h. sie soll mit theoretischen Modellen und praktischen Vorschlägen einen Beitrag zur Herstellung eines Wohlstandsoptimums leisten.
- Sie soll einen Beitrag zur gesamtwirtschaftlichen Kostenminimierung leisten, d. h. sie soll dazu beitragen, dass die gesamten Umweltkosten der Gesellschaft optimal gestaltet werden können.
- Sie soll die praktische Politik in Bezug auf Fragen insbesondere der Gestaltung umweltrelevanter Politikbereiche beraten und Entscheidungshilfen geben.

Während zur Lösung der ersten beiden Aufgaben bisher überwiegend theoretische Ansätze mit geringerer praktischer Relevanz entwickelt wurden, so sehen viele Autoren bedeutendende praktische Beiträge in der Entwicklung von Ansätzen für den dritten Aufgabenbereich[270]. Die später ausführlich behandelte Stoffpolitik ist der volkswirtschaftlichen, praxisorientierten Umweltökonomie zuzuordnen.

---

[267] Siehe z. B. [Tischler 1994], [Geschwendtner 2000] oder [Wicke 1992]. In diesen drei Werken wird die volkswirtschaftliche Umweltökonomie ausführlich behandelt.

[268] Siehe hierzu die Ausführungen in Kapitel 1.

[269] Nach [Wicke 1989].

[270] Siehe [Wicke 1992], [Tischler 1994], [Gschwendtner 2000] oder [Fees 1995].

7.2 Die traditionelle Umweltökonomie

Die traditionelle Umweltökonomie ist in der Regel neoklassisch geprägt. Die **neoklassische Wirtschaftstheorie** basiert auf der Betrachtung von wirtschaftlichen Entscheidungen einzelner Individuen und billigt ihnen ein größtmögliches Maß an Entscheidungsfreiheiten zu (Konzept des **Individualismus**). Dabei wird ein egoistisches und rationales Handeln unterstellt, das auf dem Menschenbild des **homo oeconomicus** fußt. Dieses Verhalten, das sich durch ein planmäßiges Vorgehen und der Auswahl der jeweils besten Alternative auszeichnet, wird unter den Annahmen modelliert[271], dass

- die Haushalte ihren individuellen Nutzen maximieren , der mit der Verfügbarkeit von Wirtschaftsgütern einhergeht und dass
- die Unternehmen ihren Gewinn maximieren.

Die Neoklassik basiert auf dem Marktmodell der vollständigen Konkurrenz, welchem eine Regelung von Angebot und Nachfrage durch die Güterpreise (**Preismechanismus**) zugrunde liegt. Dabei erhält man im Gesamtergebnis ein Paretooptimum. Die **Pareto-Effizienz** ist definiert als der Zustand, bei dem es nicht möglich ist, dass alle Beteiligten auf einem Nutzenniveau bleiben und das Nutzenniveau eines Beteiligten erhöht werden kann

Die neoklassische Wirtschaftstheorie konstatiert zwei Fälle, bei denen der Preismechanismus nicht funktioniert, d. h. es liegt ein **Marktversagen** vor. Dies ist bei **externen Effekten** der Fall und bei **öffentlichen** Gütern. Öffentliche Güter sind Güter, deren Nutzung nicht von der Zahlung eines Entgelts abhängig gemacht werden kann, weil ein Nutzungsausschluss nicht möglich ist. Als Beispiel dafür dient die Luft zum Atmen und zum Betrieb von Verbrennungsmotoren oder die frei zugänglichen Gebiete der Weltmeere zum Fischen. Weil sie keinen Preis haben, besteht die Gefahr, dass mit diesen Gütern verschwenderisch umgegangen wird. Produzenten wie Konsumenten verursachen positive wie negative externe Effekte, wenn durch ihr Verhalten andere Individuen oder Gruppen betroffen werden, ohne dass sie dies bei ihren Produktions- und Konsumentscheidungen berücksichtigen bzw. berücksichtigen müssen[272]. Als Beispiel dafür wird oftmals der Fall geschildert, dass eine Fabrik mit ihrem Abwasser einen Fluss belastet, was bei einer flussabwärts liegenden Fischerei zu einem Fischsterben führt, ohne dass die Fabrik für diese Folgen aufkommen muss.

Sofern externe Effekte auftreten, kann gezeigt werden, dass es zu Suboptimalitäten kommt, wenn das Paretooptimum als Bewertungskriterium dient. Die auf dem Paretokriterium als Maxime aufbauende Umweltökonomie wird auch als **paretianische Umweltökonomie** bezeichnet. Um Suboptimalitäten zu vermeiden, bedient sicht die

[271] Siehe [Gschwendtner 2000, S. 17].

[272] Siehe die ausführlichen Ausführungen zu externen Effekten im Kapitel 4 .

traditionelle Umweltökonomie zwei unterschiedlichen Konzepten zur Internalisierung externer Effekte: den Verhandlungslösungen auf Basis der Verteilung von Eigentumsrechten und der Erhebung einer Steuer. Auf diese beiden Ansätze wird im Folgenden eingegangen.

Der Ansatz der Verhandlungslösungen basiert darauf, dass es einen Umweltschädiger und einen Umweltgeschädigten gibt und deren Verhalten hinterfragt wird. Bei einer derartigen Fragestellungen hat Coase mit seinem Aufsatz „The Problem of Social Cost" die wesentlichen Grundlagen gelegt[273]. Er hat nachgewiesen, dass bei Zuteilung von **Eigentumsrechten** für öffentliche Güter unabhängig von der Zuteilung auf den Schädiger oder Geschädigten eine pareto-effiziente Internalisierung der Externen Effekte erfolgt. Wenn der pareto-effiziente Zustand nicht realisiert ist, dann kommt es zwischen Umweltschädiger und Umweltgeschädigten zu Verhandlungen, die zum pareto-effizienten Zustand führen. Falls der Schädiger die Eigentumsrechte besitzt, maximiert er seinen Grenznutzen. In Abbildung 7-1 ist dies der Punkt x_{max}. Der Geschädigte ist in diesem Falle aber bereit, Kompensationszahlungen zu leisten, weil er sich durch diese besser stellen kann, so dass sich letztlich Zustand $x_{Pareto\text{-}Effizient}$ einstellt. Dieser wird auch dann erreicht, wenn der Geschädigte die Umweltrechte hat (dann wird der Punkt x_{min} ausgehend von $x_{Pareto\text{-}Effizient}$ angestrebt). Voraussetzung für das Erreichen des pareto-effizienten Zustandes ist, dass die Beteiligten vollständige Informationen besitzen, was allerdings realitätsfern ist.

Coase hat diese Verhandlungssituation an einem einfachen Gedankenbeispiel durchexerziert[274]. Die Herde eines Viehzüchters zertrampelt die Weide eines Getreidebauern. Dieser hat externe Effekte aufgrund des Ernteausfalls bzw. Kosten für die Rekultivierung oder Umsatzeinbußen. Wenn nun die Eigentumsrechte an der Weide beim Viehzüchter liegen, dann hätte der Getreidebauer einen ökonomischen Anreiz, den Viehzüchter von der maximalen Belastung x_{max} der Weide durch Kompensationszahlungen abzuhalten. Der Weidebauer würde durch die geringere Belastung der Weiden sein Nutzenniveau erhöhen können und dem Viehzüchter seinen Nutzenrückgang ausgleichen können, so dass dieser auf seinem Nutzenniveau bleibt. Wenn aber das Nutzenniveau eines Beteiligten erhöht werden kann, ohne dass das Nutzenniveau eines anderen Beteiligten sinkt, dann befindet man sich nicht im pareto-effizienten Zustand. Letztendlich einigen sich der Getreidebauer und der Viehzüchter auf $x_{Pareto\text{-}Effizient}$. Dies ist auch dann der Fall, wenn der Getreidebauer das Eigentumsrecht hat.

Wenn es externe Effekt gibt, beschränkt sich bei diesem Ansatz die Rolle des Staates auf die Zuteilung von Eigentumsrechten (**Propety-right-Ansatz**)[275]. Der pareto-effiziente Punkt stellt sich zwar unabhängig davon ein, wer die Eigentumsrechte

[273] Siehe [Coase 1960].

[274] Siehe [Feess 1995, S. 100 ff.].

[275] Diese Rolle muss vom Staat übernommen werden, da es eine Instanz gegeben muss, die die Verteilung von Eigentumsrechten übernimmt.

zugeteilt bekommt, aber die Verteilung von Eigentumsrechten sind allerdings relevant für die Einkommensverteilung der Beteiligten. Weiterhin ist festzuhalten, dass Verhandlungslösungen nur insofern pareto-effizient sind, als sie dem Nutzen- und Gewinnmaximierungstreben in optimaler Weise Rechnung tragen. Dabei ist allerdings nicht sichergestellt, das sie im ökologischen Sinne den optimalen Zustand erreichen.

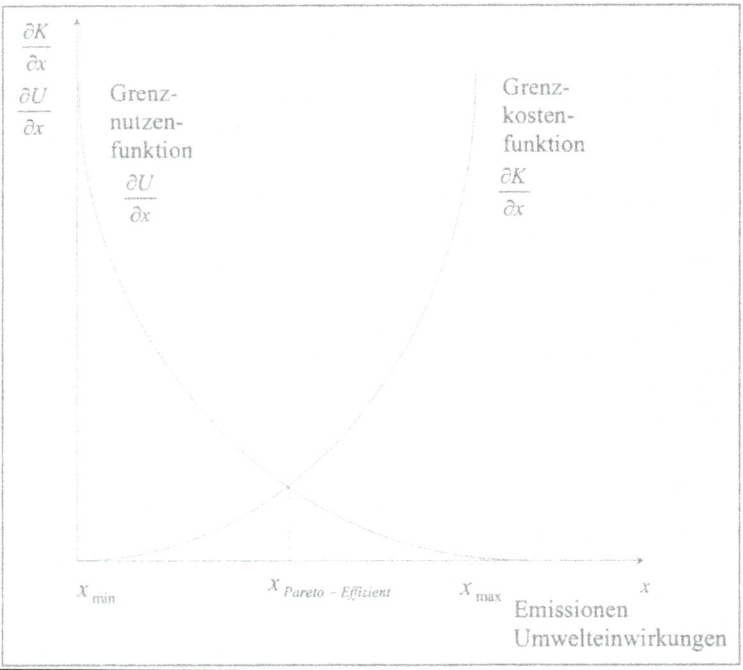

Abbildung 7-1: Internalisierung externern Effekte durch Zuteilung von Eigentumsrechten (mit $\frac{\partial U}{\partial x}$ als Grenznutzenfunktion des Schädigers und $\frac{\partial K}{\partial x}$ als Grenzkostenkurve (Grenzschadenskurve) des Geschädigten)

Coase hat weiterhin bei der Instrumentenwahl auf die Relevanz von Transaktionskosten hingewiesen[276]. Verhandlungslösungen scheitern immer dann, wenn die Transaktionskosten die möglichen Gewinne überschreiten. Dies ist dann häufig der Fall, wenn der Kreis der Beteiligten zu groß ist. In diesem Falle wird häufig die Auferlegung einer Pigousteuer zur Internalisierung der externen Effekte vorgeschlagen. Dabei legt der Staat diese Steuer fest. Die pareto-effiziente Internalisierung externen

[276] Für eine ausführlicher Darstellung wird auf [Feess 1995] verwiesen.

Effekte ist dabei dann erreicht, wenn die Grenzkosten der Schadstoffvermeidung dem Grenznutzen einer Schadstoffvermeidung entsprechen[277]

Aus theoretischer Sicht ergibt sich das Problem, dass durch die Pigousteuer Zahlungen an den Staat geleistet werden. Um das Paretooptimum zu erreichen, müssen Steuern entsprechend zurückerstattet werden. Wenn allerdings die zurückerstatteten Steuerzahlungen zur Verbesserung der Umweltqualität eingesetzt werden, dann würde die Umweltqualität am Ende über dem Optimum liegen[278]. In der neoklassischen Wirtschaftstheorie wird ein Eingreifen des Staates kritisch hinterfragt und deshalb findet sich unter diesem Aspekt häufig die Bezeichnung **Second-Best-Lösungen** für die Pigou-Steuer, während Verhandlungslösungen als **Best-Lösungen** bezeichnet werden.

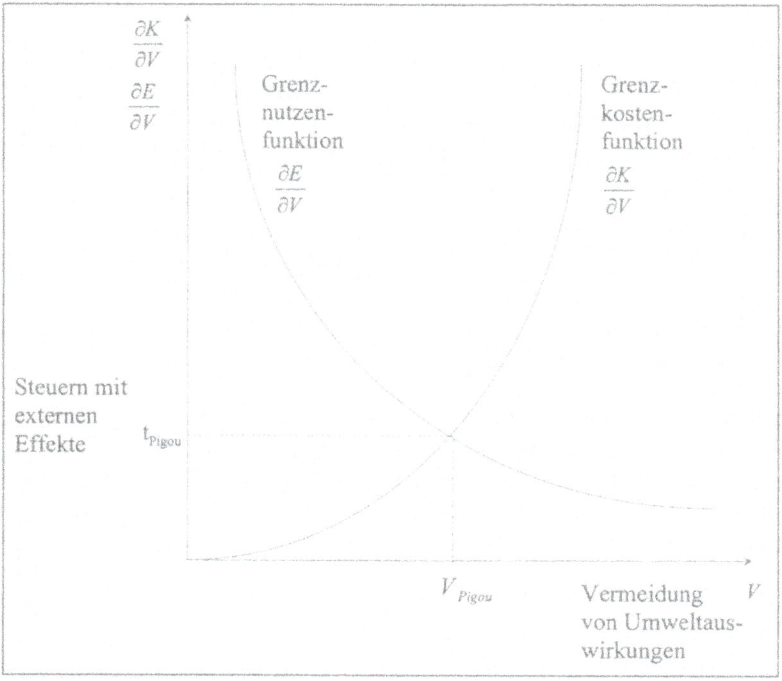

Abbildung 7-2: Wirkung von Preiserhöhungen aufgrund der Internalisierung externer Effekte (**Pigou-Steuer**) (mit $\frac{\partial E}{\partial V}$ als Grenznutzenfunktion für die Vermeidung von

---

[277] Eine Preis für die Inanspruchnahme der Umwelt in dieser Höhe wird als **Pigou-Steuer** bezeichnet und geht auf Arbeiten von A.C. Pigou in den zwanziger Jahren zurück.

[278] Siehe [Feess 1995, S. 43].

externen Effekten und $\frac{\partial K}{\partial V}$ als Grenzkostenkurve für die Vermeidung von Umwelteinwirkungen)

In der Anwendung stoßen beide vorgestellten Konzepte zur Internalisierung externer Effekt an ihre Grenzen:

- Das Paretokriterium basiert auf dem Ansatz, dass entsprechend dem Individualprinzip die individuelle Wertschätzung den Maßstab für die Umweltnutzung bildet, unabhängig von den ökologischen Konsequenzen. Eine Umweltethik wird somit nicht berücksichtigt[279].
- Die meisten Umweltprobleme betreffen eine Vielzahl an Akteuren, so dass Verhandlungslösungen nicht zustande kommen (z. B. beim globalen Umweltproblem des Treibhauseffektes).
- Wie in Kapitel 4 ausführlich dargelegt, sind externe Effekte oftmals problematisch zu bestimmen, was insbesondere die Festlegung eines entsprechenden Steuersatzes oftmals verhindert bzw. Verhandlungen nicht zustande kommen lässt, weil Schädiger und Umweltgeschädigte nicht eindeutig zu identifizieren sind.
- Die fehlende Umweltethik sowie der Einbezug Betroffener ist auch unter der ethischen Forderung nach einer intergenerationalen Gerechtigkeit, die innerhalb der Nachhaltigkeitsdiskussion aufgestellt wurde, kritisch zu sehen. Verhandlungslösungen müssten nach diesem Ansatz auch Angehörige künftiger Generationen einbeziehen.

Aufgrund der angeführten Kritik wird in der volkswirtschaftlichen Umweltökonomie aus Praktikabilitätsgründen alternativ der Ansatz vorgeschlagen, dass ein naturwissenschaftlich abgeleiteter bzw. politisch gesetztes Umweltqualitätsziel (ein Standard) durch eine Preissteuerung angestrebt werden soll. Ein derartiger Ansatz wird als **Standard-Preis-Ansatz** bezeichnet[280]. Darauf wird in Kapitel 8 detaillierter eingegangen.

7.3 Nachhaltige Entwicklung

7.3.1 Alternative Nachhaltigkeitskonzepte im Überblick

In ihrem 1987 veröffentlichten Abschlussbericht „Our Common Future“[281] definiert die Brundtland-Kommission **Nachhaltige Entwicklung** als eine Entwicklung, die es

[279] Eine pareto-effiziente Lösung kann auch dann bestehen, wenn die Umwelt sehr stark belastet wird.
[280] Siehe [Baumol et al. 1988, S. 159 ff.], wo auch ausführlich die Probleme bei der Bestimmung der Pigou-Steuer diskutiert werden.
[281] Vgl. [WCED 1987, S. 43].

gestattet, die Bedürfnisse der Gegenwart zu befriedigen, ohne die Fähigkeit zukünftiger Generationen, deren eigene Bedürfnisse zu befriedigen, zu beeinträchtigen. Letztlich fordert diese Umschreibung einer nachhaltigen Entwicklung eine treuhänderische Nutzung und besonders auch Bewahrung der uns zur Verfügung stehenden Lebensgrundlage (‚Vermögen' im weitesten Sinn) für nachkommende Generationen[282].

Während diese Definition der Brundtland-Kommission den Vorteil besitzt, in weiten Teilen der Wirtschaft, Politik und Gesellschaft konsensfähig zu sein, gestattet ihre wenig präzise Formulierung[283] vielfältige Interpretationen, die wiederum eine Diskussion um konkrete Maßnahmen zur Umsetzung dieses Leitbildes erschweren. Ein möglicher Ausweg aus diesem Definitionsdilemma kann ist, nachhaltige Entwicklung „ähnlich wie die positiven und offenen Begriffe Freiheit oder Gerechtigkeit als ‚regulative Idee' zu verstehen, für die es nur vorläufige und hypothetische Zwischenbestimmungen geben kann"[284].

Für das Verständnis und den Vergleich der verschiedenen wissenschaftlichen Konzepte zur Interpretation des Nachhaltigkeitsbegriffs spielt der oben bereits angedeutete Vermögensbegriff eine zentrale Rolle. Ausgehend von Hicks' Einkommensbegriff, wonach nur das als Einkommen zu bezeichnen ist, was ein Individuum während eines Zeitraums konsumieren kann, ohne dabei sein Vermögen zu reduzieren, ergibt sich auf den gesellschaftlichen Kontext übertragen die Forderung nach einer Entwicklung, die das der jetzigen Generation zur Verfügung stehende Vermögen für nachfolgende Generationen bewahrt oder sogar vermehrt, nicht aber mindert.[285]

Während die meisten Nachhaltigkeitskonzepte in diesem Punkt noch übereinstimmen, gehen die verschiedenen Konzepte in der Frage darüber, wie sich dieses Vermögen, auf dem die Wohlfahrt heutiger und zukünftiger Generationen beruht, zusammensetzt und wie dieses Vermögen nachhaltig eingesetzt werden kann, weit auseinander. Zunächst wird in der Regel eine Unterscheidung zwischen Naturkapital[286] und einem anthropogenen Sachkapital vorgenommen. Das Naturkapital umfasst hierbei alle von der Natur zur Verfügung gestellten Ressourcen. Dies sind zählbare Vermögensbestandteile wie Rohstoffstätten, Wälder, die Artenvielfalt aber auch Qualitätsgrößen wie Luftreinheit, landschaftliche Schönheit und ähnliches. Anthropogenes Sachkapital umfasst alle von Menschen geschaffenen physischen Produkte und Erzeugnisse wie Anlagen oder Infrastruktureinrichtungen, aber auch intangible Ressourcen wie z. B.

---

[282] Die Enquête-Kommission [Enquête 1998, S. 31], zitiert hierzu das BMU: „Menschliches Leben und Wirtschaften ist an einem Punkt angelangt, an dem es Gefahr läuft, sich seiner eigenen natürlichen Grundlagen zu berauben". Siehe zu den folgenden Ausführungen auch [Enzensberger et al. 2001].

[283] Vgl. [Schubert 1998, S. 391].

[284] Vgl. [Enquête 1998, S. 28].

[285] Vgl. hierzu [Hoffmann et al.2000, S. 147].

[286] Kapital und Vermögen sollen in diesem Zusammenhang als Synonyme verwendet werden.

Wissen oder technologisches Know-how. Darüber hinaus werden zum Teil weitere Vermögensformen unterschieden wie z. B. Human- und/oder Sozialkapital. Ein zentraler Unterschied zwischen den verschiedenen Konzepten besteht in der Frage, ob die verschiedenen Vermögensbestandteile jeweils für sich getrennt in ihrer Höhe bewahrt werden müssen, oder aber ob eine Substitution zwischen verschiedenen Vermögensformen möglich und zulässig ist, solange das Gesamtvermögen in seiner Höhe nicht gemindert wird.

Die Bandbreite der (wirtschafts-)wissenschaftlichen Diskussion um den Nachhaltigkeitsbegriff wird hierbei von zwei extremen Positionen markiert, dem Konzept der **schwachen Nachhaltigkeit** und dem der strikten Nachhaltigkeit.

Das Konzept der schwachen Nachhaltigkeit (**weak sustainability**) geht im Wesentlichen auf Solow[287] und Hartwick zurück. Kernpunkt des Konzepts ist die Annahme einer Substituierbarkeit zwischen natur- und menschengeschaffenem Sachvermögen. Konkret bedeutet dies, dass beispielsweise ein (u.U. irreversibler) Verzehr von Naturvermögen durch den Aufbau von zusätzlichem Sachvermögen (z. B. Wissen, Technologien) ausgeglichen werden kann.

Verfechter einer **strikten Nachhaltigkeit** (**strong sustainability**), wie sie im Wesentlichen von Pearce und seiner „Londoner Schule"[288] begründet wurde, bestreiten hingegen eine solche Substituierbarkeit des Naturvermögens durch menschengeschaffenes Sachvermögen. Ihrer Ansicht nach setzt „eine nachhaltige Entwicklung [...] die Bewahrung des Naturvermögens [voraus], da für dieses keine funktionsäquivalenten anthropogenen Substitute existieren"[289].

Ausgehend von diesen beiden Extremen wurden verschiedene weitere Konzepte entwickelt, die versuchen, eine Verbindung zwischen diesen beiden genannten Konzepten herzustellen, bzw. diese Konzepte um weitere Elemente zu erweitern.

Ein solcher Ansatz ist das Konzept **kritischer Bestandsniveaus**[290] im Naturvermögen, wie es beispielsweise von Endres/Radke (1998) vorgeschlagen wird. Hier wird zwar prinzipiell von einer gegebenen Substituierbarkeit des Naturvermögens durch menschengeschaffenes Sachvermögen ausgegangen, jedoch nur soweit wie dabei zuvor festgeschriebene kritische Niveaus einzelner Bestandteile des Naturvermögens nicht unterschritten werden. Auch hier ist im Sinne der ‚weak sustainability' eine Wahrung oder Mehrung des Gesamtvermögens gefordert. Zusätzlich beziehen Endres/Radke exemplarisch soziale Aspekte in ihren Ansatz mit ein.

---

[287] Vgl. z. B. [Solow 1974]. Zum Beitrag Solow's an der Entwicklung des schwachen Nachhaltigkeitsbegriffs vgl. auch [Walz 1999].

[288] Vgl. [Hoffmann et al. 2000].

[289] Vgl. [Endres et al. 1998, S. 296].

[290] Vgl. [Endres et al. 1998, S. 296] Vgl. auch [Schubert 1998, S. 391 f.].

Die soziale Komponente findet auch im sogenannten *Weltbankkonzept* Berücksichtigung. Nachhaltigkeit wird hier so verstanden, dass das Pro-Kopf-Gesamtvermögen einer Region, bestehend aus den Komponenten Naturkapital, Sachkapital, Humankapital und Sozialkapital nicht abnimmt. Sozialkapital steht hier für den „Wert aller Institutionen im Sinne von ‚Spielregeln' und Normen innerhalb einer Gesellschaft"[291].

Das *Drei-Säulen-Modell* der Enquête-Kommission „Schutz des Menschen und der Umwelt"[292] fordert explizit eine Gleichstellung der drei Teilziele ökologische, ökonomische und soziale Nachhaltigkeit. Ökologische Nachhaltigkeitsaspekte zielen dabei auf eine Respektierung der begrenzten Belastbarkeit der Natur und einen Erhalt ihrer vielfältigen Funktionen ab. Ökonomische Nachhaltigkeitsziele fordern die Schaffung geeigneter Rahmenbedingungen und Systemcharakteristika zur Förderung effizienten Wirtschaftens und eines möglichst guten Versorgungsniveaus. Soziale Nachhaltigkeit umfasst schließlich Aspekte wie soziale Gerechtigkeit, Sicherheit und gleiche Entwicklungschancen für alle Menschen. Ziel einer integrierten Politik der Nachhaltigkeit ist es dann, „eine ausgewogene Balance der drei Teilziele zu realisieren"[293]. Die hier vorgeschlagene, ausgewogene Gewichtung der drei Dimensionen Ökologie, Ökonomie und Soziales wird von anderen Autoren zum Teil kritisiert, die der Ökologie eine Vorrangstellung einräumen („Ein-Säulen-Konzepte")[294]. Diese Gleichgewichtung wirft die Frage nach dem innovativen Ansatz einer nachhaltigen Entwicklung auf, denn in der klassischen Gesellschaftspolitik findet schon immer eine Abwägung widerstreitender Belange statt[295]. Dem ist allerdings entgegenzuhalten, dass der ausdrückliche Einbezug einer intergenerativen Gerechtigkeit durchaus ein innovativer Ansatz ist.

Neben den jeweils berücksichtigten Dimensionen unterscheiden sich die gegenwärtig diskutierten Nachhaltigkeitskonzepte auch hinsichtlich der Berücksichtigung der Forderung nach einer intragenerativen Gerechtigkeit. Sie umfasst Fragen wie die einer gerechten internationalen Ressourcenverteilung und die Schaffung gleicher Entwicklungsmöglichkeiten sowohl für alle Bürger eines Landes als auch im internationalen Kontext.

Ein weiterer Ansatz zur Beschreibung einer nachhaltigen Entwicklung, der stärker auf naturwissenschaftlichen Gesetzen (Zweiter Hauptsatz der Thermodynamik, Stoffdissipation) aufsetzt, geht im Wesentlichen auf Arbeiten von Georgescu-Roegen zurück, wenn auch dieser noch nicht explizit das Ziel einer nachhaltigen Entwicklung beschrieb (siehe auch die Ausführungen in Kapitel 1). Demnach ist in einem geschlossenen, thermodynamischen System jede Energie- und Stoffumwandlung notwendigerweise mit einem Verlust an arbeitsfähiger Energie (Exergie) sowie

[291] Vgl. [Schubert 1998, S. 392].
[292] Vgl. [Enquête 1998, S. 27 ff.].
[293] Vgl. [Petschow et al. 1998, S. 24].
[294] Vgl. [Jörissen et al. 1999, S. 14 ff.].
[295] Vgl. [Klemmer 1998].

Materie verbunden[296]. Auch aus diesen Erkenntnissen leitet sich die Forderung nach einem haushälterischen Umgang mit begrenzten, nicht-erneuerbaren Ressourcen ab. Technologisches Wissen als menschengeschaffene und sich stets mehrende Ressource gestattet es, Umwandlungs- und Nutzungsprozesse effizienter zu gestalten, neue Ressourcen zu erschließen und so dazu beitragen, dass dem Menschen eine hinreichende Lebensgrundlage erhalten bleibt.

Da verschiedene Nachhaltigkeitskonzepte zu völlig unterschiedlichen Politikansätzen führen können, ist es für den politischen Entscheidungsträger notwendig, sich bereits zu Beginn des Planungsprozesses für ein bestimmtes Nachhaltigkeitsverständnis zu entscheiden. Die hierbei zum Tragen kommenden Kriterien sind in der Regel nicht wissenschaftlicher Natur sondern primär in den (subjektiven) Wertesystemen der Entscheidungsträger begründet. Fragen, die letztendlich über das den weiteren Schritten zugrunde gelegte Nachhaltigkeitsverständnis entscheiden, sind etwa folgende:

Welche Dimensionen der Nachhaltigkeit (Ökologie, Ökonomie, Soziales) sollen berücksichtigt werden? Sind die gewählten Dimensionen gleichrangig zu betrachten oder wird beispielsweise der Ökologie ein Vorrang eingeräumt? Wird der Gerechtigkeitsanspruch auf intra- und/oder intergenerative Verteilungsprobleme bezogen? Wie wird die im Konzept der ‚weak sustainability' postulierte Substitutionsoption zwischen Natur- und Sachkapital bewertet?

7.3.2 Managementregeln einer Nachhaltigen Entwicklung

Zur weiteren Konkretisierung des Begriffs einer nachhaltigen Entwicklung werden sogenannte Grundanforderungen postuliert bzw. Managementregeln für Akteure und politische Entscheidungsträger formuliert. Die Enquête-Kommission Schutz des Menschen und der Umwelt hat derartige Managementregeln für ein nachhaltiges Management von Stoffströmen aufgestellt[297], die sich folgendermaßen zusammenfassen lassen:

- Die Abbaurate erneuerbarer Ressourcen soll ihre Regenerationsrate nicht übersteigen (Erhaltung des ökologischen Realkapitals).
- Die Nutzung der nicht-regenerierbaren Ressourcen ist mit einem Höchstmaß an Ressourceneffizienz und Entwicklung von Substituten in Form erneuerbarer Ressourcen zu betreiben (Motivation ökologischer Innovationen).
- Stoffeinträge in die Umwelt müssen sich an der Belastbarkeit der Umweltmedien orientieren (Verbot der Überbelastung).

[296] Vgl. [Georgescu-Roegen 1971].

[297] Vgl. [Enquête 1998, S. 46].

- Das Zeitmaß für anthropogene Eingriffe bzw. Einträge ist an dem Reaktionsvermögen der Ökosystemen auszurichten.
- Technische Risiken durch anthropogene Einwirkungen sind für Menschen und Natur zu vermeiden.

Auch für die ökonomische sowie die soziale Dimension wurden Managementregeln aufgestellt. Die Regeln der ökonomischen Dimension basieren auf der sozialen Marktwirtschaft mit der Ableitung, dass die ökonomischen Ziele der Erreichung der sozialen und ökologischen Ziele (subsummiert unter dem Gemeinwohl) dienen sollen. Ein ökonomisches Kriterium ist beispielweise der Erhalt der volkswirtschaftlichen Stabilität. Die Aufrechterhaltung der gesellschaftlichen Solidarität steht bei der sozialen Dimension im Vordergrund.

7.3.3 Indikatoren einer Nachhaltigen Entwicklung

Indikatoren sind quantitative Kennzahlen zur Beschreibung des Zustandes eines Systems. Nachhaltigkeitsindikatoren dienen dazu, die Umsetzung der Ziele einer nachhaltigen Entwicklung zu messen und zu analysieren. Für sich alleine genommen bieten Kennzahlen (Indikatoren) keinen Erkenntnisgewinn. Dieser ist erst zu erreichen, wenn die Kennzahlen in ihrer zeitlichen Entwicklung betrachtet werden (Trendanalyse), im Rahmen der Politikplanung mit Soll-Werten (Zielvereinbarung) verglichen werden oder zum Vergleich verschiedener realer (Benchmarking) oder möglicher Systeme (Alternativenbewertung) herangezogen werden. Für ihren Einsatz in der Politikplanung müssen Indikatoren(systeme) verschiedene Anforderungen erfüllen[298]:

- Die gewählten Indikatoren müssen für die jeweilige Fragestellung relevant und als Messgröße geeignet sein.
- Indikatoren sollten alle (!) relevanten Problembereiche abdecken. Ein Alternativenvergleich in der Politikplanung würde sonst zu suboptimalen oder falschen Entscheidungen führen.
- Die Datenbasis zur Berechnung der Indikatoren sollte verfügbar bzw. mit vertretbarem Aufwand gewinnbar und vor allem validierbar sein.
- Indikatoren sollten sich für internationale Vergleiche bzw. zum Vergleich unterschiedlicher Gestaltungsoptionen eignen, das heißt, es ist eine für alle betrachteten Optionen relevante Messgröße zu finden.
- Der Detaillierung- bzw. Abstraktionsgrad sollte so gewählt sein, dass ein Indikator für sich alleine eine hohe Aussagekraft besitzt, die Gesamtzahl der Indikatoren jedoch überschaubar bleibt.

---

[298] Vgl. [Brinkmann 1999, S. 124 f.], [Custance et al. 1998, S. 284 ff] und [RSU 1994].

- Indikatoren sollten inhaltlich auf den jeweiligen Adressaten abgestimmt und für diesen verständlich formuliert sein[299].

Besonders aus der letzten Anforderung folgt, dass unterschiedliche Fragestellungen auch unterschiedliche Indikatoren erfordern[300]. Zugleich wird deutlich, dass ein Indikator alleine in der Regel kaum alle Kriterien zu erfüllen vermag. Daher werden Einzelindikatoren zu Indikatorensystemen zusammengeführt. Die integrierte Betrachtung der Einzelindikatoren in einem System ist zudem notwendig, um die Wirkung geplanter Maßnahmen nicht nur hinsichtlich ihres Verbesserungspotentials in einem konkreten Problemfeld, sondern auch hinsichtlich einer etwaigen Problemverlagerung erfassen zu können.

Vorschläge für Indikatoren(systeme) zur Beurteilung und zielgerichteten Gestaltung einer nachhaltigen Entwicklung finden sich in der wissenschaftlichen Literatur zahlreich. International verbreitetet sind besonders die der OECD[301], der UNCSD[302] und der SDI Group[303]. Beispielhaft wird im Folgenden kurz das OECD-Indikatorensystem vorgestellt.

Das OECD-Indikatorensystem soll dazu dienen, umweltpolitische Leistungen von Ländern zu analysieren. Dazu wurde ein Pressure-State-Response-Modell entwickelt, bei dem die Indikatoren in drei Kategorien eingeteilt werden:

- Belastungsindikatoren (Pressure-Komponente), die die Umweltbelastung menschlicher Aktivitäten beschreiben,
- Umweltzustandsindikatoren (State-Komponente), die die Zielvorstellungen der Umweltpolitik beschreiben und
- Reaktionsindikatoren (Response-Komponente), die die Vermeidungsaktivitäten von Umweltbelastungen erfassen.

Tabelle 7-1 stellt ausgewählte OECD Umweltindikatoren im Überblick dar. Insgesamt enthält das Indikatorensystem 50 Indikatoren, die überwiegend Umweltfragen und -probleme abdecken. Daneben werden auch Hintergrundvariablen wie Bevölkerungs- und Wirtschaftswachstum sowie sektorale Trends und umweltpolitische Fragen wie z. B. gesamtwirtschaftliche Umweltausgaben und öffentliche Meinung erfasst.

---

299 [Brinkmann 1999, S. 124], stellt mit Blick auf die Erfahrungen aus einer Untersuchung in der Stadt Stockholm fest, dass die in Lokale-Agenda 21-Prozessen „partizipativ erarbeiteten Indikatorenansätze überwiegend leicht verständliche, bildhafte Indikatoren beinhalten [...]. Demgegenüber weisen die institutionellen Ansätze erheblich komplexere, auf Expertenwissen basierende Indikatoren [...] auf."

300 Vgl. [Schubert 1998, S. 395].

301 Vgl. z.B. [OECD 1998].

302 Detaillierte Informationen hierzu finden sich unter http://www.un.org/esa/sustdev/csd9/-csd9_docs.htm.

303 Interagency Working Group on Sustainable Development Indicators (SDI), www.sdi.gov.

Tabelle 7-1: Ausgewählte OECD Umweltindikatoren in der Übersicht

	Belastungsindikatoren		**Umweltzustands-indikatoren**	**Reaktions-indikatoren**
	Indirekt	**Direkt**		
Klima-stabilität	Wirtschafts-wachstum Bevölkerungs-wachstum Energieangebot Fossiles Brennstoff-angebot	Treibhausgas-emissionen CO_2-Emissionen	Globale atmosphärische Konzentration der Treibhaus-gase Globale Durch-schnitts-temperatur	Energieeffizienz (je Kopf, je BIP) Energiepreise und -steuern
Fisch-bestand	Fischkonsum Exporte von Fischen und Fischproduktion	Intensität des Fischfangs Intensität der Nutzung der Ressource Fisch	Größe des Laichbestände	Regulierung der Bestände
Wasser-ressource	Bewässerungs-fläche Nahrungs-produktion	Wasser-nutzungs-intensität Wasser-verbrauchsrate	Ausmaß und Grad der saison-bedingten Wasser-ver-knappung	Wasserpreis Wassersteuer

7.3.4 Zielwertformulierung als politischer Gestaltungsprozess

Für sich alleine genommen bieten Indikatorwerte nur einen beschränkten Erkenntnis-gewinn. Deshalb stellt sich nach der Festlegung der Indikatoren die Frage, welche Indikatorenwerte (im OECD-Modell die Höhe der Umweltzustandsindikatoren) für das System als Ganzes betrachtet, als nachhaltig eingestuft werden (im Folgenden als Zielwerte bezeichnet). Für jedes Problemfeld sind auf Basis dieser Indikatoren **Qualitätsziele**[304] festzulegen, welche die Zustände oder Umwelteigenschaften (Sollwerte) beschreiben, die unter den Kriterien der Nachhaltigkeit anzustreben sind. Daraus lassen sich dann **Handlungsziele** ableiten, die die notwendigen Schritte zur Erreichung der Qualitätsziele operationalisieren. Sie sind in der Regel mit Zeitangaben versehen.

[304] Zu Umweltqualitäts- und -handlungszielen wird auf [Enquête 1998, S. 80] verwiesen.

Die Zielwerte für Indikatoren lassen sich beispielsweise aus den oben angeführten Managementregeln ableiten. So kann die Forderung ‚*Nicht-erneuerbare Energieträger und Rohstoffe sollen nur in dem Umfang genutzt werden, in dem mindestens ein gleichwertiger wirtschaftlich nutzbarer Ersatz verfügbar gemacht wird, in Form neu erschlossener Reserven, erneuerbarer Ressourcen oder einer höheren Produktivität der Energieträger bzw. Rohstoffe*' folgendermaßen quantifiziert werden[305]:

$$R_0 \cdot \eta_0 \leq R_1 \cdot \eta_1 \quad bzw. \quad C_0 \leq \frac{R_0 \cdot \varepsilon}{1+\varepsilon}$$

mit:

C_0: Verbrauch des Energieträgers im Jahre 0

$R_{0,1}$: Reserven des Energieträgers im Jahr 0 bzw. 1

$\eta_{0,1}$: Nutzeneffizienz im Jahre 0 bzw. 1[306]

ε: Nutzeneffizienzsteigerungsrate ($\eta_1 = \eta_0(1+\varepsilon)$)

Durch diese Berechnungsformel wird eine Substituierbarkeit des natürlichen Vermögens durch Sachkapital zugelassen, was mit einer strikten Nachhaltigkeitsanforderung allerdings nicht vereinbar ist. Ein Problem bei der Anwendung dieses Zielwertes liegt in der Entscheidung, ob nur heimische Reserven berücksichtigt werden oder auch weltweite Reserven, da der Konsum aller fossilen Primärenergieträger bis auf Braunkohle in Deutschland überwiegend durch einen Import abgedeckt wird. Wenn die weltweiten Reserven berücksichtigt werden, stellt sich die Frage nach dem internationalen Verteilungsschlüssel (z. B. pro Einwohner oder nach Primärenergieverbrauch?).

Weiterhin können Zielwerte abgeleitet werden aus

- politischen Absichtserklärungen (wie die Minderung der CO_2-Emissionen in der Bundesrepublik Deutschland um 25 bis 30% bis zum Jahre 2005 bezogen auf das Basisjahr 1990 oder die Senkung der Strompreise durch die Liberalisierung der Elektrizitätsmärkte auf den EU-Durchschnitt),
- rechtlichen Vorgaben (wie der NEC-Richtlinie der EU, in der nationale Emissionsobergrenzen für SO_2, NO_x und VOC mit dem Zieljahr 2010 festgelegt sind, die auf Basis von kritischen Belastungsfrachten errechnet wurden[307] oder
- Expertenabschätzungen.

Die Problematik einer konsenshaften Festlegung von Zielwerten zur nachhaltigen Entwicklung liegt auf der Hand. Weiterhin sind die Zielwerte auf nationaler Ebene auf die einzelnen Wirtschaftssektoren herunterzubrechen, wofür Verteilungsschlüssel entwickelt werden müssen.

---

[305] Siehe [Nill et al. 2001].

[306] Z.B. kann die Nutzeneffizienz über Wirkungsgradsteigerungen bei Kraftwerken verbessert werden.

[307] Siehe hierzu auch Kapitel 8.

7.3.5 Entwicklung von umweltpolitischen Handlungsempfehlungen auf Basis einer Nachhaltigen Entwicklung

Heutige Diskussionen in der Umweltpolitik werden stark durch die Forderung nach einer Nachhaltigen Entwicklung geprägt. Um die Anforderung einer Nachhaltigen Entwicklung zu operationalisieren, d. h. konkrete Handlungsempfehlungen für die Akteure abzuleiten, werden in der Regel Handlungs- bzw. Aktionsfelder wie beispielsweise der Energiesektor oder der Bausektor festgelegt. Staatliche Stellen und hier besonders der Gesetzgeber (hoheitliche Akteure) stehen dabei vor der Aufgabe, durch die Einführung umweltpolitischer Instrumente wie Steuern oder Grenzwerten die Rahmenbedingungen so zu setzen, dass gewünschte Anpassungsprozesse bei den Betroffenen umgesetzt werden. Im Energiesektor sind diese Anpassungsprozesse beispielsweise die verstärkte Nutzung von regenerativen Energieträgern oder Kraft-Wärme-Kopplung-Anlagen oder der rationale Umgang mit Energiedienstleistungen wie Beleuchtung oder Mobilität. Die gewünschten Anpassungsprozesse, die im Folgenden als Strategien bezeichnet werden, müssen wie die zu deren Implementierung in Frage kommenden Instrumente durch die hoheitlichen Akteure ex-ante unter der Zielsetzung einer Nachhaltigen Entwicklung bewertet werden. Dabei liegt ein multikriterielles Entscheidungsproblem vor, bei dem zwei Probleme auftreten:

- Welche Zielkriterien sind für eine Bewertung heranzuziehen?
- Wie werden die Zielkriterien untereinander gewichtet, um zu einem Gesamturteil zu gelangen?

Um zu Zielkriterien zu gelangen, ist es notwendig, die einzelnen Schritte, die von der Idee der Nachhaltigen Entwicklung hin zu einer sektoralen Strategie auf Basis umweltpolitischer Instrumente führen, aufzuzeigen (siehe Abbildung 7-3) und sich bei jedem einzelnen Schritt die dabei entstehende Entscheidungssituation zu verdeutlichen. Hierzu ist ausgehend von normativen Fragestellungen der Art, ob Substitutionsmöglichkeiten zwischen Sach- und Naturvermögen zugelassen werden und ob neben ökologischen Zielen auch ökonomische und/oder soziale Ziele integriert werden, ein Handlungsfeld-spezifisches Leitbild zu entwerfen. Zur weiteren Konkretisierung sind in einem Auswahlprozess Problemfelder zu identifizieren, die einer Nachhaltigen Entwicklung entgegen stehen. Zu deren Erfassung sind quantitative Kennzahlen (Indikatoren) zu bestimmen und zu erheben, die einer Reihe an Anforderungen genügen müssen. Diese bilden dann die Ausgangsbasis um Zielwerte zu bestimmen, deren Erreichung im Sinne einer Nachhaltigen Entwicklung angestrebt wird. Die mit zeitlichen Vorgaben zu versehende Zielwertfestlegung erfordert eine Lösung von Bewertungsfragen. Dann sind technisch-organisatorische Anpassungsprozesse zu evaluieren, deren Umsetzung anzustreben ist, um die Zielwerte zu erreichen. Schließlich sind die umweltpolitischen Instrumente auszuwählen, mit denen die Anpassungsprozesse in Gang gesetzt werden sollen und ein abgestimmtes Maßnahmenbündel ist zu verabschieden.

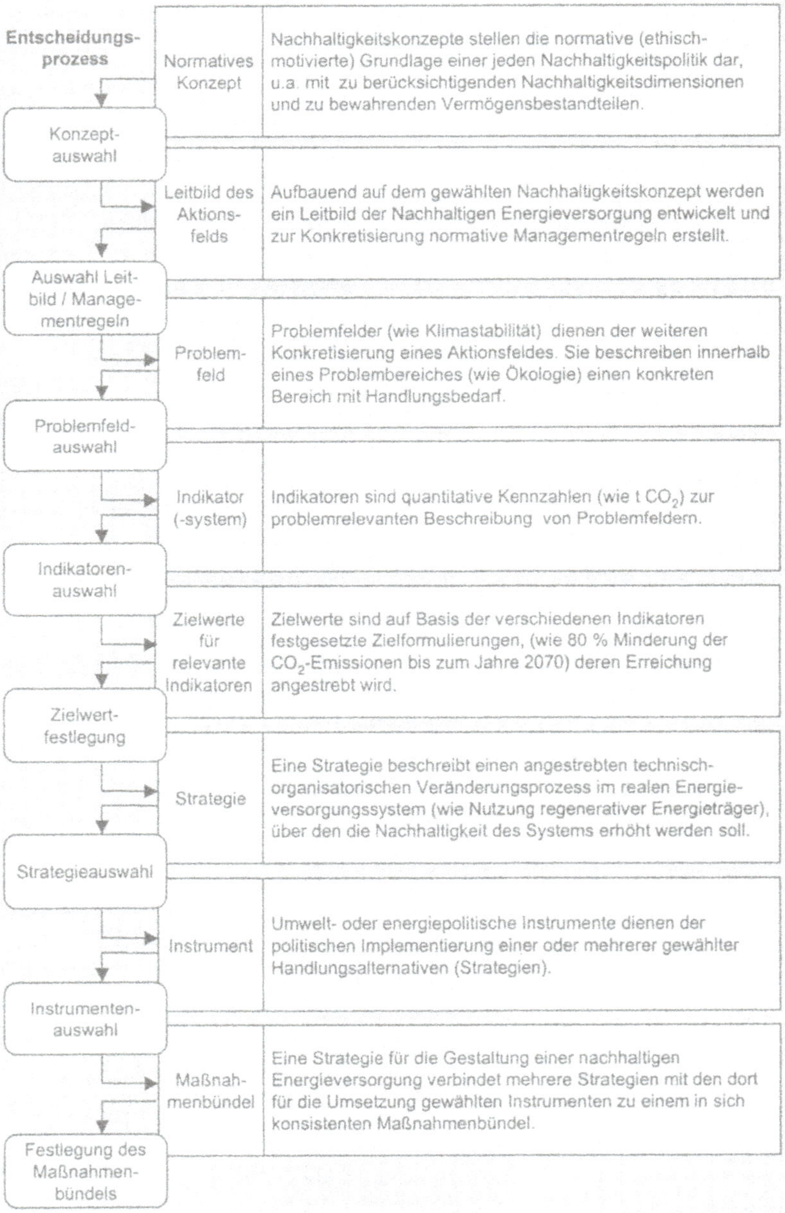

Abbildung 7-3: Vorgehensweise zur Ableitung von Politikempfehlungen zur Implementierung einer nachhaltigen Entwicklung am Beispiel der Energieversorgung

8 Umweltpolitische Instrumente zur Planung und Steuerung von Stoff- und Energieströmen

8.1 Einführung

Das Setzen von ordnungspolitischen Rahmenbedingungen auch unter Aspekten des Umweltschutzes ist in einer sozialen Marktwirtschaft systemimmanent notwendig, da Unternehmen aufgrund der Marktselektion als oberstes Ziel die langfristige Gewinnerzielung haben müssen[308]. Bereits der bekannte Ökonom Adam Smith stellte 1776 schon fest: „Nicht vom Wohlwollen des Metzgers, Brauers und Bäckers erwarten wir das, was wir zu Essen brauchen, sondern davon, dass sie ihre eigenen Interessen wahrnehmen“[309]. Zielsetzung der Ordnungspolitik ist es deshalb, den Wettbewerb zum Wohle aller zu instrumentalisieren; d. h. auch u. a. die Unternehmen in Konfliktsituationen zwischen Ökonomie und Ökologie zu einem Verhalten zu führen, bei dem die ökologischen Interessen gewahrt bleiben[310].

Umweltpolitische Instrumente stellen Maßnahmen in Form von gesetzlichen Regelungen oder unternehmensübergreifenden Konzepten der Wirtschaft mit Rückkopplung zur staatlichen Umweltpolitik dar, durch die die Erreichung umweltpolitischer Zielsetzungen sichergestellt werden soll. Die vom Staat erlassenen Rechtsnormen des Umweltrechtes sind auf der einen Seite das Steuerungsinstrument der Stoffpolitik, und sie bilden auf der anderen Seite wesentliche Determinanten für ein betriebliches und überbetriebliches Stoff- und Energiestrommanagement. Deshalb werden sie in den folgenden Kapiteln ausführlich behandelt.

Dabei spielt auch die Bewertung unterschiedlicher umweltpolitischer Instrumente eine wichtige Rolle, weil diese bezüglich des Grades der Zielerreichung sowie der wirtschaftlichen Effizienz, mit der diese Ziele erreicht werden, erheblich voneinander abweichen können und ein adäquates Instrument bzw. Instrumentenbündel ausgewählt werden muss. Deshalb werden in dem Kapitel 8.4 Kriterien zur Bewertung von umweltpolitischen Instrumenten diskutiert sowie ab Kapitel 8.5 eine generelle Diskussion über Vor- und Nachteile von einzelnen Instrumentenklassen bzw. ausgewählten aktuellen Instrumenten geführt. Zu Beginn werden die wesentlichen Grundprinzipien der deutschen Umweltpolitik sowie die nationalen wie internationalen rechtlichen Rahmenbedingungen kurz vorgestellt und die umweltpolitischen Instrumente klassifiziert.

---

308 Siehe auch die neoklassischen Grundlagen hierfür in Kapitel 7.

309 [Smith 1776, S. 17]

310 Siehe hierzu auch die Ausführungen in [Dyckhoff 2000, S. 13 f.]

8.2 Die Grundprinzipen der deutschen Umweltpolitik

Der Umweltschutz ist in der Bundesrepublik Deutschland als Staatsziel im Grundgesetz in Artikel 20a verankert. Die wesentlichen Grundprinzipien der deutschen Umweltpolitik sind dabei über das Vorsorge-, das Verursacher-, das Gemeinlast- und das Kooperationsprinzip gegeben. Diese stellen die Basis für die eingesetzten Instrumente zum Umweltschutz dar.

- **Vorsorgeprinzip**: Umweltpolitik erschöpft sich nicht in der Abkehr drohender Gefahren und der Beseitigung eingetretener Schäden. Vorsorgende Umweltpolitik verlangt darüber hinaus, dass die Naturgrundlagen geschützt und schonend in Anspruch genommen werden. Das in der UN-Konferenz von Rio de Janeiro verankerte Prinzip der Nachhaltigkeit unterstützt auf internationaler und nationaler Ebene das Vorsorgeprinzip durch die Berücksichtigung der langfristigen Umweltauswirkungen, die auch die Folgen für künftige Generationen einschließen sollen. In den einzelnen Umweltgesetzen kommt der Vorsorgegedanke oftmals über eine Bezeichnung des Zweckes (z. B. des Wasserschutzes) sowie die gesetzlichen Auflagen beispielsweise zum Betrieb genehmigungsbedürftiger Anlagen zum Ausdruck.

- **Verursacherprinzip**: Kosten zur Vermeidung, zur Beseitigung und zum Ausgleich von Umweltbeeinträchtigungen sollen dem Verursacher angelastet werden. Hierdurch wird eine Verteilungsfunktion der Kosten angestrebt – z. B. realisiert durch nach Schadstofffrachten differenzierte Abgaben auf Wassereinleitungen – und somit werden Anreize zur Vermeidung von Umweltschädigungen gesetzt.

- **Gemeinlastprinzip**: Die Übernahme der Beseitigung von Umweltschäden durch die öffentliche Hand ist in Deutschland auf den akuten ökologischen Notstand und bei Nichtfeststellbarkeit der Verursacher beschränkt. Trotz dieses Ausnahmegedankens wird der weit überwiegende Teil der Umweltschäden von der öffentlichen Hand getragen[311].

- **Kooperationsprinzip**: Dieses setzt auf die Zusammenarbeit von Staat und Gesellschaft. Durch die Mitwirkung Betroffener sowie von Experten sollen umweltbedeutsame Entscheidungen verbessert und ihre Akzeptanz erhöht werden. Insbesondere bei Instrumenten mit freiwilliger Teilnahme wie dem EU-Öko-Audit sowie den freiwilligen Selbstverpflichtungserklärungen kommt dieses Prinzip zum tragen.

---

[311] Vgl. [Wilhelm 1996, S. 2 f.].

8.3 Nationale umweltrechtliche Rahmenbedingungen

8.3.1 Einführung

Das Umweltrecht ist in der Bundesrepublik Deutschland ein eigenständiges, offenes Rechtsgebiet, das alle spezifischen Rechtsnormen über Umweltschutzaktivitäten umfasst. Neben direkt auf den Umweltschutz abzielenden Rechtsnormen wie dem Abfallrecht oder dem Bodenschutzgesetz existieren eine Reihe an Rechtsnormen wie das Agrarrecht oder das Arbeitsrecht, die u. a. auch umweltschutzrechtliche Regelungen enthalten. Eine Problematik des Umweltrechtes liegt in der Unübersichtlichkeit und Uneinheitlichkeit des geltenden Umweltrechts, das fast über die gesamte Rechtsordnung verstreut ist (im internationalen Recht, Verfassungsrecht, öffentlichen Recht, Privatrecht und Strafrecht).

Die wichtigsten Rechtsgrundlagen zum betrieblichen Umweltschutz sind in Abbildung 8-3 strukturiert zusammengestellt. Das deutsche Umweltrecht ist sowohl im Bereich des Bundes- wie auch des Landesrechts in verschiedenen Bereichen der deutschen Rechtsordnung angesiedelt. Die Grundlage für die deutsche Rechtsordnung ist die Verfassung. Auf ihr beruhen die **Gesetze** (direkt verbindliche Rechtsnormen), die von der Legislative (Bundestag unter Mitwirkung des Bundesrates bzw. der Landtage) erlassen werden (wie z. B. BImSchG, WHG, KrW-/AbfG). Diese Gesetze werden durch allgemeine und direkt verbindliche **Rechtsverordnungen** (wie z. B. GefahrstoffVO) konkretisiert, die aufgrund einer Ermächtigungsgrundlage von der Regierung (Bund oder Land) oder von einzelnen Ministern erlassen werden. Auch die Selbstverwaltungskörperschaften, wie z. B. die Gemeinden, haben das Recht eigene umweltrechtliche Regelungen zu schaffen, und zwar aufgrund ihrer Satzungsautonomie (z. B. Abfallsatzung). **Satzungen** sind für alle Bürger der betreffenden Gebietskörperschaft direkt verbindlich. Sie betreffen beispielsweise die Wasserver- oder -entsorgung.

Im Umweltrecht haben die **allgemeinen Verwaltungsvorschriften** (wie z. B. TA Luft, TA Abfall) eine große Bedeutung. Sie dienen der einheitlichen Auslegung und Anwendung von Gesetzen. Besonderes Kennzeichen dieser Verwaltungsvorschriften ist, dass sie sich nur an die Verwaltung wenden und keine direkten Auswirkungen auf den einzelnen Bürger haben. Sie werden von der Bundesregierung oder einer Landesregierung erlassen.

Aufgrund von Gesetzen, Verordnungen, Satzungen und allgemeinen Verwaltungsvorschriften trifft die Behörde im konkreten Einzelfall ihre Entscheidung, sie erteilt z. B. die Baugenehmigung oder untersagt den Betrieb einer Anlage. In diesem Fall spricht der Jurist von einem **Verwaltungsakt**.

Die Unübersichtlichkeit der Rechtsgrundlage im Umweltschutz beruht im wesentlichen darauf, dass die Gesetzeskompetenz des Bundes und der Länder in den einzelnen Rechtsgebieten unterschiedlich ist[312]. Derzeit gibt es in Deutschland etwa 800 Gesetze und 4.700 Verwaltungsvorschriften, die den Schutz der Umwelt beinhalten. Die wichtigsten Vorschriften für industrielle Anlagen sind im BundesImmissionsschutzgesetz (BImSchG), dem Wasserhaushaltsgesetz (WHG) und dem Kreislaufwirtschafts- und Abfallgesetz (KrW-/AbfG) festgelegt, die zukünftig im Umweltgesetzbuch (UGB) zusammengeführt werden sollen.

8.3.2 Umweltrechtliche Rahmenbedingungen in der EU

Das nationale Umweltrecht wird von internationalen Regelungen, insbesondere der Europäischen Union, überlagert und ergänzt. Im Maastrichter Vertrag wurde 1992 die Zuständigkeit der Europäischen Union u. a. auch auf den Umweltschutz erweitert zwecks

- Erhaltung und Schutz der Umwelt sowie Verbesserung ihrer Qualität,
- Schutz der menschlichen Gesundheit,
- umsichtige und rationelle Verwendung der natürlichen Ressourcen und
- Förderung von Maßnahmen auf internationaler Ebene zur Bewältigung regionaler oder globaler Umweltprobleme.

Dabei stellt das Fünfte Aktionsprogramm den umweltpolitischen Leitfaden der EU insbesondere für die Umweltthemen Klimaveränderung, Abbau der Ozonschicht, Übersauerung, Luftqualität, Wasser- und Abfallwirtschaft, Lärm, Naturschutz, biologische Vielfalt und Überwachung chemischer Stoffe dar. Zur Durchsetzung ihrer Ziele kann die europäische Union folgende Rechtsnormen erlassen:

- **Empfehlungen und Entschließungen**, die nicht verbindlich sind.
- **Verordnungen**, die verbindlich sind und in allen EU-Mitgliedstaaten unmittelbar gelten.
- **Entscheidungen**, die für Mitgliedstaaten, Einzel- und Rechtspersonen verbindlich sind.
- **Richtlinien**, die innerhalb einer bestimmten Frist von den Mitgliedstaaten in nationales Recht umzusetzen sind.

Die europäischen Rechtsnormen zum Umweltschutz beziehen sich sowohl auf Industrieanlagen als auch auf Produkte. Bisher wurden oftmals Emissionsgrenzwerte für einzelne Medien und einzelne Stoffe bzw. Stoffgruppen festgelegt. Seit einigen Jahren jedoch wird ein medien- und sektorübergreifender Ansatz in der europäischen Umweltpolitik verfolgt, wie insbesondere die Richtlinie über die integrierte Vermeidung

[312] Vgl. [Mache 1997, S. 25]

und Verminderung der Umweltverschmutzung sowie die EG-Öko-Auditverordnung belegen.

8.4 Überblick und Einordnung von umweltpolitischen Instrumenten

Es existiert eine große Zahl an Instrumenten und Maßnahmen. Unterscheiden lassen sich diese Instrumente anhand ihrer theoretischen Struktur und ihrer Wirkmechanismen, den konkreten Strategien, die sie unterstützen können oder danach, an welchem Punkt sie mit ihren Mechanismen ansetzen. Für ein besseres Verständnis der Unterschiede zwischen verschiedenen Instrumententypen soll im Folgenden eine Klassifikation vorgestellt werden, die es gestattet, Instrumente anhand ihrer grundsätzlichen strukturellen Merkmale einzuordnen (siehe Abbildung 8-1).

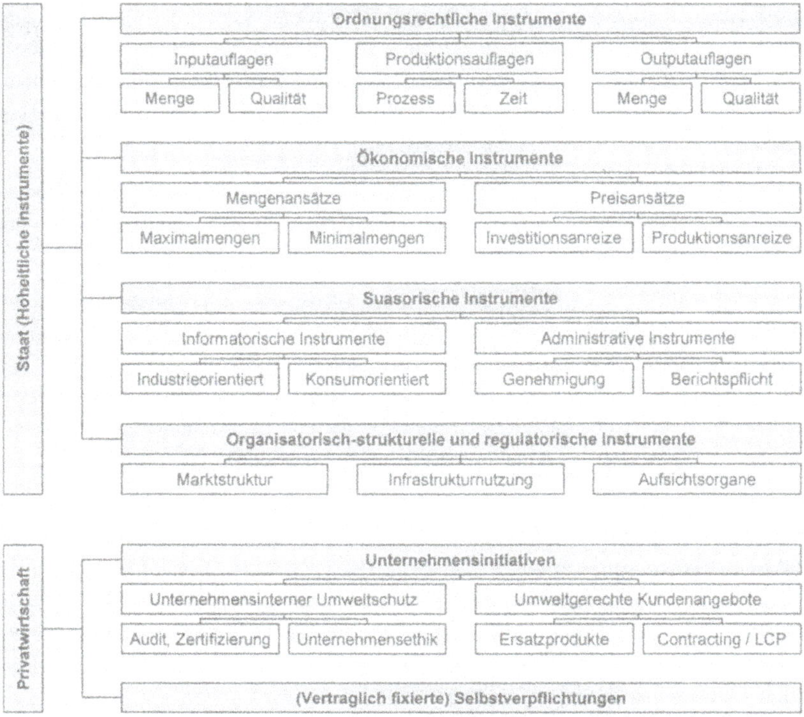

Abbildung 8-1: Klassifikation (umwelt-)politischer Instrumente[313]

Hoheitliche Instrumente gehen von staatlichen Stellen aus, die Kraft ihres Amtes beziehungsweise als gesetzgebende Gewalt Einfluss auf die Struktur und die Abläufe in Wirtschaftsbereichen nehmen. Anhand der Art der Einflussnahme durch den Staat

[313] Siehe [Rentz et al. 2001].

können hoheitliche Instrumente in ordnungsrechtliche (Zwang), ökonomische (Beeinflussung der Marktmechanismen) suasorische (Überzeugung/Unterstützung) sowie organisatorisch-strukturelle bzw. regulatorische Instrumente (Förderung bestimmter Marktstrukturen) unterteilt werden.

Ordnungsrechtliche Instrumente basieren auf Ge- und Verboten, d. h. Auflagen, die den Wirtschaftssubjekten bei der Ausübung ihrer Wirtschaftstätigkeit gemacht werden. Die Effektivität der Zielerreichung steht bei diesen Instrumenten im Vordergrund. Ordnungsrechtliche Instrumente kommen daher besonders dann zum Einsatz, wenn die Abwehr unmittelbarer Gefahren zu gewährleisten ist (Sicherheitsauflagen bei Kernreaktoren oder chemischen Anlagen) bzw. wenn irreparable Umweltschäden zu befürchten sind (strikte Grenzwerte bei der Emission stark toxischer Stoffe). Die Wirkungsweise ordnungsrechtlicher Instrumente beruht im Wesentlichen auf einer zwangsweisen Reduzierung der zulässigen Handlungsalternativen auf die vom Gesetzgeber für wünschenswert erachteten Optionen. Instrumente dieser Klasse werden deshalb auch als **Instrumente der direkten Verhaltenssteuerung** bezeichnet. Hierbei lassen sich Inputauflagen, Produktionsauflagen und Outputauflagen unterscheiden.

Inputauflagen beschränken die Menge und Qualität der für eine Nutzung im Produktionsprozess zugelassenen Eingangsstoffe. Beispiele aus dem Energiebereich sind Kraft- und Brennstoffqualitätsstandards.

Produktionsauflagen legen häufig die Nutzung bestimmter Technologien fest, bzw. schreiben die Erreichung bestimmter Prozessparameter wie Mindestwirkungsgrade oder Abscheidegrade vor. Auch zeitliche Auflagen, d. h. etwa die Frage zu welcher Tageszeit produziert werden darf, fallen unter den Bereich der Produktionsauflagen (beispielsweise nächtliche Start- und Landeverbote aus Lärmschutz bei Flughäfen). Sicherheitsbestimmungen stellen ebenfalls einen wesentlichen Bestandteil der Produktionsauflagen dar.

Outputauflagen reglementieren in erster Linie Art und Menge der zulässigen, mit der Produktionstätigkeit verbundenen Emissionen. Hierunter fallen besonders Schadstoffemissionen, die in die verschiedenen Umweltmedien eingetragen werden, Abfallaufkommen aber auch Lärmemissionen oder thermische Belastungen der Umgebung wie beispielsweise durch die Einleitung von warmen Abwasser in Flüsse. Auch die erstellten Güter selbst können u.U. Qualitätsmindeststandards unterliegen.

Ökonomische Instrumente beeinflussen nicht direkt die Wirtschaftsaktivität eines einzelnen Produzenten, sondern versuchen bestehende Marktmechanismen so zu modifizieren, dass sich die Wirtschaftssubjekte in ihrem Verhalten dem gewünschten Ziel anpassen. In einem freien Markt werden Angebot und Nachfrage über eine simultane Bestimmung der gehandelten Menge und des Preises in Einklang gebracht. Eine Beeinflussung des Marktmechanismus kann damit grundsätzlich auf zwei Arten erfolgen. Mengenansätze fixieren in geeigneter Weise die zu handelnde Menge und lassen die Preisbildung offen, Preisansätze hingegen fixieren den Preis bzw. beeinflussen die Kosten und überlassen die Menge dem Markt. Ökonomische Instrumente lassen den Wirtschaftssubjekten bewusst gewisse Entscheidungsspielräume, um so eine größere Effizienz (Wirtschaftlichkeit) in der Zielerreichung zu gewährleisten[314]. Sie versuchen im Ansatz eine Internalisierung externer Effekte zu gewährleisten und unter Beachtung marktwirtschaftlicher Mechanismen einen betriebswirtschaftlichen Anreiz zu schaffen.

Suasorische Instrumente umfassen alle Maßnahmen, mit denen der Staat versucht, auf die Wirtschaftsaktivität der Wirtschaftssubjekte Einfluss zu nehmen, ohne dabei jedoch einen direkten Zwang auszuüben (Ordnungsrecht) oder aber direkt in die Marktmechanismen einzugreifen (ökonomische Instrumente). Hierbei ist zwischen informatorischen und administrativen Instrumenten zu unterscheiden. *Informatorische Instrumente* leisten Überzeugungs- oder Aufklärungsarbeit. *Administrative Maßnahmen* dienen dazu, bestehende Hürden, die ein gewünschtes Verhalten der Wirtschaftssubjekte gegenwärtig noch behindern, zu beseitigen.

Diese Gruppe von Instrumenten umfasst alle Maßnahmen, die eine strukturelle Gestaltung des relevanten Marktplatzes bzw. des Zugriffsrechts auf eine bestehende Infrastruktur beinhalten. So haben beispielsweise *Infrastrukturnutzungsrechte* für einen diskriminierungsfreien Netzzugang bei den Transporteinrichtungen leitungsgebundener Güter in der Energiewirtschaft, die natürliche Monopole darstellen, große Bedeutung. Mit der *Wahl einer Marktform* zur Regelung der Stromdurchleitung, wie z. B. einem Pool-Modell oder dem Modell eines verhandelten Netzzugangs, kann in starkem Maße die Intensität und Art des Wettbewerbs im Energiemarkt bestimmt werden.

Umweltschutzmaßnahmen müssen nicht notwendigerweise durch staatliche Instrumente initiiert werden. Auch die Wirtschaftssubjekte selbst können in Eigeninitiative verschiedene Maßnahmen ergreifen. Zu unterscheiden sind hier die eigentlichen Unternehmensinitiativen auf der einen Seite und auf der anderen Seite Selbstverpflichtungen der Industrie, die in offizieller Absprache mit dem Staat eingegangen werden, meist um im Gegenzug staatliche Maßnahmen abzuwenden.

[314] Siehe beispielsweise zur Diskussion von Vor- und Nachteilen der einzelnen umweltpolitischen Instrumente die Ausführungen in [Baumol et al. 1988] oder [Feess 1995].

8.5 Kriterien zur Bewertung umweltpolitischer Instrumente

8.5.1 Anforderungen an ein Kriterienraster

Um einen möglichst objektiven Vergleich unterschiedlicher Instrumente zu ermöglichen, sollte ein Kriterienkatalog im Wesentlichen drei Maßstäben genügen[315]:

Vollständigkeit: Es ist die Gesamtheit der für eine spätere Bewertung relevanten Kriterien abzudecken. Die Vollständigkeit ist eine wesentliche Voraussetzung für eine wertneutrale Gegenüberstellung, da das Ausklammern einzelner Kriterien bereits eine erste Ergebnisbeeinflussung darstellt. Da es jedoch unrealistisch wäre, einem einmal erarbeiteten Kriterienkatalog einen absoluten Vollständigkeitsanspruch zuzugestehen, muss dieser Begriff relativiert werden. Eine gründliche Literaturrecherche und eine kritische Prüfung etwaiger Besonderheiten der gegebenen umweltpolitischen Zielsetzung vorausgesetzt[316], „(...) kann solange von der Vollständigkeit der Kriterienliste [ausgegangen werden], bis ein neues Kriterium im Rahmen der wissenschaftlichen Diskussion heraus gearbeitet worden ist“[317].

Gültigkeit: Die einzelnen Kriterien müssen grundsätzlich zur Bewertung aller umweltpolitischen Instrumente geeignet sein. Aufgrund der unterschiedlichen Charakteristika dieser Instrumentenklassen ist daher auf eine geeignete Abgrenzung und eine exakte Definition der Kriterien zu achten. Die Gültigkeit eines Kriteriums setzt voraus, dass eine Charakterisierung unterschiedlicher Instrumente auch unterschiedliche Ausprägungen erwarten lässt. Liefert ein Kriterium für alle Instrumente identische Ausprägungen, kann es aus der Betrachtung ausgeschlossen werden.

Unabhängigkeit: Die Kriterien müssen voneinander unabhängig sein, bzw. wenn dies nicht der Fall ist, sind sie gemäß ihrer logisch-hierarchischen Strukturen zusammenzufassen. Die Überprüfung der Unabhängigkeit hilft, Redundanzen zu eliminieren[318], die hierarchische Struktur der Kriterien zu verifizieren und Oberkriterien korrekt voneinander abzugrenzen.

---

[315] Vgl. [Knüppel 1989, S. 75]

[316] Umweltpolitische Instrumente lassen sich nicht allgemein, sondern „nur vor dem Hintergrund konkret definierter und operationalisierbarer Umweltqualitätsziele“ bewerten [Rennings et al. 1997, S. 78]. Dies ist bei der Auswahl der für eine Bewertung heranzuziehenden Kriterien zu berücksichtigen. Auch der Anspruch der Vollständigkeit kann damit – wenn überhaupt – nur für konkrete Zielsetzungen aufrecht gehalten werden.

[317] Vgl. [Knüppel 1989, S. 75]

[318] Redundanzen können – unabhängig davon, dass sie der Betrachtung keine neuen Aspekte verleihen – über einen psychologischen Effekt das Ergebnis beeinflussen: Besitzt ein Begriff besonders viele (redundante!) Unterpunkte, so suggeriert er eine unverhältnismäßig große Bedeutung, was sich wiederum auf die Gewichtung der Kriterien auswirken kann.

8.5.2 Bewertungskriterien für Instrumente im Überblick

Die im Folgenden diskutierten Kriterien zum Vergleich bzw. zur Bewertung umweltpolitischer Instrumente sind in fünf Oberkriterien zusammengefasst[319]. Jedes Oberkriterium enthält mehrere Einzelkriterien, die in Form einer Checkliste wiederum mehrere Unterpunkte beinhalten können. Mittels dieser Hierarchisierung soll die Übersichtlichkeit der Darstellung verbessert werden. Tabelle 8-1 gibt einen Überblick über die im Folgenden detaillierten Kriterien.

8.5.3 Kriterien der Zielerreichung[320]

Hinsichtlich der von einem Instrument zu erwartenden Zielerreichung sind zwei Aspekte zu unterscheiden: zum einen die Zielereichung hinsichtlich derjenigen Strategie zu deren Umsetzung das Instrument primär eingesetzt wird, zum anderen aber auch hinsichtlich des gesamten Zielsystems einer Nachhaltigkeit, wenn diese angestrebt wird. Legt man die in Kapitel 7 beschriebene hierarchische Vorgehensweise zur Ableitung von Politikempfehlungen zugrunde, dienen Instrumente der Implementierung ausgewählter Strategien. Mit dem Kriterium der Zielerreichung hinsichtlich des Strategieziels ist zunächst zu prüfen, ob ein bestimmtes Instrument zur Implementierung einer gewählten Strategie geeignet ist - beispielsweise die Förderung regenerativer Energieträger zum Klimaschutz. Wenn die Nachhaltigkeit eine Rolle spielt, sind in einem zweiten Schritt dann Beeinflussungen auch anderer Nachhaltigkeitsziele, die von der zugrundeliegenden Strategie abhängen, zu prüfen - beispielsweise der Einfluss des Ausbaus regenerativer Energieträger auf die Versorgungssicherheit. Dies ist aber nur dann erforderlich, wenn die zu evaluierenden Effekte nicht bereits innerhalb der Strategiewahl überprüft und bewertet wurden (siehe Kapitel 7).

Hinter jeder Strategie stehen gemäß dem Vorgehensschema aus Kapitel 7 bestimmte quantitative Zielvorgaben, die es über einen Instrumenteneinsatz zu erreichen gilt.

Erwarteter Grad der Zielerreichung: Umweltpolitische Instrumente unterscheiden sich zum einen darin, welcher absolute Beitrag zur Zielerreichung über den jeweiligen Politikansatz erreicht werden kann. Des weiteren ist aber auch zu prüfen, wie genau die Erreichung des vorgegebenen Zielwertes bereits im Vorfeld abgeschätzt werden kann. Der Aspekt der Prognostizierbarkeit der Entwicklung ist neben der absoluten, erwarteten Höhe des Gestaltungseffekts von großer Bedeutung für die Effektivität umweltpolitischer Maßnahmen.

---

319 Vgl. zu den folgenden Ausführungen [Rentz et al. 2001].

320 Alternativbezeichnungen in der Literatur: Ökologische Inzidenz [Siebert 1978, S. 94], ökologische Wirksamkeit [Holzinger 1987, S. 98] und [Wicke 1994, S. 438], ökologischer Wirkungsgrad [Sprenger 1984, S. 52], ökologische Treffsicherheit [Endres 1994, S. 152]. Gelegentlich ist auch der Begriff ökologische Effizienz anzutreffen.

Tabelle 8-1: Kriterienraster zum Vergleich von Instrumenten

Ober-kriterium	Kriterium	Kriterieninhalte
Zieler-reichung (primäres Strategie-ziel)	Grad der Zielerreichung	Genauigkeit und Höhe der zu erwartenden Zielerreichung
		Einfluss instrumentenexogener Variablen
	Geschwindigkeit der Zielerreichung	Instrumentenspezifische Implementierungsdauer
		Wirkverzögerung (Time-Lag ab Implementierung)
Zieler-reichung (weitere, nach-rangige Nachhaltig-keitsziele)	Sektor-spezifisches Problemfeld 1	Indikator-Zielwert 1.1
		Indikator-Zielwert 1.2
	Sektor-spezifisches Problemfeld 2	Indikator-Zielwert 2.1
		Indikator-Zielwert 2.2
	...	...
Effizienz	Statische Effizienz	Rationalitätsprinzip / Pareto-Effizienz
	Dynamische Effizienz	Induktion technischen Fortschritts (Sachkapital!)
	Transaktions-kosten	Belastungen des öffentlichen Sektors
		Belastungen des privaten Sektors
System-konformität	Marktkonformität	Nationale Wettbewerbsneutralität
		Internationale Wettbewerbsneutralität
	Rechtskonfor-mität	Nationales Recht
		Kompatibilität mit EU-Recht
Implemen-tierungs-anforde-rungen	Administrative Anforderungen	Informations- und Planungsanforderungen
		Administrative Kapazitäten
	Regulierungs-anforderungen	Erforderlicher Regulierungsgrad und Sanktionsmechanismen
		Kontroll- und Regulierungsinstanzen
	Flexibilität	Regionale / sektorale Spezifikationsmöglichkeiten
		Dynamische Anpassungsmöglichkeiten
		Kombinationsmöglichkeiten mit anderen Instrumenten

Einfluss instrumentenexogener Variablen[321]: Dieses Kriterium erfasst, inwiefern Änderungen in den makroökonomischen oder sozialen Rahmenbedingungen den Grad der Zielerreichung beeinflussen. Quantitativ lässt sich der Einfluss solcher Variablen nur mittels aufwendiger, modellgestützter Verfahren ermitteln. Für einige Instrumente sind jedoch qualitative Aussagen unter Berücksichtigung ihrer jeweiligen Funktionsmechanismen möglich.

Besonders in Fällen, in denen die effektive Vermeidung akuter, irreversibler Umweltschäden im Vordergrund steht, gewinnt die Geschwindigkeit der Zielerreichung durch den Einsatz umweltpolitischer Instrumente große Bedeutung[322]. Von Interesse ist die Geschwindigkeit der Zielerreichung aber auch dann, wenn es z. B. darum geht, schnelle Erfolge sicherzustellen oder bestimmte termingebundene Zielvorgaben internationaler Abkommen zu erreichen. Die Geschwindigkeit der Zielerreichung selbst hängt von zwei Faktoren ab: der instrumentenspezifischen Implementierungsdauer und der Wirkverzögerung des Instruments.

Implementierungsdauer: Die instrumentenspezifische Implementierungsdauer umfasst die Phasen der administrativ-organisatorischen Einführung des jeweiligen Instruments. Manche Instrumente erfordern bestimmte Marktstrukturen (beispielsweise bei einem Handel mit Emissionsrechten die Schaffung eines Handelssystems oder bei Rücknahmeverpflichtungen von Produkten die Schaffung einer entsprechenden Logistik). Die Einrichtung solcher Strukturen benötigt eine gewisse Zeit, die die Zielerreichung durch das Instrument verzögert. Die instrumentenspezifische Implementierungsdauer wird stark von der „Reife“ eines Instruments, d. h. den vorliegenden Praxiserfahrungen und den administrativen Fähigkeiten der mit der Umsetzung betrauten Institutionen, bestimmt (vgl. administrative Praktikabilität).

Wirkverzögerung: Zwischen umweltpolitischen Instrumenten bestehen Unterschiede in der zeitlichen Verzögerung, mit der nach deren Implementierung die gewünschte umweltpolitische Wirkung eintritt[323]. Besonders bei Instrumenten, die auf indirekten Wirkmechanismen beruhen (Preisansätze über Steuern/Abgaben), ist mit einer u.U. beträchtlichen Wirkverzögerung in den Anpassungsprozessen der Wirtschaftssubjekte zu rechnen. Darüber hinaus kann auch strategisches Verhalten der Wirtschaftssubjekte zu Wirkverzögerungen führen[324].

---

[321] Rennings stellt mit seinem Kriterium der ökonomischen Invarianz hier besonders auf ökonomische Variablen ab. Vgl. [Rennings et al. 1997, S. 23].

[322] Vgl. [Knüppel 1989, S. 80] Vgl. auch [Wicke 1994, S. 438] und [Rennings et al. 1997, S. 23].

[323] Vgl. [Sprenger 1984, S. 55].

[324] In vielen Fällen muss davon ausgegangen werden, dass sich strategisch verhaltende Wirtschaftssubjekte „nur dann normgerecht verhalten, wenn die Kosten der Normbefolgung geringer sind als die mit der jeweiligen Entdeckungswahrscheinlichkeit gewichtete Sanktion bei Normverstoß“, [Michaelis 1996, S. 40].

Mit dem Einsatz umweltpolitischer Instrumente werden Marktabläufe und Marktteilnehmer in der Art beeinflusst, dass die durch die Strategiewahl determinierten, angestrebten technisch-organisatorischen Veränderungsprozesse im System initiiert und unterstützt werden. Da Instrumente jedoch primär der Unterstützung einer bestimmten Strategie dienen, ist nicht auszuschließen, dass mit der unterstützenden Wirkung hinsichtlich der primär betrachteten Strategie auch Beeinflussungen der System- und Marktstrukturen verbunden sind, die die Umsetzung anderer Strategien behindern bzw. allgemein verschiedene andere Nachhaltigkeitsindikatoren negativ beeinflussen.

8.5.4 Effizienzkriterien

Neben der Wirksamkeit eines umweltpolitischen Instruments kommt auch den ökonomischen Konsequenzen eines möglichen Instrumenteneinsatzes Bedeutung zu. An dieser Stelle sollen Effizienzgrößen wie die statische und dynamische Effizienz sowie die Transaktionskosten der Instrumente betrachtet werden.

Auch in der Umweltpolitik sollte das **Rationalitätsprinzip** in einer seiner beiden Ausprägungen erfüllt sein: d. h. die Realisierung eines festgelegten Zieles bei minimalen Kosten (Minimumprinzip) oder die maximale Verbesserung des Zielfunktionswertes bei bestimmten Kosten (Maximumprinzip)[325]. Hierbei ist stets das gesamte relevante System zu betrachten. Gefordert wird, dass die Zielerreichung bei minimalen Systemkosten erfolgt (**statische Effizienz**). Wesentliches Merkmal der gesamtwirtschaftlichen Effizienz ist die Angleichung der Grenzkosten der bei den Wirtschaftssubjekten induzierten Maßnahmen. Dies bewirkt, dass die größten Verbesserungsanstrengungen im Sinne der verfolgten umweltpolitischen Zielsetzung dort erfolgen, „wo die hierfür günstigsten Kostenvoraussetzungen bestehen“[326]. Ziel ist damit eine optimale Ressourcenallokation.

Die **dynamische Effizienz**[327] umweltpolitischer Instrumente besteht in deren Fähigkeit, umwelttechnischen Fortschritt zu induzieren. Ziel ist es, die statische Effizienz eines umweltpolitischen Instruments im Zeitablauf unter Nutzung neuer technischer Möglichkeiten kontinuierlich zu verbessern. Die Anreizwirkung auf Unternehmen wird in der Regel stark davon abhängen, inwiefern sich diese von einer technischen Weiterentwicklung einen finanziellen Vorteil versprechen können[328].

---

[325] Vgl. [Wicke 1994, S. 440]. Vgl. [Knüppel 1989, S. 82].
[326] [Michaelis 1996, S. 44].
[327] Vgl. [Rennings et al. 1997, S. 27]. Alternativbezeichnung: dynamische Anreizwirkung, vgl. [Endres 1994, S. 131 ff].
[328] Vgl. [Friedrich 1993, S. 115].

In allen Phasen eines Instrumenteneinsatzes entstehen Transaktionskosten[329], die entweder vom Staat oder von den betroffenen Wirtschaftssubjekten zu tragen sind. Die neoklassische Theorie geht von der Existenz vollständiger Informationen aus. Da jedoch die Informationen in der Praxis aufgrund des begrenzten Wissens und eingeschränkter kognitiver Fähigkeiten der Wirtschaftssubjekte unvollständig sind, müssen die Wirtschaftssubjekte die Informationen für eine Entscheidungsfindung durch Aufwendungen in Form von Zeit und anderen Ressourcen beschaffen. Diese Aufwendungen zur Durchführung einer **Transaktion** werden als **Transaktionskosten** bezeichnet. Sie gehen auf Arbeiten von R.H. Coase zurück und wurden von O.E. Williamson wesentlich weiterentwickelt[330]. Nach der neuen Institutionenökonomie findet eine Transaktion dann statt, wenn ein Gut oder eine Leistung über eine technische Schnittstelle hinweg transferiert wird[331]. Dabei kann diese Schnittstelle innerhalb des Unternehmens oder aber unternehmensübergreifend in Märkten liegen.

Belastungen des öffentlichen Sektors: Transaktionskosten im öffentlichen Sektor fallen beispielsweise zur Kontrolle der Einhaltung von Umweltgesetzen, für den Prozess der Gesetzgebung und den Betrieb der hierzu notwendigen institutionellen Einrichtungen auf lokaler, nationaler und internationaler Ebene an. Für den öffentlichen Sektor ist zu prüfen, welcher öffentliche Haushalt durch die Einführung des betrachteten Instruments belastet wird und welche Art von Belastungen zu erwarten sind. Von Interesse ist zudem die Frage, in welcher Phase der Instrumenteneinführung die Kosten entstehen: Planung/ Vorbereitung, Implementierung oder Kontrolle/Verwaltung[332].

Belastungen des privaten Sektors: Beim Unternehmen sind Transaktionskosten beispielsweise Such- und Informationskosten. Da im allgemeinen kein anonymer Tausch auf vollkommenen Wettbewerbsmärkten existiert, fallen Kosten für die Partnersuche an. So müssen beispielsweise Nachfrager nach Emissionsminderungstechnologien mit Anbietern derartiger Technologien zusammengebracht werden. Weitere Transaktionskosten sind Verhandlungs- und Entscheidungskosten, Überwachungs- und Durchsetzungskosten und Genehmigungskosten. Auch für den privaten Sektor ist zu spezifizieren, welche Wirtschaftssubjekte von Transaktionskosten betroffen sind.

---

[329] Sie gehen in ersten Ansätzen auf Adam Smith zurück, der auf die Kosten, die mit der Durchsetzung von Steuergesetzen verbunden sind, hingewiesen hat. Hieraus leitete er die Forderung ab, diese bei einem effizienten System der Besteuerung zu berücksichtigen (vgl. [Smith 1776]).

[330] Siehe [Coase 1937] bzw. [Williamson 1990].

[331] Vgl. [Williamson 1990, S. 30].

[332] Vgl. [Knüppel 1989, S. 86 ff].

8.5.5 Kriterien der Systemkonformität

Umweltpolitische Instrumente sind in das System einer freien, sozialen Marktwirtschaft zu integrieren. Hierzu ist eine hohe Kompatibilität der Instrumente mit marktwirtschaftlichen Strukturen und Prinzipien unerlässlich. Im Rahmen einer Beurteilung umweltpolitischer Instrumente ist damit zu prüfen, ob bei deren Einsatz eine größtmögliche Wettbewerbsneutralität zwischen den verschiedenen Marktteilnehmern gewährleistet bleibt. Wettbewerbsverzerrungen können sowohl auf der Mittelbeschaffungsseite (z. B. Kostenumlage einer Fördermaßnahme) als auch auf der –verwendungsseite (Zugang zu Fördergeldern etc.) auftreten.

Internationale Wettbewerbsneutralität: Maßnahmen, die im nationalen Alleingang durchgeführt werden, können die internationale Wettbewerbsfähigkeit einzelner Wirtschaftssubjekte stark beeinträchtigen. Hier müssen die Instrumente so ausgestaltet werden, dass sie sich nicht zum Nachteil der inländischen Unternehmen auswirken.

Nationale Wettbewerbsneutralität: Die nationale Wettbewerbsneutralität ist in zweierlei Hinsicht zu überprüfen: horizontal zwischen den verschiedenen Wirtschaftssubjekten innerhalb einer relativ homogenen Gruppe (z. B. die Verteilung regenerativer Ressourcen im interregionalen Vergleich) und vertikal entlang der Wertschöpfungskette (Verteilung finanzieller Mehrbelastungen zwischen den verschiedenen Gruppen von Wirtschaftssubjekten).

Neben der Marktkonformität stellt die Rechtskonformität einen zweiten wesentlichen Bestandteil der Systemkonformität eines zu prüfenden Instruments dar. Die Bedeutung einer detaillierten juristischen Prüfung bereits im Vorfeld einer Instrumenteneinführung wird am Beispiel der jahrelangen Auseinandersetzungen um Gesetze und der damit verbunden Unsicherheit bei den betroffenen Investoren deutlich.

EU-Kompatibilität / internationale Abkommen: In Anbetracht der fortschreitenden gesamteuropäischen Integration – nicht zuletzt auch im Bereich der Umweltpolitik – sollte eine Kompatibilität der nationalen Programme mit der gesamteuropäischen Umweltpolitik gewährleistet sein[333]. Weiterhin ist zu prüfen, ob das betrachtete Instrument auch die Erreichung von Zielen, die sich aus der Unterzeichnung internationaler Abkommen ergeben (z. B. dem Kyoto-Protokoll der Vereinten Nationen), unterstützt.

Nationales Recht: Umweltpolitische Instrumente sollen sich auch in den bestehenden rechtlichen Rahmen der Bundesrepublik Deutschland eingliedern lassen. Solange jedoch nicht das Grundgesetz durch ein bestimmtes Instrument betroffen wird, ist hier im Konfliktfall u.U. auch eine Modifikation der bestehenden Bestimmungen denkbar.

---

[333] So steht z.B. das deutsche Stromeinspeisegesetz in der Kritik der Europäischen Kommission, da es nach Ansicht der Kommission einem freien Handel im Wege steht und einen freien Wettbewerb zwischen regenerativen Erzeugern behindert. Vgl. [EC o.J., S. 15].

Im internationalen Kontext ist eine solche Modifikation aufgrund des damit verbundenen, erheblichen Aufwands und der großen Unsicherheiten allerdings kaum wahrscheinlich.

Die meisten umweltpolitischen Instrumente führen zu Einschränkungen in den Wirtschaftsaktivitäten der betroffenen Wirtschaftssubjekte. Auch wenn dieser Effekt eventuell in Kauf genommen wird, um ein politisch als wichtiger erachtetes Ziel zu erreichen, sollte für die betroffenen Unternehmen ein Mindestmaß an Planungs- und Rechtssicherheit geschaffen werden. Besonders für Investitionen in neue Energieerzeugungsanlagen stellt eine hohe Planungssicherheit eine Grundvoraussetzung dar, da es sich hierbei um sehr langfristige und besonders kapitalintensive Investitionen handelt. Besteht bei den Wirtschaftssubjekten die Befürchtung, dass ein investitionsförderndes Instrument bereits kurze Zeit nach dessen Einführung wieder modifiziert oder annulliert werden könnte, wird dies zu einer strategisch bedingten Wartehaltung führen. Aus dem Ziel einer hohen Planungssicherheit für die Wirtschaftssubjekte ergibt sich zudem die Forderung nach einem Vorrang der Ordnungs- vor der Prozesspolitik in der Umwelt- und Energiepolitik. D.h. es sollte das Ziel sein, mittels geeigneter Instrumente einen verlässlichen Rahmen zu gestalten, anstatt regelmäßig neu in die Wirtschaftsprozesse der Unternehmen einzugreifen[334].

8.5.6 Implementierungsanforderungen

Die administrativen Anforderungen lassen sich differenzieren in Informations- und Planungsanforderungen und administrative Kapazitäten.

Informations- und Planungsanforderungen: Für die problemadäquate Ausgestaltung und Implementierung eines umweltpolitischen Instruments besteht in der Regel ein Informationsbedarf bzgl. verfügbarer Ressourcen, Kostenstrukturen und technischer Möglichkeiten. Es ist zu prüfen, ob die benötigten Daten und Informationen zur Verfügung stehen, bzw. ob und wie sie mit vertretbarem Aufwand erhoben werden können[335].

Administrative Kapazitäten: Dieses Kriterium umfasst somit zum einen die bisherigen Erfahrungen bzw. die Vertrautheit[336] der mit der Umsetzung betrauten Behörden mit den jeweiligen Instrumenten, zum anderen allgemein deren administrative Effizienz und die in der Vergangenheit demonstrierte administrative Lernfähigkeit (administrative Lernkurven).

Je nachdem wie stark ein umweltpolitisches Instrument in die Wirtschaftsaktivitäten der Akteure eingreift, besteht ein unterschiedlich großer Regulierungsbedarf.

---

[334] Vgl. [Rennings et al. 1997, S. 24].
[335] Vgl. [Holzinger 1987, S. 105]. Vgl. [Sprenger 1984, S. 61].
[336] Vgl. [Holzinger 1987, S. 105].

Erforderlicher Regulierungsgrad: Besonders ökonomische Instrumente beruhen in der Regel auf indirekten Steuerungsmechanismen. Durch die Verteuerung und Verknappung von Umweltgütern sollen Wirtschaftssubjekte für ein bestimmtes Verhalten motiviert werden. In diesen Fällen ist kritisch zu prüfen, ob einzelne Wirtschaftssubjekte durch gezieltes, strategisches Verhalten entgegen dem induzierten Verhaltensmuster Wettbewerbsvorteile auf Kosten anderer Wirtschaftssubjekte erringen können. Ein oft diskutiertes Beispiel in diesem Zusammenhang ist das gezielte Ansammeln (Horten) von Umweltzertifikaten[337]. Um solche unerwünschten Effekte zu vermeiden, kann auch bei ökonomischen bzw. zum Teil auch bei freiwilligen Instrumenten ein gewisses Maß an Regulierung erforderlich sein[338].

Sanktionen: Besonders bei Instrumenten, die bei den betroffenen Wirtschaftssubjekten zu kostenintensiven Anpassungsprozessen führen, ist die Existenz, Art und Höhe möglicher Sanktionen eng mit dem Grad der Zielerreichung verknüpft, da ein strategisch handelndes Wirtschaftssubjekt beispielsweise die Erfüllung einer Quote für Mehrwegverpackungen über den Nachweis entsprechender Zertifikate bzw. die Zahlung von Abgaben von der Höhe der drohenden Sanktionen abhängig machen wird. Im Falle freiwilliger Instrumente der Industrie sind monetäre Sanktionen gegen einzelne Unternehmen in den meisten Fällen nicht durchsetzbar. Doch auch hier können die Unternehmen, die sich freiwillig einer Selbstverpflichtung stellen, das Fehlverhalten einzelner anderer Unternehmen über entsprechende Maßnahmen des jeweiligen Industrieverbands bzw. über gezielte Mitteilungen in den Medien sanktionieren.

Kontroll- und Regulierungsinstanzen: Wird in den ersten Schritten ein Regulierungs- und Kontroll- (bzw. Sanktions-)bedarf festgestellt, ist zu prüfen, welche Instanzen die Einhaltung bzw. Umsetzung der beschlossenen Maßnahme überwachen können und sollten. Wesentliche Merkmale einer Kontroll- und Regulierungsinstanz sind Unabhängigkeit (d. h. keine Kapital- oder sonstige Verflechtungen mit relevanten Wirtschaftseinheiten), Autorität (Rechtsbefugnis) und Fachkompetenz.

Wirtschaftssysteme entwickeln sich kontinuierlich weiter. Umweltpolitische Instrumente sollten daher die notwendige Flexibilität aufweisen, um Veränderungen entsprechend berücksichtigen zu können.

Spezifikationsmöglichkeiten: Die Möglichkeiten eines Instruments, spezifische regionale (Verteilung regenerativer Potenziale, regionale Unterschiede bei Deponiekapazitäten) oder sektorale Besonderheiten zu berücksichtigen, sind ein wesentliches Kriterium für dessen Flexibilität in der Anwendung.

---

[337] Vgl. [Endres 1994, S. 145 ff].

[338] Während Regulierungsbestrebungen in der Regel vom Staat ausgehen, können im Falle freiwilliger Instrumente diese Aufgaben auch von Industrieverbänden übernommen werden.

Dynamische Anpassungsfähigkeit: Die konkrete Ausgestaltung eines umweltpolitischen Instrumentes orientiert sich an den zum Zeitpunkt der Planung bzw. Implementierung des Instrumentes gegebenen Rahmenbedingungen. Technologische und ökonomische Bedingungen unterliegen jedoch zeitlichen Änderungen. Es ist daher zu prüfen, inwiefern ein umweltpolitisches Instrument flexibel an neue Rahmenbedingungen angepasst werden kann. Veränderte Rahmenbedingungen können im Extremfall auch dazu führen, dass der Einsatz eines Instrumentes bei erneuter Betrachtung als überflüssig oder sogar störend bewertet wird. Die dynamische Anpassungsfähigkeit kann daher auch Aspekte der Reversibilität eines Instrumenteneinsatzes beinhalten.

Kombinationsmöglichkeiten: Die meisten umweltpolitischen Instrumente stellen eine gezielte Beeinflussung der Aktivitäten der Wirtschaftssubjekte dar. Da die verschiedenen Instrumente zum Teil auf unterschiedlichen Mechanismen beruhen, sind bei einem parallelen Einsatz zweier oder mehrerer Instrumente etwaige Wechselwirkungen zwischen diesen Instrumenten zu beachten. Es ist zu untersuchen, welche Instrumente sich in ihrer Wirkung gegenseitig behindern, d. h. abschwächen, und welche sich als flankierende Maßnahmen für das jeweils betrachtete Instrument eignen.

8.6 Ordnungsrechtliche Instrumente

8.6.1 Kritische Würdigung

Für **ordnungsrechtliche Instrumentarien** spricht, dass die hierdurch gesetzten umweltpolitischen Ziele erreicht werden, wenn eine 100 %ige Durchsetzung unterstellt wird (Zielkonformität, Effektivität). Gegen ordnungsrechtliche Instrumente werden häufig folgende Argumente vorgebracht[339]:

- Ordnungsrechtliche Ge- und Verbote sind in ihrer umweltpolitischen Zielkonformität kritisch zu hinterfragen, wenn es durch ihre Anwendung beispielweise zu Produktionsverlagerungen ins Ausland kommt.
- Bezüglich der statischen bzw. dynamischen Effizienz wird folgendes kritisch angemerkt:
  - Sie gewährleisten nicht, dass die Emittentengruppe mit den geringsten Minderungskosten primär handeln muss.
  - Individuelle Kostenunterschiede zwischen einzelnen Anlagen werden durch die einheitlichen Emissionsminderungsvorgaben nicht hinreichend berücksichtigt.

[339] Vgl. beispielsweise [Zimmermann 1984], [Schärer 1995].

- Es werden keine fortlaufenden positiven ökonomischen Anreize geschaffen, die Emissionen soweit wie möglich zu senken und den technischen Fortschritt voranzutreiben.
- Sie führen aufgrund des bürokratischen Aufwandes zu hohen Transaktionskosten und sind langwierig in der Umsetzung, was sich negativ auf die wirtschaftliche Entwicklung auswirkt.

Diese Nachteile sollen durch den Einsatz der ökonomischen sowie suasorischen Instrumente bzw. der privatwirtschaftlichen Instrumente vermieden bzw. abgebaut werden. Generell ist bei der Abwägung von ordnungsrechtlichen gegenüber ökonomischen Instrumenten zu beachten, dass die gewünschte umweltpolitische Zielvorgabe an eine Emissionsminderung einen entscheidenden Einfluss hat. In [Dorn 1996] wird über technische und ökonomische Kriterien eine Verbindung zwischen Abscheidetechnologien von SO_2-Emissionen und Instrumenten (u. a. Emissionsgrenzwerten im Vergleich zu Emissionsrechten und Kompensationsmaßnahmen) hergestellt. Über eine Quantifizierung der Kriterien werden Aussagen zur Effizienz der Instrumente getroffen. Resultat der Untersuchung ist, dass eine ökonomische Vorteilhaftigkeit von ökonomischen Instrumenten bei hohen Minderungsvorgaben, die in der Größenordnung des Standes der Technik liegen, gegenüber Auflagen nicht identifiziert werden konnte. Dies liegt u. a. in dem geringen verbleibenden Handlungsspielraum sowie den Kostenverläufen der Emissionsminderungsmaßnahmen über den Abscheidegrad begründet, der durch hohe fixe und niedrige variable Kosten gekennzeichnet ist (siehe Abbildung 8-2). Dies schränkt die wirtschaftlichen Anreize zu kooperativen Lösungen ein, wenn die Anlage installiert ist. Wenn zusätzliche Kriterien wie Akzeptanz und Planungssicherheit einbezogen werden, dann erscheinen Auflagenlösungen - zumindest bei den untersuchten Instrumenten zur Vermeidung von weiteren SO_2-Emissionen in der Bundesrepublik Deutschland im öffentlichen Kraftwerkssektor bei anspruchsvollen Minderungszielen – eine durchaus sinnvolle Alternative zu sein.

8.6.2 Richtlinien zum Schutz der Luft

Das Bundes-Immissionsschutzgesetz bildet die gesetzliche Grundlage für Luftreinhaltung und Lärmschutz. Es wird durch 21 Verordnungen und die Technischen Anleitungen (TA) Luft und Lärm konkretisiert. Insbesondere beinhaltet die TA Luft sowohl stoff- als auch anlagenbezogene Emissionsgrenzwerte.

8.6.2.1 Bundes-Immissionsschutzgesetz und abgeleitete Rechtsverordnungen

Das **Bundes-Immissionsschutzgesetz (BImSchG)** hat zum Ziel, Menschen, Tiere und Pflanzen, den Boden, das Wasser, die Atmosphäre sowie Kultur- und sonstige Sachgüter vor schädlichen Umwelteinwirkungen zu schützen und dem Entstehen derartiger Einwirkungen vorzubeugen (§ 1 BImSchG). Zentraler Begriff des Gesetzes ist die *schädliche Umwelteinwirkung*.

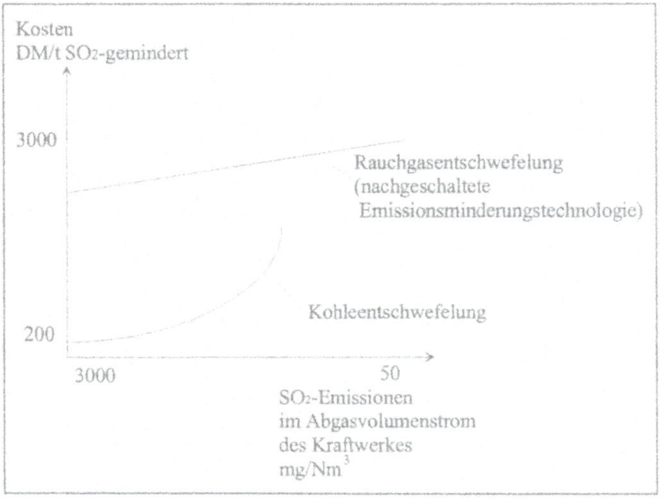

Abbildung 8-2: Kostenverläufe und Emissionsminderungsmöglichkeiten der beiden wichtigsten Optionen zur Minderung von SO_2-Emissionen aus kohlebefeuerten Kraftwerken

Diese sind im Sinne des Gesetzes Immissionen, die nach Art, Ausmaß oder Dauer geeignet sind, Gefahren, erhebliche Nachteile oder erhebliche Belastungen für die Allgemeinheit oder die Nachbarschaft herbeizuführen (§ 3 Abs. 1 BImSchG). Das BImSchG ist in erster Linie auf das Schutzgut Luft ausgerichtet, schützt aber auch Boden und Wasser vor den durch die Luft übertragenen Verunreinigungen und vor Abfällen. Es formuliert allgemeine Grundpflichten für Betreiber von Produktionsanlagen, wobei zwischen nicht genehmigungsbedürftigen Anlagen (§ 22 BImSchG) und genehmigungsbedürftigen Anlagen (§ 5 BImSchG) unterschieden wird. Die *genehmigungsbedürftigen Anlagenarten* sind gemäß § 5 Abs. 1 Nr. 1 BImSchG so zu betreiben, dass schädliche Einwirkungen und sonstige Gefahren, erhebliche Nachteile und Belästigungen für die Allgemeinheit und die Nachbarschaft nicht hervorgerufen werden können. Gegen schädliche Umwelteinwirkungen ist Vorsorge mittels dem *Stand der Technik* entsprechenden Maßnahmen zu treffen (Vorsorgegebot § 5 Abs. 1 Nr. 2 BImSchG). § 5 Abs. 1 Nr. 3 BImSchG enthält das Gebot zur Reststoffvermeidung und -verwertung. Im Gesetzestext heißt es, dass „genehmigungsbedürftige Anlagen so zu errichten sind, dass Reststoffe vermieden werden, es sei denn, sie werden ordnungsgemäß und schadlos verwertet oder, soweit Vermeidung und Verwertung technisch nicht möglich oder unzumutbar sind, als Abfälle ohne Beeinträchtigung des Wohls der Allgemeinheit beseitigt". § 5 Abs. 3 BImSchG regelt die Nachsorgepflichten eines Anlagenbetreibers, der auch nach Stillegung der Anlage sicherstellen muss, dass vorhandene Reststoffe ordnungsgemäß und schadlos verwertet oder als Abfälle ohne Beeinträchtigung des Wohls der Allgemeinheit beseitigt werden.

Gemäß § 7 BImSchG können zur weiteren Konkretisierung der Betreiberpflichten durch die Bundesregierung Rechtsverordnungen zu technischen Anforderungen, Emissionsgrenzwerten, sicherheitstechnischen Prüfungen und Emissions- wie Immissionsmessungen erlassen werden. Auf dieser Basis wurden

- die **Großfeuerungsanlagen-Verordnung,** die für Feuerungsanlagen einer gewissen Größenklasse Emissionsgrenzwerte für bestimmte Luftschadstoffe wie Staub, NO_x und SO_2 vorschreibt,
- die **Abfallverbrennungsanlagen-Verordnung**, in der Grenzwerte bei einer Verbrennung bestimmter fester oder flüssiger Abfälle festgelegt sind und
- die **Störfall-Verordnung**, die für Anlagen, in denen bestimmte Stoffe vorhanden sind, Vorkehrungen bei Störfällen, Bränden und Explosionen einfordert,

erlassen.

8.6.2.2 TA Luft

Aufgrund von § 48 BImSchG findet die Technische Anleitung zur Reinhaltung der Luft (TA Luft) als allgemeine Verwaltungsvorschrift für alle genehmigungsbedürftigen Anlagen Anwendung. Dort werden für die wichtigsten Luftschadstoffe Emissionsgrenzwerte für bestimmte Anlagentypen festgelegt, die sich am Stand der Technik orientieren (siehe das Beispiel in Tabelle 8-2). Bei den Emissionswerten der TA Luft handelt es sich um Richtwerte, da sie die Behörde intern nur in dem Sinne binden, als sie bei der Festlegung der Emissionswerte in Genehmigungsbescheiden von Anlagen nicht überschritten werden dürfen, doch es können auch strengere Werte von der genehmigenden Behörde gefordert werden. Da die im Jahre 1986 erlassene TA Luft bislang nicht aktualisiert wurde, fordern viele Genehmigungsbehörden inzwischen strengere Richtwerte. Der Anlagenbetreiber hat im Genehmigungsverfahren gegenüber den Behörden nachzuweisen, dass die entsprechenden Anforderungen erfüllt werden. In der TA Luft sind auch Immissionsgrenzwerte verankert.

Tabelle 8-2: Grenzwerte für die Eisen- und Stahlindustrie in der TA Luft

Nr. in der TA Luft	Prozess	Stoff	Grenzwert
3.3.3.1.1	Eisenerzsinteranlagen	NO, NO_2 als NO_2 im Abgas	0.40 g/m³
3.3.3.2.1	Anlagen zur Gewinnung von Roheisen		-
3.3.3.2.2	Anlagen zur Gewinnung von Nichteisenrohmetallen	**Staub**	
		Staubförmige Emissionen im Abgas	20 g/m³
		Schwefeloxide	0,8 g/m³
		Schwefeldioxid und Schwefeltrioxid im Abgas	oder 5 kg/h
		Brennstoffe	
		Massengehalt an Schwefel	< 1 %
3.3.3.3.1	Anlagen zur Stahlerzeugung in Konvertern, Elektrolichtbogenöfen und Vakuum-Schmelzanlagen	**Staub**	
		Elektrolichtbogenöfen, Induktionsöfen oder Kupolöfen mit	20 g/m³
		Obergichtabsaugung	50 g/m³
		Kupolöfen mit Untergichtabsaugung	
		Kohlenmonoxid	
		Heißwindkupolöfen mit nachgeschaltetem eigenbeheizten Rekuperator	1 g/m³
3.3.3.3.2	Elektro-Schlacke-Umschmelzanlagen	Gasförmige anorganische Fluorverbindungen im Abgas, angegeben als Fluorwasserstoff	1 g/m³

8.6.2.3 Sonstige Richtlinien zur Luftreinhaltung

Ähnlich wie die TA Luft für stoffliche Emissionen setzt die Technische Anleitung Lärm (**TA Lärm**) Grenzwerte für Lärmemissionen, die bei der Genehmigung von neuen oder geänderten Anlagen eingehalten werden müssen, und schreibt Lärmminderungsmaßnahmen entsprechend dem Stand der Technik vor. Neben den rechtlichen Vorschriften existieren weitere Empfehlungen und Richtlinien privater Organisationen. So benennt die Deutsche Forschungsgemeinschaft Maximale Arbeitsplatzkonzentrationen für eine Vielzahl von Luftschadstoffen. Diese sog. **MAK-Werte** beschreiben die höchstzulässige Konzentration eines Arbeitsstoffes als Gas, Dampf oder Schwebstoff am Arbeitsplatz, die nach dem gegenwärtigen Stand der Kenntnis, bei in der Regel täglich achtstündiger Exposition, und bei Einhaltung einer Wochenarbeitszeit von 40 Stunden, im allgemeinen die Gesundheit der Beschäftigten nicht beeinträchtigt und keine unangemessene Belästigung darstellt.

Die **VDI-Richtlinien** (Verein Deutscher Ingenieure) zur Emissionsverminderung beschreiben den Stand der Technik von Verfahren, Einrichtungen und Betriebsweisen für Neuanlagen zum Vermindern von Emissionen. Sie nennen zur Qualifizierung und Quantifizierung des Stands der Technik Emissionswerte für Partikel und Gase, die im Dauerbetrieb von Neuanlagen eingehalten werden können. Sie befassen sich darüber hinaus mit Technologien, mit Verfahren zur Abgasreinigung sowie mit Kenndaten und Angaben über den notwendigen technischen und wirtschaftlichen Aufwand. VDI-Richtlinien zur Emissionsminderung beziehen sich schließlich auf Analyseverfahren sowie auf die Durchführung und die Auswertung von Messungen partikel- und gasförmiger Emissionen.

8.6.3 Richtlinien zum Schutz des Wassers

Jede Einleitung von Abwasser fällt in Deutschland unter das Wasserhaushaltsgesetz (WHG). Das WHG wird durch die Abwasserherkunftsverordnung (AbwHerkV) und die Abwasserverordnung umgesetzt und durch das Abwasserabgabengesetz ergänzt. Weiterhin gelten zahlreiche insbesondere stoffbezogene Regelungen des Chemikaliengesetzes, des Pflanzenschutzgesetzes, des Düngemittelgesetztes sowie des Kreislaufwirtschaft- und Abfallgesetzes dem Gewässerschutz[340].

8.6.3.1 Das Wasserhaushaltsgesetz

Das Wasserhaushaltsgesetz (WHG) dient dem Schutz der oberirdischen Gewässer, des Grundwassers und der Küstengewässer. Es regelt die Inanspruchnahme des Wassers, die die verfügbare Wassermenge quantitativ vermindern oder die vorhandene Wassermenge qualitativ beeinträchtigen kann. Gemäß § 1a WHG sind Gewässer als „*Bestandteil des Naturhaushalts so zu bewirtschaften, dass sie dem Wohl der Allgemeinheit und im Einklang mit ihm auch dem Nutzen einzelner dienen und dass jede vermeidbare Beeinträchtigung unterbleibt*“ (sogenanntes Bewirtschaftungsgebot). Das Einleiten und Einbringen von Stoffen in ein Gewässer (sog. Direkteinleitung) gilt als Benutzung desselben (§ 3 WHG) und bedarf einer Erlaubnis (§ 7 WHG). Abwasser mit sog. gefährlichen Stoffen (aufgrund von Giftigkeit, Langlebigkeit, Anreicherungsfähigkeit oder krebserzeugender, fruchtschädigender oder erbgutverändernder Wirkung) sind gemäß dem *Stand der Technik* zu behandeln (§ 7a WHG).

Die Bundesländer haben sicherzustellen, dass vor dem Einleiten gefährlicher Stoffe in eine öffentliche Abwasseranlage (sog. Indirekteinleitung) die gleichen Anforderungen wie an direkte Einleitungen in ein Gewässer gestellt werden (§ 7a Abs.3 WHG).

[340] Siehe [Michaelis 1999, S. 40]

Die gesetzliche Ausfüllung des durch das Wasserhaushaltsgesetz bundesrechtlich vorgegebenen Rahmens und die ergänzende Wassergesetzgebung sowie der Vollzug der wasserrechtlichen Vorschriften ist Sache der Länder.

8.6.3.2 Sonstige Richtlinien zur Wasserreinhaltung

Das Wasserhaushaltsgesetz, das den ordnungsrechtlichen Teil der Gewässerschutz-regelungen bildet, wird ergänzt durch das **Abwasserabgabengesetz (AbwAG)**, welches den abgabenrechtlichen Teil abdeckt. Die Abwasserabgabe knüpft an Menge und Schädlichkeit des eingeleiteten Wassers an (es wird ausführlich in Kapitel 8.6.3 aufgegriffen). Das nationale Wasserrecht wird überlagert und ergänzt von Vorschriften der EU und weiteren internationalen Regelungen. Die wichtigsten Regelwerke für das Abwasser sind die **Richtlinie 76/464/EWG**, die die Verschmutzung infolge der Ableitung bestimmter gefährlicher Stoffe in die Gewässer der Gemeinschaft betrifft, und die **Richtlinie 91/271/EWG** über die Behandlung von kommunalem Abwasser. Neben diesen Rechtsnormen existieren noch fachtechnische Normen und Regelwerke, insbesondere die DIN-Vorschriften, die zur Beurteilung der Regeln der Technik im Sinne des § 7a, 18b WHG von der Verwaltung herangezogen werden können[341].

8.6.4 Richtlinien zum Schutz des Bodens und zur Abfallwirtschaft

In der Bundesrepublik wurde ein explizites Bodenschutzgesetz (Gesetz zum Schutz vor schädlichen Bodenveränderungen und zur Sanierung von Altlasten – Boden-schutzgesetz (BbodSchG)) erst im Jahre 1999 erlassen, wobei es Regelungen auf Landesebene schon deutlich früher gab. Doch ist der Bodenschutz auch indirekt im BImSchG, WHG und insbesondere im Kreislaufwirtschafts- und Abfallgesetz (KrW-/AbfG) erfasst. Das Kreislaufwirtschafts- und Abfallgesetz, dessen Zweck die Förderung der Kreislaufwirtschaft und die Sicherung der umweltverträglichen Vermeidung, Verwertung und Beseitigung von Abfällen ist, wird ergänzt durch Landesabfallgesetze. Diese regeln beispielsweise die Erstellung von Abfallwirt-schaftskonzepten, -bilanzen und -entsorgungsplänen durch die Kommunen, Ausschlüsse einzelner Abfallarten von der Andienungspflicht sowie die Erhebung von (Sonder-)Abfallabgaben. Für die Umsetzung sind die TA Abfall, TA Siedlungsabfall und TA Sonderabfall wichtig.

8.6.4.1 Kreislaufwirtschafts- und Abfallgesetz (KrW-/AbfG)

Das Gesetz zur Vermeidung, Verwertung und Beseitigung von Abfällen enthält in Artikel 1 das Gesetz zur Förderung der Kreislaufwirtschaft und Sicherung der

[341] Vgl. [Gieseke et al. 1989].

umweltverträglichen Beseitigung von Abfällen. Dieses sogenannte Kreislaufwirtschafts- und Abfallgesetz (KrW-/AbfG) hat 1996 das Abfallgesetz aus dem Jahre 1986 abgelöst. Zweck des KrW-/AbfG ist *„die Förderung der Kreislaufwirtschaft zur Schonung der natürlichen Ressourcen und die Sicherung der umweltverträglichen Beseitigung von Abfällen.“* (§ 1 KrW-/AbfG). Damit werden die Prioritäten auf die Vermeidung (höchste Priorität) und Verwertung (zweithöchste Priorität) vor der Beseitigung der Abfälle gesetzt (§ 4 KrW-/AbfG) und die Produktverantwortlichkeiten präzisiert (§ 22 KrW-/AbfG). Während für die Verwertung konkrete Vorschriften existieren, sind die Vorgaben zur Vermeidung nicht an explizite Vorschriften gebunden. Es gilt hier lediglich das Gebot zur Abfallvermeidung. Grenzen der Verwertungspflicht ergeben sich

- aus den technischen Möglichkeiten (Orientierung am Stand der Technik),
- aus der wirtschaftlichen Zumutbarkeit, die sich u. a. an dem Verhältnis zu den Kosten der Beseitigung orientiert und
- bei den Fällen, wo die Beseitigung umweltverträglicher ist.

Ein Vorrang der stofflichen oder thermischen Verwertung von Sekundärrohstoffen ist nicht festgelegt, sondern das jeweils umweltverträglichere Verfahren soll zum Einsatz kommen.

Die Produktverantwortung fordert, dass derjenige, der Erzeugnisse entwickelt, herstellt und be- und verarbeitet oder vertreibt, die Verantwortung für die Verminderung und Verwertung übernimmt. Eine Konkretisierung erfolgt über Rechtsverordnungen, die ein Verbot, eine Beschränkung oder eine Kennzeichnungspflicht für Erzeugnisse beinhalten können. In der Verpackungsverordnung (VerpackV), die die Rücknahmepflicht von Verpackungen regelt, hat die Produktverantwortung erstmals Anwendung gefunden.

Mit dem KrW-/AbfG wird auch angestrebt, die aus der Interpretation des Abfallgesetzes entstandenen Widersprüche zu anderen Gesetzen wie dem Bundes-Immissionsschutzgesetz und der EG-Abfallrahmenrichtlinie zu beseitigen. Hierzu wird der subjektive Abfallbegriff des Abfallgesetzes zurückgedrängt, so dass die Definition des Abfallbegriffs im Kreislaufwirtschafts- und Abfallgesetz nun konform mit Artikel 1 der EG-Abfallrahmenrichtlinie geht. Abfälle im Sinne des Gesetzes sind alle beweglichen Sachen, die unter die in Anhang I aufgeführten Gruppen fallen und deren sich ihr Besitzer entledigt, entledigen will oder entledigen muss (Definition des Abfallbegriffs über den Tatbestand der Entledigung). **Abfälle zur Verwertung** sind Abfälle, die verwertet werden; Abfälle, die nicht verwertet werden, sind **Abfälle zur Beseitigung** (vgl. Abbildung 8-3) (§ 3 Abs. 1 KrW-/AbfG).

Weiterhin ist festgelegt, dass Abfälle zur Beseitigung vorrangig im Inland zu entsorgen sind (Entsorgungsautarkie).

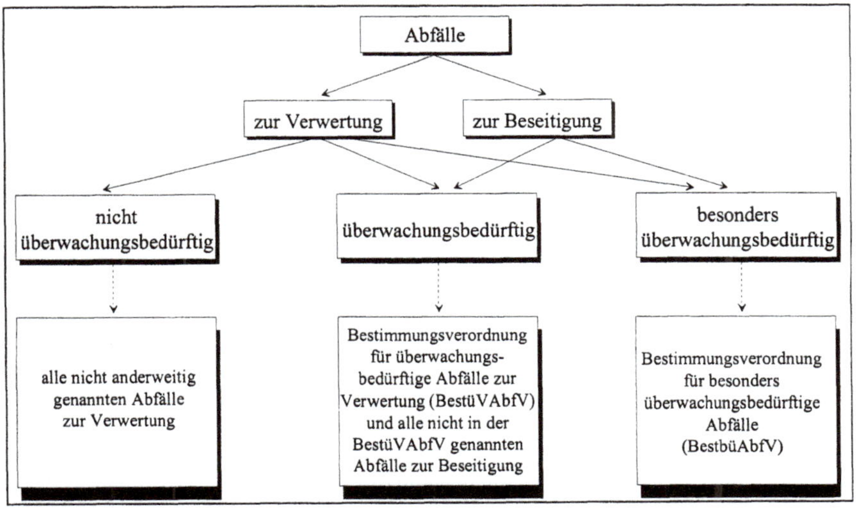

Abbildung 8-3: Wesentliche Begriffe des Kreislaufwirtschafts- und Abfallgesetzes

8.6.4.2 Verordnungen und Verwaltungsvorschriften im Abfallrecht

Die Verordnungen zum Abfallrecht basieren noch auf dem vom KrW-/AbfG abgelösten Abfallgesetz, sind jedoch weiterhin als gültig anzusehen. Die **Abfallbestimmungsverordnung** nimmt die Zuordnung von 333 besonders überwachungsbedürftigen zu beseitigenden Abfällen (früher: Sonderabfälle) entsprechend dem LAGA (Länder-Arbeitsgemeinschaft Abfall) -Abfallartenkatalog zu Herkunftsbereichen und Abfallschlüsselnummern vor, sofern beim Abfallerzeuger mehr als insgesamt 500 kg dieser Abfälle pro Jahr anfallen. Nach § 41 Abs.1 KrW-/AbfG sind besonders überwachungsbedürftige Abfälle zur Beseitigung definiert „*als Abfälle aus gewerblichen oder sonstigen wirtschaftlichen Unternehmen oder öffentlichen Einrichtungen, die nach Art, Menge oder Beschaffenheit in besonderem Maße gesundheits-, luft- oder wassergefährdend, explosiv oder brennbar sind, oder Erreger übertragbarer Krankheiten enthalten oder hervorbringen können.*“

Analog zur Abfallbestimmungsverordnung werden durch die **Reststoffbestimmungsverordnung** den besonders überwachungsbedürftigen Reststoffen, die im Sinne des KrW-/AbfG Sekundärrohstoffe darstellen, Schlüsselnummern zugewiesen. Entsprechend ist das Ziel der **Abfall- und Reststoffüberwachungsverordnung** die Schaffung wirksamer Kontrollmechanismen zur Gewährleistung einer umweltverträglichen Abfallentsorgung. Sie enthält deshalb als wesentlichen Teil die Kontrolle der Abfallentsorgung durch den Entsorgungsnachweis.

Die zweite allgemeine Verwaltungsvorschrift zum Abfallgesetz (**TA Abfall**) regelt für den Bereich der besonders überwachungsbedürftigen Abfälle die technischen und organisatorischen Mindestanforderungen für deren (Zwischen-)Lagerung, chemisch/physikalische oder biologische Behandlung, Verbrennung und Ablagerung. Für Deponien werden zulässige Dichtungssysteme, Gaserfassungs- und Sickerwasserbehandlungsverfahren benannt und gegeneinander abgewogen. Zur Sicherung eines möglichst schadlosen Umgangs werden für jede Anlagenart Anforderungen für Probenahme-, Mess- und Analyseverfahren, Anlagenzulassung, Anforderungen an Organisation und Personal von Abfallentsorgungsanlagen, Information und Dokumentation, Vorrang und Grenzen der Verwertung sowie Kriterien für die Zuordnung von Abfällen zu bestimmten Behandlungsanlagen und Deponien festgelegt.

Darüber hinaus enthält die dritte allgemeine Verwaltungsvorschrift zum Abfallgesetz (**TA Siedlungsabfall**) Anforderungen an die stoffliche Verwertung und Schadstoffentfrachtung. Abfälle dürfen nur dann deponiert werden, wenn sie nicht verwertet werden können und bestimmte Zuordnungskriterien der entsprechenden Deponieklasse einhalten.

8.6.4.3 Das Bundes-Bodenschutzgesetz

Ziel des BBodSchG ist es, nachhaltig die Funktion des Bodens zu sichern oder wiederherzustellen. Hierzu sind schädliche Bodenveränderungen abzuwehren, der Boden und Altlasten sowie hierdurch verursachte Gewässerverunreinigungen zu sanieren und Vorsorge gegen nachteilige Einwirkungen auf dem Boden zu treffen. Boden ist im Sinne des Gesetztes die obere Schicht der Erdkruste (einschließlich flüssiger Bestandteile (Bodenlösungen) und der gasförmigen Bestandteile (Bodenluft) ohne Grundwasser und Gewässerbetten).

Schädliche Bodenveränderungen im Sinne des Gesetzes sind Beeinträchtigungen der Bodenfunktion, die geeignet sind, Gefahren, erhebliche Nachteile oder erhebliche Belästigungen für den einzelnen oder die Allgemeinheit herbeizuführen. Neben Maßnahmen zur Bodenvorsorge werden durch das Gesetz insbesondere Altlasten und deren Sanierung geregelt.

8.6.4.4 Die Bundes-Bodenschutz- und Altlastenverordnung

Diese Verordnung bezieht sich auf das BBodSchG und regelt u. a. die Anforderungen an die Probennahmen und Analytik bei Bodenuntersuchungen, gibt Prüf- und Vorsorgewerte für Schadstoffbelastungen im Boden und beinhaltet die Anforderungen an eine Sanierungsuntersuchung und den Sanierungsplan.

8.6.5 Gesetz über die Umweltverträglichkeitsprüfung

Das Gesetz über die Umweltverträglichkeitsprüfung (UVPG) setzt die EG-Richtlinie 85/337/EWG über die Umweltverträglichkeitsprüfung bei bestimmten öffentlichen und privaten Projekten in nationales Recht um. Ziel ist es den medien- und sektorübergreifenden Ansatz beim Umweltschutz bereits in der Phase der Planung und Projektentwicklung zu integrieren.

Ziel ist gemäß § 2 UVPG die „*wirksame Umweltvorsorge nach einheitlichen Grundsätzen*" indem Auswirkungen auf die Umwelt (Menschen, Tiere, Pflanzen, Boden, Wasser, Luft, Klima und Landschaft, einschließlich der jeweiligen Wechselwirkungen sowie auf die Kultur- und sonstigen Sachgüter) frühzeitig und umfassend ermittelt, beschrieben und bewertet werden. Dabei handelt es sich um Vorhaben, die ein Planfeststellungsverfahren (z. B. Fernstraßen, Schienenverkehr) oder die eine Genehmigungspflicht unter Öffentlichkeitsbeteiligung erfordern.

Die UVP beginnt mit der Problemidentifikation und der Systembeschreibung, an die sich die Wirkungsabschätzung und eine Bewertung der *Errichtung* einer bestimmten Anlage anschließen, aus denen Handlungsempfehlungen abgeleitet werden. Das Ergebnis der UVP ist so früh wie möglich bei behördlichen Entscheidungen zu berücksichtigen. Teilprüfungen werden zu einer Gesamtbewertung aller Umweltauswirkungen, einschließlich der Wechselwirkungen, zusammengefasst. Allerdings liefert die UVP wegen ihres argumentativen Ansatzes und aufgrund des Verzichts auf Grenzwerte keine eindeutigen Entscheidungsparameter.

8.6.6 IVU-Richtlinie der Europäischen Union

In Erweiterung der vorgestellten Gesetzgebung zum Schutz der Umweltmedien Wasser, Luft und Boden wird zukünftig der integrierte, medienübergreifende Umweltschutz wesentlich an Bedeutung gewinnen. Der Rat der Europäischen Union hat hierzu am 24. September 1996 die Richtlinie 96/61 EWG über die **integrierte Vermeidung und Verminderung der Umweltverschmutzung (IVU-Richtlinie)** erlassen. Ziel des integrierten Ansatzes ist die Vermeidung bzw. Verminderung von Emissionen in die Medien Luft, Wasser und Boden, wobei die Abfallwirtschaft und der effiziente Energieeinsatz explizit zu berücksichtigen sind. Ein hohes Schutzniveau der Umwelt soll somit insbesondere durch die Vermeidung transmedialer Problemverlagerungen, die bei isolierter Betrachtung einzelner Umweltmedien entstehen können, erreicht werden. Wesentliches Element für die Umsetzung der IVU-Richtlinie ist die innerhalb der EU einheitliche Erteilung von Genehmigungen für den Betrieb größerer umweltrelevanter Anlagen. Das zentrale Instrument zum medienübergreifenden Umweltschutz wird dabei durch anlagenspezifische Noten bzgl. der **besten verfügbaren Techniken (BVT-Noten),** deren Anwendung sowohl EU-weite Betreiberpflicht wie auch Genehmigungsvoraussetzung darstellt (Art. 3a, Art. 9.1-9.4 IVU-RL), gebildet. Der Begriff *beste verfügbare Technik (BVT)* bezeichnet dabei „*den effizientesten und fortschrittlichsten Entwicklungsstand der Aktivitäten und entsprechenden Betriebsweisen, der spezielle Techniken als praktisch geeignet erscheinen lässt, grundsätzlich als Grundlage für Emissionsgrenzwerte zu dienen, um Emissionen in und Auswirkungen auf die gesamte Umwelt allgemein zu vermeiden oder, wenn dies nicht möglich ist, zu vermindern*". Dabei bezeichnet *Technik* sowohl die angewandte Technologie als auch die Art und Weise, wie die Anlage geplant, gebaut, gewartet, betrieben oder stillgelegt wird. *Verfügbar* sind die Techniken, die in einem Maßstab entwickelt sind, der unter Berücksichtigung des Kosten-/Nutzen-Verhältnisses die Anwendung in dem betreffenden industriellen Sektor in wirtschaftlich und technisch vertretbaren Verhältnissen ermöglicht. Als b*este Techniken* werden diejenigen Techniken bezeichnet, die am wirksamsten zur Erreichung eines allgemein hohen Schutzniveaus für die Umwelt beitragen (Art. 2.11 IVU-RL). Die IVU-Richtlinie ist innerhalb von drei Jahren nach Inkrafttreten durch Erlass der erforderlichen Rechts- und Verwaltungsvorschriften von den EU-Mitgliedsländern in nationales Recht umzusetzen.

Tabelle 8-3 zeigt den Vergleich der Anforderungen der UVP-Richtlinie und der IVU-Richtlinie. Während für die Durchführung einer Umweltverträglichkeitsprüfung häufig Nutzwertanalysen angewendet werden, liegen für die Umsetzung der medienübergreifenden Technikbewertung, wie sie in der IVU-Richtlinie gefordert ist, noch keine erprobten und abgestimmten Methoden zur Identifikation von BVT unter Berücksichtigung der medienübergreifenden Aspekte vor. Bewertungskriterien werden weder in der UVP- noch der IVU-Richtlinie ausdrücklich genannt.

Tabelle 8-3: Vergleich der Anforderungen des UVPG und der IVU-Richtlinie[342]

	UVP-Richtlinie	**IVU-Richtlinie**
Zweck	Instrument zur Entscheidungsvorbereitung	Instrument zur Genehmigungsentscheidung
Gültigkeit	Ergebnis ist bei Genehmigungen „zu berücksichtigen"	verbindlicher Genehmigungsrahmen
Bezug	Umweltauswirkungen aus Errichtung der Anlage	Umweltauswirkungen aus Betrieb der Anlage (auch Außerbetriebnahme)
	immissionsorientierter Ansatz aufgrund des Raumbezugs durch die Standort- bzw. Trassengebundenheit	Emissionsorientierter Ansatz, da BVT die konkrete Technik samt ihrer Auswirkungen betrachtet
Umfang	auch mittelbare Auswirkungen, etwa Verkehr	Emissionen, Energie, Wasserverbrauch, aber keine mittelbaren Umweltauswirkungen

342 Siehe [Geldermann 1999].

8.6.7 Allgemeines Umweltrecht

Ferner gibt es übergreifende Gesetze zum Umweltschutz.

- Zweck des **Bundesnaturschutzgesetzes** (BNatSchG) ist der Erhalt und die Verbesserung der Leistungsfähigkeit und der Landschaftspflege, so dass sich vor allem Konsequenzen bei der Neuerrichtung von Produktionsstätten über das Baurecht ergeben können.
- Das **Umwelthaftungsgesetz** (UmweltHG) verpflichtet den Inhaber einer Anlage, geschädigten Personen den durch Umwelteinwirkungen der Anlage entstandenen Schaden zu ersetzen.
- Der staatlichen Umweltplanung dient das **Umweltstatistikgesetz** (UStatG). Das produzierende Gewerbe ist damit auskunftspflichtig bezüglich der Abfallbeseitigung (§ 4 UStatG) und der Investitionen für den Umweltschutz (§ 11 UStatG).
- Das **Umweltinformationsgesetz** (UIG) ermöglicht den freien Zugang zu den bei den Behörden vorhandenen Informationen über die Umwelt, z. B. Zustand der Gewässer, der Luft, des Bodens, aber auch über Tätigkeiten, die den Zustand der Umwelt beeinträchtigen können oder zum Schutz der Umweltbereiche beitragen. Sie setzt die Umweltinformations-Richtlinie 90/313/EWG in deutsches Recht um.

8.6.8 Das geplante Umweltgesetzbuch

Für die Zukunft ist eine Neufassung des deutschen Umweltrechts in Form eines einheitlichen Umweltgesetzbuches geplant. Nach über fünfjähriger Arbeit hat eine unabhängige Sachverständigenkommission 1997 einen Entwurf hierzu vorgestellt. Daraus soll im weiteren ein Kabinettsentwurf entwickelt werden. Ein Ziel ist es, die Überschneidung von Vorschriften (z. B. BImSchG mit Abfallrecht) zu vermeiden. Daneben soll es die Möglichkeit geben, Umweltabgaben zu erheben. Dies könnte dazu führen, dass die auf Landes- oder kommunaler Ebene erhobenen Abgaben wegfallen oder zumindest harmonisiert werden. Grundsätzlich sollen die Genehmigungsverfahren vereinfacht werden, vor allem auch aufgrund entsprechender EU-Vorschriften (IVU-Richtlinie). Es ist beabsichtigt, das Prinzip der Überkompensation einzuführen, das heißt, eine Anforderung im Umweltbereich Luft kann übererfüllt werden, während ein anderer Umweltbereich wie etwa Wasser nicht vollständig erfüllt wird. Details sind noch nicht geklärt. Im Zuge der Harmonisierung der Genehmigungsverfahren soll auch erreicht werden, dass Genehmigungen von einer zentralen Stelle ausgesprochen werden.

8.7 Ökonomische Instrumente im Umweltschutz

8.7.1 Einführung und kritische Würdigung

Ökonomische Instrumente lassen sich in **Preis- und Mengenansätze** unterteilen. Preisansätze zielen auf die Beeinflussung der Wirtschaftlichkeit ab, indem über Eingriffe in Preise entweder erwünschtes Verhalten (wie die Verbesserung der Wärmedämmung von Häusern) unterstützt oder nicht erwünschtes Verhalten (wie die Einleitung von belasteten Abwasser) sanktioniert wird. Die Höhe von Preisen für Umweltgüter lässt sich (theoretisch) über Internalisierungsstrategien von **externen Effekten** ableiten[343].

Bei Preisansätzen ist nicht garantiert, dass die gewünschte ökologische Zielsetzung erreicht wird, da sie von den Anpassungsprozessen der Wirtschaft und der Verbraucher, die durch die Preisanreize induziert werden, abhängt[344], deren Prognose mit Unsicherheiten behaftet ist. Damit ist auch das Problem der optimalen Allokation der finanziellen Ressourcen verbunden, denn es kann zu einer Überförderung kommen bzw. es können Mitnahmeeffekte auftreten. Um solche negativen Effekte zu vermeiden, kann u. a. eine Differenzierung nach Technologien vorgenommen werden oder Mengenbegrenzungen eingeführt werden. Hierzu sind gute Informationen des Gesetzgebers über unterschiedliche Anlagentypen und Betriebsbedingen notwendig, was die Transaktionskosten des öffentlichen Sektors in die Höhe treiben kann bzw. besondere Anforderung an die Flexibilität des Instrumentes stellt.

Preisansätze zeichnen sich aber durch eine statische und dynamische Effizienz aus, da der individuellen wirtschaftlichen Situation der Akteure Rechnung getragen wird und Anreize zu technologischen Weiterentwicklungen gegeben werden. Die dynamische Effizienz wird aber auch davon betroffen, ob die Preisansätze eine dynamische Komponente enthalten, das heißt beispielsweise ob Steuerbelastungen für umweltschädliches Verhalten über die Zeit ansteigen oder Subventionen abgebaut werden. Zu betonen ist, dass auch der Abbau von Vergünstigungen mit negativer ökologischer Wirkung – wie zum Beispiel der Unterstützung der heimischen Steinkohle oder dem inländischen Flugverkehr – zu den geeigneten Maßnahmen gehören kann.

Die Instrumente, die auf einem Preisansatz beruhen, können an verschiedenen Stellen in die Preismechanismen eingreifen:

- Es können feste Absatzpreise garantiert werden **(Festpreisgarantien)**.
- Es können **Steuern** und **Abgaben** erhoben bzw. erlassen werden.

[343] Zu externen Kosten und deren problematischer Bestimmung wird auf Kapitel 4 verwiesen. Siehe auch die Ausführungen in Kapitel 7, insbesondere zur Pigousteuer.

[344] Der Preiselastizität von umweltschädigenden Gütern.

- Die Kostenstruktur kann durch Maßnahmen wie **Investitionszuschüsse, zinsvergünstigten Darlehen, Subventionen** oder anderen **staatlichen Förderprogrammen** wie der Forschungs- und Entwicklungsförderung beeinflusst werden.

In den folgenden Kapiteln wird auf Abgaben, Steuern und Festpreise näher eingegangen. Gemäß der im Verfassungs- und Steuerrecht herrschenden Terminologie muss zwischen Steuern (die nicht zweckgebunden sind **(Non-Affektationsprinzip)**) und Abgaben (die an engere Vorschriften wie u. a. staatliche Gegenleistungen geknüpft sind) unterschieden werden.

Mengenansätze geben direkt ein verbindliches Mengenziel vor, das von den Betroffenen einzeln oder gemeinsam zu erfüllen ist (z. B. ein %ualer Anteil von Mehrwegverpackungen an den Gesamtverpackungen), wobei je nach Ausgestaltung den Betroffenen ein mehr oder weniger großer Handlungsrahmen bleibt, ökonomisch effizient zu handeln. Bezüglich der Zielkonformität haben sie somit Vorteile gegenüber Preisansätzen. Weiterhin wird häufiger angeführt, dass beispielsweise die Grenzvermeidungskosten bei CO_2-Emissionen weitgehend nicht bekannt sind und deshalb die Festlegung von sinnvollen Preisansätzen zu Schwierigkeiten führen kann[345]. Mengenansätze weisen je nach Ausgestaltung stark ordnungsrechtliche Züge auf, weshalb ihre Zuordnung – als ordnungsrechtliche oder ökonomische Instrumente - nicht immer eindeutig ist. Ein zur Zeit vieldiskutiertes Quotenmodell wird in Kapitel 8.6.6 vorgestellt und in Kapitel 8.6.7 werden verschiedene Emissionsgutschriftenmodelle (Zertifikate) behandelt, die häufig zur Flexibilisierung von Mengenregelungen eingesetzt werden.

Ökonomische Instrumente können auf Basis unterschiedlicher Bemessungsgrundlagen erhoben werden. Die Bemessungsgrundlage kann der physikalisch-mengenmäßige Input oder der Output (sowohl die Marktleistung wie auch die Emissionen) einer Aktivität sein, es kann eine Aktivität (z. B. gefahrene km) oder es können ökonomische Größen (wie Investitionen) sein[346].

Gegenwärtig gewinnt der Einsatz von ökonomischen (und auch der freiwilligen) Instrumente in der Bundesrepublik Deutschland und der EU an Gewicht, was auf folgende Gründe zurückführbar ist:

- Die Minderungsziele für CO_2-Emissionen vor dem Hintergrund der Treibhausgasproblematik lassen sich nur durch Maßnahmen in allen energierelevanten Sektoren erreichen, wobei es keine eindeutig dominierende Maßnahme (so wie die Abscheidetechniken an Kraftwerken bei den SO_2-Emissionen) gibt. Grenzwerte über Ordnungsrecht sind deshalb schwierig zu

---

345 Siehe [Feess 1995, S. 163].

346 Siehe zu weiteren Ausführungen z.B. [Schaltegger et al. 1996, S. 136] oder [Michaelis 1999].

definieren. Etwas abgeschwächt gilt diese Aussage auch bei der Minderung von VOC-Emissionen vor dem Hintergrund der bodennahen Ozonproblematik.

- Die Harmonisierung der Instrumente innerhalb der EU führt dazu, dass die in einigen EU-Ländern stärker vertretenen ökonomischen Ansätze vermehrt auch für die Bundesrepublik Deutschland Anwendung finden (beispielsweise ist die Öko-Audit-Verordnung gegen den anfänglichen Widerstand der Bundesrepublik Deutschland europäisches Recht geworden).
- Aufgrund der angespannten ökonomischen Situation wird von Seiten der Industrieunternehmen verstärkt auf Deregulierung und Abbau von umweltpolitischen Hemmnissen gedrängt (Ruf nach „weniger Staat und mehr unternehmerischer Eigenverantwortung"). Dies hat u. a. zur Selbstverpflichtungserklärung der Industrie zur Klimavorsorge geführt.
- Da viele aktuelle Umweltprobleme grenzüberschreitend (z. B. der Saure Regen oder die bodennahe Ozonproblematik) oder global (z. B. der Treibhauseffekt oder das Ozonloch) sind, hat die Anzahl an internationalen Abkommen zum Umweltschutz zugenommen. Ein Argument, möglichst viele Staaten zur Beteiligung an den Abkommen zu bewegen, ist, dass die Minderungsverpflichtungen für die Staaten nach ökonomischen Effizienzkriterien bestimmt wurden (wie z. B. im zweiten Schwefelprotokoll) oder das Abkommen eine möglichst effiziente Zielerreichung der Minderungsverpflichtungen zulässt (wie beispielsweise über den Kompensationsansatz in der Klimarahmenkonvention).

8.7.2 Abgaben

Abgaben können in Deutschland auf umweltschädigendes Verhalten erhoben werden, was dem Verursacherprinzip entspricht. Abgaben zeichnen sich gegenüber Steuern dadurch aus, dass ihre Verwendung derart festgelegt ist, dass sie dem Abgabenzweck direkt wieder zugeführt werden müssen. Ein weiterer Unterschied ist die flexiblere und allgemeinere Handhabung, da hier kein Steuerobjekt definiert werden muss, sondern eine Auflistung aller betroffenen Tatbestände erfolgen kann.

In der Bundesrepublik Deutschland können nach dem § 8 Abs. 9 BNatSchG **naturschutzrechtliche Ausgleichsabgaben** bei Landnutzern eingefordert werden, wenn Vermeidungs-, Ausgleichs- oder Ersatzmaßnahmen nicht durchführbar sind. Obwohl in einigen Bundesländern die versiegelte Fläche als Gebührenmaßstab herangezogen wird, besteht das eigentliche Lenkungsziel im Erhalt der gesamten Leistungsfähigkeit des Naturhaushaltes[347]. Eine weitere wichtige Abgabe stellt die Abwasserabgabe dar, auf die im folgenden Kapitel als ein Beispiel für die Gestaltung von Abgabensystemen ausführlicher eingegangen wird.

[347] Siehe [SRU 2000, S. 231].

8.7.3 Die Abwasserabgabe

Das Abwasserabgabengesetz wurde am 13.09.1976 erlassen, trat am 01.01.1978 in Kraft und sieht eine Abgabepflicht ab 01.01.1981 vor. Das Gesetz wurde zuletzt am 03.11.1994 geändert. Auf der Grundlage des Abwasserabgabengesetzes müssen Einleiter schädlichen Abwassers (Gemeinden, Industrie) eine Abgabe zahlen. Die Höhe der Abwasserabgabe richtet sich nach der Schädlichkeit des eingeleiteten Abwassers. Für die Bestimmung der Schädlichkeit werden die oxydierbaren Stoffe (als Chemischer Sauerstoffbedarf), die Nährstoffe Phosphor und Stickstoff, die Schwermetalle Quecksilber, Cadmium, Nickel, Chrom, Blei, Kupfer und die organischen Halogenverbindungen (AOX) sowie die Fischgiftigkeit des Abwassers der Bewertung zugrunde gelegt (§ 3 in Verbindung mit Anlage A). Die Schädlichkeit wird durch eine "Schadeinheit" (SE) ausgedrückt.

Je geringer die Schädlichkeit eines Abwassers ist, um so geringer ist auch die Abwasserabgabe. Die Abwasserabgabe soll daher einen Anreiz bieten, die Schädlichkeit der Abwässer durch Vermeidungsmaßnahmen, z. B. Abwasserbehandlung sowie Einführung abwasserarmer oder abwasserloser Produktionsverfahren, zu vermindern. Die für eine SE zu entrichtende Abwasserabgabe (Abgabensatz) betrug 1981 DM 12,-. Der Abgabesatz steigerte sich jährlich und beträgt seit 1997 DM 70,-/SE.

Werden Menge und Schädlichkeit der Abwässer soweit vermindert, dass sie den Mindestanforderungen nach § 7a Wasserhaushaltsgesetz oder den in der wasserrechtlichen Erlaubnis der Einleitung gesetzten strengeren Anforderungen entsprechen, so ermäßigen sich die Abgabesätze je Schadeinheit um 75 %; ab Veranlagungsjahr 1999 um 50 % (§ 9 Abs. 5). Weitere lineare Ermäßigungen bei entsprechenden Investitionen in Behandlungsmaßnahmen sind möglich. Bei Einhaltung des Standes der Technik bietet die Reduzierung eines Schadstoffes um 20 % in einem Teilstrom bei gleichzeitiger Verminderung der Gesamtschadstofffracht einen zusätzlichen finanziellen Anreiz.

Das Aufkommen der Abwasserabgabe ist für Maßnahmen, die der Erhaltung oder Verbesserung der Gewässergüte dienen, zweckgebunden (§ 13). So sieht das Hessische Ausführungsgesetz zum Abwasserabgabengesetz (HAbwAG) vom 17. Dezember 1980, GVBl. I S. 540 in der Fassung vom 22. Mai 1997 folgendes vor:

- § 16 Zweckbindung (zu § 13 Abwasserabgabengesetz): Die Einnahmen aus der Abwasserabgabe werden nach Abzug der Mittel zur Deckung des Verwaltungsaufwandes nach § 18 der Zweckbindung des § 13 Abwasserabgabengesetz entsprechend verwendet. Rückflüsse aus Zuwendungen, die aus dem Aufkommen der Abwasserabgabe gewährt wurden, gelten als Einnahmen aus der Abwasserabgabe.

- § 18 Verwaltungsaufwand (zu § 13 Abwasserabgabengesetz): Der durch den Vollzug des Abwasserabgabengesetzes und dieses Gesetzes entstehende Verwaltungsaufwand ist nach Maßgabe des jeweiligen Haushaltsplans aus dem Aufkommen der Abwasserabgabe zu decken.
- § 13 Erhebung der Abgabe: Die Abgabe wird von der für die Wasserbehörde sachlich und örtlich zuständigen Staatskasse erhoben.

8.7.4 Steuern

Neben den oben aufgeführten generellen Vor- und Nachteilen von ökonomischen Instrumenten werden bei einer ökologischen Steuerreform u. a. folgende Vorteile genannt[348]:

- „Doppelte Dividende": Neben den ökologischen Effekten ist die Beseitigung von Ineffizienzen im bestehenden Steuer- und Abgabensystem möglich.
- Finanzierung von ökologischen Projekten aus den Steuereinnahmen.
- Möglichkeit der Internalisierung externer Effekte.
- Einleitung von Strukturwandel und Verhaltensänderung

Im Rahmen der Diskussion um eine ökologische Steuerreform fokussiert sich das Thema auf den Energiebereich. Hier wurden in den letzten Jahren auf nationaler und internationaler Ebene eine Reihe unterschiedlicher Reformvorschläge unterbreitet und u. a. in der Bundesrepublik Deutschland eine ökologische Steuerreform eingeleitet.

8.7.4.1 Umweltorientierte Steuern im Energiebereich

Steuern im Energiesektor stehen zur Zeit im Brennpunkt der Diskussion um eine ökologische Steuerreform, weil in der Bundesrepublik Deutschland ca. 98% der Emissionen des weltweit wichtigsten Treibhausgases CO_2 durch energetische Aktivitäten erzeugt wird. Eine Minderung der Emissionen von CO_2 ist primär durch Effizienzsteigerungen bei energetischen Umwandlungsprozessen, die auch zu einem Ressourcenschutz und i. d. R. auch zu einer Reduzierung anderer Schadstoffe führen, und durch Substitution von Energieträgern möglich.

Wie die Erfahrungen aus der Vergangenheit zeigen, setzen sich viele wirtschaftliche Maßnahmen zur Energieeffizienzsteigerung aus unterschiedlichen Gründen autonom am Markt nicht oder nur zum Teil durch. In diesem Zusammenhang wurde der Begriff

---

[348] Siehe z. B. [DWI 1996].

der **Effizienzlücke**[349] (***Efficiency Gap***) bzw. des „wirtschaftlichen Einsparpotentiales" geprägt. Zu den Hemmnissen rationeller Energie- und Stromverwendung zählen[350,351] bei Haushalten und Kleinverbrauchern:

- Kenntnismängel und fehlende Marktübersicht,
- derzeitige Strompreisgestaltung mit der Aufspaltung in Grund- und Arbeitspreis,
- Trennung von Investor/Eigner und Nutzer energieverbrauchender Anlagen,
- Möglichkeit der Kostenverlagerung auf Tarifkunden sowie
- irrationales Verbraucherverhalten wie Angewohnheiten oder Desinteresse an Wirtschaftlichkeitsüberlegungen,

und bei der Industrie

- fehlendes energietechnisches und energiewirtschaftliches Know-how für die Umsetzung komplexer Energieinvestitionen,
- Konkurrenz zu Ersatz-, Erweiterungs- und Rationalisierungsinvestitionen im eigentlichen Geschäftsbereich, die zur direkten Wettbewerbsfähigkeit beitragen und somit höhere Priorität erhalten,
- lange Amortisationszeiten industrieller Eigenerzeugungsanlagen, die üblicherweise bei 10 bis über 15 Jahren liegen und die in der Industrie gängigen Amortisationserwartungen von 2 bis 4 Jahren um ein Vielfaches übersteigen, sowie
- Kapitalintensität energietechnischer Investitionen und die damit einhergehende Verschlechterung der Liquiditätssituation.

---

349 Dieser bezeichnet die Differenz zwischen den nach techno-ökonomischen Analysen zu tätigenden Investitionen und den niedrigeren realisierten Investitionen (siehe [Golove et al. 1996, S. 6], [Jaffe et al. 1994, S. 807 ff.).

350 Vgl. auch die Ausführungen in [Brand et al. 1987], [Hennicke 1991, S. 13 ff.], [Leprich 1994, S. 97], [Jänig 1996].

351 Eine ausführliche Diskussion der Hemmnisse - auch unter dem Aspekt, ob sie tatsächlich ein Marktversagen im Neoklassischem Sinne darstellen, weil **externe Kosten** nicht berücksichtigt werden, ein **unvollkommener Wettbewerb** herrscht und **unvollständige Informationen** vorliegen - wird in [Schöttle 1998, S. 19 ff.] geführt.

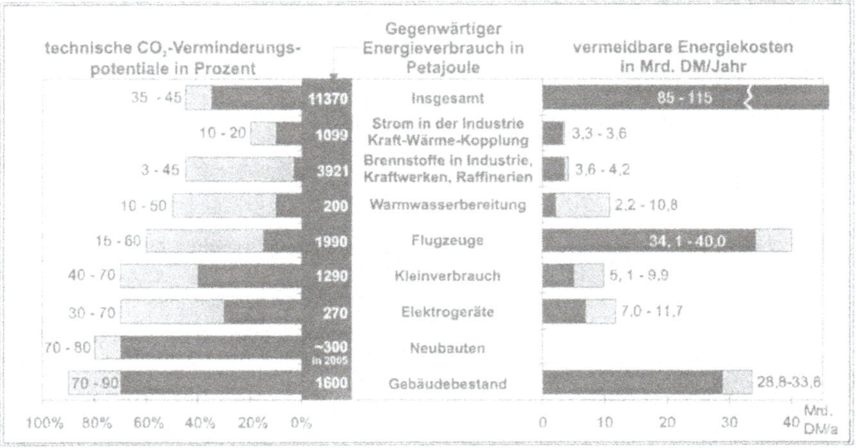

Abbildung 8-4: CO_2-Einsparpotentiale und Ausgabeneinsparungen durch rationelle Energienutzung in der Bundesrepublik Deutschland (alte Bundesländer) im Jahr 1987 [Enquête 1990, Bd. 2, S. 165]

Hieraus resultiert die Fragestellung, durch welche Instrumente Maßnahmen zur Energieeffizienzsteigerung gezielt gefördert werden können. Bei Anwendung einer umweltorientierten Steuer sind folgende Möglichkeiten zu diskutieren:

- eine allgemeine Energiesteuer (Output-Steuer (Strom wird besteuert)),
- eine reine CO_2-Steuer (Input-Steuer (abhängig vom Brennstoff)),
- eine Energieabgabe,
- eine CO_2-Abgabe,
- Mischformen.

Eine allgemeine Energiesteuer bewirkt eine höhere Energieeffizienz, da sie den Einsatz sämtlicher Primärenergieträger erfasst. Als Maß für die Höhe des Steuersatzes für den eingesetzten Energieträger wird der Energiegehalt des Brennstoffes verwendet. Abhängig ist die Wirkung einer reinen Energiesteuer von der **Preiselastizität** der Energienachfrage (sowohl der Endenergie wie der Nutzenergie). Besteht diese Elastizität nicht, so wird trotz Einführung der Energiesteuer keine Energieeinsparung erzielt. Tabelle 8-3 gibt eine Übersicht über die Nachfrageelastizitäten in der Bundesrepublik Deutschland. Wesentlicher Nachteil dieser Regelung ist die Tatsache, dass auch emissionsarme Energieträger, wie Kernkraft und regenerative Energien, besteuert werden. Hier besteht kein Anreiz zur Brennstoffsubstitution, da der Ansatz der Energiebesteuerung sich nicht direkt auf die CO_2-Emissionen bezieht.

Die reine CO_2-Steuer wählt hingegen genau diesen Weg, zielt also auf eine Substitution emissionsreicher durch emissionsärmere Brennstoffe ab. Hier dient als Grundlage der Besteuerung der CO_2-Ausstoß pro verbrauchter Energieeinheit. Auch hierfür ist allerdings wieder eine hinreichende Preiselastizität erforderlich, d. h. es sollte gewährleistet sein, dass die Steuer zu einer Verhaltensänderung führt.

Tabelle 8-4: Preiselastizitätswerte in Deutschland für Nutzenergie [Wietschel 1995]

Haushalte	
Raumwärme & Warmwasser	-0,15
Gerätestrom: Kochen	-0,10
Gerätestrom: Beleuchtung	-0,01
Gerätestrom: Sonstige Geräte	-0,06
Industrie	
Raumwärme	-0,12
Prozesswärme	-0,17
Licht und Kraft durch Strom	-0,10
Verkehr	
Motorisierter Individualverkehr	-0,20
Öffentlicher Straßenpersonenverkehr	-0,10
Schienenpersonenverkehr	-0,12

8.7.4.2 Die ökologische Steuerreform in der Bundesrepublik Deutschland

Am 01.04. 1999 ist das Gesetz zur ökologischen Steuerreform in Kraft getreten. Damit soll ein langfristiger Strukturwandel in Gang gesetzt werden, der zu einer Erhöhung der Energieeffizienz führt und neue Arbeitsplätze schafft.

Die zentralen Elemente der Reform sind:

- eine Erhöhung bestehender Steuersätze für Energieträger,
- die Einführung einer Stromsteuer und
- die Senkung des Betragssatzes zur Rentenversicherung um 0,8%punkte und im geringen Umfang zur Förderung regenerativer Energieträger.

Tabelle 8-5 gibt die Steuersätze für ausgewählte Energieträger wieder.

Tabelle 8-5: Energiesteuersätze in der BRD für ausgewählte Energieträger (Nettobelastung, Stand 26.11.99)

Produkt/Verwendungszweck	Einheit	Bis 31.3.99	Ab 31.3.99	Ab 1.1.2000	Ab 1.1.2001	Ab 1.1.2002	Ab 1.1.2003
Kraftstoffe							
- Verbleiter Ottokraftstoff	Pf/l	108	114	120	126	135	141
- Bleifreier Ottokraftstoff	Pf/l	98	104	110	116	122	128
- Dieselkraftstoff	Pf/l	62	68	74	80	86	92
Strom							
- Regelsatz	Pf/kWh	-	2,00	2,50	3,00	3,50	4,00
- Nachtspeicherheizung	Pf/kWh	-	1,00	1,25	1,50	1,75	2,00
- Unt. d. prod. Gewerbes u. Land- u. Forstwirtschaft	Pf/kWh	-	0,40	0,50	0,60	0,70	0,80
Erdgas							
- Regelsatz	Pf/kWh	0,360	0,680	0,680	0,680	0,680	0,680
- Unt. d. prod. Gewerbes u. Land- u. Forstwirtschaft	Pf/kWh	0,360	0,424	0,424	0,424	0,424	0,424
- Anlagen der Kraft-Wärme-Kopplung mit einem Monatsnutzungsgrad von 70 %	Pf/kWh	0,360	-	-	-	-	-
GuD-Anlagen ohne Wärmeauskopplung mit einem elektrischen Wirkungsgrad von mindestens 57,5 %	Pf/kWh	0,360	0,360	-	-	-	-

Für Unternehmen des produzierenden Gewerbes sowie der Forst- und Landwirtschaft, für Unternehmen des öffentlichen Nahverkehrs sowie ausgewählte erneuerbare Energieträger (zum Teil mit Größenbeschränkungen) existieren ermäßigte Steuersätze. Die vollkommene Befreiung erneuerbarer Energieträger ist bisher nicht realisiert worden, u. a. weil juristische Probleme mit dem GATT-Handelsabkommen bezüglich der steuerlichen Gleichbehandlung von Stromimporten gesehen werden. Für Kraft-Wärme-Kopplungs-Anlagen sowie moderne gasbefeuerte GuD-Anlagen bestehen ermäßigte Steuersätze. Dem Bundeshaushalt kommen Steuermehreinnahmen in Höhe von 5,1 Mrd. DM im Jahre 2001 und 21,1 Mrd. DM im Jahre 2003 zu.

Neben den generellen Vor- und Nachteilen von Preislösungen sowie der Diskussion von Vor- und Nachteilen einer Energiesteuer, lässt sich folgendes zur ökologischen Steuerreform anmerken[352]:

- Zu den Steuersätzen: Die Steuererhöhungen – und hier insbesondere die für Kraftstoffe – erscheinen nicht ausreichend zu sein, um relevant zu den gesetzten ökologischen Zielsetzungen beizutragen. Weiterhin werden die Umweltschäden nicht gleich behandelt. Die in der ersten Stufe eingeführten Zusatzbelastungen führen bezogen auf die emittierte t CO_2 zu 36 DM bei Strom, zu 24 DM bei Benzin, zu 16 DM bei Erdgas und zu 0 DM bei Kohle[353]. Dabei ist beispielsweise die Verbrennung von Kohle mit deutlich höheren CO_2-Emissionen verbunden als die Verbrennung von Gas.
- In Deutschland steht die Einführung der Steuer im Konflikt mit der gleichzeitigen Beibehaltung der Unterstützung von heimischer Stein- und Braunkohle.
- Ausgerechnet energieintensive Unternehmen erhalten ermäßigte Steuersätze, wenn der Energieverbrauch über einer bestimmten Bemessungsgrenze liegt. Begründet wird dies mit dem Erhalt der internationalen Wettbewerbsfähigkeit.
- Weiterhin wird die Strategie der doppelten Dividende kritisch hinterfragt, denn die Erreichung des ökologischen Zieles der Energieverbrauchsreduzierung würde dazu führen, dass die Rentenbeiträge und somit die Lohnnebenkosten nicht im gewünschten Umfang gesenkt werden können. Die gleichzeitige Steuerung zweier Zielgrößen kann dazu führen, dass aufgrund der gegenläufigen Effekte eine Zielgröße letztendlich in den Vordergrund gestellt wird.

---

[352] Eine ausführliche Diskussion und weitere Verbesserungsvorschläge finden sich in [SPRU 2000, S. 121 ff.].

[353] Vgl. [SPRU 2000, S. 121]

8.7.4.3 Die geplante CO_2-/Energiesteuer der Europäischen Union

Anfang der 90er Jahre plante die EU die Einführung einer kombinierten CO_2-/Energiesteuer. Diese sah sowohl eine Besteuerung der CO_2-Emissionen als auch eine Besteuerung der Energieträger selbst vor, und zwar zu je 50 %. Um den Befürchtungen einer Verringerung der Wettbewerbsfähigkeit sowie einer Standortverlegung der Industrie aufgrund zu starker Eingriffe innerhalb der EU entgegenzutreten, war die Einführung dieser CO_2-/Energiesteuer an folgende drei Bedingungen geknüpft:

1. *Fiskalische Neutralität:* Obgleich dem Vorschlag der Bundesregierung zu einer zweckgebundenen Verwendung des Steueraufkommens nicht entsprochen wurde, einigte man sich darauf, die fiskalische Neutralität zu gewährleisten, d. h. durch die CO_2-/Energiesteuer nicht etwa ein höheres Steuereinkommen zu erzielen, sondern über Finanzausgleich und Steuersenkungen an anderer Stelle eine Entlastung herbeizuführen. Dies dient dem Ziel eines fiskalischen Wandels hin zu einem ökologischen Steuersystem. Auch sollen steuerliche Anreize für Investitionen, die einer effizienteren Energieverwendung dienen, im Zuge der Einführung der CO_2-/Energiesteuer geschaffen werden.
2. *Sonderregelungen für energieintensive Industriezweige:* Um Benachteiligungen besonders energieintensiver Industrien, wie etwa der Glas-, Chemie- und Stahlindustrie, auszuschließen, sieht der Entwurf Steuernachlässe in Abhängigkeit vom jeweiligen Energiekostenanteil an den Produktionskosten vor.
3. *Konditionalitätsklausel:* Zur Verhinderung eines Wettbewerbsnachteils der europäischen Wirtschaft soll die CO_2-/Energiesteuer erst in Kraft treten, wenn andere OECD-Länder, insbesondere die USA und Japan, ähnliche Maßnahmen treffen oder Instrumente mit entsprechender finanzieller Wirkung einsetzen.

Um die durch den Energiesteueranteil anfallende Besteuerung umweltverträglicher Energieträger zu vermeiden, wurden folgende Verfahren von der Besteuerung ausgenommen:

- Erzeugung von Wärme und Elektrizität aus Wind- und Solarenergie, Müll, Biomasse, Holz(-kohle), Klär- und Gichtgas sowie Wasserkraft aus Anlagen unter 10 MW.
- Einsatz von Energie zur Erzeugung folgender Produkte bzw. Produktgruppen: Stahl, chemische Erzeugnisse, Nicht-Eisenmetalle, Glas, Zement, Zellstoff und Papier.

Besteuert werden sollten alle fossilen Energieträger (Braun- und Steinkohle, Erdgas, Mineralöl), Kernkraft und Wasserkraft aus Kraftwerken über 10 MW.

Als Bemessungsgrundlage dienten je zur Hälfte der Energiegehalt und der CO_2-Gehalt der Energieträger. Während im Basisjahr des Entwurfs 1993 ein Steuersatz von 3 $ je Barrel Öläquivalent erhoben werden sollte, waren für die Folgejahre Steigerungen um 1 $ pro Jahr bis auf 10 $/Barrel im Jahre 2000 vorgesehen.

Da in den USA und Japan die Einführung einer solchen Steuer abgelehnt wurde, hat die EU-Kommission deren Einführung auf unbestimmte Zeit verschoben.

8.7.5 Garantierte Festpreise am Beispiel des Erneuerbaren Energiegesetzes

Anfang des Jahres 2000 wurde das Erneuerbare Energiegesetz (EEG) verabschiedet. Wie das bis dahin geltende Stromeinspeisungsgesetz (StrEG) basiert die Förderung regenerativer Energien auf den beiden Komponenten garantierte Abnahme und Mindesttarife (Festpreise) für die erzeugte Elektrizität.

Das EEG umfasst Anlagen auf Basis regenerativer Energieträger, wobei nach Energieträgern differenziert Anlagenobergrenzen für die elektrische Leistung festgelegt sind, die gefördert werden (z. B. bei Biomasse werden Anlagen kleiner 20 MW_{el} gefördert und bei Wasser kleiner 5 MW_{el}). Wiederum in Abhängigkeit des Energieträgers werden die garantierten Abnahmepreise festgelegt, die zum Teil über die Jahre gesenkt werden oder wo es in Abhängigkeit der Summe der installierten Leistung Deckel gibt, bei deren Überschreitung eine modifizierte Förderung erfolgt. Die Netzbetreiber und nachgelagert die Letztversorgerunternehmen müssen die Elektrizität zu den Festpreisen abnehmen, wobei die Kosten in der Regel an die Endkunden weitergegeben werden. Über einen Ausgleichsmechanismus werden alle Netzbetreiber gleichmäßig belastet, um regionalen Unterschieden bei den Standorten von regenerativen Erzeugungsanlagen (insbesondere aufgrund der Windkraft an den Küstenstandorten) Rechnung zu tragen.

Das StrEG und das EEG, das einige Schwachpunkte des StrEG beseitigt hat, hat zu einem deutlichen Anstieg der Stromerzeugung auf Basis regenerativer Energieträger geführt, insbesondere bei Windkraftanlagen, deren installierte Leistung von 48 MW_{el} im Jahre 1990 auf über 4 000 MW_{el} bis Ende 1999 angestiegen ist. Dies wird auf die Kalkulationssicherheit für Investoren zurückgeführt. Somit wurde bisher ein positiver umweltpolitischer Effekt erreicht, wobei aufgrund der nicht spezifizierten Zielsetzung die Frage nach der Zielkonformität (Effektivität) nicht eindeutig beantwortet werden kann. Neben umweltpolitischen Zielen wie Klima- und Ressourcenschutz sind industriepolitische Ziele wie die heimische Wettbewerbsfähigkeit und wirtschaftspolitische Ziele wie die Beschäftigung mögliche Motive zur Förderung regenerativer Energieträger, wobei es Zielkonflikte gibt.

Bezüglich der wirtschaftlichen Effizienz und der Marktkonformität des EEGs stellen sich eine Reihe an Fragen dergestalt,

- ob es nicht zu einer Überförderung bestimmter Anlagen kommt, da auch marktfähige Anlagen gefördert werden, z. B. Windkraftanlagen an Standorten mit sehr hoher durchschnittlicher Windgeschwindigkeit, (Mitnahmeeffekte),
- ob es zu einer optimalen Allokation der finanziellen Mittel kommt, da beispielsweise die Photovoltaikanlagen mit 99 Pf/kWh eine sehr hohe Förderung erhalten und ob diese Mittel bei anderen klimapolitischen Maßnahmen nicht effizienter einzusetzen sind und
- ob die fehlende Konkurrenzsituation zwischen den regenerativen Anlagen selber sowie zu den konventionellen Erzeugungsanlagen nicht die Anreize zur Kostensenkung und Weiterentwicklung schmälert.

Weiterhin ist das EEG aus rechtlichen Gründen heraus umstritten:

- Es stellt sich die Frage, inwieweit des EEG mit der Beihilfeverordnung des EG-Vertrages vereinbar ist. Oftmals wird argumentiert, dass es sich beim EEG um eine unerlaubte Beihilfe handelt.
- Das EEG bezieht sich nur auf die Anlagen innerhalb der deutschen Wirtschaftszone. Somit werden der innereuropäische Güterverkehr beeinträchtigt und deutschen Anbietern Wettbewerbsvorteile verschafft.

8.7.6 Quotenmodelle zur Förderung regenerativer Energieträger

Die im vorangegangenen Kapitel geführte Diskussion um Preislösungen zur Förderung regenerativer Energieträger hat dazu geführt, dass häufig Quotenregelungen als alternatives Förderinstrument diskutiert werden. Dabei werden Quoten für erneuerbare Energieträger für einen bestimmten Zeitpunkt formuliert, wobei der Quotenverpflichtete – Endverbraucher, Lieferant, Netzbetreiber oder Stromerzeuger – festzulegen ist. Neben der Zielkonformität wird die höhere Wettbewerbskonformität hervorgehoben, die insbesondere dann erreichbar ist, wenn ein Handelsmodell für Quotenzertifikate eingeführt wird. D.h. der Quotenverpflichtete muss nicht selber die Quote erfüllen, er muss lediglich Zertifikate, die frei gehandelt werden, in der entsprechenden Menge halten. Damit wird die Quote dort erfüllt, wo sie zu niedrigsten Kosten führt.

Allerdings kann ein Quotenmodell mit Handel zu relevanten Transaktionskosten führen, u. a. durch den Verwaltungsaufwand für die Ausgestaltung eines Handelssystems oder den Informationsaufwand zur Herstellung einer Markttransparenz. Problematisch ist auch die Festlegung einer Quotenhöhe sowie die Aufteilung auf verschiedene erneuerbare Energieträger. Weiterhin werden zur Erhöhung der

Sicherheiten für Investoren in einigen Ausgestaltungsvarianten von Quotenregelungen Mindestpreise für Zertifikate vorgesehen, was dann allerdings der ökonomischen Effizienz zuwiderläuft.

8.7.7 Kompensation und Emissionsrechtehandel

8.7.7.1 Das Kompensationsprinzip im Umweltschutz

Kompensationszahlungen werden in der traditionellen Umweltökonomie als zwangfreies, umweltpolitisches Instrumentarium auf der Basis von Verhandlungslösungen zwischen Umweltschädigern und -geschädigten definiert[354] (siehe zu den Grundlagen Kapitel 7.2). Die Kompensation wird heute jedoch auch dahingehend interpretiert, dass ein Umweltschädiger die ihm auferlegte Pflicht zur Vermeidung einer Umweltschädigung durch Vermeidungsmaßnahmen an anderer Stelle kompensieren kann. Dieser Begriff der Kompensation liegt den nun folgenden Ausführungen zugrunde[355]. Für die Vermeidung einer Emissionsmenge durch belegbare Maßnahmen werden sogenannte Emissionsgutschriften (Emission credits) vergeben. So sollen Kostenunterschiede, die auf betriebsinterner, regionaler, nationaler oder internationaler Ebene existieren, ausgenutzt und umweltpolitische Ziele ökonomisch effizienter verwirklicht werden können. Dies dient der Erhöhung der Akzeptanz bei den Betroffenen, die i. d. R. auch Kompensationsoptionen positiv gegenüberstehen.

Durch das Kompensationsprinzip wird somit eine Flexibilisierung des Ordnungsrechtes angestrebt, und es wurde bereits in einer Reihe von umweltpolitischen Regimen verankert. Im deutschsprachigen und stellenweise auch im angelsächsischen Sprachraum wird eine Kompensation zumeist in enger Anbindung an das Ordnungsrecht gesehen, welches auf Ge- und Verboten sowie auf Einzelanordnungen basiert, so dass die Kompensation als Instrument zwischen den rein marktwirtschaftlichen und rein ordnungsrechtlichen Instrumenten einzuordnen ist[356].

Eine Erweiterung des Konzeptes der Kompensationslösung stellen handelbare Emissionsrechte dar. Mit diesen wird ein Markt für den Handel mit verbrieften Emissionsrechten geschaffen.

---

[354] Siehe [Frey 1991].

[355] Zu alternativen Interpretationen des Begriffs Kompensation wird auf [Rentz 1995a, S. 88 ff] verwiesen.

[356] Siehe zu dieser Thematik. [Rentz 1995a, S. 86 f], [Bonus 1991, S. 46], [Palmisano 1997, S. 142] und [Dorn 1996, S. 26].

8.7.7.2 Kompensation in Abgrenzung zu handelbaren Emissionsrechten und Abgaben

Handelbare Emissionsrechte sind rein marktwirtschaftliche Instrumente und zeichnen sich gegenüber den Kompensationsansätzen dadurch aus, dass eine global fixierte Emissionsmenge eines spezifischen Schadstoffes verbrieft, gestückelt und nach bestimmten Schlüsseln auf die Beteiligten verteilt wird. Bei Emissionsrechten müssen die Emittenten mindestens Emissionsrechte in der Höhe der emittierten Emissionen halten, darüber hinausgehende Rechte können gehandelt werden[357]. Wenn die tatsächlichen Emissionen die Emissionsrechte überschreiten, greifen Sanktionsmechanismen. Für die praktische Ausgestaltung eines Emissionsrechtehandels ist eine Reihe von komplexen Problemen zu lösen, wie die Aufteilung der Emissionsrechte, die Festlegung von globalen Minderungszielen und die Gestaltung der ordnungspolitischen Rahmenbedingungen für einen Handel[358].

Die Einführung eines Emissionsrechtehandels wird gegenüber den Auflagenlösungen im Ordnungsrecht häufig als kosteneffizienter angesehen, wenn zwischen einzelnen Anlagen zur Emissionsminderung relevante Kostenunterschiede bestehen, wenn der Markt für einen Handel nicht durch Rahmenbedingungen eingeschränkt ist und wenn andere Einflussfaktoren wie strategisches Verhalten der Unternehmen durch Horten von Emissionsrechten oder Planungsunsicherheiten über zukünftige Umweltanforderungen nicht einen Handel beschränken[359].

8.7.7.3 Verschiedene Kompensationsansätze in der nationalen Luftreinhaltepolitik

Vorreiter bei der Einführung von Kompensationsansätzen in der Luftreinhaltepolitik ist die amerikanische Gesetzgebung, die aufbauend auf dem 1963 in Kraft getretenen Clean Air Act bei dessen Revision 1977 flexible Instrumente - zumeist in Verbindung mit dem Ordnungsrecht - schrittweise einführte[360]. Die Ansätze basieren zumeist darauf,

- dass durch Unterschreitung von vorgegebenen Grenzwerten bzw. Umweltauflagen bei einigen Anlagen eine Überschreitung der Grenzwerte an anderen Anlagen bzw. erst ein Neubau von Anlagen zugelassen wird (Offset-Politik),

---

[357] In [Palmisano 1997, S. 142] werden Emissionsrechte als 'Allowance Trading Systems' bezeichnet, wobei in der angelsächsischen Literatur zwischen 'Allowance tradings' und 'Emission Credits' häufig nicht unterschieden wird und beide unter den Begriff 'Transferable Discharge Permit Systems' fallen (vgl. [Rentz 1995a, S. 86]).

[358] Vgl. auch [Michaelowa 1997, S. 30]

[359] Siehe auch die Diskussionen in [Endres et al. 1993, S. 62] und z.B. [Baron et al. 1996], [Baumol et al. 1988], [Fees 1995], [Pätzold et al. 1996].

[360] Vgl. z. B. [Ballreich 1986], [Tischler 1994], [Harper 1994], [Dudek et al. 1996].

- dass nicht für jede einzelne Emissionsquelle die Einhaltung eines Grenzwertes verlangt, sondern für ein Belastungsgebiet eine einzuhaltende Gesamtemission für einen Schadstoff festgelegt wird (Bubble-Politik), oder
- dass Durchschnittswerte für Emissionsmengen (für eine befristete Zeit oder für Emissionsquellen) gebildet werden.

Grundlage bei allen drei Ansätzen ist, dass Emittenten verpflichtet werden, ihre Emissionen zu senken, und dass sie, wenn sie die Verpflichtung unterschreiten, Rechte auf Emissionen an anderer Stelle erwerben (Emissionsgutschriften "Emission Reduction Credits").

Die Erfolge der verschiedenen Ansätze werden recht unterschiedlich bewertet[361]. Insgesamt ist aus den amerikanischen Erfahrungen zu schließen, dass ein kontrollierter Handel mit Emissionsgutschriften möglich ist, dieser jedoch nicht alle in ihn gesetzten Erwartungen bezüglich positiver Umweltauswirkungen und finanzieller Einsparungen erfüllen konnte.

Als wesentliche Einflussfaktoren hierfür sind zu nennen:

- Unsicherheiten durch eine zögerliche Umsetzung der Gesetze sowie erwartete Reformen.
- Bedeutende Transaktionskosten (im Verhältnis zu den erwarteten Einsparungen), die durch administrative Anforderungen sowie durch Partnersuche und Verhandlungsführung hervorgerufen werden.
- Probleme bei der behördlichen Kontrolle von Emissionsnormen[362], die den Anreiz zur Senkung der Emissionen bei den Unternehmen reduzieren.
- Beschränkung der potentiell teilnehmenden Unternehmen aufgrund von Vorschriften (wie regionale Einschränkungen beim Emissionshandel).
- Unsicherheiten bei Unternehmen, die "Emissionskredite produzieren", zur Nachfrage hiernach.

Dies hat u. a. dazu geführt, dass die Preise für Emissionsgutschriften in gewissen Regionen der Vereinigten Staaten um einen Faktor 3 (z. B. bei NO_x-Emissionen) bis 6 (bei der Gewässerverschmutzung) variieren können[363].

Teile der amerikanischen Lösungen haben auch Eingang in das bundesdeutsche Umweltrecht gefunden. Hierzu zählt vor allem die 1985 in das Bundes-Immissionsschutzgesetz aufgenommene Kompensationsregelung (§ 7 Abs. 3 BImSchG):

---

[361] Vgl. hierzu u. a. die Ausführungen in [Palmisano 1994], [Carlin 1992], [Hahn et al. 1989], [Harper 1994] , [Müller-Witt 1989].

[362] Nach einer Studie überschritten von 180 kontrollierten Unternehmen beachtliche 37 % die erlaubten Emissionen (vgl. [Müller-Witt 1989]).

[363] Siehe zu den Zahlen [Dudek et al. 1996, S. 31].

"Soweit die Rechtsverordnung Anforderungen nach § 5 Abs. 1 Nr. 2 festlegt, kann in ihr bestimmt werden, dass bei in Absatz 2 genannten betriebsbereiten Anlagen in näher bestimmten Gebieten für eine bestimmte Frist von den auf Grund der Absätze 1 und 2 festgelegten Anforderungen abgewichen werden darf. Dies gilt nur, wenn .. durch technische Maßnahmen an anderen Anlagen des Betreibers oder Dritter insgesamt eine weitergehende Minderung von Emissionen derselben oder in ihrer Wirkung gleicher Stoffe erreicht wird ..."

Hieraus ist in der TA-Luft eine verwaltungsrechtliche Anordnung geworden. Dort wird der Kompensationsansatz derart verwirklicht, dass über eine Gemeinschafts-berechtigung eine Gesamtemission festgeschrieben wird, wobei diese unter der Summe der Emissionen bei Einzelgenehmigung liegen muss (sogenannte Bubble-Politik). Die Regelung gilt jedoch nur für acht Jahre. Danach müssen alle Anlagen nach dem Stand der Technik ausgerüstet sein.

Die hierein gesetzten hohen Erwartungen konnte das Kompensationsprinzip nicht erfüllen. Bis 1990 sind erst 19 Genehmigungen erteilt worden, wobei dies potentiell bei 15.000 betroffenen Anlagen möglich war[364].

Somit hat sich gezeigt, dass die Erfahrungen aus den USA hinsichtlich der ökonomischen Vorteilhaftigkeit von Kompensationslösungen gegenüber einer Auflagenlösung auf die Bundesrepublik Deutschland nicht ohne weiteres übertragbar sind. In erster Linie verantwortlich hierfür ist das in der Bundesrepublik realisierte bzw. angestrebte weitergehende Emissionsabsenkungsniveau für die primär betroffenen Schadstoffe SO_2 und NO_x, welches im allgemeinen keinen Betrieb von Anlagen ohne Abgasreinigungsanlagen zulässt. Sind aber alle Emissionsquellen mit Abgasreinigungsanlagen zu versehen, ergibt sich bei derzeit in der Bundesrepublik üblichen Abscheidegraden wegen der speziellen Eigenschaften der Kostenfunktionen für Verfahren der Abgasreinigung (im allgemeinen hoher Fixkostenanteil bei niedrigen Grenzkosten in bezug auf den abzuscheidenden Schadstoffmassenstrom) kein nennenswertes Kosteneinsparpotential (vgl. [Rentz et al. 1985]). Daneben besteht noch eine Reihe von weiteren Gründen, die den sehr geringen Erfolg erklären:

- Die auf maximal 8 Jahre beschränkte Laufzeit der Ausgleichsregelung.
- Die enge räumliche Einschränkung auf Anlagen, die höchstens 1,5 km voneinander entfernt liegen.
- Der Ausschluss von resultierenden Emissionsminderungen aus Anlagenstillegungen.
- Die Beschränkung auf die Kompensation zwischen Altanlagen, die eine Kompensation zwischen Alt- und Neuanlagen ausschließt.

[364] Vgl. [John 1990].

- Die Kriterien für die Festlegung einer Bubble haben weitgehend normativen Charakter. Damit geht in die Festlegung einer Bubble ein erhebliches Maß an Subjektivität oder sogar Willkür ein. Demgegenüber erscheint die bisherige Vorgehensweise der Auflagenlösung, dass nämlich Auflagen an einem "Stand der Technik" orientiert und fortgeschrieben werden, wobei zumindest implizit der Maßstab der Mitteladäquanz anzulegen ist, eher nachvollziehbar.

Erfahrungen neuerer Zeit aus der Schweiz mit einem Emissionshandel in der Region Basel für NO_x- und VOC-Emissionen führten bisher ebenfalls zu einer eher ernüchternden Bilanz[365]. Von 1992 (dem Zeitpunkt der Einführung des Instrumentariums) bis 1994 ist kein Markt für den Emissionshandel entstanden.

8.7.7.4 Der Handel mit Emissionsrechten in der amerikanischen Luftreinhaltepolitik

In der Novellierung des amerikanischen Clean Air Act 1990 wurde die enge Kopplung von Zertifikatlösungen mit dem Ordnungsrecht beim sogenannten Acid Rain Programm über die Festschreibung einer Gesamtmenge für SO_2-Emissionen, einer Ausgabe entsprechender Mengen an Zertifikaten und einer vollen Handelbarkeit dieser aufgehoben[366]. Überschreitet die tatsächliche Emissionsmenge die zertifizierte Menge, dann greifen Sanktionen (in Höhe von 2.000 US$ pro Mg SO2).

Die ersten Zertifikate wurden bereits bei öffentlichen Auktionen und über Direktverkäufe gehandelt. Die bisherige Bilanz fällt, wie bei den Emissionsgutschriften, zwiespältig aus[367].

Bisher fand fast die Hälfte der vergleichsweise geringen Handelsaktivitäten zwischen 1994 bis 1996 innerhalb eines EVU bzw. zwischen Anteilseignern eines EVU bzw. Kraftwerkes statt[368]. Die Preise am Zertifikatemarkt lagen dabei generell niedriger als prognostiziert worden war (anstatt 400 bis 1.000 $ je Mg SO_2 lagen sie zwischen 68 und 150 $)[369], wobei sie auch noch starken Schwankungen ausgesetzt waren. Weiterhin unterschritten interessanterweise die tatsächlichen SO_2-Emissionsfrachten die durch den Emissionsrechtehandel erlaubten um 35 %, was aus ökologischen Gesichtspunkten für den Erfolg des Instrumentes spricht, auf der anderen Seite aber Zweifel an der ökonomischen Effizienz aufkommen lässt. Weiterhin spricht dies dafür, dass die Unternehmen zu einem Horten von Emissionszertifikaten neigen.

---

365 Siehe [Staehelin-Witt 1994].

366 Zur genauen Ausgestaltung wird auf [EPA 1997] verwiesen.

367 Vgl. beispielsweise [Harper 1994], [Schärer 1996a], [Rico 1995], [Conrad et al. 1996], [Pätzold et al. 1996].

368 Siehe [EPA 1997].

369 Vgl. [EPA 1997].

Die Gründe für den schwachen Handel sind darin zu sehen[370],

- dass über den tatsächlichen Bedarf hinausgehende Zuteilungen von Emissionsrechten aufgetreten sind[371] und
- dass weitere Maßnahmen auf der Regulierungsseite in einzelnen Bundesstaaten ergriffen wurden, die zu strengeren Grenzwerten geführt haben.

Gerade die Erfahrungen mit dem Acid Rain Program aus den Vereinigten Staaten sind kaum auf die Bundesrepublik Deutschland zu übertragen, da die Emissionsminderungsziele für SO_2 in Deutschland, die bisher mit dem Ordnungsrecht verknüpft sind, wesentlich ambitionierter sind als in den Vereinigten Staaten. Bei einer Umrechnung selbst der weiter eingeschränkten Zertifikate für Kraftwerke, die erst in der zweiten Phase des Acid Rain Programms eingeführt werden sollen, liegt der SO_2-Wert bei rund 1.400 mg/m^3 im Rauchgasvolumenstrom von größeren Kraftwerken, was verglichen mit dem technisch möglichen Wert von 50 bis 200 mg/m^3 beim Einsatz von Rauchgasentschwefelungsanlagen eher gering ist[372]. Deshalb ist es nicht verwunderlich, dass nach Auswertungen in [Rico 1995] die amerikanischen Energieversorgungsunternehmen primär auf Brennstoffsubstitution (insbesondere den Einsatz von Kohlen mit niedrigerem Schwefelgehalt) setzen (63 % gaben dies als Minderungsstrategie für Kraftwerke an), während Anlagen zur Rauchgasentschwefelung kaum gebaut wurden (nur bei 11 % der Kraftwerke).

8.7.7.5 Die flexibeln Instrumente unter der Klimarahmenkonvention

In der Klimarahmenkonvention von 1992 ist als Option zur internationalen Kooperation in der Klimavorsorge ein Kompensationsansatz - welcher als ***Joint Implementation*** (JI) bezeichnet wird – verankert (siehe [UN 1997a]). 1997 wurde im zur Klimarahmenkonvention gehörenden Kyoto-Protokoll die Kooperation durch Joint Implementation auf die sogenannten Annex I Staaten (Industrienationen und osteuropäische Länder) beschränkt (siehe [UN 1997b]). Durch die Einführung des ***Clean Development Mechanism*** (CDM) wurde allerdings für alle anderen Vertragsstaaten ein vergleichbares Instrumentarium geschaffen[373]. Zusätzlich wurde ein **Emissionszertifikatehandel** beschlossen, dessen Spezifikation bisher allerdings weitgehend offen blieb. Alle drei Instrumente – JI, CDM und Zertifkatehandel – sind unter dem Begriff **Flexible Instrumente** bekannt geworden.

---

[370] Vgl. [Conrad et al. 1996].

[371] So erhielten beispielsweise die Betreiber von Kernkraftwerken zusätzliche Gutschriften.

[372] Vgl. [Schärer 1996a, S. 3 ff].

[373] Im folgenden wird nicht mehr explizit zwischen JI und CDM unterschieden, wobei neben der Partnerkonstellation sich beide Instrumente in ihrer bisherigen Ausgestaltung durchaus in einigen Punkten unterscheiden.

Während JI/CDM ein projektbasierter Ansatz ist, bei dem ein Land (Investor) seine Minderungsverpflichtungen erfüllen kann, indem es Minderungsmaßnahmen auf dem Territorium einer anderen Vertragspartei (Gastgeber) durchführt, wird bei einem Emissionszertifikatehandel ein länderübergreifendes System frei handelbarer Emissionszertifikate geschaffen. Obwohl es keine näheren Ausführungen im Kyoto-Protokoll zum Emissionszertifikatehandel gibt, so zeigen die Diskussionen während und nach der Kyoto-Konferenz, dass in Verbindung mit der Klimapolitik darunter in der Regel ein Emissionsrechtehandel verstanden wird.

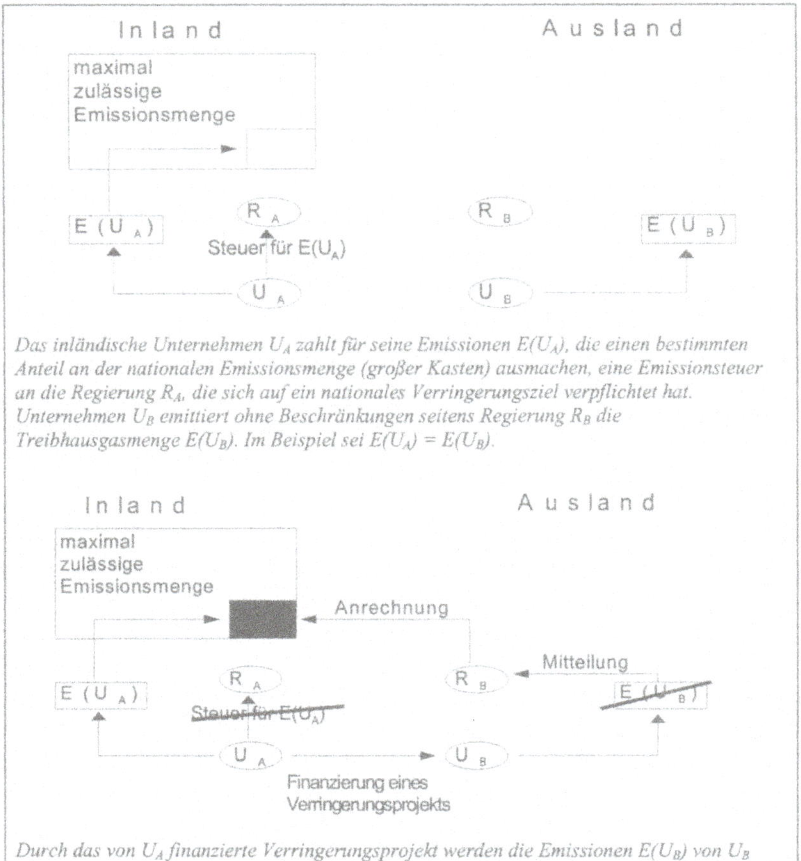

Abbildung 8-5: Beispielhafte Darstellung der Funktionsweise der Kompensation unter der Klimarahmenkonvention [Michaelowa 1997, S. 33]

Als Argumente für die flexiblen Instrumente werden häufig genannt:

- Ausnutzung von Kostenunterschieden zur ökonomisch effizienten Minderung
- Erhöhung der Flexibilität der Verpflichtungen aus der Konvention und
- Verstärkung der internationalen Zusammenarbeit im Bereich des Umweltschutzes (Wissens- und Technologietransfer).

Die wichtigsten Argumente gegen diese Instrumente aus ethischer Sicht bzw. aus Sicht von Entwicklungs- und Schwellenländern sind:

- In den Industrieländern unterbleiben oder verzögern sich Maßnahmen zur Emissionsreduktion sowie der technologische Fortschritt. Diese Länder behalten weiterhin ihren bisherigen (aus Klimagesichtspunkten kritischen) Lebensstil bei, während Entwicklungsländer zu Klimaparks umfunktioniert werden.
- Die Kompensationsprojekte können eigenen wirtschaftlichen Entwicklungszielen von Entwicklungs- oder Schwellenländern entgegenstehen. Dies bezieht sich besonders auf die Aufforstungsprogramme, bei deren Durchführung evtl. eine alternative (für das Entwicklungsland langfristig wirtschaftlich lukrativere) Nutzung nicht mehr möglich ist.
- Entwicklungsländer sehen die Gefahr, dass durch Kompensations-Projekte die ökonomisch effizientesten Maßnahmen ergriffen werden und, wenn zu einem späteren Zeitpunkt die Entwicklungsländer eigene, weitergehende Verpflichtungen eingehen, nur noch finanziell aufwendigere Maßnahmen verfügbar sind.

Weiterhin besteht eine Reihe an Problemen, die die ökonomische Effektivität sowie die Operationalisierung betreffen. Ein Emissionsrechtehandel kann zur sogenannten ***Hot Air-Problematik*** führen, wenn insbesondere einige osteuropäische Staaten aufgrund des dortigen wirtschaftlichen Zusammenbruchs und der erst langsam einsetzenden wirtschaftlichen Erholung ihre im Kyoto-Protokoll eingegangenen Emissionsziele deutlich unterschreiten werden und diese Differenz in den Handel einbringen dürfen. Letztendlich kann dieser Effekt zu einer Erhöhung der weltweiten Emissionen führen. JI und CDM benötigen eine Baseline (Business as Usual'-Fall). Durch diese soll die autonome Entwicklung ohne JI/CDM-Maßnahmen dargestellt werden. Auf diesen Referenzfall sind dann die Einsparungen an Treibhausgasemissionen durch JI/CDM-Projekte zu beziehen, auf dessen Basis dann die Emissionsgutschrift durch das JI/CDM-Projekt berechnet werden kann. In der Tabelle 8-6 sind verschiedene Optionen zur Bestimmung der Baseline dargestellt.

Da sowohl der Investor wie der Gastgeber ein Interesse daran haben, eine möglichst hohe Emissionsgutschrift zu erhalten, muss u. a. die zugrundegelegte Baseline überprüft und von einem unabhängigen Gremium anerkannt werden.

Tabelle 8-6: Alternative Definitionen einer Baseline[374]

Baseline Definition	Vorteile	Nachteile
Konstante Fortschreibung der existierenden Situation	Einfach zu realisieren und zu kontrollieren	Zukünftige Strukturänderungen werden außer acht gelassen; kein Anreiz bei steigenden Emissionen
Projektspezifischer Ansatz (Project by Project)	Einfach zu realisieren	Einbezug der Rückwirkungen auf andere Projekte und Sektoren ist nicht möglich; fehlende Plausibilität der Referenzprojektwahl
Projizierte Emissionsbelastung pro Produktionseinheit	Anreize auch für Länder mit steigenden Treibhausgasemissionen	Abhängigkeit von der Definition der Produktionsgrößen; fehlende Plausibilität; Probleme beim Einbezug des Welthandels
Nationaler Energie- und Wirtschaftsplan	Einfach zu realisieren; Anreize auch für Länder mit steigenden Treibhausgasemissionen	Notwendigkeit zur internationalen Harmonisierung der Energie- und Wirtschaftspläne; Manipulationsmöglichkeiten
Erstellung auf der Basis von standardisierten Energie-Emissions-Modellen	Einfache Überprüfung; harmonisiertes Vorgehen; Verwendung einer international abgestimmten Datenbasis	Hoher Aufwand; Expertenunterstützung notwendig

Kritisch diskutiert wird auch, welche Projekttypen überhaupt als JI/CDM-Maßnahmen anerkannt werden dürfen. So stellen Senken im Vergleich zu den anderen Minderungsoptionen aufgrund ihres hohen Potentials[375] und der niedrigen Kosten die mit Abstand wichtigste Option zur Reduktion der Treibhausgasemissionen dar. Der Einbezug von Aufforstungs- und anderen senkenspezifischen Projekten als Kompensationsprojekte ist jedoch nicht unumstritten. Kritiker führen an, dass die Speicherung des Kohlenstoffes in Senken häufig nur kurzfristiger Natur ist und viele Mess- und Kontrollfragen bei Senken noch offen sind. Weiterhin ist die Datengrundlage zu den Kosten von Senkenprojekten sowie zur Kohlenstoffspeicherung und -aufnahme in

[374] In Anlehnung an [Selrod et al. 1994, S. 6].

[375] Das mehrfache der emittierten Treibausgasemission kann in Senken gebunden werden.

verschiedenen Wald- und Agro-Ökosystemen teilweise noch lückenhaft. Kritisch diskutiert wird auch die Frage, ob Kernkraftwerke als JI/CDM-Projekte anerkannt werden sollten. Aufgrund der dargelegten Probleme bei der Operationalisierung und dem damit verbundenen Problem, dass der ökologische Effekt nicht oder nur teilweise erreicht wird sowie den generellen Bedenken gegen die flexiblen Instrumente wird erwogen, die Emissionsminderung durch flexible Instrumente auf einen gewissen Prozentsatz der eingegangenen Emissionsminderungsverpflichtung zu beschränken.

Die in der Klimarahmenkonvention eingegangenen nationalen Verpflichtungen zur Treibhausgasminderung müssen auf Emittenten heruntergebrochen werden, denen dann die Option zur Investition in JI/CDM-Projekte offen steht. Ein Mangel an (finanziellen) Anreizen für Unternehmen erweist sich zur Zeit jedoch als wesentliches Hindernis für die Durchführung von JI/CDM-Projekten. Anreize könnten u. a. dadurch gesetzt werden, dass eine Anerkennung auf die bestehende Selbstverpflichtungserklärung der deutschen Industrie zur Klimavorsorge möglich ist. Aufgrund der aktuellen politischen Diskussion ist dies die realistischste Option. Alternativ könnte eine Anrechnung im Rahmen einer (künftigen) CO_2/Energiesteuer oder anderer fiskalischer Instrumente erfolgen. Während die Vereinigten Staaten von Amerika, Japan und Australien möglichst viele Freiheitsgrade über flexible Instrumente und hier insbesondere durch einen Emissionsrechtehandel erreichen wollen, stehen viele europäische Staaten dem Ansatz kritischer gegenüber.

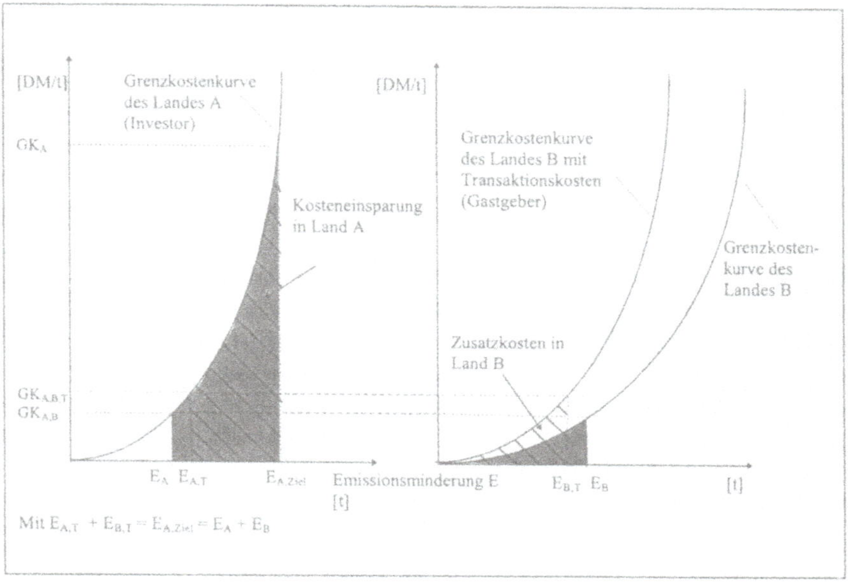

Abbildung 8-6: Grenzkosten bei CDM und Integration von Transaktionskosten zwischen zwei Ländern A und B

Freiwillige Selbstverpflichtungen gewinnen zur Zeit in der Umweltpolitik einen immer größeren Einfluss und sie werden ausführlich in Kapitel 8.7.2 behandelt. Die Vergabe von Labels bzw. Zertifizierungen kann auf Basis von Gesetzen, freiwilligen Vereinbarungen der Industrie oder anderer Interessensgruppen wie Umweltverbänden erfolgen. Für Unternehmen von großer Relevanz ist dabei die freiwillige Beteiligung an Öko-Audits, auf die bereits in einem anderen Zusammenhang ausführlich eingegangen worden ist. Labels und Zertifikate für Marktleistungen der Unternehmen zielen u. a. darauf ab, die Glaubwürdigkeit von Umweltschutzmaßnahmen bzw. zur Umweltverträglichkeit zu erhöhen und eine Transparenz und damit eine Akzeptanz beim Verbraucher zu schaffen. Beispielhaft hierfür wird in Kapitel 8.7.2.6 auf „Grünen Strom“ und dessen Zertifizierung eingegangen.

Informatorische Instrumente dienen der Überwindung spezifischer Barrieren. Über entsprechende Werbekampagnen kann zum Beispiel der Markt für ökologische Produkte gestärkt werden. Eine verbesserte Beratung potentieller Investoren hilft zudem, Wissensbarrieren zu überwinden und so neue Kapitalquellen zu erschließen. Auch viele Kredit- und Versicherungsgeber sind mit den spezifischen Risiken umweltverträglicher Projekte und den Möglichkeiten zu deren Begrenzung nur wenig vertraut. Dies führt in vielen Fällen zu ungünstigen Kreditkonditionen und Versicherungsprämien. Auch hier kann die Bereitstellung verlässlicher Informationen projektfördernd wirken. Gezielte Informationen zu aktuellen Umweltthemen helfen weiterhin, diese Themen über einen Meinungsbildungsprozess bei Management und Belegschaft in der Unternehmensethik der jeweiligen Unternehmen zu verankern. Informatorische Instrumente können von den Unternehmen selbst, aber auch vom Staat ausgehen. Sie stellen in der Regel flankierende Maßnahmen für andere Instrumente dar. Für sich allein betrachtet ist ihre Wirkung in den meisten Fällen jedoch gering.

Administrative und juristische Instrumente weisen große Ähnlichkeit zu den rein informatorischen Instrumenten auf. Auch administrative Instrumente können sowohl von der Industrie als auch vom Staat ausgehen, juristische Instrumente jedoch erfordern immer die Unterstützung des Staates als gesetzesgebende Gewalt. Ziel ist es umweltfreundliche Vorhaben wie die Errichtung regenerativer Energieerzeugungsprojekte nicht bereits an administrativen Barrieren wie umständlichen Genehmigungsprozessen, unklaren Zuständigkeiten und fachlich zum Teil nicht ausreichend geschulten Mitarbeitern bei den zuständigen Behörden scheitern zu lassen. Diese Probleme können durch eine verbesserte Transparenz und Standardisierung des Genehmigungsverfahrens als Mittel zur Effizienzsteigerung reduziert werden. Neben dem Staat können hier auch die jeweiligen Industrieverbände unterstützend tätig werden.

Eine weitere Barriere im Zusammenhang mit dem Genehmigungsprozess von Projekten sind mögliche rechtliche Schritte seitens der Anwohner gegen das Projekt (optische Beeinträchtigung der Landschaft oder des Stadtbilds bzw. Geräuschbelästigung u.ä. durch Windkraftanlagen). So berechtigt solche Bedenken in den einzelnen Fällen auch sein können, so stark belasten aber auch die jeweils neu anfallenden Kosten die einzelnen Projekte. Je besser solche Streitangelegenheiten bereits im Vorfeld durch klare Richtlinien und Gesetze geklärt werden, umso geringer ist die Wahrscheinlichkeit, dass Projekte nach zeit- und kostenintensiven Vorbereitungen doch noch scheitern.

8.7.8 Freiwillige Selbstverpflichtungen

8.7.8.1 Einleitung

Unter freiwilligen Selbstverpflichtungen versteht man rechtlich verbindliche oder unverbindliche Zusagen (von Teilen) der Wirtschaft bzw. einzelnen Unternehmen, Maßnahmen zum Umweltschutz durchzuführen oder umweltbelastende Aktivitäten zu unterlassen oder zu reduzieren, um bestimmte Umweltziele zu erreichen. Hier kommt das der deutschen Umweltpolitik zugrundeliegende Kooperationsprinzip zum Tragen. Der Staat verzichtet im Gegenzug meist auf geplante ordnungsrechtliche oder ökonomische Instrumente.

Selbstverpflichtungen der Wirtschaft im Umweltschutz existieren in Deutschland seit den siebziger Jahren. Inzwischen gibt es bereits über 80 solcher Selbstverpflichtungen, sie sind hauptsächlich branchenbezogen, darüber hinaus wurden bis heute vier branchenübergreifende Vereinbarungen getroffen. Bei den Branchenerklärungen dominieren mit über 40 freiwilligen Selbstverpflichtungen die Chemische Industrie und die ihr angegliederten Fachverbände[376]. Freiwillige Selbstverpflichtungen der Wirtschaft zur Realisierung bestimmter Umweltziele erfahren zur Zeit in der umweltpolitischen Instrumentendiskussion eine Renaissance. Ein wesentlicher Grund für die derzeitige hohe Bedeutung dieses Instrumentes ist die Weiterentwicklung in Richtung eines formalisierten und institutionalisierten Ansatzes sowie die stellenweise als positiv bewerteten Erfahrungen mit diesem Instrument, wenn die Zielerreichung als Maßstab genommen wird.

Kritik an den Selbstverpflichtungen im Umweltschutz bezieht sich auf Unsicherheiten bei der Zielerreichung, der Trittbrettfahrerproblematik und den vermeintlich geringeren umweltpolitischen Anspruch. Positiv werden dagegen die statische und dynamische Effizienz und der ordnungspolitische Deregulierungsansatz des Instruments gesehen. Diese Punkte werden im Folgenden diskutiert.

Aufgrund der fehlenden Vertragsform sowie damit einhergehend den fehlenden direkten staatlichen Sanktionsmechanismen wird oftmals die ökologische Treffsicher-

---

[376] Vgl. [BDI 1996].

heit von Selbstverpflichtungen angezweifelt[377]. Jedoch ist in vielen Fällen gar kein vertraglicher Druck nötig, damit die Umweltvereinbarungen erfolgreich umgesetzt werden. Dies gilt vor allem für die Umweltbereiche, in denen eine akute Umwelt- und Gesundheitsgefährdung besteht und in denen die betroffenen Unternehmen allein schon aus Image- oder Marktgründen gezwungen sind, ihre Produkte vom Markt zu nehmen und durch umweltfreundliche zu ersetzen. Eine vertragliche Absicherung von Selbstverpflichtungen kann auch dadurch überflüssig werden, dass ein Monitoring durch einen neutralen Dritten vereinbart wird oder von der Politik bei Nichteinhaltung der Vereinbarungen alternative ordnungsrechtliche Maßnahmen eingesetzt werden.

Die Trittbrettfahrerproblematik kennzeichnet die Situation, dass einzelne Unternehmen sich nicht an vereinbarte Umweltschutzziele aus wirtschaftlichen Überlegungen heraus halten, aber von den Vorteilen der Selbstverpflichtung profitieren. Dieses Verhalten stellt für das Erreichen der Umweltziele einen Unsicherheitsfaktor dar. Daher ist in den jüngsten Selbstverpflichtungen ein Monitoring vereinbart worden, wodurch sich die öffentliche Kontrolle erhöht und die Unternehmen unter Erfolgsdruck gesetzt werden. Die Trittbrettfahrerproblematik kann daneben durch verbandsinterne Kontroll- und Anreizmechanismen und alternative ordnungspolitische Maßnahmen reduziert werden[378].

Oftmals wird gegen freiwillige Selbstverpflichtungen das Argument vorgebracht, dass die eingegangenen ökologischen Zielsetzungen wenig restriktiv sind und eher Trendentwicklungen fortgeschrieben werden. Allerdings sind die ökologischen Ziele Ergebnisse der Verhandlungslösungen zwischen der Industrie und dem Staat, der auf ein notwendiges Anspruchsniveau dringen kann.

Selbstverpflichtungserklärungen werden in der Regel gegenüber ordnungsrechtlichen Lösungen aufgrund der größeren betrieblichen Flexibilität bei den zu treffenden Maßnahmen, beim "wo" und wie" der Zielerreichung, eine höhere ökonomische Effizienz zugebilligt. Sie haben auch eine dynamische Effizienz, weil durch sie umwelttechnische Innovationen induziert werden[379]. Weiterhin können Selbstverpflichtungen einen Beitrag zur Deregulierung im Umweltrecht leisten und somit zur Entbürokratisierung mit niedrigerem Verwaltungsaufwand beitragen. Aufwendige und langwierige Gesetzgebungs- und Verordnungserlassverfahren auch in Abstimmung mit der EU sollen zugunsten von schnell realisierbaren Vereinbarungen zwischen Branchen und Unternehmen und der Politik entfallen. Allerdings kann ein Monitoring dieser Zielsetzung entgegenstehen. Die im Vergleich zu den ordnungsrechtlichen Instrumenten erwarteten Vorteile durch geringeren Verwaltungsaufwand können sich auch als illusorisch erweisen, da langwierige Verhandlungen und Untersuchungen zur

[377] Vgl. z.B. die Stellungnahme der EU-Kommission [EU 1997].
[378] Siehe [Clemens 1998].
[379] Vgl. [Wagner 1995] und [Clemens 1998].

Abgabe bzw. zum Vollzug der Selbstverpflichtung sich als ähnlich aufwendig herausstellen können[380].

Kritisch zu prüfen ist bei Selbstverpflichtungen stets die Frage von Sanktionen bei Nichterfüllung der Selbstverpflichtung und die Frage, ob eine Selbstverpflichtung eines Verbands oder einer Branche nicht ebenfalls zu Wettbewerbsverzerrungen führen kann, wenn beispielsweise die in den beschlussfassenden Gremien dominierenden Unternehmen nicht mit den Unternehmen, die letztlich den größten Anteil an der Umsetzung zu leisten haben, übereinstimmen.

8.7.8.2 Beispiel: FCKW-Ausstieg

Fluorchlorkohlenwasserstoffe (FCKW) wurden früher hauptsächlich als Treibgas in Spraydosen und Schäumungsmitteln für Kunststoffe, als Lösungs- und Reinigungsmittel sowie als Kältemittel verwendet. Aufgrund des erkannten Zusammenhangs zwischen FCKW-Emissionen und dem Ozonabbau in der Stratosphäre sowie dessen Folgewirkungen (Hautkrebs und Augenerkrankungen) wurden weitreichende Emissionsminderungsmaßnahmen erforderlich. Im internationalen Montrealer Protokoll zum Schutz der Ozonschicht aus dem Jahre 1987 wurde daher der stufenweise Ausstieg aus Produktion und Verwendung von FCKW eingeleitet. Eine Verkürzung der Ausstiegsfristen erfolgte auf Folgekonferenzen und durch noch strengere Vorschriften im Rahmen der EU.

Als Reaktion auf diese Vereinbarungen haben sich die Marktdaten für die betroffenen Unternehmen grundlegend geändert. Das hohe Problembewusstsein der Verbraucher führte dazu, dass FCKW als Treibmittel in Spraydosen bereits Ende der achtziger Jahre nicht mehr akzeptiert wurden, was der Branche 1988 einen Absatzrückgang von 12 % einbrachte[381].

Seit 1977 hat die deutsche Aerosolindustrie in mehreren Selbstverpflichtungen den Ausstieg aus der Produktion und der Verwendung von FCKW immer weiter verschärft. In ihrer letzten Zusage ist der vollständige Verwendungsausstieg noch vor dem in der später verabschiedeten FCKW-Halon-Verbots-Verordnung vorgesehenen Ausstiegsdatum 1. Januar 1995 festgesetzt worden. Nach Angaben des Verbandes der Chemischen Industrie (VCI) ist die FCKW-Produktion in Gesamtdeutschland von 125.000 Mg im Jahre 1987 kontinuierlich zurückgegangen und betrug 1993 nur noch 51.800 Mg. Im Mai 1994 ist die FCKW-Produktion dann vollständig eingestellt worden. Auch der Verbrauch ging von 66.000 Mg im Jahre 1987 auf 9,2 Mg im Jahre 1993 zurück.

---

380 Verwiesen wird hierzu auf die Erfahrungen in den Niederlanden mit der freiwilligen Branchenvereinbarung zur Energieeffizienzsteigerung.

381 Siehe [Lautenbach 1992].

Begünstigt wurde der FCKW-Ausstieg durch die Struktur der Branche. Die Industriegemeinschaft Aerosole e. V. repräsentierte gemessen an den Produktionskapazitäten 90 bis 95 % der Branche[382]. Der Verband führte halbjährlich eine Erhebung bei den Mitgliedsunternehmen durch und diese übermittelten ihre aktuellen Produktionszahlen einer bundeseigenen Treuhand AG.

Die Substitution von FCKW durch alternative Treibmittel wurde durch die Verfügbarkeit ozonschichtunschädlicher Substanzen wie Propan-Butan-Gemische erleichtert, zumindest für die Mehrzahl der Anwendungsbereiche. Jedoch wurde durch die Brennbarkeit der Propan-Butan-Substitute der Produktionsprozess technisch komplizierter und für die Lagerung und den Transport wurden Sicherheitsvorschriften relevant, die die Markteinführung der Substitute erschwerten. Die Kosten für die Umstellung gaben die betroffenen Firmen mit insgesamt 60 bis 100 Millionen DM an, vor allem für neue Rezepturen, Tests, Maschinenumrüstungen und Sicherheitsmaßnahmen[383].

8.7.8.3 Beispiel: Mehrweganteil bei Getränkeverpackungen

Ausgangsbasis für die Selbstverpflichtungen der Getränke- und Verpackungsindustrie war das Abfallwirtschaftsprogramm von 1975 und der Umweltbericht von 1976, in denen die Bundesregierung erklärte, dass die Abfälle aus Getränkeverpackungen nicht weiter zunehmen dürften und dass bei anders verlaufender Entwicklung staatliche Eingriffe in den Getränkebehältermarkt erfolgen würden. Bestimmend hierfür war die Präferenz der Bundesregierung für ein aus ökologischer Sicht vorteilhafter bewertetes Mehrwegsystem. Eine wissenschaftliche Unterstützung in Form einer ökologischen Bewertung verschiedener Verpackungssysteme in Form von Ökobilanzen gab es zu diesem Zeitpunkt jedoch noch nicht[384].

1977 erklärte daher die Getränke- und Verpackungsindustrie sowie der Handel gegenüber dem Bundesinnenministerium, die vorhandenen Mehrwegbehältersysteme für Bier, Mineralwasser und Erfrischungsgetränke bei circa 83 % zu halten oder auszubauen sowie bei Erfrischungsgetränken auf Kunststoffeinwegflaschen zu verzichten. Diese Zusagen konnten jedoch aufgrund der steigenden Nachfrage nach Erfrischungsgetränken in Einwegverpackungen nicht eingehalten werden[385]. 1982 wurde die freiwillige Vereinbarung zur Stützung des Mehrwegsystems von der Industrie nochmals bekräftigt. Nach 1983 ging der Mehrweganteil jedoch weiter zurück. Im Jahre 1991 wurde die Verpackungsverordnung erlassen, in der der Mehrweganteil auf mindestes 72 % festgeschrieben wurde. 1997 lag die Mehrwegquote

[382] Vgl. [Lautenbach 1992].
[383] Vgl. [Lautenbach 1992] und [Clemens 1998].
[384] Vgl. [Clemens 1998].
[385] Vgl. [Clemens 1998].

erstmals unter 72 % (71,35 %) und im Jahre 2000 bei unter 70 %. Dies bedeutet, dass ab dem Jahre 2001 ein Zwangspfand auf Einwegverpackungen zu erheben ist, bei denen der Mehrweganteil den Stand von 1991 unterschritten haben. Betroffen sind die Getränkearten Mineralwasser, Bier und Wein.

Inzwischen wird jedoch die ökologische Vorteilhaftigkeit von Mehrwegverpackungen neu diskutiert. Die jüngsten Studien zur Ökobilanz von Mehrwegsystemen im Auftrag des Umweltbundesamtes haben gezeigt, dass eine sehr viel differenziertere Betrachtung erforderlich ist, da die ökologische Vorteilhaftigkeit von Verpackungssystemen durch verschiedene Parameter bestimmt wird und nicht generalisierend festgestellt werden kann[386]. So wurde ermittelt, dass bei Bier die Mehrwegflasche grundsätzlich der Dose vorzuziehen ist, während der Einweg-Schlauchbeutel bei Milch mindestens so umweltfreundlich ist wie die Mehrwegflasche. Mehrwegflaschen sind vergleichsweise materialsparend und abfallarm, Schlauchbeutel weisen dagegen wegen ihres geringen Gewichts günstigere Energiewerte für den Transport und für die Herstellung auf. Auch bei Getränkekartons für Milch zeigt sich bedingt durch die inzwischen höheren Recyclingquoten ein günstigeres Bild.

Vor diesem Hintergrund wird zur Zeit die Mehrwegquote kritisch diskutiert, insbesondere unter dem Aspekt, dass ein Zwangspfand nur für besonders umweltschädliche Einwegverpackungen erhoben werden soll. Deshalb wurde von der Regierung die Novellierung der Verpackungsverordnung in dem Sinne vorgeschlagen, dass ein Dosenpfand für PET-Einwegflaschen, Glas-Einwegflaschen sowie Getränkedosen aus Aluminium und Weißblech erhoben wird.

Weiterhin wird die Gefahr gesehen, dass bei Einführung eines Zwangspfandes die Unternehmen hohe Investitionen in Rückhohlsysteme zu tätigen haben und Unternehmen dann ganz auf Einwegsysteme umschwenken, um aus Wirtschaftlichkeitsüberlegungen keine zwei Systeme aufrecht zu erhalten. Zusätzlich ist die rechtliche Frage zu klären, ob dieses mit dem EU-Recht auf freien Warenverkehr zu vereinbaren ist, da bei ausländischen Anbietern in der Regel mit deutlich höheren Kosten zu rechnen ist.

Am Beispiel der Selbstverpflichtung für Getränkeverpackungen zeigt sich, dass politisch motivierte Umweltziele revidierbar sein müssen, wenn sich die ökologischen Begründungen nicht bestätigen oder bessere Erkenntnisse in die ökologischen Zusammenhänge gewonnen werden. Hier bedarf es einer Kooperation von Staat und Wirtschaft, um flexibel auf wissenschaftliche und technische Entwicklungen zu reagieren und die Selbstverpflichtungen entsprechend fortzuschreiben[387].

---

[386] Siehe [UBA 1996], [FKN 1996] und [Clemens 1998].

[387] Vgl. [Clemens 1998].

8.7.8.4 Beispiel: Klimaschutzerklärung der deutschen Wirtschaft

Fünfzehn deutsche Industrieverbände haben sich Anfang 1996 kurz vor dem Klimagipfel in Berlin in einer freiwilligen Selbstverpflichtung zur Senkung des spezifischen Energieverbrauches bzw. der spezifischen CO_2-Emissionen um bis zu 20 % bis zum Jahre 2005 (auf der Basis von 1987) verpflichtet. Die spezifischen Emissionen werden zu Grunde gelegt, um Einflüsse wie Nachfragesteigerungen oder Witterungsbedingungen, die nicht direkt von der Wirtschaft zu beeinflussen sind, außer acht zu lassen. In der Selbstverpflichtung wurde ein Kontrollkonzept vereinbart, das vom Bundesverband der Deutschen Industrie (BDI) und den beteiligten Verbänden gemeinsam mit der Bundesregierung erarbeitet wurde. Das CO_2-Monitoring wird federführend vom Rheinisch-Westfälischen Institut für Wirtschaftsforschung (RWI) in Essen durchgeführt. Das RWI überprüft die Ziele der Selbstverpflichtungen anhand jährlicher Branchenberichte der beteiligten Verbände durch Soll-Ist-Vergleiche. Zielabweichungen sollen einer Ursachenanalyse unterzogen werden. Die Ergebnisse der Branchenberichte werden mit den strukturellen Entwicklungen in der Wirtschaft abgeglichen, um innovativ-technische von strukturell bedingten CO_2-Einsparungen abzugrenzen.

Die Kritik an dieser Selbstverpflichtung bezog sich auf folgende Punkte[388]:

- Die absolute Höhe des Energieverbrauches kann bei entsprechendem Wirtschaftswachstum steigen.
- Die Effizienzsteigerung entspricht dem ohnehin zu erwartenden Trend durch die anstehenden Modernisierungsmaßnahmen sowie die Sonderentwicklung in den Neuen Bundesländern. Diese Aussage wird zum Teil dadurch gestützt, dass einige Branchen bereits vor der Abgabe der Selbstverpflichtung mehr als drei Viertel der Minderungszusagen erfüllt hatten[389].
- Die Verpflichtung, dass die 20 %-Reduktion durch „besondere Anstrengungen" der Wirtschaft erreicht werden müssen, ist schwierig nachprüfbar, weil hierzu ein Referenzszenario unterstellt werden müsste (siehe hierzu auch Kapitel 8.7.7).

Bis zum Jahre 2000 haben dann einzelne Verbände Minderungszusagen nicht nur zu ihren spezifischen Emissionen sondern auch zu ihren absoluten Emissionen abgegeben und das Bezugsjahr ist auf 1990 geändert worden. Zur Zeit beteiligen sich 19 Verbände (mit einem Anteil von fast vier Fünftel des industriellen Endenergieverbrauches) an der Selbstverpflichtungserklärung. Im Herbst 2000 wurde die Selbstverpflichtungserklärung dann weiterentwickelt. Neben einer Verpflichtung zur Senkung der CO_2 Emissionen um 28 % bis zum Jahre 2005 wurde eine Reduktion der

---

[388] Siehe beispielsweise [SRU 2000, S. 322 f.].

[389] Zu Zahlen wird auf den ersten Monitoringbericht verwiesen [Hillebrand et al. 1997].

sechs Treibhausgase des Kyoto-Protokolls um 35 % abgegeben. Im Gegenzug verpflichtete sich die Bundesregierung (wie bereits 1996) auf bestimmte ordnungsrechtliche Vorhaben wie die diskutierte Einführung von Energie-Audits zu verzichten.

8.7.8.5 Ausgewählte weitere Selbstverpflichtungserklärungen

In der aktuellen Diskussion von Selbstverpflichtungen in der Umweltpolitik geht es neben dem Klimaschutz vor allem um die Abfall- und Kreislaufwirtschaft. Dabei soll das Ziel der Ressourcenschonung u. a. durch den Aufbau von Stoffkreisläufen über das Prinzip der Produktverantwortung des Herstellers erreicht werden. Die Grundlage für Selbstverpflichtungen der Wirtschaft im Abfallbereich bildet das am 7. Oktober 1996 in Kraft getretene Kreislaufwirtschafts- und Abfallgesetz (KrW-/AbfG). Bei abfallwirtschaftlichen Umweltvereinbarungen ergibt sich aus der Einbeziehung von Herstellern, Entsorgungswirtschaft, entsorgungspflichtigen Körperschaften und Verbrauchern ein komplexer Gestaltungsbedarf, so dass es in den meisten Fällen flankierend zu den Selbstverpflichtungen eines rechtlichen Regelungsrahmens in Form von Verordnungen bedarf[390]. Jüngstes Beispiel aus dem Abfallbereich ist die Selbstverpflichtung der deutschen Wirtschaft zur umweltgerechten Altautoverwertung, die ebenfalls durch eine Verordnung ergänzt wurde. Ein weiteres Beispiel für eine branchenübergreifende Selbstverpflichtung im Abfallbereich ist das Duale System Deutschland (DSD) aus Verpackungsindustrie, Vormateriallieferanten, Konsumgüterindustrie (Abfüller) und Handel zur Organisation der Rücknahme und Sortierung von gebrauchten Verkaufsverpackungen. Rechtliche Grundlage bildet hier Verpackungs-Verordnung von 1991.

8.7.8.6 Grüne Angebote und Qualitätsnachweise

Seit die energiepolitischen Rahmenbedingungen in Deutschland geändert wurden, haben sich Grüne Angebote in Deutschland verstärkt etabliert, wobei unter Grünen Angeboten verschiedene Formen der Elektrizitätsproduktion auf Basis regenerativer Energieträger und Kraft-Wärme-Kopplung zusammengefasst werden.

Eine wesentliche Forderung an Grüne Angebote ist die der Zusätzlichkeit. Darunter ist zu verstehen, dass ein erkennbarer Beitrag zum Umweltschutz durch eine Teilnahme am Grünen Angebot geleistet werden muss. Hierdurch kommt der Fördergedanke zugunsten einer regenerativen Stromerzeugung oder der Kraft-Wärme-Kopplung zum Ausdruck. Aus der Anforderung der Zusätzlichkeit lässt sich ableiten, dass die vielfach erhobene Forderung nach Ausschluss von Strom aus regenerativen Erzeugungsanlagen, die unter die Garantiepreise und die Abnahmepflicht des

[390] Vgl. [Clemens 1998].

Erneuerbaren Energiengesetzes (EEG) fallen, ihre Berechtigung hat. Dies betrifft sowohl Strom aus Anlagen, die über das EEG vergütet und als Grüne Angebote deklariert werden, sowie Anlagen, die durch das EEG gefördert werden könnten, aber über Grüne Angebote vermarktet werden. In beiden Fällen tritt nur eine Verlagerung der Kosten von der Allgemeinheit der Stromverbraucher auf die Teilnehmer an Grünen Angeboten auf. Die Diskussion ist auch auf Kraft-Wärme-Kopplungsanlagen mit fossilen Energieträgern zu übertragen, weil für diese das sogenannte Kraft-Wärme-Kopplungsgesetz (KWKG) mit einer Abnahme- und Vergütungsgarantie gelten kann. Je nach Gesellschaftsform können auch Einkommenssteuereffekte durch Verlustabschreibungen die Rentabilität von regenerativen Anlagen positiv beeinflussen.

Die Forderung nach der Zusätzlichkeit führt zu der Frage, wie eine Zusätzlichkeit nachgewiesen werden kann. Die entscheidende Fragestellung dabei ist, was ohne das Grüne Angebot passiert wäre (die sogenannte Baselineproblematik). Die Bestimmung einer belastbaren Baseline erweist sich als problematisch, was sich auch schon bei anderen Umweltregimen wie Joint Implementation und Clean Development Mechanism herausgestellt hat. Bei Grünen Angeboten kann sie im Rahmen von Auditierungen (Überprüfungen) durch externe Akteure angegangen werden, die entsprechende Gütelabels vergeben. Das Labelling spielt deshalb eine besondere Rolle. Neben einem fallspezifischen Nachweis der wirtschaftlichen Notwendigkeit einer finanziellen Förderung durch Grüne Angebote (die in einigen Labels anvisiert wird) können alternative methodische Ansätze gewählt werden. So könnte der Nachweis der Zusätzlichkeit über bestimmte Projekttypen (charakterisiert durch Erzeugungstechnologien, Größenklassen, Standorte, Betriebsstunden etc.) erbracht werden.

Die Koexistenz mit dem EEG und dem KWKG führt im Zusammenhang mit der Dilemmasituation und der Zusätzlichkeitsforderung sowie dessen Überprüfbarkeit generell zu der Frage, ob Grüne Angebote zukünftig aufrecht zu erhalten und welche Anforderungen hierzu an sie zu stellen sind.

Aktuelle Erhebungen zu Grünen Angeboten[391] haben eine rasante Entwicklung in diesem Bereich sichtbar gemacht. So hat sich sowohl die Anzahl der erfassten Anbieter als auch die Anzahl der erfassten Angebote bei VDEW-Mitgliedunternehmen im Verlauf des vergangenen Jahres mehr als verdoppelt (auf knapp 200 Angebote). Weiterhin sind Öko-Stromhändler als neue Akteure in den Markt eingetreten und sie bieten bereits ca. 40 Angebote an.

Grüne Angebote lassen sich in drei unterschiedliche Angebotsformen aufteilen, die folgendermaßen charakterisiert sind:

---

[391] Siehe [Dreher et al. 1999], [Wietschel et al. 2001].

1. Tarifmodelle: Kunden zahlen für Grünen Strom einen Aufschlag auf den Standardtarif oder haben einen separaten Ökostromtarif gewählt. Üblicherweise orientieren sich solche Angebote am Verbrauchsprinzip.
2. Beteiligungsmodelle: Kunden erwerben Anteile an einer Stromerzeugungsanlage, die erneuerbare Energieträger nutzt. Im Gegenzug werden sie am Ertrag der Anlagen beteiligt (Investitionsprinzip).
3. Spendenmodelle: Kunden entrichten Beiträge in Form von Spenden an einen Fonds, der zur Errichtung von Anlagen auf Basis regenerativer Energien verwendet wird. Sie sind dabei weder Eigentümer, noch werden sie am Ertrag beteiligt (Spendenprinzip).

Tarifmodelle haben dabei über die Jahre stark an Relevanz gewonnen und die anderen Angebotsformen sehr stark zurückgedrängt. Zunehmend werden dabei Tarifangebote eingeführt, deren Tarifgestaltung unabhängig vom Preis für herkömmliche Standardangebote ist – eine Entwicklung die auch durch Öko-Stromhändler forciert wird, die fast ausschließlich eigenständige Angebote anbieten. Hierdurch bildet sich verstärkt ein eigenständiges Marktsegment für Grünen Strom heraus. Ein transparenter Markt ist allerdings durch die Vielzahl an Anbietern, unterschiedlichen Angebotsformen, verschiedenen Erzeugungstechnologien sowie fehlender einheitlicher Zertifizierung nicht in Sicht.

Es konnte sich bisher kein Anbieter von Zertifizierungen (Qualitätssiegel) am Markt durchsetzen und auffallend hoch ist die Zahl an Anbietern von Grünen Angeboten, die sich überhaupt nicht zertifizieren lassen wollen bzw. bisher nur eine Bereitschaft zur künftigen Zertifizierung abgegeben haben (siehe Abbildung 8-7). Die Vielzahl an Anbietern mit unterschiedlichen Anforderungen an eine Zertifizierung dürfte dazu führen, dass der Markt eher unübersichtlicher wird. Hier besteht Harmonisierungsbedarf, gerade vor dem Hintergrund, dass durch die Koexistenz mit dem EEG und dem KWKG sowie der Forderung nach einer zusätzlichen Umweltentlastung durch Grüne Angebote die Glaubwürdigkeit von Grünen Angeboten künftig verstärkt in Frage gestellt werden könnte. Hinzu kommt, dass der überwiegende Anteil der Anbieter nicht oder nur eingeschränkt die finanziellen Mittel für einen Anlagenneubau verwendet.

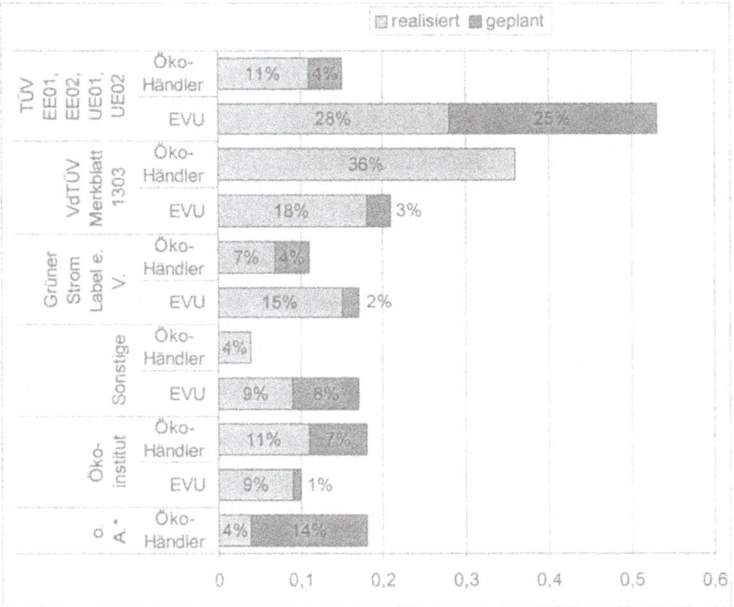

Abbildung 8-7: Verteilung der Labels für Grüne Angebote nach Zertifizierern (Mehrfachnennungen möglich)
**o.A. bedeutet ohne Angabe des Labels*

Für einen durchschnittlichen Privathaushalt ergeben sich beim Bezug des gesamten Stroms über ein Grünes Angebot von VDEW-Mitgliedsunternehmen durchschnittliche Mehrkosten zwischen 3,05 und 7,95 Pf/kWh, wobei sie vom Technologiemix sowie dem Tarifmodell abhängen. Ein Strombezug über Ökostromhändler führt tendenziell zu höheren Mehrkosten (6,36-10,63 Pf/kWh). Die Teilnehmerquoten bei VDEW-Mitgliedsunternehmen sind weiterhin niedrig und liegen ähnlich wie bei vorangegangenen Studien unter einem Prozent. Die durchschnittliche Teilnehmerquote hat sich jedoch im Vergleich zwischen 1999 und 2000 deutlich von 0,06 % auf 0,23 % erhöht. Im Durchschnitt liefert ein Ökostromhändler wesentlich mehr Grünen Strom an Kunden als ein durchschnittliches VDEW-Mitgliedsunternehmen.

Tabelle 8-7: Mehrkosten von Grünen Angeboten von VDEW-Mitgliedsunternehmen

	Tarifmodell 1 Gekoppeltes Angebot	Tarifmodell 2 Eigenständiges Angebot
Angebote mit Photovoltaikanteil < 100 %	5,45 Pf/kWh	7,94 Pf/kWh
Angebote ohne Photovoltaik	3,05 Pf/kWh	5,61 Pf/kWh

Tabelle 8-8: Mehrkosten von Grünen Angeboten von Ökostromhändlern

	Tarifmodell 1 Gekoppeltes Angebot	Tarifmodell 2 Eigenständiges Angebot
Angebote mit Photovoltaikanteil < 100 %	-	10,63 Pf/kWh
Angebote ohne Photovoltaik	-	6,36 Pf/kWh

Ein Einfluss des Preises auf die Teilnehmerquote kann bisher nicht verifiziert werden (Abbildung 8-8), was aber auch mit der geringen Wettbewerbssituation in Zusammenhang stehen kann.

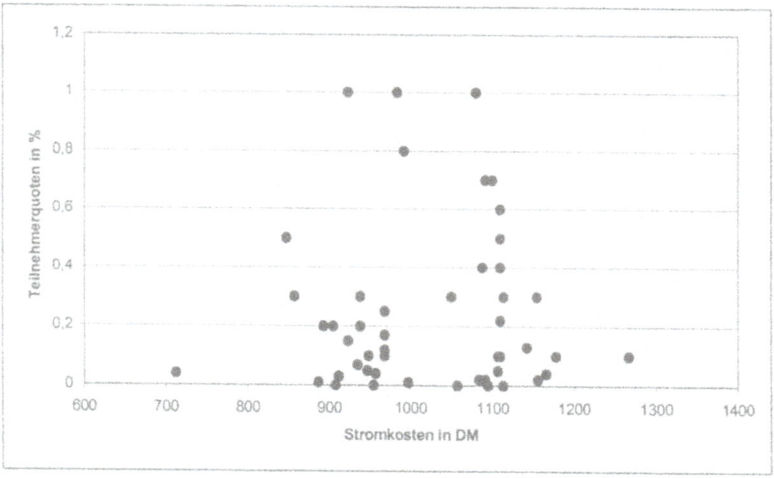

Abbildung 8-8: Zusammenhang: Teilnehmerquote - Jährliche Stromkosten bei einem Verbrauch von 3000 kWh [Dreher et al. 2000]

9 Das nationale Stoff- und Energiestrommanagement (Stoffpolitik)

9.1 Motivation, Ziele und Aufgaben

Spätestens seit Beginn des 90er Jahre mit der Thematisierung der Nachhaltigkeit und dem Erdgipfel von Rio de Janeiro (1992) steht die Frage der zukunftsfähigen Gestaltung der Gesellschaft im Zentrum der Umweltpolitik, wobei umweltpolitische Maßnahmen im Sinne eines umfassenderen (ganzheitlichen) Nachhaltigkeitskonzeptes verstärkt integriert mit ihren ökonomischen und sozialen Folgen betrachtet werden. Dabei stellt sich aus Sicht des Staates die Frage, inwieweit er die Stoff- und Energieströme in der Gesellschaft steuern muss – zur Sicherstellung einer Nachhaltigkeit – oder darf – zur Vermeidung von staatlichem Dirigismus.

Die Begrifflichkeit des nationalen Stoffstrommanagements wurde wesentlich durch die Arbeiten der Enquête-Kommission „Schutz des Menschen und der Umwelt“ geprägt[392]. Die dort für politische Entscheidungsträger (den Staat) als Akteure dieser Art des Stoffstrommanagements entwickelte Aufgabe liegt in der indirekten Steuerung von anthropogenen Stoff- und Energieströmen durch Setzung der Rahmenbedingungen, innerhalb deren die direkten Akteure (Unternehmen und Konsumenten) des Stoffstrommanagements agieren.

Aufgrund des Ordnungsrahmens, den die soziale Marktwirtschaft bietet, sowie zur Komplexitätsreduktion ist es notwendig, sich dabei auf umweltrelevante Stoff- und Energieströme zu konzentrieren. Dabei kann dies

- **stoffbezogen,** d. h. entlang der Stoff- oder Energiestromkette von der Gewinnung über den Einsatz in unterschiedlichen Produkten/ Produktionssystemen bis zum Verbleib in den verschiedenen Umweltmedien,
- **umwelteinwirkungsbezogen**, d. h. man betrachtet alle Stoff- und Energieströme, die zu einem bestimmten Umweltproblem beitragen oder
- **produktbezogen**, d. h. alle Stoff- und Energieströme, die über den gesamten Produktlebenszyklus anfallen,

erfolgen. Die produktbezogene Betrachtungsweise hat sich schon länger über die Ökobilanzierung etabliert und wird in diesem Kapitel nicht vertieft[393]. Bei einer umwelteinwirkungsbezogenen und einer stoffbezogenen Sichtweise ist es notwendig sich zu verdeutlichen, dass die verschiedenen Umweltprobleme miteinander über die selben Verursacher verknüpft sein können und dass in der Regel mehrere Stoff- oder Energieströme zu einem Umweltproblem beitragen (siehe Abbildung 9-1). So sind die Umweltproblembereiche Bodenversauerung, Eutrophierung und Photooxidantien-

[392] Siehe [Enquête 1998].

[393] Siehe hierzu Kapitel 6.

bildung über die NO_x-Emissionen verbunden. Weiterhin besteht eine enge Verknüpfung zum Problemkreis Treibhauseffekt, weil u. a. Maßnahmen zur Minderung der CO_2-Emissionen relevante Auswirkungen auf die Entwicklung der NO_x und SO_2-Emisisonen haben können.

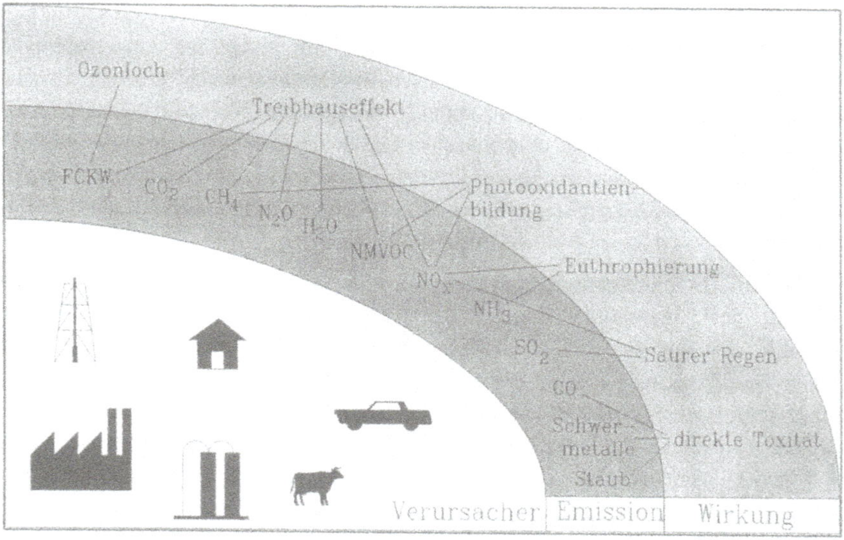

Abbildung 9-1: Umweltauswirkungen von Emissionen in ausgewählten Bereichen der Luftreinhaltung

Stoff- und Energiestrommanagementstrategien, die in ihrer Zielsetzung mehrere Aspekte gleichzeitig berücksichtigen, werden nach ihrem Ansatzpunkt auch als

- ***Multi-Pollutant*-Strategien** (mehrere Schadstoffe),
- ***Multi-Effect*-Strategien** (mehrere Umweltauswirkungen) oder
- ***Multi-Media*-Strategien** (mehrere Medien)

bezeichnet.

Während bis Anfang der 90er Jahre die Umweltpolitik hauptsächlich medial-orientiert sowie anlagen- und emissionsbezogen war, sind folgende Merkmale charakteristisch für das Stoffstrommanagement:

- eine Orientierung auf die beteiligten Akteure an den verschiedenen Stufen des Stoffstromes, weil eine gezielte Beeinflussung von deren Handlungsweise[394] angestrebt wird,
- eine umweltmedienübergreifende Beeinflussung, um transmediale Problemverlagerungen zu vermeiden,
- bei einer mehr stoffbezogenen Sichtweise eine systematische und ganzheitliche Betrachtung von Stoffströmen von der „Wiege bis zur Bahre".
- Ein verstärkter Einsatz von freiwilligen sowie ökonomischen Instrumenten anstelle des Ordnungsrechtes, um mögliche Konflikte zwischen Ökologie und Wirtschaftlichkeit zu lösen, um die bestehende hohe staatliche Regulierungsdichte im Umweltschutz einzudämmen und um eine Akzeptanzerhöhung bei den Betroffenen zu erreichen.

Somit geht das Stoffstrommanagement mit einem Paradigmenwechsel in der Umweltpolitik einher.

9.2 Vorgehensweise

Das methodische Vorgehen beim umwelteinwirkungsbezogenen bzw. stoffbezogenen Stoffstrommanagement lehnt sich an das Vorgehen der Lebenszyklusanalyse bzw. der Ökobilanz (Life Cycle Assessment)[395] an. Bei der Lebenszyklusanalyse stellt allerdings in der Regel das Produkt oder die Dienstleistung die Bezugsgröße da, für die möglichst umfassend alle relevanten Stoff- und Energieströme unabhängig von ihrer zeitlichen und räumlichen Dimension erfasst und bewertet werden (produktbezogene Stoffstromanalyse). Das Ziel dabei ist die ökologische Bewertung eines bestimmten Produktes oder einer Dienstleistung bzw. die vergleichende Bewertung von Produkten/Dienstleistungen. Bei der umwelteinwirkungsbezogenen Stoffstromanalyse erfolgt hingegen die Konzentration auf einen oder auf ausgewählte Stoffströme, die über ihre Umwelteinwirkungen verknüpft sind und die über einen festgelegten Zeitraum in einer geographisch begrenzten Region betrachtet werden[396]. Hierdurch sollen Daten über Ressourcenverbräuche sowie Herkunft und Höhe von Emissionen und/oder Immissionen erhoben werden, um diese entsprechend steuern zu können.

394 Vgl. hierzu auch [UBA 1997, S. 177] und [Spangenberg et al. 1996, S. 14], wobei die erste Quelle auf die freiwillige Beteiligung der Akteure setzt, während die zweite Quelle auch ordnungsrechtliche und ökonomische Maßnahmen betont.

395 *Life Cycle Assessment* (LCA) wird üblicherweise mit dem Terminus Ökobilanz gleichgesetzt und zum Teil mit dem Begriff Lebenszyklusanalyse synonym verwendet. Siehe hierzu Kapitel 6.

396 Vgl. die Ausführungen in [Enquête 1998, S. 251].

Im Folgenden wird ein Vorschlag für eine entscheidungsorientierte Vorgehensweise entwickelt[397] (siehe Abbildung 9-2). Wichtig ist dabei festzuhalten, dass bei den einzelnen Schritten in unterschiedlicher Bedeutung neben hoheitlichen Akteuren auch wirtschaftliche und gesellschaftliche Akteure partizipieren.

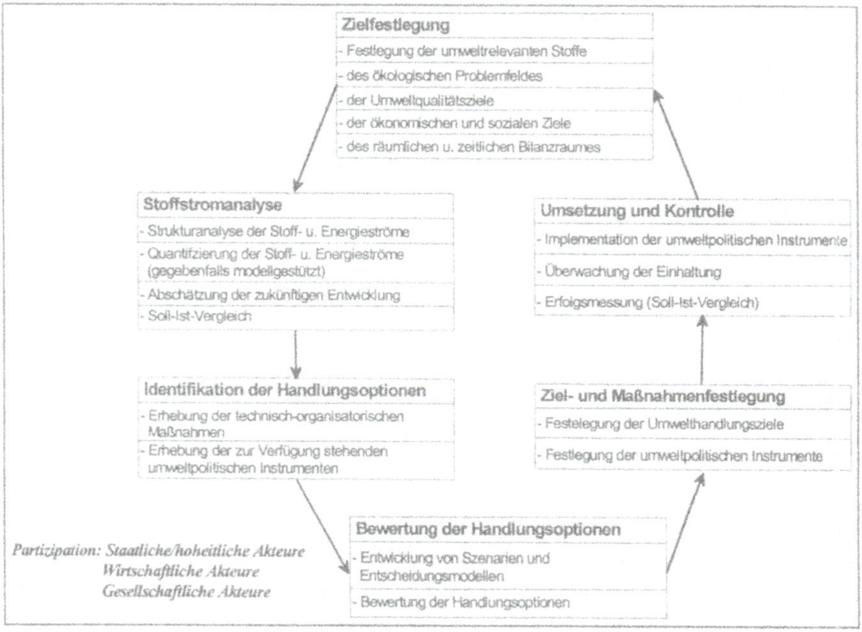

Abbildung 9-2: Entscheidungsorientierte Sichtweise der Stoffpolitik

Zielfestlegung

Ein Ansatz des nationalen Stoffstrommanagements kann darin bestehen, dass zuerst die bestehenden oder sich abzeichnenden Umweltprobleme aufgrund von naturwissenschaftlichen Erkenntnissen identifiziert werden. Daran schließt sich die Fragestellung an, welche anthropogenen Stoffeinträge dieses Problem (mit-) verursachen. Um den im vorangestellten Kapitel dargestellten möglichen Verknüpfungen von Umweltproblemen gerecht zu werden, können auch unterschiedliche Umwelteinwirkungen simultan betrachtet werden.

Daraus sind die **Umweltqualitätsziele** abzuleiten. Diese basieren in ihrer naturwissenschaftlichen Orientierung in der Regel auf der Tragekapazität der Ökosysteme und

[397] Diese orientiert sich an der prinzipiellen Methodik aus Kapitel 7.3.5 und dem Öko-Controlling-Regelkreis (Kapitel 5.1.3). Vorgehensweisen für ein nationales Stoffstrommanagement finden sich auch in [Enquête 1997, S. 78 ff.] und [Enquête 1994, S. 261 ff.].

Wirkungsmodellen. Sie lassen sich nach ihrem methodischen Ansatz zur Erfassung der Umweltauswirkungen einteilen in[398]:

Den **toxikologischen Ansatz**, der ausgehend von schädlichen Umwelteinflüssen auf den Mensch und die Umwelt, die über Dosis-Wirkungs-Beziehungen erfasst werden, Grenzwerte ableitet. So stellen beispielsweise die

- sogenannten toxikologischen Kennwerte über im Tierexperiment bestimmten tödlichen Dosen für emittierte Chemikalien bei verschiedenen Arten der Abreichung dar oder
- die Bioakkumulationswerte die Anreicherung eines Schadstoffes im Organismus.

Dabei ist zu beachten, dass es in der Regel nicht möglich ist, das gesamte Wirkungsspektrum zu erfassen. Man beschränkt sich darauf, mit Hilfe von Risikoabschätzungen jene Dosierung bzw. Konzentration zu bestimmen, unterhalb derer mit großer Wahrscheinlichkeit keine schädlichen Effekte zu erwarten sind.

Den **geogenen Ansatz**, bei dem Referenzwerte bzw. Qualitätsstandards für

- die Stoffentnahme anhand von Raten der geogenen Neubildung - wie der Rate der Neubildung bei Mineralien oder dem Grundwasserreservoir - und für
- die Stoffabgabe anhand von Emissionsmengen, die die geogenen Stoffwechselprozesse nicht signifikant verändern - wie natürliche Schwankungen der Schwermetallkonzentrationen in Fließgewässern - festgelegt werden.

Dabei ist allerdings festzustellen, dass es kaum mehr rein geogene Ökosysteme gibt, sondern dass heute vielmehr Kulturlandschaften vorherrschen.

Aufgrund fehlender Kenntnisse und hoher Komplexität der Zusammenhänge sind bei der Bestimmung von Umweltqualitätszielen vielfach Vereinfachungen vorzunehmen. Wie die Diskussion in Kapitel 7 zur Nachhaltigkeit gezeigt haben, ist es oftmals auch notwendig, gesellschaftliche Wertvorstellungen zu entwickeln bzw. zu erheben, da Umweltqualitätsziele nicht ausschließlich wissenschaftlich abzuleiten und zu begründen sind. Die Umweltqualitätsziele sind über sogenannte Zeige- oder Indikatorstoffe zu quantifizieren (siehe Kapitel 7 und Tabelle 9-1). Eine geschickte Festlegung erlaubt eine effiziente Charakterisierung des Stoffwechsels. Effizient bedeutet hier einen möglichst hohen Ertrag an Information im Verhältnis zum Untersuchungsaufwand. Zu der somit festgelegten ökologischen Zielsetzung können auch Ziele aus dem Bereich der Ökonomie und dem Sozialen bestimmt werden. In der Regel beschränkt sich diese Zielsetzung dabei auf die ökonomische Effizienz (z. B. Erreichung der umweltpolitischen Zielsetzung durch Realisierung von den Maßnahmen mit den geringsten Kosten) und die Maßgabe der wirtschaftlichen

[398] Vgl. zur Einteilung auch [Baccini et al. 1996, S. 302 ff.].

Vertretbarkeit von Maßnahmen für die Betroffenen. Eine weitergehende konkrete, d. h. möglichst quantifizierbare, Formulierung derartiger Ziele unterbleibt häufig. Dies hängt u. a. damit zusammen, dass eine Akzeptanz von vielen simultan zu erreichenden Zielen problematisch herzustellen ist sowie deren Erfassung oftmals sehr aufwendig ist.

Schließlich muss der räumliche Bilanzraum festgelegt werden, der sich in der Regel an der Beeinflussbarkeit durch die Entscheidungsträger orientiert. Dabei kann es sich beispielsweise um eine Stadt, ein Land oder Europa handeln. Auch der zeitliche Bilanzraum, d. h. für welche Bezugsperiode wird die Ist-Situation analysiert und auf welchen Zeithorizont soll die Strategieentwicklung (die Umwelthandlungsziele und die Maßnahmen zu deren Erreichung) ausgerichtet sein, ist zu bestimmen. Dieser richtet sich nach der Dringlichkeit des ökologischen Problems und den zur Verfügung stehenden Handlungsoptionen.

Um zu einer Zielsetzung zu gelangen, kann auch zuerst ein räumlicher Bilanzraum festgelegt werden (z. B. zur Untersuchung der Stoffströme in einer Stadt). Für diesen werden dann die ökologisch relevanten Stoff- und Energieströme identifiziert und Ziele entwickelt.

Stoffstromanalyse

An die Zielsetzung schließt sich die Stoffstromanalyse an. Hierzu sind die Stoff- und Energiestromketten zu ermitteln, die sich für das Umweltproblem verantwortlich zeichnen. Wichtig ist dabei, dass die Akteure entlang der Stoff- und Energiestromkette ebenfalls erfasst werden, weil die zu einem späteren Zeitpunkt zu ermittelnden Instrumente bei den Akteuren ansetzen.

Es sind die Quellen, die Transport- und Transformationsprozesse sowie die Senken zu erfassen. Dabei sind nicht nur technische Prozesse (Produktionssysteme i.w.S.), sondern auch naturwissenschaftliche Prozesse (Stoffwechselvorgänge), die außerhalb von Produktionssystemen in den Ökosystemen ablaufen, zu betrachten. Gerade bei den Transport- und Umwandlungsprozessen in den Ökosystemen werden naturwissenschaftliche Erkenntnisse zu den chemisch-physikalischen Vorgängen benötigt, deren Erhebung oftmals problematisch ist. Die Stoff- und Energieströme sind für einen Bezugszeitpunkt zu quantifizieren und mit ihrer geographischen Verteilung zu erheben. Hierzu sind Messungen und/oder Datenerfassungen vorzunehmen und in der Regel aufgrund der Komplexität mathematische Modelle zu Simulation der Stoff- und Energieumwandlungsprozesse zu entwickeln und anzuwenden. Dabei sind die in ein System einfließenden Flüsse, die innerhalb der Systemgrenzen stattfindenden Flüsse, sowie die aus dem System herausfließenden Flüsse, zu erfassen. Zur Modellierung werden die Transformationsfunktionen, die die Umwandlungsprozesse mathematisch beschreiben, herangezogen. Für die Entwicklung eines Grundverständnisses für die

Modellentwicklung wird auf die Ausführungen zur Aktivitätsanalyse verwiesen, wobei die dort auf Produktionsprozesse beschränkten Ausführungen auf Prozesse i.w.S. auszudehnen sind.

Weiterhin ist die künftige Entwicklung der Stoff- und Energieströme abzuschätzen. Hierzu sind die Einflussgrößen zu bestimmen und eine geeignete Prognosemethodik zu entwickeln und anzuwenden. Dabei kann auf entsprechende statistische Verfahren zurückgegriffen werden. Häufig findet in einem derartigen Fall auch die Szenariotechnik Anwendung, um alternative Entwicklungen zu erfassen. Bei der Datenerfassung treten Probleme mit dem Umgang von unvollkommenen Informationen auf.

Ausgehend vom Umwelthandlungsziel und dessen Quantifizierung ist dann ein Soll-Ist-Vergleich für die Belastung der Ökosysteme vorzunehmen.

Erhebung der Handlungsoptionen

Im folgenden Schritt sind die Handlungsalternativen zu ermitteln. Dies bezieht sich zum einen auf die technisch-organisatorischen Maßnahmen – wie Substitution bestimmter umweltschädlicher Produkte, Aufbau von Rücknahmesystemen oder Einsatz von Abscheidetechnologien. Hier ist man häufig auf Betreiber-, Anlagenbauer- oder Verbändeinformationen sowie auf Ergebnisse von Forschungseinrichtungen angewiesen. Gerade bei möglichen Betroffenen von später implementierten Instrumenten ist die Bereitschaft zur Kooperation oftmals nur eingeschränkt vorhanden.

Wichtig bei der Erhebung der Handlungsalternativen ist, dass die ökologischen Auswirkungen der technisch-organisatorischen Maßnahmen (z. B. das Emissionsminderungspotential) sowie die betriebs- und volkswirtschaftlichen Kosten einer Maßnahmenumsetzung erfasst werden. Dabei unterbleibt oftmals die Erhebung der volkswirtschaftlichen Kosten aufgrund des damit verbundenen Aufwandes und aus methodischen Problemen.

Weiterhin sind die möglichen umweltpolitischen Instrumente (im weiten Sinne wie sie in Kapitel 8 eingeführt worden sind) zu eruieren, die für eine Steuerung der Stoff- und Energieströme in Betracht zu ziehen sind.

Bewertung der Handlungsoptionen

Im nächsten Schritt sind die Handlungsoptionen anhand der in der Zielfestlegung aufgestellten Ziele zu bewerten. Aufgrund der komplexen Entscheidungssituation bietet sich die Entwicklung und der Einsatz von Simulations- oder Optimierungsmodellen zur Entscheidungsunterstützung an. Weiterhin sind verschiedene Szenarien zu entwickeln, die sich u. a. bezüglich der Prognose der künftigen Entwicklung der

Einflussgrößen auf die Stoff- und Energieströme unterscheiden. Beispielhaft kann von unterschiedlichen Aktivitätsniveaus in Produktionsprozessen aufgrund verschiedener Alternativen zur wirtschaftlichen Entwicklung ausgegangen werden. Oder Annahmen zu den künftig zur Verfügung stehenden technischen Maßnahmen können variiert werden. Auch können mögliche alternative Umwelthandlungsziele unterstellt werden.

Auf Basis des (modellgestützten) Bewertungsansatzes werden die Maßnahmen anhand von Bewertungskriterien, die sich aus der Zielfestlegung ableiten lassen, für die verschiedenen Szenarien bewertet und eine Prioritätenreihenfolge festgelegt.

Ziel- und Maßnahmenfestlegung

Die Bewertung der technisch-organisatorischen Maßnahmen sollte die notwendigen Informationen zur Abschätzung der damit verbundenen ökonomischen, ökologischen und sozialen Konsequenzen liefern. Aufgrund der Ergebnisse der Bewertung ist es möglich, dass die anvisierten Umweltqualitätsziele nicht erreicht werden können, weil die damit verbundenen ökonomischen oder ökologischen Auswirkungen als nicht akzeptabel angesehen werden. Hier liegt ein typisches multikriterielles Entscheidungsproblem vor[399]. Letztendlich sind die Umwelthandlungsziele zu bestimmen, die die notwendigen Schritte zur Erreichung der angestrebten Qualitätsziele operationalisieren (siehe Tabelle 9-1). Sie sind in der Regel mit Zeitangaben versehen. Weiterhin sind die Instrumente auszuwählen, von denen man sich erhofft, dass die Betroffenen mit den gewünschten Anpassungsprozessen reagieren.

Umsetzung und Kontrolle

An diesen Schritt schließt sich die Einführung der umweltpolitischen Instrumente an, dessen Einhaltung zu überwachen ist. Weiterhin ist der Erfolg der Instrumente zu bewerten, insbesondere unter den Aspekten, ob die angestrebten Ziele im Zeitablauf erreicht wurden. Bei Abweichungen sind entsprechende Maßnahmen zu ergreifen. U.a. aufgrund dieser möglichen Diskrepanzen oder neuer naturwissenschaftlicher Erkenntnisse über Umweltprobleme, neuen Erkenntnisse zu Stoff- und Energieströmen oder einer ex-ante geplanten Neubewertung, weil beispielsweise die Umwelthandlungsziele aufgrund der oben geschilderten Problematik nicht ausreichen, um die Umweltqualitätsziele zu erreichen, ist der Regelkreis des nationalen Stoffstrommanagements erneut zu durchlaufen.

---

[399] Zu multikriteriellen Entscheidungsproblemen und bestehenden Lösungsansätzen wird auf Kapitel 4.6.3.2 verwiesen.

Die einzelnen Vorgehensschritte innerhalb des Regelkreises für ein nationales Stoffstrommanagement können rückgekoppelt sein. So ist eine räumliche Bilanzraumabgrenzung vor den Ergebnissen der Strukturanalyse gegebenenfalls kritisch zu reflektieren. Oder die Maßnahmenerhebung führt dazu, dass das ökologische Problemfeld ausgedehnt werden muss, weil transmediale Problemverlagerungen auftreten können.

Tabelle 9-1: Quantifzierte Umwelthandlungsziele [BMU 1998]

Umweltbereich	Schlüsselindikator	Umwelthandlungsziel
Klima	Jährliche CO_2-Emissionen	Reduzierung der CO_2-Emissionen um 25 % bis 2005 auf der Basis von 1990
Luft	Emissionen von SO_2, NO_X, NH_3 und VOC	Reduzierung um 70 % bis 2010 auf der Basis von 1990
Boden	Flächenverbrauch	Reduzierung der Zunahme der Siedlungs- und Verkehrsfläche auf 30 ha pro Tag bis 2020
Natur	Ökologische Vorrangflächen	Sicherung von 10-15 % Vorrangflächen für Biotopverbund bis 2020
Wasser	Gewässergüterklasse	Erreichen der chem. Güteklasse II bei allen Fließgewässern bis 2010
Ressourcen	Energieproduktivität	Verdopplung der Energieproduktivität bis 2020 auf der Basis von 1990
	Rohstoffproduktivität	Erhöhung der Rohstoffproduktivität auf das 2,5fache bis 2020 auf der Basis von 1993

In den vorangegangenen Ausführungen wurde die Rolle der hoheitlichen Entscheidungsträger in den Mittelpunkt gestellt. In [de Man 2000, S. 61] wird dazu im Gegensatz unter Stoffstrommanagement die Optimierung ganzer Produktlinien durch die eigenverantwortliche kooperative Anstrengung der relevanten wirtschaftlichen Akteure verstanden.[400] Diese Sichtweise von Stoffstrommanagement stellt die aktive Steuerung des Staates durch den Ordnungspolitischen Rahmen in den Hintergrund. Weiterhin betont er sehr stark vertikale Unternehmenskooperationen unter Nachhaltigkeitszielen, weshalb dieser Ansatz als **betriebsübergreifendes Stoffstrommanagement** bezeichnet werden kann (siehe die Ausführungen in Kapitel 3).

[400] Die Freiwilligkeit der Beteiligung ist auch zentrales Element der Ausführungen in [UBA 1997, S. 177].

9.3 Fallbeispiel für nationales Stoffstrommanagement

9.3.1 Stoffstrommanagement am Beispiel der Bodenversauerung

Zielsetzung

Ein aktuelles Beispielfeld für die Anwendung des Stoffstrommanagements zur Ableitung von Umweltschutzzielen sowie zur Einführung neuer umweltpolitischer Instrumente ist die Thematik der **Bodenversauerung**[401]. Neben der Problematik der Verknappung der Ressource Böden (Stichwort Flächenversiegelung) sind die Böden großräumig von verschiedenen Umweltbelastungen betroffen. Eine davon ist der Eintrag von Säuren bzw. Säurebildnern, die je nach Eintragsrate, Boden- und Standortverhältnissen die Regelungsfunktion, die Lebensraumfunktion und auch die Produktionsfunktion einschränken können. So werden beispielsweise Calcium, Kalium und Magnesium (für die Pflanzen lebenswichtige Nährstoffe) durch die Säuren gelöst und regelrecht fortgeschwemmt. Bei stärkerer Versauerung, wenn der pH-Wert des Bodens unter 4,2 absinkt, lösen die Säuren Metalle wie Aluminium, Kupfer, Zink, Kadmium, Mangan und Blei, welche dann den Boden, das Grundwasser, Seen und Flüsse vergiften. Derartige Prozesse sind verhältnismäßig gut erforscht.

Als ein Symptom der ganzheitlichen Schädigung des Ökosystems Boden gilt das Waldsterben, das seit Mitte der 70er Jahre in vielen Ländern von Europa festzustellen ist. Alle Befunde deuten darauf hin, dass es sich hierbei um ein äußerst komplexes Problem handelt, bei dem mehrere Ursachen - wie die Bodenversauerung, der Schädlingsbefall, Witterungseinflüsse - zusammenwirken. Eine einfache Kausalkette von Ursache und Wirkung lässt sich im allgemeinen nicht ermitteln. Die Ursache für die Zunahme des Säuregehalts der Niederschläge (Stichwort Saurer Regen), die für den Eintrag von Säuren bzw. Säurenbildnern verantwortlich sind, sind verstärkte anthropogene Emissionen von SO_2 und NO_x, die in der Atmosphäre in Schwefelsäure (H_2SO_4) und Salpetersäure (HNO_3) überführt werden, sowie von Ammoniak (NH_4).

Auf nationaler Ebene wurde das Problemfeld Bodenversauerung in die Arbeiten der Enquête-Kommission „Schutz des Menschen und der Umwelt" aufgenommen, um u. a. anhand dieses Beispielfeldes die Gestaltung einer nachhaltigen zukunftsverträglichen Umweltpolitik exemplarisch zu demonstrieren[402]. Die ökologischen Folgen der Bodenversauerung durch eine grenzüberschreitende Ausbreitung von Luftschadstoffen haben daneben in den vergangenen Jahren zu einer verstärkten internationalen Zusammenarbeit in Europa sowohl innerhalb der EU als auch der UN/ECE (Europäische Wirtschaftskommission der Vereinten Nationen) geführt[403], mit dem Ziel, rechtlich verbindliche Abkommen zu Umwelthandlungszielen zu erreichen. Zu

---

[401] Siehe zur Problematik der Bodenversauerung [Enquête 1998].

[402] [Enquête 1998, S. 87 ff.].

[403] Siehe hierzu [UN-ECE 1993] und [EG 1997].

deren Ableitung hat sich dabei ein wirkungsorientierter Ansatz etabliert, der den früheren Ansatz von einheitlichen Minderungszielen (*Flat-rate approach*) für alle Länder ersetzt hat.

Das Kriterium der Wirkungsorientierung, auf dem die ökologische Stoffstrombewertung basiert, wird in diesem Ansatz über das Critical-Loads-Konzept verwirklicht. Es handelt sich hierbei um ein Vorgehen, das von einer kritischen Depositionsrate bzw. -konzentration von H^+, gemessen in Mol oder in mg pro Quadratkilometer und Jahr, in einer zuvor definierten Fläche ausgeht. Festgelegt wird die kritische Depositionsrate als die quantitative Abschätzung der Aufnahme eines oder mehrerer Schadstoffe, bei deren Überschreitung nach heutigem Wissensstand signifikante Schädigungen an festgelegten sensitiven Elementen eines Ökosystems auftreten. Somit ist die Festlegung von kritischen Depositionsraten von auf schwefel- und stickstoffhaltige Verbindungen zurückzuführender Azidität definiert als die höchste Deposition von Säurebildnern, die langfristig nicht zu umweltschädigenden Auswirkungen auf das Ökosystem in seiner Struktur und Funktion führen, beispielsweise durch Beeinflussung des pH-Werts. Ökosysteme werden aufgrund ihrer unterschiedlichen Rezeptoren in verschiedene ländliche Systeme, Grund- und Oberflächenwasser klassifiziert[404].

Neben dieser wirkungsorientierten Festlegung von Umweltqualitätszielen wurde als ökonomische Zielgröße festgelegt, dass die Summe der Kosten einer Emissionsminderung europaweit (innerhalb der Verhandlungen der UN/ECE) bzw. EU-weit (innerhalb der Verhandlungen der EU) minimiert werden soll.

Stoffstromanalyse

SO_2 entsteht überwiegend bei der Verbrennung von schwefelhaltiger Kohle und Öl in Großfeuerungsanlagen, Kraftwerken, beim Hausbrand, in Hüttenwerken und anderen Industriebetrieben (siehe Tabelle 9-2). Es gelangt aus hohen Schornsteinen in größere Höhen, kann also über große Distanzen verfrachtet werden. Es hat eine (viel) längere troposphärische Lebensdauer als NO_x. Das gebildete Sulfat kann sich z. B. innerhalb von 4 Tagen 2.000 km windabwärts befinden. Der Regen, der über Skandinavien fällt, enthält Sulfat, dessen SO_2-Quellen überwiegend in Großbritannien liegen, so stammen von dem Sulfat-Gehalt des Bodens in Südschweden 30 % aus natürlichen Quellen, 20 % aus anthropogenen Quellen schwedischen Ursprungs und 50 % aus anthropogenen Quellen anderer Länder; d. h. man hat es bei der Bodenversauerung mit einem grenzüberschreitenden Umweltproblem zu tun[405].

---

[404] Für weitere Informationen zum *Critical-Load*-Ansatz wird auf [RIVM 1993] verwiesen.

[405] Siehe zur grenzüberschreitenden Problematik [Enquête 1998] und [UBA 1997].

Salpetersäure bildet sich aus **Stickoxiden**, die überwiegend durch Kraftfahrzeuge freigesetzt werden (siehe Tabelle 9-2). Primär wird dabei überwiegend NO emittiert, das sich in kurzer Zeit größtenteils in NO_2 umwandelt. Die Hauptemittentengruppe für Ammoniak ist die Landwirtschaft. Da das Versauerungspotential für die drei betrachteten Schadstoffe unterschiedlich ist, ist eine Normierung über Säureäquivalente notwendig.

Tabelle 9-2: Emissionen von Säurebildnern im Jahr 1994 in der Bundesrepublik Deutschland [Enquête 1998, S. 100]

	kt SO_2	%	kt NO_X	%	kt NH_3	%
Kraftwerke und Fernheizwerke	1 875	*62,6*	488	*22,1*	0	
Industriefeuerungen und Industrieprozesse	657	*22*	277	*12,5*	8	*1,3*
Haushalte und Kleinverbraucher	399	*13,3*	162	*7,4*	0	
Kfz-Verkehr	51	*1,7*	1 046	*47,3*	0	
übriger Verkehr	12	*0,4*	237	*10,7*		
Landwirtschaft	0		0		591	*95*
Gesamtemission	2 995		2 211		622	

Die eigentliche Stoffstromanalyse wird folgendermaßen durchgeführt: Die maximal zulässige Emission eines Landes, die durch die maximal zulässigen Depositionsraten in jedem „Grid“ (ein räumlich begrenztes Gebiet) determiniert wird, wird durch Rückrechnung unter Verwendung des Integrated Assessment-Modells RAINS[406] ermittelt. Der Bezug von Emission zu Deposition wird über Transferkoeffizienten hergestellt. Diese für die Berechnung wesentlichen Koeffizienten für den Stoffstrom beruhen auf langjährigen meteorologischen Untersuchungen und Modellrechnungen. Die Emissionen eines Landes werden aggregiert und von einer imaginären Punktquelle aus berechnet. Über die Transferkoeffizienten erfolgt dann eine Kopplung der emittierenden Punktquelle mit dem empfangenden Grid (siehe Abbildung 9-2). In Abbildung 9-3 ist der Dateninput in das Modell dargestellt.

Durch den Vergleich der tatsächlichen Depositionen mit den Critical-Loads wird die Zielabweichung deutlich (siehe Abbildung 9-4).

406 Das RAINS-Modell wurde am IIASA (International Institute for Applied System Analysis) entwickelt. Zu weiteren Information zu dem Modell wird auf [Alcamo et al. 1990] und [Cofala et al. 1995] verwiesen.

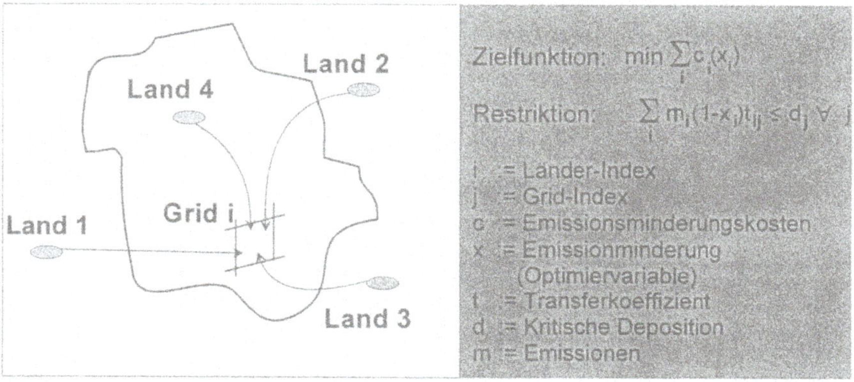

Abbildung 9-2: Stoffstromanalyse auf Basis des Integrated-Assessment-Ansatzes

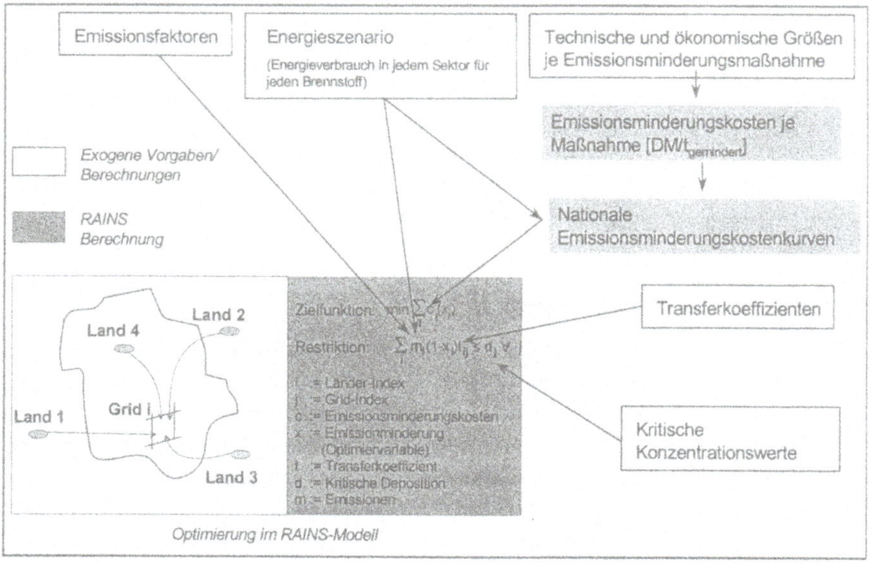

Abbildung 9-3: Dateninput in das RAINS-Modell

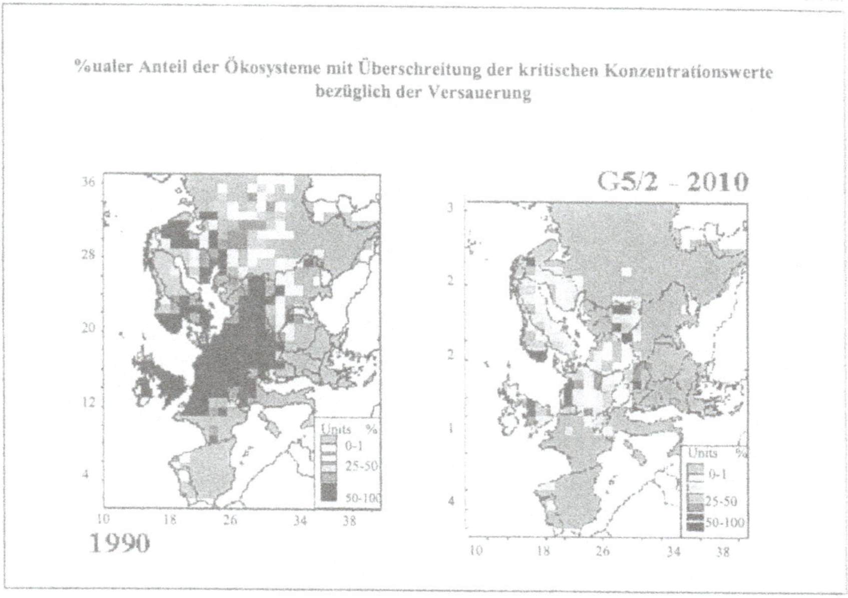

Abbildung 9-4: Vergleich der Soll-Werte mit den Ist-Werten für die Bodenversauerung *Anm: Die Prognosen für das Jahr 2010 basieren auf einem Szenario (G5/2), bei dem eine Minderungsstrategie unterstellt wurde*

Erhebung der Handlungsalternativen

Als Maßnahmen zur Emissionsminderung werden ausschließlich Sekundärmaßnahmen und Optionen der Brennstoffentschwefelung berücksichtigt. Die Eingangsdaten zur Berechnung der Kosten einer Emissionsminderungsmaßnahme sind beispielhaft in Abbildung 9-5 dargestellt. Unter Zugrundelegung eines Aktivitätsszenarios (hier eines Energieszenarios) und den installierten Kapazitäten lassen sich mit den Emissionsfaktoren die tatsächlichen und künftigen Emissionen berechnen (und über den dargestellten Berechnungsweg die Depositionen) und über ein Ranking der Minderungsmaßnahmen nach der Höhe der spezifischen Minderungskosten und dem Emissionsminderungspotential die Emissionsminderungskostenkurven (Gesamtkosten über Emissionsminderung) für jedes Land berechnen.

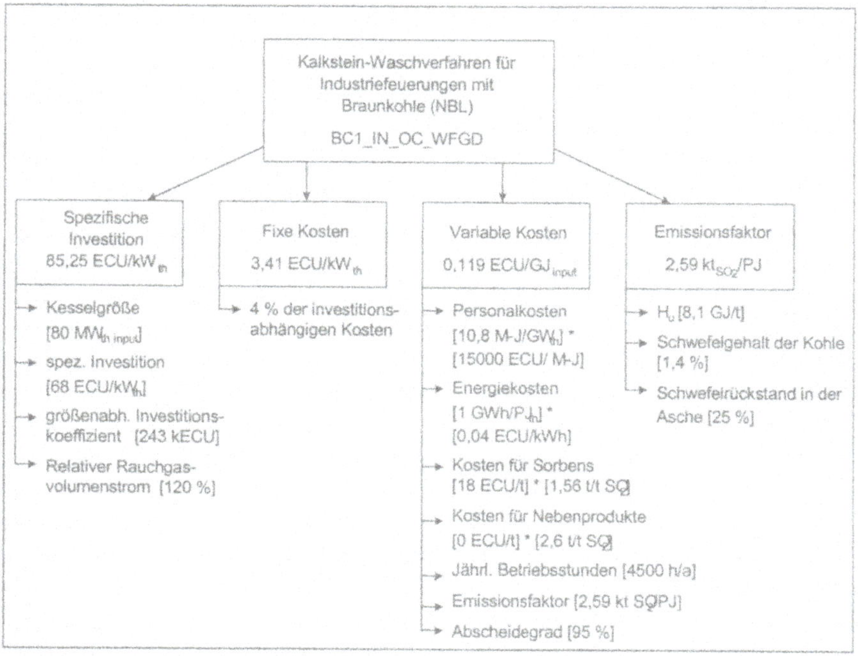

Abbildung 9-5: Eingangsdaten zur Berechnung der spezifischen Emissionsminderungskosten einer Maßnahme zur Entschwefelung des Rauchgases

(Rest-)Emissionen 15,10 kt$_{SO_2}$/a = Primärenergieverbr.(*Sektor,Brennst.,Szenario,...*) * Emissionsfaktor(*Sekt.,Br.,...*) * (1 - Abscheidegrad(*Mind.tech.,S.,Br.,...*)) * Anwendungsgrad(*Mind.tech.,S.,Br.,...*)

Spezifische Investition 85,25 ECU/kW$_{th}$ = $\left(\text{spez. Investition} + \dfrac{\text{Größenabh. Investitionskoeffizient}}{\text{Kesselgröße}}\right) \cdot \text{rel. Rauchgasvolumenstrom} \cdot (1 + \text{Retrofit "Faktor"})$

Variable Kosten 0,119 ECU/GJ$_{input}$ = $\text{Energiekosten} + \dfrac{\text{Personalkosten}}{\text{Jährl. Betriebsstunden}} + \text{Emissionsfaktor} \cdot \text{Abscheidegrad} \cdot (\text{Kosten f. Sorbens} + \text{Kosten f. Nebenprod.})$

Emissionsfaktor 2,59 kt$_{SO_2}$/PJ = $\dfrac{\text{Schwefelgehalt} \cdot \text{stöchiometr. Verh.zahl} \cdot (1 - \text{Schwefelrückstand in Asche})}{H_u}$

Spezifische Kosten 291 ECU/t$_{SO_2}$ = $\dfrac{\dfrac{\text{Spez. Investition} \cdot \text{Annuitätenfaktor} + \text{Fixe Kosten}}{\text{Jährl. Vollastbetriebsstunden}} + \text{variable Kosten}}{\text{Emissionsfaktor} \cdot \text{Abscheidegrad}}$

Abbildung 9-6: Berechnung der spezifischen Emissionsminderungskosten einer Maßnahme zur Entschwefelung des Rauchgases

Bewertung der Handlungsalternativen, Strategiefestlegung und Umsetzung

Durch die Minimierung der gesamten Kosten der Emissionsminderung (siehe die Formel in Abbildung 9-2) wird festgelegt, welches Land wie viele Emissionen mindern muss, wenn bestimmte Umweltqualitätsziele vorgegeben werden. Dabei werden verschiedene Szenarios berechnet, wobei u. a. die Nachfrage in den einzelnen Wirtschaftssektoren sowie die Höhe der Einhaltung der Critical Loads variiert wird.

Da innerhalb der Verhandlungen der EU (und auch der UN/ECE) das Erreichen der Critical-Loads nicht möglich erscheint bzw. zu sehr hohen Kosten führt, erfolgte eine Einigung auf den sogenannten *50 % Gap Closure*-Ansatz als anzustrebendes Umweltqualitätsziel. Das wesentliche Merkmal dieses Ansatzes im Rahmen der EU-Verhandlungen besteht darin, dass ausgehend von den 1990er Depositionsraten in jedem *Grid* bis zum Jahre 2010 die Größe der Biotopflächen zu halbieren ist, in denen die *Critical Loads* überschritten werden. Dieser Ansatz führt zu folgenden Umwelthandlungszielen für die Bundesrepublik Deutschland: bis zum Jahre 2010 sind die Emissionen von Stickoxiden um 59 %, von Schwefeldioxid um 92 % und von Ammoniak um 58 % bezogen auf die Emissionsfrachten von 1990 zu reduzieren[407]. Diese bilden zur Zeit die Grundlage für die sogenannten NEC-Werte (*National Emissions Ceilings*), die in den verschiedenen EU-Gremien diskutiert werden[408]. Neben anderen Umwelthandlungszielen diente dieser Vorschlag auch den Arbeiten der Enquête-Kommission als Diskussionsgrundlage. Dort wurden zusätzlich verschiedene umweltpolitische Instrumente diskutiert. Die in Tabelle 9-3 aufgezeigten Maßnahmen zur Emissionsminderung sowie die entsprechenden umweltpolitischen Instrumente, die zu ergreifen sind, um die Maßnahmen zu realisieren, wurden in einer Studie[409] für die Enquête-Kommission erarbeitet und analysiert. Die Analyse der Instrumente konzentrierte sich dabei auf das zu erwartende Emissionsminderungspotential sowie die damit verbundenen Kosten, die durch das Ergreifen von Maßnahmen zur Emissionsminderung anfallen. Die Abschätzung der Kosten bildet eine Grundlage für eine vertiefte Analyse der ökonomischen und sozialen Auswirkungen, die aber in der Studie nicht erfolgte.

Im EU-Ministerrat, wie auch seitens der EU-Länder, der Wirtschaftsverbände und der Enquête-Kommission, wird Kritik am RAINS-Modell geübt[410]. Diese betrifft u. a. die Datenbasis zu einzelnen Minderungsmaßnahmen wie auch den Umstand, dass nur Sekundärmaßnahmen und Optionen der Brennstoffentschwefelung berücksichtigt werden, während wichtige andere Optionen wie rationelle Energienutzung und Brennstoff- sowie Technologiesubstitution nicht berücksichtigt werden. Weiterhin weist die

---

[407] Siehe [Enquête 1998, S. 106]

[408] Siehe [EU 1999].

[409] Die Studie ist in [Mathes et al. 1998] veröffentlicht und wird mit ihren wesentlichen Ergebnissen in [Enquête 1998, S. 89 ff.] dargestellt.

[410] Siehe hierzu [Hildebrand 1998], [Enquête 1998, S. 107 f.], [Rentz et al. 1995b].

Maßnahmen-Datenbasis u. a. Mängel bei den Daten zu spezifischen nationalen Heizwerten und Schwefelgehalten von Brennstoffen sowie den jährlichen Volllaststunden von Feuerungsanlagen auf. Es zeichnet sich ab, dass der Verhandlungsprozess auf EU und UN-ECE-Ebene in den nächsten Jahren weitergeführt wird. Ziele werden dabei u. a. sein, dass die Emissionen weiter gesenkt werden, um die Überschreitungen der Critical Loads weiter zu verringern und dass Treibhausgasminderungsstrategien, die das Energieszenario deutlich ändern können, verstärkt einbezogen werden.

Tabelle 9-3: Auswahl an Maßnahmen und Instrumenten zur Emissionsminderung von Säurebildnern [Enquête 1998, S. 111 f.]

Maßnahmen in Sektoren	Instrumente zur Minderung der		
	SO_2-Emissionen	NO_X-Emissionen	NH_3-Emissionen
Kraftwerke, Industriefeuerungen			
Abgasreinigung	Emissionswert-dynamisierung (Stand der Technik)	Emissionswert-dynamisierung (Stand der Technik)	Emissionswert-dynamisierung (Stand der Technik)
Substitution oder Minderung des Einsatzes schwefelreicherer Brennstoffe	Zertifikate für SO_2-Emissionen oder Schwefeldioxid-abgabe	Stickoxidabgabe	
Mineralölindustrie			
Weitergehende Entschwefelung von Mitteldestillaten und leichten Fraktionen	Grenzwerteab-senkung		
Kfz-Verkehr			
Abgasbehandlung mit Katalysator		EURO-Normen III + IV	
Verbrauch schwefel-armer Kraftstoffe	EU-Norm	EU-Norm	
Verminderung des Kraftstoffverbrauchs	Flottenverbrauchs-regelung	Flottenverbrauchs-regelung	
Verminderung der Anzahl alter Kfz mit Hohem Schadstoffausstoß		Verschrottungs-prämie	
Landwirtschaft			
Unverzügliche Ein-arbeitung der Gülle und andere Ausbringungs-techniken			Beratung, Anreize, DüngeV

9.4 Anlagenbezogene Daten als Entscheidungsbasis für nationale oder internationale Stoff- und Energiestromanalysen

Die Erfassung bzw. Berechnung der mit dem Umweltschutz verknüpften Ausgaben bzw. Kosten auf betrieblicher Ebene erfolgt, um beispielsweise einen Alternativenvergleich von Minderungsoptionen durchzuführen oder um eine Grundlage für die Beurteilung der wirtschaftlichen Vertretbarkeit von Maßnahmen zur Emissionsminderung zu bilden. Auf sektoraler oder nationaler Ebene fließen die Maßnahmen bei der Gestaltung und Bewertung regionaler sowie nationaler Umweltpolitik - z. B. in der Umweltökonomischen Gesamtrechnung des Statistischen Bundesamtes - oder internationaler Umweltpolitik ein, wie am Beispiel der Bodenversauerung gezeigt wurde.

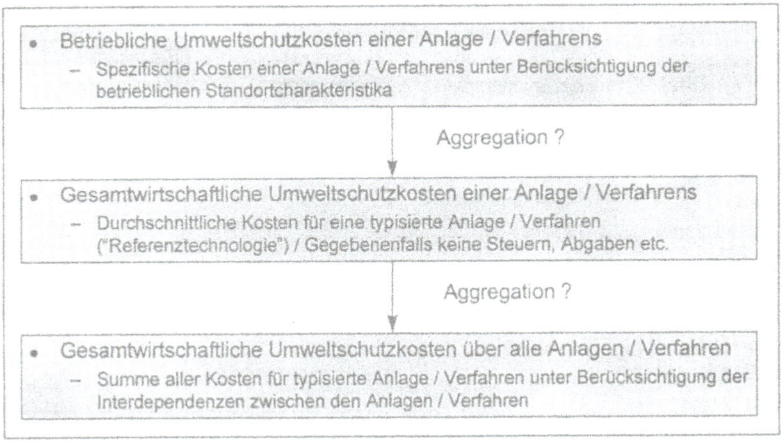

Abbildung 9-7: Abgrenzung zwischen betrieblichen und gesamtwirtschaftlichen Umweltschutzkosten

Aufgrund der Datenmengen und des Aufwandes zur Erstellung solcher gesamtwirtschaftlicher Vorgehensweisen können die Kosten spezifischer (lokalisierbarer) Maßnahmen nicht einzeln erfasst werden im Gegensatz zur Erfassung der betrieblichen Umweltschutzkosten, bei der die lokalen Standortbedingungen, die Anlagenfahrweisen, sowie die spezifischen Ausgaben für jede Maßnahme (Einrichtung/Anlage/Aggregat/Verfahren) separat zu erfassen sind. Für gesamtwirtschaftliche Analysen ist es aber notwendig (u. a. durch Rückgriff auf Betreibererfahrungen), typisierte Maßnahmen aufzustellen und diese mit entsprechenden Kosten zu bewerten (siehe Abbildung 9-12). Hierzu ist die Verwendung von harmonisierten Schemata zur Erfassung von Umweltschutzkosten[411] sinnvoll.

[411] Beispiele für solche Schemata auf internationaler Ebene sind in [OECD 1986], [Rentz et al. 1987] und [UN-ECE 1988] zu finden.

Allerdings führt eine solche Aggregation zu Maßnahmentypen zwangsläufig zu einem Verlust an Informationen zu realen Gegebenheiten, insbesondere in Industriesektoren, die je nach Anlagenpark und Produktionsbedingungen sehr heterogen sind. Insofern ergibt sich in diesem Aggregationsschritt das Problem der Bestimmung einer adäquaten Zahl von abzubildenden, repräsentativen Maßnahmentypen.

Wenn die Kosten über eine typisierte Maßnahme hinaus zu Gesamtkosten für den Umweltschutz zur Verminderung von spezifischen Emissionen eines Sektors, einer Region oder einer Nation aggregiert werden sollen, müssen die Interdependenzen zwischen den Maßnahmen zum Umweltschutz adäquat berücksichtigt werden[412]. Beispielsweise zeigen Analysen in [Enquête 1998], die sich am CO_2-Minderungsziel der Bundesregierung einer 25 %igen Minderung im Jahr 2005 bezogen auf die Emissionen des Jahres 1990 orientieren[413], dass in diesem Fall rund 100 Gg SO_2 in der Bundesrepublik Deutschland simultan gemindert werden. Bezüglich des Umkehrschlusses, dass eine SO_2-Minderung sich auch signifikant auf CO_2-Emissionen auswirkt, bedarf es einer differenzierten Betrachtung. Denn während die bislang realisierten Minderungsoptionen für SO_2 in der Regel End-of-Pipe-Technologien darstellten und somit in geringem Umfang - u. a. durch Wirkungsgradverluste der Kraftwerke - sogar zu einem Anstieg der CO_2-Emissionen geführt haben, können weitergehende Maßnahmen, beispielsweise Brennstoffsubstitution von Kohle durch Gas, zu einer Verringerung der CO_2-Emissionen beitragen.

Neben den aufgezeigten Verknüpfungen ist zu beachten, dass Maßnahmen nicht nur nach isolierten Emissionsgesichtspunkten bewertet werden dürfen. So führt die Substitution von lösemittelhaltigen Lacken durch wasserbasierende Lacke zu einer Minderung der Emission flüchtiger Kohlenwasserstoffe, die als Vorläufersubstanzen wesentlich zur Photooxidantienbildung betragen. Sie kann aber, wenn aufgrund der Substitution eine thermische Trocknung erforderlich wird, zur Erhöhung der energiebedingten Emissionen führen und somit auch zu höheren NO_x-Emissionen beitragen. Die Kenntnis derartiger Zusammenhänge ist für die Entscheidungsfindung auf nationaler bzw. internationaler Ebene von Relevanz.

Werden aggregierte nationale Analysen durchgeführt und die in den jeweiligen Ländern umzusetzenden Maßnahmentypen identifiziert, so ergibt sich das Problem, diese Empfehlungen wieder auf die betriebliche/anlagenbezogene Ebene herunterzubrechen. Dies ist insbesondere dann von Bedeutung, wenn diese Maßnahmen nach den Berechnungen nicht in allen Unternehmen des jeweiligen Landes umgesetzt

---

[412] Zur Berücksichtigung solcher Rückwirkungen bei der Umsetzung einer Maßnahme bedarf es eines methodischen Instrumentariums, das durch eine integrative Betrachtungsweise alle wesentlichen Minderungsmaßnahmen und deren Interdependenzen berücksichtigt und so die optimale Allokation der Ressourcen gewährleisten kann.

[413] Hierbei wird unterstellt, dass das so einzuhaltende Emissionsniveau des Jahres 2005 auch in den nachfolgenden Jahren nicht überschritten werden darf.

werden müssen. Es erweist sich als besonders problematisch, diejenigen Unternehmen zu identifizieren, die in eine bestimmte Maßnahme investieren sollen, da aufgrund der Aggregation zu Maßnahmentypen kein Standortbezug existiert. Ein weiterer Problemkreis schließt sich an, wenn die tatsächlichen Minderungskosten weit um die durchschnittlichen Kosten der typisierten Anlage streuen, weil beispielsweise die jährlichen Volllaststunden zwischen den einzelnen Anlagen erheblich differieren.

Literatur:

[ABAG 1997] ABAG (Hrsg.): *Umwelt-Software – die richtige Entscheidung*, ABAG-Abfallberatungsagentur, Baden-Württemberg, 1997

[Adelwöhrer et al. 1995] Adelwöhrer, Günther / Buchberger, Gustav: *Emissionsmonitoring im betrieblichen Einsatz,* in: Haasis et al. (Hrsg.), *Betriebliche Umweltinformationssysteme – Projekte und Perspektiven*, Marburg, 1995, S. 185-189

[AGE 1995] AGE (Bildungsgemeinschaft von BGW und VDEW) (Hrsg.): *Die Umwelt-Audit-Verordnung - Bedeutung für die Versorgungswirtschaft* -, Bonn, 1995

[Ahbe 1995] Ahbe, S.: *Ökologische Bewertung als Instrument bei der Produkt- und Prozeßplanung*, Dissertation, Zürich: Eidgen. Technische Hochschule, 1995

[Alcamo et al. 1990] Alcamo, J.; Shaw, R.; Hordijk, L. (Hrsg.): *The RAINS Model of Acidification - Science and Strategies in Europe*, Dordrecht: Kluwer Academic Publishers, 1990

[Ardone 1999] Ardone, A.V.: *Entwicklung einzelstaatlicher und multinationaler Treibhausgasminderungsstrategien für die Bundesrepublik Deutschland mit Hilfe von optimierenden Energie- und Stoffflussmodellen*, Dissertation Universität Karlsruhe, Frankfurt a.M. et al.: Lang, 1999

[Aspen 1994] Aspen Technology (Hrsg.): *ASPEN PLUS: Getting Started: Building and Running a Process Model*, Cambridge (USA): Aspen Technology, 1994

[Ayres 1999] Ayres, Robert U.: *The second law, the fourth law, recycling and limits to growth*; in: Ecological Economics 29, 1999, S. 473-483

[Baccini et al. 1996] Baccini, P.; Bader, H.-P.: *Regionaler Stoffhaushalt: Erfassung, Bewertung und Steuerung*, Heidelberg et al.: Spektrum, 1996

[Baehr 1996] Baehr, H.D.: *Thermodynamik*, Berlin et al.: Springer, 1996

[Baetge 1974] Baetge, G.: *Betriebswirtschaftliche Systemtheorie*, Opladen: Westdt. Verl, 1974

[Ballreich 1986] Ballreich, K.L.: *Anwendung des Bubble-Konzeptes für Luftreinhaltemassnahmen*, Dissertation Universität Karlsruhe, Karlsruhe, 1986

[Baron et al. 1996] Baron, R.; Mullins, F.: *Emission Trading, Annex I Experts Group on the FCCC*, Supported by OECD and IEA, First Draft, Oktober 1996

[Baumast 1998] Baumast, A.: *Die Entstehungsgeschichte des Umwelt-Audits*, in: Doktoranden-Netzwerk Öko-Audit e. V. (Hrsg.): Umweltmanagementsysteme zwischen Anspruch und Wirklichkeit, Berlin et al.: Springer, 1998

[Baumbach 1990] Baumbach, G.: *Luftreinhaltung*, Berlin et al.: Springer-Verlag, 1990

[Baumol et al. 1988] Baumol, W.J.; Oates, W.E.: *The Theory of Environmental Policy*, Cambridge: Cambridge University Press, 1988

[BDI 1996] Bundesverband der Deutschen Industrie (BDI): *Freiwillige Vereinbarungen und Selbstverpflichtungen der Industrie im Bereich des Umweltschutzes*, Köln: BDI, 1996

[Bierbaum et al. 1997] Bierbaum, D.; Sieler, C.: *Umsetzung der EG-Öko-Audit-Verordnung beim Verpackungshersteller Bischof+Klein*, in: uwf, 5. Jg., Heft 1, S. 37-43

[Birkmann 1999] Birkmann, J.: *Indikatoren für eine nachhaltige Entwicklung,* in: Raumforschung und Raumordnung, Bd. 57, Heft 2-3, 1999, S. 120-131

[Blaß 1989] Blaß, E.: *Entwicklung verfahrenstechnischer Prozesse: Methoden – Zielsuche – Lösungssuche – Lösungswahl*, Frankfurt a. M. et al.: Sauerländer, 1989

[Blümel et al. 1999] Blümel, F., Lonjaret, J.-P., Rentz, O.: *Ein EDV-gestütztes Instrument zur Analyse und effizienten Gestaltung der Stoff- und Energieströme bei kleinen und mittleren*

Unternehmen im Bereich der Autoreparaturlackierung, in: Rautenstrauch, C., Schenk, M. (Hrsg.): *13. Internationales Symposium "Informatik für den Umweltschutz" der Gesellschaft für Informatik (GI)*, Magdeburg, 1999, Band 23, S. 33-45

[BMU 1995] Bundesministerium für Umwelt, Naturschutz und Reaktorsicherheit (Hrsg.): *Handbuch Umweltcontrolling*, München: Vahlen, 1995

[BMU 1998] Bundesministerium für Umwelt, Naturschutz und Reaktorsicherheit: *Nachhaltige Entwicklung in Deutschland. Entwurf eines umweltpolitischen Schwerpunktprogramms*, Bonn, 1998

[Böning 1994] Böning, J.: *Methoden betrieblicher Ökobilanzierung*, Dissertation Universität Augsburg: Augsburg, 1994

[Bonus 1991] Bonus, H.: *Umweltpolitik in der Sozialen Marktwirtschaft*, in: Aus Politik und Zeitgeschichte, Beilage zur Wochenzeitschrift Das Parlament, B 10/91, S. 37-46

[Boos 2000] Boos, J.: *Betriebliches Umweltmanagement als neues Modell der Risikosteuerung*, Baden-Baden: Nomos, 2000

[Bossel 1994] Bossel, H.: *Modellbildung und Simulation: Konzepte, Verfahren und Modelle zum Verhalten dynamischer Systeme*, Braunschweig et al.: Vieweg, 1994

[Braun 1994]Braun, J.W.; Barth, H.; Hillebrand, W.: *Öko-Audit in einem mittelständischen Unternehmen der metallverarbeitenden Industrie*, in: Sietz, M. (Hrsg.): *Umweltbetriebsprüfung und Öko-Audit - Anwendungen und Praxisbeispiele*, Berlin et al.: Springer, 1994

[Braunschweig et al. 1993] Braunschweig, A.; Müller-Wenk, R.: *Ökobilanzen für Unternehmungen*, Bern et al.: Haupt, 1993

[Brunn 1995] Brunn, H.; Fankhauser, P.; Kippelen, C.; Rentz, O.: *Mit dem Öko-Audit zum zielgerichteten Umweltschutz*, in: Umwelt-Archiv, Nr. 234/6.6.1995 und Nr. 235/20.6.1995, 1995

[Bucher et al. 1985] Bucher, H.; Schönbucher, B.: *Gesamtkonzept der Wasser- und Abwasseraufbereitung in einem modernen Kraftwerk*, in: VGB(Hrsg.): *Kraftwerk und Umwelt 1985*, Essen: VGB, 1998, S. 221-230

[Bühner 1999] Bühner, R.: *Betriebswirtschaftliche Organisationslehre*, München et al.: Oldenbourg, 1999

[Bundesgesetzblatt 1998] Bundesgesetzblatt Teil I Nr. 9, *Verordnung nach dem Umweltauditgesetz über die Erweiterung des Gemeinschaftssystems für das Umweltmanagement und die Umweltbetriebsprüfung auf weitere Bereiche (UAG-Erweiterungsverordnung)*, Bonn, 9.02.1998, S. 338-339

[Bundesregierung 1971] Hrsg. Deutsche Bundestag, *Umweltprogramm der Bundesregierung 1971*, Bonn: BT-Drucksache VI/2710, 1971

[BUWAL 1997] Bundesamt für Umwelt, Wald und Landschaft (BUWAL) (Hrsg.): *Bewertung in Ökobilanzen mit der Methode der ökologischen Knappheit*, Bern: BUWAL, 1997

[Christensen 1998] Christensen, J.: *Die industrielle Symbiose in Kalundborg: Ein frühes Beispiel eines Recycling-Netzwerkes*, in: Strebel, H.; Schwarz, E.: *Kreislauforientierte Unternehmenskooperationen: Stoffstrommanagement durch innovative Verwertungsnetzwerke*, Wien: Oldenbourg, 1998, S. 323-337

[Clemens 1998] Clemens, C.: *Erfahrungen mit der Selbstverpflichtung*, Köln, 1998

[Coase 1960] Coase, R.H.: *The Problem of Social Cost*, in: The Journal of Law and Economics, Vol. III, 1960, S. 1-44

[Cofala et al. 1995] Cofala, J.; Schöpp, W.: *Assessing Future Acidification in Europe - Current State of the RAINS Model Development*, International Institute for Applied System Analysis (IIASA), Laxenburg: IIASA, 1995

[Conrad et al. 1996] Conrad, K., Kohn, R.E.: *The US market for SO_2 Permits – Policy Implications of the Low Price and Trading Volume*, in: Energy Policy 24 (12), S. 1051-1059

[Corsten 1994] Corsten, H.: *Produktionswirtschaft: Einführung in das industrielle Produktionsmanagement*, München: Oldenbourg, 1994

[Custance et al. 1998]Custance, J.; Hillier, H.: *Statistical issues in developing indicators of sustainable development*, in: Journal of the Royal Statistical Society, Vol. 161, 1998, S. 281-290

[Daly 1973] Daly, H.E.: *Toward a Steady State Economy*, San Fransico: W.H. Freemann and Company, 1973

[de Man et al. 1997] de Man, R.; Claus, F.; Völkle, E.; Ankele, K.; Fichter, K.: *Aufgaben des betrieblichen und betriebsübergreifenden Stoffstrommanagements*, Endbericht, Adviesbureau voor Milieubeleid, Leiden (Niederlande), 1997

[DGQ 1994] DGQ (Deutsche Gesellschaft zur Zertifizierung von Qualitätsmanagementsystemen): *Umweltmanagementsysteme. Modell zur Darlegung der umweltschutzbezogenen Fähigkeit einer Organisation*, Berlin: Beuth, 1994

[Diekmann 1998] Diekmann, A.: *Moral und Ökonomie? Zum Verhalten in Niedrigkostensituationen*, in: Steinmann, H.; Wagner, G.R. (Hrsg.): *Umwelt und Wirtschaftsethik*, Stuttgart: Schäffer-Poeschel, 1998, S. 233-247

[DIHT 2000] Deutsche Industrie- und Handelskammertag (DIHT), http://www.diht.de, Internet Download vom 28.05.2000

[Dinkelbach et al. 1997] Dinkelbach,W.; Rosenberg, O.: *Erfolgs- und umweltorientierte Produktionstheorie*, Berlin et al.: Springer, 1996

[Dorn 1996] Dorn, R.: *Effizienz umweltpolitischer Instrumente zur Emissionsminderung: technische und ökonomische Kriterien*. Berlin: Erich Schmidt, 1996

[Drake 1996] Drake, F.-D.: *Kumulierte Treibhausgasemissionen zukünftiger Energiesysteme*, Berlin et al.: Springer, 1996

[Dreher et al. 1999] Dreher, M., Hoffmann, T., Wietschel, M., Rentz, O.: *Grüne Angebote in Deutschland im internationalen Vergleich,* in : Zeitschrift für Energiewirtschaft (ZfE), 3/99, 1999, S. 191-199

[Dreher et al. 2000] Dreher, C.; Schirrmeister, E.: *Der lange Weg zur Kreislaufwirtschaft*, in: Mitteilungen aus der Produktionsinnovationserhebung, Nr. 18, September 2000, S. 1-12

[DSD 1996] Duales System Deutschland: *Grüne Punkt, Das Partnermagazin der Duales System Deutschland GmbH*, Heft 1, 1996

[Dudek et al. 1996] Dudek, D.J., Wiener, J. B.: *Joint Implementation, Transaction Costs, and Climate Change, Organisation for Economic Co-Operation and Development*, Paris: OCDE/GD (96) 173, 1996

[Dyckhoff 1993] Dyckhoff, H.: *Theoretische Grundlagen einer umweltorientierten Produktionswirtschaft*, in: Wagner, G. R. (Hrsg.): *Betriebswirtschaft und Umweltschutz*, Stuttgart: Schäffer-Poeschel, 1993, S. 81-105

[Dyckhoff 1994] Dyckhoff, H.: *Betriebliche Produktion*, Berlin et al.: Springer, 1994

[Dyckhoff 1995] Dyckhoff, H.: *Einführung in die Theorie betrieblicher Produktion*, Berlin et al.: Springer, 1995

[Dyckhoff 2000] Dyckhoff, H.: *Umweltmanagement: zehn Lektionen in umweltorientierter Unternehmensführung,* Berlin et al.: Springer, 2000

[Dyllick 1992] Dyllick, Th.: *Ökologisch bewusstes Management*, in: Die Unternehmung 46 (1992), Nr. 6, S. 391-413

[Dyllick 1995] Dyllick, Th.: *Die EU-Verordnung zum Umweltmanagement und zur Umweltbetriebsprüfung (EMAS-Verordnung): Darstellung, Beurteilung und Vergleich mit der geplanten ISO 14001 Norm*, IWÖ-Diskussionsbeitrag Nr. 20, Institut für Wirtschaft und Ökologie an der Hochschule St. Gallen, St. Gallen: IWÖ,1995

[Dyllick 1997] Dyllick, Th.: *Von der Debatte EMAS vs. ISO 14001 zur Integration von Managementsystemen*, in: UmweltWirtschaftsForum, März 1997, S. 3-9

[Dyllick et al. 1997] Dyllick, Th.; Belz, F.; Scheidewind, U.: *Ökologie und Wettbewerbsfähigkeit*, München et al.: Verl. Neue Züricher Zeitung, 1997

[EC o.J.] European Commission (Hrsg.): *Electricity from renewable energy sources and the internal electricity market,* Working Paper of the European Commission, Brüssel: European Commission

[EG 1996] Rat der Europäischen Union: *Richtlinie 96/61/EG des Rates vom 24. September 1996 über die integrierte Vermeidung und Verminderung der Umweltverschmutzung*, Amtsblatt der Europäischen Gemeinschaften Nr. L 257/26, 1996

[EG 1997] EU-Kommission, 1997: *Vorschlag für eine Richtlinie des Rates über Altfahrzeuge*, Kom (97) 358 endg.; Ratsdok. 11034/97, in: Bundesrats-Drucksache 785/97 vom 13. Oktober 1997

[Eichhorn 1972] *Umweltschutz aus der Sicht der Unternehmenspolitik*, in: ZfbF, 24 Jg. (1972), S. 633-649

[Endres et al. 1993] Endres, A.; Schwarze, R.: *Das Zertifikatmodell vor der Bewährungsprobe? eine ökonomische Analyse des 'Acid Rain'-Programms des neuen US-Clean Air Act*, Diskussionsbeitrag des Fachbereiches Wirtschaftswissenschaft der Fern Universität Hagen, Hagen: Universität Hagen, 1993

[Endres 1994] Endres, A.: *Umweltökonomie: eine Einführung*, Darmstadt: Wiss. Buchges., 1994

[Endres et al. 1998] Endres, A.; Radke, V.: *Zur theoretischen Struktur von Indikatoren einer nachhaltigen Entwicklung,* in: Zeitschrift für Wirtschafts- und Sozialwissenschaften (ZWS), Vol. 118, 1998, S. 295-313

[En quête 1990] Enquête-Kommission "Vorsorge zum Schutz der Erdatmosphäre" des 11. Deutschen Bundestages: *Energie und Klima*, Band 1-10. Bonn: Economia Verlag, 1990

[Enquête 1994] Enquête Kommission „Schutz des Menschen und der Umwelt" des 11. Deutschen Bundestages (Hrsg.): *Die Industriegesellschaft gestalten – Perspektiven für einen nachhaltigen Umgang mit Stoff- und Materialströmen,* Bundestagsdrucksache 12/8260, Bonn, 1994

[Enquête 1995a] Enquête Kommission „Vorsorge zum Schutz der Erdatmosphäre" des 11. Deutschen Bundestages (Hrsg.): *Enquête Berichte und Studien Band 3 - Energie*, Bonn: Economica Verlag, 1995

[Enquête 1995b] Enquête Kommission „Schutz des Menschen und der Umwelt" des 11. Deutschen Bundestages (Hrsg.): *Umweltverträgliches Stoffstrommanagement- Band I Konzepte,* Bonn: Economica Verlag, 1995

[Enquête 1998] Enquête-Kommission „Schutz des Menschen und der Umwelt": *Konzept Nachhaltigkeit – Vom Leitbild zur Umsetzung*, Abschlußbericht. Bonn: Deutscher Bundestag, 1998

[Enzensberger et al. 2001] Enzensberger, N.; Wietschel, M.; Rentz, O.: *Konkretisierung des Leitbilds einer nachhaltigen Entwicklung für den Energieversorgungssektor*, in: Zeitschrift für Energiewirtschaft, 25. Jahrgang, H. 2, 2001, S. 125-136

[EPA 1996] Environmental Protection Agency (EPA) (Hrsg.), *1996 Compliance Results Report*, http://www.epa.gov/acidrain/cmprpt96/cr96so2/html, Internet Download 01.12.1997

[EU 1993] Rat der Europäischen Gemeinschaften: *Verordnung (EWG) NR. 1863/93 des Rates vom 29. Juni 1993 über die freiwillige Beteiligung gewerblicher Unternehmen an einem Gemeinschaftssystem für das Umweltmanagement und die Umweltbetriebsprüfung*, Amtsblatt der Europäischen Gemeinschaften Nr. L 168/1-18, Brüssel, 1993

[EU 1993] Rat der Europäischen Gemeinschaften: *Verordnung (EWG) NR. 1863/93 des Rates vom 29. Juni 1993 über die freiwillige Beteiligung gewerblicher Unternehmen an einem Gemeinschaftssystem für das Umweltmanagement und die Umweltbetriebsprüfung*, Amtsblatt der Europäischen Gemeinschaften Nr. L 168/1-18, Brüssel, 1993

[EU 1997] EU-Kommission: *Aktuelle Strategie zur Versauerung der Europäischen Union*, Brüssel, 1997

[EU 1999] EU-Kommission: *Propsal for a Directive setting national emission ceilings for certain atmospheric pollutants and for a Daughter Directive relating to ozone in ambient air*, Brüssel, 1999

[EU 2001] Rat der Europäischen Gemeinschaften: *Verordnung (EWG) NR. 761/2001 des Rates vom 19. März 2001 über die freiwillige Beteiligung gewerblicher Unternehmen an einem Gemeinschaftssystem für das Umweltmanagement und die Umweltbetriebsprüfung*, Amtsblatt der Europäischen Gemeinschaften Nr. L 114/1-29, Brüssel, 2001

[Eversheim et al. 1996] Eversheim, W.; Schuh, G. (Hrsg.): *Produktion und Management*, Berlin et al.: Springer, 1996

[Fandel 1991] Fandel, G.: *Produktion 1, Produktions- und Kostentheorie*, Berlin et al.: Springer, 1991

[Fees 1995] Fees, E.: *Umweltökonomie und Umweltpolitik*, München: Vahlen, 1995

[Fichter et al. 1997] Fichter, K; Loew, Th.; Seidel, E.: *Betriebliche Umweltkostenrechnung: Methoden und praxisgerechte Weiterentwicklung*, Berlin et al.: Springer, 1997

[Fichtner 1999] Fichtner, W.: *Strategische Optionen der Energieversorger zur CO_2-Minderung: Energie- und Stoffflußmodell zur Entscheidungsunterstützung*, Dissertation Universität Karlsruhe, Berlin: Erich Schmidt, 1999

[Fischer 1993] Fischer, R.: *Ökologisch orientiertes Controlling*, in: Controlling, Nr.3, S. 140-146

[Fischer et al. 1997] Fischer, H.; Wucherer, Ch.; Wagner, B.; Burschel, C.: *Umweltkostenmanagement - Kosten senken durch praxiserprobtes Umweltcontrolling*, München et al.: Carl Hanser Verlag, 1997

[Förschle et al. 1994] Förschle, G; Hermann, S.; Mandler, U.: *Umwelt-Audits*, in: Der Betrieb, 47. Jg., Heft 22/94, S. 1093-1100

[Frank 1992] Frank, R.H.: *Die Strategie der Emotionen*, München, 1992

[Franke 1997] Franke, K.: *Umweltaudits in kleinen und mittleren Unternehmen*, in: Löbel, J.; Schörghuber, W. (Hrg.): *EU-Umweltaudits: zukunftsfähige Geschäftsprozesse gestalten*, Berlin et al.: Springer, 1997, S. 39-58

[Freimann 1995] Freimann, J.; Schwaderlapp, R.: *Öko-Audit: „Grüner Punkt" für Unternehmen? - Umweltpolitische Aspekte einer ersten empirischen Studie*, in: Zeitschrift für angewandte Umweltforschung, Jg. 8 (1995), H. 4, S. 484-496

[Freimann 1996] Freimann, J.: *Betriebliche Umweltpolitik*, Bern: Haupt, 1996

[Freimann 1997] Freimann, J.: *Umwelterklärungen: Informatorische Öffnung im Rahmen des EU-Ökö-Audit-Systems - Ergebnisse einer empirischen Analyse*, in: Zeitschrift für angewandte Umweltforschung, Jg. 10 (1997), S. 187-197

[Freimann 1999] Freimann, J.: *Umweltmanagementsysteme im Urteil der Unternehmenspraxis – Ergebnisse einer empirischen Untersuchung*, in: Bellmann, K.: *Betriebliches Umweltmanagement in Deutschland*, Wiesbaden: DVU, 1999, S. 263-282

[Frey 1991] Frey, R.L.: *Mit Ökonomie zur Ökologie, Analysen und Lösungen des Umweltproblems aus ökonomischen Sicht*, Basel: Helbing u. Lichtenhahn, 1991

[Friedrich 1993] Friedrich, R.: *Umweltpolitische Maßnahmen zur Luftreinhaltung: Kosten-Nutzen-Analyse*. Berlin et al.: Springer, 1993

[Friege 1999] Friege, H.: *Stoffstrommanagement – Herausforderung für eine nachhaltige Entwicklung*, in: Brickweddel (Hrsg.): *Stoffstrommanagement – Herausforderung für eine nachhaltige Entwicklung*, Osnabrück: Steinbacher, 1999, S. 27-49

[Frische et al. 1999] Frische, U. R.; Jenseit, W.; Hochfeld, C.; *Methodikfragen bei der Berechnung des Kumulierten Energieaufwandes (KEA)*, Arbeitspapier im Rahmen des UBA-F&E-Vorhabens Nr. 104 01 123, Darmstadt: Öko-Institut, 1999

[Futterer et al. 1995] Futterer E.; Lohe, B.: *Stationäre Flowsheet-Simulation*, in: Schuler (Hrsg.): *Prozeßsimulation*, Weinheim: VCH-Verlag, 1995

[FUUF 1991] Forschungsgruppe umweltorientierte Unternehmensführung (FUUF): *Umweltorientierte Unternehmensführung – Möglichkeiten zur Kostensenkung und Erlössteigerung*, Berlin, 1991

[Gabler 1998] Gabler-Kompakt-Lexikon: *Umwelt- und Wirtschaftspolitik*, Wiesbaden: Gabler, 1998

[Gabler-Wirtschafts-Lexikon 1992] Gabler-Wirtschafts-Lexikon, Wiesbaden: Gabler, 1992

[Geldermann 1999] Geldermann, J.: *Entwicklung eines multikriteriellen Entscheidungsunterstützungssystems zur integrierten Technikbewertung*, Fortschritt-Berichte VDI, Reihe 16 (Technik und Wirtschaft), Nr. 105, Düsseldorf: VDI-Verlag, 1999

[Georgescu-Roegen 1971] Georgescu-Roegen, N.: *The Entropy Law and the Economic Process*, Cambridge (Mass.): Harvard Univ. Press, 1971

[Glance et al. 1994] Glance, N.S.; Hubermann, B.A: *Das Schmarotzerdilemma*, in: Spektrum der Wissenschaft, Mai, 1994, S. 36-41

[Golove et al. 1996] Golove, W.H.; Eto, J.H.: *Market Barriers to Energy Efficiency: A Critical Reappraisal of the Rationale for Public Policies to Promote Energy Efficiency*, Lawrance Berkeley National Laboratory LBL-38059, Berkely (USA), 1996

[Gößling 1999] Gößling, S.: *Entropiebilanzen als Maß für Ressourceneffizienz*, http://www.desy.de/-stefang/beschreibung.html, Internet Download vom 28.08.2000, Universität Hamburg, 1999

[Götze et al. 1992] Götze, U.; Bloech, J.: *Investitionsrechnung: Modelle und Analysen zur Beurteilung von Investitionsvorhaben*, Heidelberg et al.: Springer-Verlag, 1992

[Grettenberger 1996] Grettenberger, D.: *Umweltschutz und Umweltbewußtsein – Ansatzpunkte einer effizienten Umweltpolitik*, Sternenfels et al.: Verl. Wiss. und Praxis, 1996

[Gschwendtner 2000] Gschwendtner, H.: *Volkswirtschaftliche Perspektiven*, in: Brandt, E.; Schaltegger, S.: *Studium der Umweltwissenschaften: Wirtschaftswissenschaften*, Berlin et al.: Springer 2000

[Günther 1993] Günther, E.: *Ökologieorientiertes Controlling - Konzeption eines Systems zur ökologieorientierten Steuerung und empirischen Validierung*, Dissertation Universität Augsburg, 1993

[Günther et al. 1993] Günther, E.; Wagner, B.: *Ökologieorientierung des Controlling (Öko-Controlling)*, in: Die Betriebswirtschaft, 53. Jg., 1993, Heft 2, S. 143-166

[Haasis 1996] Haasis, H.-D.: *Betriebliche Umweltökonomie: Bewerten – Optimieren – Entscheiden*, Berlin et al.: Springer, 1996

[Hahn et al. 1989] Hahn, R.W. ; Hester, G.L. : *Where did all the market go? An analysis of EPA's Emission Trading Program*, in: Yale Journal of regulation, Vol. 6, 1989, S. 37-84

[Halfmann 1996] Halfmann, M.: *Industrielles Reduktionsmanagement*, Wiesbaden: Gabler, 1996

[Halley et al. 1992] Halley, H.; Pfriem, R.: *Öko-Controlling. Umweltschutz in mittelständischen Unternehmen*, Frankfurt et al.: Campus-Verl., 1992

[Hanssmann 1985] Hanssmann, F.: *Quantitative Betriebswirtschaftslehre, Lehrbuch der modellgestützten Unternehmensplanung*, München: Oldenbourg-Verlag, 1985

[Harper 1994] Harper, S.: *Tradable permis: Practical Lessons from the US Experience*, in: Amano (Hrsg.): *Climate Change*, Proceedings of the Tsukuba Workshop of IPCC Working Group III, Tsukuba, 1994, S. 132-144

[Hartmann 1998] Hartmann, W.D.: Öko-Audit: *Ein Dutzend Erfahrungen aus der Unternehmenspraxis*, in: UmweltWirtschaftsForum, März 1998, S. 32-41

[Hartmann et al. 1985] Hartmann, K.; Kaplick, K.: *Analyse und Entwurf chemisch-technologischer Verfahren*, Berlin: Akademie-Verlag, 1985

[Hildebrand 1998] Hildebrand, Manfred: *Aktuelle Maßnahmen der Europäischen Kommission zur Luftreinhaltung und der Beitrag deutscher EVU*, in: Elektrizitätswirtschaft, Zeitschrift. der Vereinigung Deutscher Elektrizitätswerke 97 (1998), Nr. 1-2, S. 9-15

[Hillebrand et al. 1997] Hillebrand, B.; Wackerbauer, J.: *Gesamtwirtschaftliche Beurteilung von CO_2-Midnerungsstrategien – Eine Analyse für die Bundesrepublik Deutschland*, München: ifo, 1997

[Hilty et al. 1995] Hilty, L.M.; Rautenstrauch, C.: *Betriebliche Umweltinformatik*, in: Page, B.; Hilty, L.M. (Hrsg.): *Umweltinformatik*, München et al.: Metropolitis, 1995, S. 295-312

[Hilty et al. 1997] Hilty, L.M., Rautenstrauch, C. : *Betriebliche Umweltinformationssysteme (BUIS) – eine Literaturanalyse*, in: Informatik-Spektrum 20, 1997, S. 159-176

[Hofmann et al. 2000]Hofmann, V. H.; Radke, V.: *Indikatoren einer nachhaltigen Entwicklung: Eine kritische Würdigung des Ansatzes der „Londoner Schule"*, in: Zeitschrift für Umweltpolitik und Umweltrecht, 2/2000, S. 145-163

[Hohmeyer 1989] Hohmeyer, Olav: *Soziale Kosten des Energieverbrauchs*, Berlin et al.: Springer, 1989

[Hohmeyer 1991] Hohnmeyer, O. (Hrsg.): *External Environmental Costs of Electric Power*, Berlin et al.: Springer, 1991

[Holzinger 1987] Holzinger, Katharina: *Umweltpolitische Instrumente aus Sicht der staatlichen Bürokratie: Versuch einer Anwendung der „Ökonom. Theorie der Bürokratie"*. München: Ifo-Institut für Wirtschaftsforschung, 1987

[Homann et al. 1991] Homann, K.; Pies, I.: *Wirtschaftsethik und Gefangenendilemma*, in: Wirtschaftswissenschaftliches Studium, 20. Jg., S. 608-614

[Hopfenbeck et al. 1993] Hopfenbeck, W.; Jasch, C.: *Öko-Controlling. Umdenken zahlt sich aus! Audits, Umweltberichte und Ökobilanzen als betriebliche Führungsinstrumente*, Landsberg: Verlag Moderne Industrie, 1993

[Hopfenbeck et al. 1995] Hopfenbeck, W.; Jasch, Ch.; Jasch, A.: *Öko-Audit: der Weg zur Zertifizierung*, Landsberg et al.: Verl. Moderne Industrie, 1995

[Hummel 1997] Hummel, J.: *Strategisches Öko-Controlling: Konzeption und Umsetzung in der textilen Kette*, Wiesbaden: Gabler, 1997

[Hwang et al. 1979] Hwang, C.-L.; Yoon, K.: *Multiple Attribute Decision Making, Methods and Application, A State of the Art Survey, Lecture Notes in Economics and Mathematical Systems 186*, Berlin et al.: Springer, 1979 [ifeu 1998] ifeu – Institut für Energie- und Umweltforschung Heidelberg: *Umberto 3.0: die Software für Ihr Umweltmanagement*, http://www.ifu.com/software/umberto/ programm/stoffstrom.htm, Internet Download vom 04.03.1999

[ifeu 1999] ifeu – Institut für Energie- und Umweltforschung Heidelberg: *Daten- und Rechenmodell: Energieverbrauch und Schadstoffemissionen aus dem motorisierten Verkehr in Deutschland 1980 bis 2020*, Heidelberg: ifeu, 1999

[IKARUS 1995a] Wehowsky, P.; Leidemann, W.; Lezuo, A.; Seifritz, W.; Fischedick, M.; Fahl, U.; Herrmann, D.; Voß, A.; Pfeifer, Th.; Barnert, H.; Singh, J.: *IKARUS: Strom- und wärmeerzeugende Anlagen auf fossiler und nuklearer Grundlage*, Monographien des Forschungszentrums Jülich, Teilprojekt 4-06(1): „Umwandlungssektor", Programmgruppe Technologiefolgenforschung (Hrsg.), Jülich: Forschungszentrum, Zentralbibliothek, 1995

[IKARUS 1995b] Wehowsky, P.; Leidemann, W.; Lezuo, A.; Seifritz, W.; Fischedick, M.; Fahl, U.; Herrmann, D.; Voß, A.; Pfeifer, Th.; Barnert, H.; Singh, J.: *IKARUS: Strom- und wärmeerzeugende Anlagen auf fossiler und nuklearer Grundlage*, Monographien des Forschungszentrums Jülich, Teilprojekt 4-06(2): „Umwandlungssektor", Programmgruppe Technologiefolgenforschung (Hrsg.), Jülich: Forschungszentrum, Zentralbibliothek, 1995

[ISO 1994] International Standard Organistaion (ISO) (Hrsg.): *Environmental management systems - Specification with guidance for Use ISO 14001*, Entwurf vom 28.9.1994

[ISO 1997] Deutsches Institut für Normung (DIN) (Hrsg.): *Umweltmanagement – Ökobilanz – Prinzipien und allgemeine Anforderungen*, DIN EN ISO 14040, Berlin: Beuth Verlag, 1997

[ISO Survey 2000] ISO: *The ISO Survey of ISO 9000 and ISO 14000 Certificates*, http://www.iso.ch, Internet Download vom 28.10.2000

[IPCC 1992] Houghton, J.T.; Jenkins, G.J.; Ephraums, J.J. (Hrsg.): *Climate Change, The IPCC Scientific Assessment*, Cambridge: University Press, 1992

[Jaffe et al. 1994] Jaffe, A.B.; Stavins, R.N.: *The Energy Efficiency Gap – What Does it Mean?* in: Energy Policy 22 Nr.10, 1994, S. 804-810

[Jänig 1996] Jänig, C.: *Contractingaktivitäten*, in: Innovation Congress GmbH (Hrsg.): *Contracting als Geschäftsfeld für Versorgungsunternehmen*, Tagungsband, Mannheim: Innovation Congress GmbH, 7. Mai 1996

[Jahnke 1986] Jahnke, B.: *Betriebliches Recycling: produktionswirtschaftliche Probleme und betriebswirtschaftliche Konsequenzen*, Wiesbaden: Gabler, 1986

[John 1990] John, K.-D.: *Möglichkeiten und Grenzen von Marktlösungen in der Umweltpolitik. Grundgedanken und die Erfahrungen mit Kompensationsregelungen in der Luftreinhaltung*, in: Oberender, P.; Streit, M.: *Soziale und ökologische Ordnungspolitik in der Marktwirtschaft*, Baden-Baden: Nomos, 1990, S. 137-158

[Jörissen et al. 1999] Jörissen, J.; Kneer, D.; Rink, D.; Paskalewa, K.: *Untersuchung zu einem integrativen Konzept nachhaltiger Entwicklung: Bestandsaufnahme, Problemanalyse, Weiterentwicklung,* Abschlußbericht Band 1 Synopse zu Umsetzung des Leitbildes der Nachhaltigkeit in konzeptionellen Studien und nationalen Plänen, Karlsruhe: Forschungszentrum Karlsruhe, 1999

[Junker et al. 1990] Junker, A.; de LaRiva, C., Schwarz, R.: *Genehmigungsverfahren und Umweltschutz – Praktische Umsetzung von rechtlichen und technischen Regelungen für die Zulassung und das Betreiben von Anlagen*, Köln: Dt. Wirtschaftsdienst, 1990

[Kaluza 1998] Kaluza, B. (Hrsg.): *Kreislaufwirtschaft und Umweltmanagement*, Duisburger Betriebswirtschaftliche Schriften, Band 17, Hamburg: S+W Verlag, 1998

[Keilus 1993a] Keilus, M.: *Produktions- und kostentheoretische Grundlagen einer Umweltplankostenrechnung*, Bergisch Gladbach: Eul Verlag, 1993

[Keilus 1993b] Keilus, M.: *Produktions- und kostentheoretische Grundlagen einer Umweltplankostenrechnung*, Bergisch Gladbach: Eul Verlag, 1993

[Kippelen et al. 1995] Kippelen, C.; Spengler, Th.; Brunn, H.; Rentz, O.: *Ganzheitliche Bilanzierung und Bewertung von Produktionsprozessen – dargestellt am Beispiel von Reinigungssystemen für die Oberflächenbehandlung*, in: Staub-Reinhaltung der Luft 55 (1995), S. 361-3665

[Kirchgeorg 1995] Kirchgeorg, M.: *Umweltorientierte Unternehmensstrategien im Längsschnittvergleich von 1988 und 1994*, in: Freimann, J.; Hildebrandt, E. (Hrsg.): *Praxis der betrieblichen Umweltpolitik*, Wiesbaden: Gabler, 1995, S. 57-74

[Kirchgeorg 1999] Kirchgeorg, M.: *Marktstrategisches Kreislaufmanagement: Ziele, Strategien und Strukturkonzepte*, Wiesbaden: Gabler, 1999

[Kistner 1993] Kistner, K.-P.: *Produktions- und Kostentheorie*, Heidelberg: Physica-Verlag, 1993

[Klemmer 1998] Klemmer, P.: *Mit mehr Markt zu mehr Nachhaltigkeit. Die Rolle der Marktwirtschaft im Drei-Säulen-Konzept*, in: Ökologisches Wirtschaften, Heft 6, 1998, S. 16-17

[Klook 1969] Klook, J.: *Betriebswirtschaftliche Input-Output-Modelle*, Wiesbaden: Physica-Verlag, 1969

[Kloock 1990] Kloock, J.: *Umweltkostenrechnung*, in: Scheer (Hrsg.): *Rechnungswesen und EDV*, Berlin et al.: Springer, S. 129-156

[Knüppel 1989] Knüppel, H.: *Umweltpolitische Instrumente: Analyse der Bewertungskriterien und Aspekte einer Bewertung*, Baden-Baden: Nomos, 1989

[Koopmans 1951] Koopmans, T.C.: *Activity Analysis of Production an Allocation*, New York et al.: Proceedings of a Conference, 1951

[Kottman et al. 1999] Kottmann, H.; Loew, Th.; Clausen, J.: *Umweltmanagement mit Kennzahlen*, München: Vahlen, 1999

[Kreikebaum 1992] Kreikebaum, H.: *Integrierter Umweltschutz (IUS) durch strategische Planungs- und Controlling-Instrumente*, in: Steger U. (Hrsg.): *Handbuch des Umweltmanagements*, München: Beck, 1992, S. 58-71

[Kühr et al. 1997] Kühr, R; Szell, G.: *Zero-Emission: Eine Chance für Europa?*, Dokumentation der 1. Europäischen Zero-Emisson-Konferenz, 23./24. Oktober 1997, Osnabrück: Universität Osnabrück, Fachbereich Sozialwissenschaften, 1997

[Küll et al. 1999] Küll, R.; Stähly, P.: *Zur Planung und effizienten Abwicklung von Simulationsexperimenten*, in: Biethahn, J.; Hummeltenberg, W.; Schmidt, B.; Stähly, P.; Witte, Th.: *Simulation als betriebliche Entscheidungshilfe –State of the Art und neuere Entwicklungen*, Heidelberg: Physica-Verl., 1999, S. 121-134

[Kurbel 1990] Kurbel, K.: *Produktionsplanung und –steuerung: methodische Grundlagen von PPS-Systemen und Erweiterungen*, München et al.: Oldenbourg, 1990

[Lautenbach 1992] Lautenbach, S., Steger, U., Weihrauch, P.: *Evaluierung freiwilliger Branchenvereinbarungen im Umweltschutz,* in: BDI (Hrsg.): *Freiwillige Kooperationslösungen im Umweltschutz - Ergebnisse eines Gutachtens und Workshops*, Köln: BDI , 1992, S. 56-64

[Lehmann 1990] Lehmann, S.: *Ökobilanzen und Öko-Controlling als Instrumente einer präventiven Umweltpolitik in Unternehmen*, in: Kozmiensky (Hrsg.): *Vermeidung und Verwertung von Abfällen*, Berlin: EF-Verlag, S. 101-109

[Lehmann et al. 1991] Lehmann, S.; Clausen, J.: *Öko-Controlling. Informationsinstrument für ökologische Unternehmensführung*, in: Wechselwirkung, Nr. 51, Oktober, S. 11-15

[Leisewitz et al. 1994a] Leisewitz, A.; Schwarz, W.: *Sind Lösemittel-Reiniger noch zeitgemäß? CKW und KWL im Umwelt und Kostenvergleich*, Frankfurt: Verlag der ökologischen Briefe, 1994

[Leisewitz et al. 1994b] Leisewitz, A.; Schwarz, W.: *Die Umweltfolgen der Umstellung von CKW auf wäßrige Reinigung*, in: JOT-Handbuch: *Industrielle Teilereinigung und Vorbehandlung*; München: Verlag Heinrich Vogel, 1994

[Letmathe 1998] Letmathe, P.: *Umweltbezogene Kostenrechnung*, München: Vahlen, 1998

[LFU 1994] Landesanstalt für Umweltschutz Baden-Württemberg (Hrsg.): *Der Weg zur Zertifizierung nach der EU-Öko-Audit-Verordnung*, Karlsruhe, 1994

[LfU 2000] Landesanstalt für Umweltschutz (LfU) (Hrsg.): *Betriebliches Material- und Energieflussmanagement: Öko-Effizienz durch nachhaltige Reorganisation*, Mannheim/Karlsruhe: LfU, 2000

[Liesegang 1993] Liesegang, D.G.: *Reduktionswirtschaft als Komplement zur Produktionswirtschaft – eine globale Notwendigkeit*, in: Haller, M. (Hrsg.): *Globalisierung der Wirtschaft: Einwirkungen auf die Betriebswirtschaftslehre*, Bern et al.: Haupt, 1993, S. 383-395

[Löbel 1997] Löbel, J.: *Überblick und Einführung zu den Kernelementen des EU-Umweltaudits*, in: Löbel, J.; Schörghuber, W. (Hrsg.): *EU-Umweltaudits: zukunftsfähige Geschäftsprozesse gestalten*, Berlin et al.: Springer, 1997, S. 5-28

[Lonjaret et al. 1998] Lonjaret, J.-P., Blümel, F., Rentz, O.: *Stoffstrommanagement für kleine und mittlere Unternehmen im Bereich der Autoreparaturlackierung*, in: UWF 6 (1998) 2, S. 90-91

[Malcher 1996] Malcher, J.: *Umweltaudit und kommunale Unternehmen*, Referat auf der Veranstaltung der VKU Landesgruppe Saarland zum Thema Öko-Audit am 28.03.96 in Saarbrücken

[Mansson 1994] Mansson, B.A.: *Recycling of matter*, in: Ecological Economics 9 (1994), S. 191-192

[Mathes et al. 1998] Mathes, F.C.; u.a.: *Bodenbelastung durch Luftschadstoffe*, Studie im Auftrag der Enquête Kommission „Schutz des Menschen und der Umwelt" des 11. Deutschen Bundestages, Berlin et al.: Springer, 1998

[Mayer 2000] Mayer, Th.: *Betriebliche Energie- und Stoffstrommanagementsysteme – Begriffserläuterung, Methoden, Software, Praxiserfahrungen – eine Marktanalyse*, Karlsruhe: Landesanstalt für Umweltschutz (LfU), 2000

[Meadows 1972] Meadows, D.L.: *Die Grenzen des Wachstums*, Bericht des Club of Rome zur Lage der Menschheit, Stuttgart: Dt. Verl.-Anst., 1972

[Meffert 1990] Meffert, H.: *Strategisches Marketing und Umweltschutz – Bericht aus einem Forschungsprojekt*, in: Wagner, G.R. (Hrsg.): *Unternehmung und ökologische Umwelt*, München: Vahlen, 1990

[Meffert 1996] Meffert, H.: *Stand und Perspektive des Umweltmanagement in der betriebswirtschaftlichen Lehre*, Arbeitspapier der Handelshochschule Leipzig (HHL), Leipzig: HHL, 1996

[Meffert et al 1993] Meffert, H.; Kirchgeorg, M.: *Marktorientiertes Umweltmanagement: Grundlagen und Fallstudien*, Stuttgart: Schäffer-Poeschel, 1993

[Meffert et al. 1993] Meffert, H.; Kirchgeorg, M.: *Marktorientiertes Umweltmanagement*, Stuttgart: Schäffer-Pöschel, 1993

[Michaelis 1996] Michaelis, P.: *Ökonomische Instrumente in der Umweltpolitik: eine anwendungsorientierte Einführung*. Heidelberg: Physica-Verlag, 1996

[Michaelis 1999] Michaelis, P.: *Betriebliches Umweltmanagement*, Herne et al.: Verl. Neue Wirtschafts-Briefe, 1999

[Michaelowa 1997] Michaelowa. A.: *Internationale Kompensationsmöglichkeiten zur CO_2-Reduktion*, Baden-Baden: Nomos, 1997

[Möller 1995] Möller, A.; Rolf, A.: *Methodische Ansätze zur Erstellung von Stoffstromanalysen unter besonderer Berücksichtigung von Petri-Netzen*, in: Schmidt, M.; Schorb, A.: *Stoffstromanalysen in Ökobilanzen und Öko-Audits*, Berlin et al.: Springer, 1995

[Mori 1978] Mori, G.: *Stoffflüsse, Energieverbräuche und Reststoffe in der Aluminium-Primärmetallurgie*, Leoben, 1996

[Müller-Wenk 1978] Müller-Wenk, R.: *Die ökologische Buchhaltung*, Frankfurt a.M.: Campus-Verlag, 1978

[Mwandemele 1997] *ZERI in Africa*, in: Kühr, R; Szell, G.: Zero-Emission: *Eine Chance für Europa?*, Dokumentation des 1. Europäischen Zero-Emisson-Konferenz, 23./24. Oktober 1997, Osnabrück: Universität Osnabrück, Fachbereich Sozialwissenschaften, 1997, S. 39-47

[Neumann 1993] Neumann, K.; Morlock, M.: *Operations Research*, München et al: Carl Hanser, 1993

[Nill et al. 2001] Nill, M.; Marheinike, T.; Krewitt, W.; Voß, A.: *Grundlagen zur Beurteilung der Nachhaltigkeit von Energiesystemen in Baden-Württemberg*, Beitrag zum BWPlus-Diskussionskreis *Luftreinhaltung und Nachhaltigkeitsstrategien*, Karlsruhe, 2001

[OECD 1998] Organisation for Economic Co-operation and Development: *Towards Sustainable Development*: Environmental Indicators, Paris: OECD, 1998

[Örtel et al. 2000] Örtel, D.; Fleischer, T. *Brennstoffzellen-Technologie*, TAB-Arbeitsbericht Nr. 67, Berlin: TAB, 2000

[Otto 1997] Otto, S.: *Technikbewertung und Simulation im Umweltmanagement*, Hannover: VDI Verlag GmbH, 1997

[Pätzold et al. 1996] Pätzold, J.; Mussel, G.: *Umweltpolitik*, Sternfels-Berlin: Verl. Wiss. und Praxis, 1996

[Palmisano 1997] Palmisano, J.: *What's wrong with Allowance Trading* ?, in: BMU (Hrsg.): *Activities Implemented Jointly (AID)*, Proceedings International AIJ Workshop, Leipzig, 5-6 March 1997, Berlin, 1997, S. 141-147

[Penkuhn 1997] Penkuhn, T.: *Umweltintegriertes Stoffstrommanagement in der Prozeßindustrie – dargestellt am Beispiel der operativen Produktionsplanung der Ammoniaksynthese*, Frankfurt a.M.: Lang, 1997

[Petri 1962] Petri, C. A: *Kommunikation mit Automaten*, Dissertation Technische Hochschule Darmstadt, 1962

[Petschow et al. 1998] Petschow, U.; Hübner, K.; Dröge, S.; Meyerhoff, J.: *Nachhaltigkeit und Globalisierung: Herausforderungen und Handlungsansätze*, Hrsg.: Enquête-Kommission „Schutz des Menschen und der Umwelt" des 13. Deutschen Bundestags, Heidelberg: Springer, 1998

[Pfriem 1991] Pfriem, R.: *Öko-Controlling und Organisationsentwicklung von Unternehmen*, in: IÖW-Informationsdienst, 6. Jg., Nr. 2/91, 1, S. 13-20

[Piro 1994] Piro, A.: *Betriebswirtschaftliche Umweltkostenrechnung: Gestaltung einer flexiblen Plankostenrechnung als betriebliches Umweltinformationssystem*, Heidelberg: Physica-Verlag, 1994

[Pischon 1997] Pischon, A.: *Die deutsche Asea Brown Boveri AG – Ansätze zur Intergration von Qualitäts-, Umwelt- Arbeitssicherheitsmanagementsystemen*, in: uwf. 5. Jg., H. 2 1997, S. 54-57

[Posch 1998] Posch, A.: *Das Verwertungsnetzwerk Obersteiermark und sein Potential*, in: Strebel, H., Schwarz, E. (Hrsg.): *Kreislauforientierte Unternehmenskooperationen: Stoffstrommanagement durch innovative Verwertungsnetzwerke*, München et al.: Oldenbourg, 1998, S. 251-272

[Prognos 1992] Prognos A.G. (Hrsg.): *Externe Effekte der Energieversorgung, Versuch einer Identifizierung*, Baden-Baden: Nomos-Verl. -Ges., 1992

[Prognos 1998] Prognos AG (Hrsg.): *Die längerfristige Entwicklung der Energiemärkte im Zeichen von Wettbewerb und Umwelt*, Trendskizze, Basel: Prognos, 1998

[Rausch et al. 1997] Rausch, L.; Fritsche, U.R.: Gesamt-Emissions-Modell Integrierter Systeme (GEMIS): *Ein Programm zur Analyse der Umweltaspekte von Energie-, Stoff- und Transportprozessen*, Darmstadt: Öko-Institut e.V., 1997

[Rautenstrauch 1999] Rautenstrauch, C.: *Betriebliche Umweltinformationssysteme*, Berlin et al.: Springer, 1999

[Rehbinder 1995] Rehbinder E.: *Konzeption eines in sich geschlossenen Stoffrechtes*, in: Enquête Kommission „Schutz des Menschen und der Umwelt" des 11. Deutschen Bundestages (Hrsg.): *Umweltverträgliches Stoffstrommanagement- Band II Instrumente*, Bonn: Economica Verlag, 1995

[Rennings et al. 1997] Rennings, K.; Brockmann, K. L.; Koschel, H.; Bergmann, H.; Kühn, I.: *Nachhaltigkeit, Ordnungspolitik und freiwillige Selbstverpflichtung*. Heidelberg: Physica-Verlag, 1997

[Rentz 1979] Rentz, O.: *Techno-Ökonomie betrieblicher Emissionsminderungsmaßnahmen*, Berlin: E. Schmidt, 1979

[Rentz et al. 1988] Rentz, O.; Hammerschmid, R.; Gruber, K.-H.: *Entsorgung von Reststoffen aus der Rauchgasreinigung, Teil 1: Großfeuerungsanlagen*, Umweltministerium Baden-Württemberg (Hrsg.): Heft 1 *Boden Wasser Abfall*, Stuttgart: Umweltministerium Baden-Württemberg, 1988

[Rentz 1995a] Rentz, H.: *Kompensation im Klimaschutz*, Berlin: Duncker und Humblot, 1995

[Rentz 1995b] Rentz, O.: *Integrierter Umweltschutz*, in: Junkernheinrich, M.; Klemmer, P.; Wagner, G.H.: *Handbuch zur Umweltökonomie*, Berlin: Analytica, 1995, S. 64-69

[Rentz et al. 1995] Rentz, O.; Wietschel, M.; Ardone, A; Fichtner, W.; Jattke, A.; Tsai, W.: *Ökonomische Beurteilung von Maßnahmen zur Minderung der CO_2-Emissionen*, Endbericht eines Forschungsvorhabens für das Umweltbundesamt, Karlsruhe: Institut für Industriebetriebslehre und Industrielle Produktion, 1995

[Rentz et al. 2000] Rentz, O.; Blümel, F.; Lonjaret, J.P., Geldermann, J.: *Stoffstrommanagement für kleinere und mittlere Unternehmen aus dem Bereich der Autoreparaturlackierung*. Initiativen zum Umweltschutz, Bd. 20., Berlin: Erich Schmidt-Verlag, 2000

[Rentz et al. 2001] Rentz, O.; Wietschel, M.; Enzensberger, N.; Dreher: *Vergleichender Überblick über energiepolitische Instrumente und Maßnahmen im Hinblick auf ihre Relevanz für die Realisierung einer nachhaltigen Energieversorgung*, Endbericht eines Forschungsvorhabens im Auftrag des Büros für Technikfolgen-Abschätzung beim Deutschen Bundestag, Karlsruhe: Institut für Industriebetriebslehre und Industrielle Produktion, 2001

[Rico 1995] Rico, R.: *The Us Allowance Trading System for Sulfur Dioxide*, in: Environmental and Resource Economics 5, 1995, S. 115-129

[Riebel 1955] Riebel, P.: *Die Kuppelproduktion – Betriebs- und Marktprobleme*, Köln: Westdt. Verl., 1955

[RIVM 1993] Rjksinstituut voor Volksgezonheid en Milieuhygiene (RIVM) (Hrsg.): *Calculation and Mapping of Critical Loads in Europe: Status Report 1993*, Downing, R.J., Hettelingh, J-P., de Smet, P., RIVM Report No. 259101003, Bilthoven: RIVM, 1993

[Rolf 1994] Rolf, A.; Möller, A.: *Umweltinformatik zwischen Katasterdisziplin und Gestaltungsforschung für eine nachhaltige Entwicklung*, in: Informationstechnik und Technische Informatik, 4/5 1994, S. 60-69

[Röll 1994] Röll, C.: *Zur Klassifizierung flüchtiger organischer Verbindungen (VOC) im Hinblick auf Emissionsminderungsstrategien*, Frankfurt: Lang, 1994

[Roth 1992] Roth, U.: *Umweltkostenrechnung: Grundlagen und Konzeption aus betriebswirtschaftlicher Sicht*, Wiesbaden: Deutscher Universitätsverlag, 1992

[RSU 1994] Rat der Sachverständigen für Umweltfragen für Umweltfragen: *Umweltgutachten 1994*, Bonn, 1994

[RSU 2000] Der Rat von Sachverständigen für Umweltfragen (Hrsg.): *Umweltgutachten 2000*. Stuttgart: Metzler-Poeschel Verlag, 2000

[Rüdiger 1998] Rüdiger, C.: *Controlling und Umweltschutz*, in: Dyckhoff, H.; Ahn, A. (Hrsg.): *Produktentstehung, Controlling und Umweltschutz*, Heidelberg: Physica-Verlag, 1998, S. 271-298

[Sage 1993] Sage, J.: *Industrielle Abfallvermeidung und deren Bewertung am Beispiel der Leiterplattenherstellung*, Dissertation Universität Graz, 1993

[Sasse 2000] Sasse, H.: *Zur technisch-wirtschaftlichen und umweltgerechten Ausgestaltung von standort- und betriebsübergreifenden Entsorgungsnetzwerken*; Dissertation Universität Karlsruhe, 2000

[Schaltegger et al. 1992a] Schaltegger, S.; Sturm, A.: *Ökologieorientierte Entscheidungen in Unternehmen*, Schriftenreihe des Instituts für Betriebswirtschaft, Band 27, Basel: Wirtschaftswissenschaftliches Zentrum der Universität Basel, 1992

[Schaltegger et al. 1992b] Schaltegger, St.; Sturm, A.: *Öko-Controlling als Management- und Führungsinstrument*, in: io-Management Nr. 6, 1995, S. 71-75

[Schaltegger 1994] Schaltegger, St.: *Öko-Controlling für das Eidgenössische Militärdepartement (EMD)*, Bern: Umweltschutzstelle EMD, 1994

[Schaltegger et al. 1995a] Schaltegger, St.; Sturm, A.: *Öko-Effizienz durch Öko-Controlling: zur praktischen Umsetzung von EMAS und ISO 14001*, Stuttgart: Schäffer-Poeschel, Zürich: vdf, 1995

[Schaltegger et al. 1995b] Schaltegger, S.; Kubat, R. *Das Handwörterbuch der Ökobilanzierung- Begriffe und Definitionen*, Basel: WWZ, 1995

[Schaltegger et al. 1996] Schaltegger, S.; Kubat, R.; Hilber, C.; Vaterlaus, S.: *Innovatives Management staatlicher Umweltpolitik*, Basel et al.: Birkhäuser, 1996

[Schierenbeck 1993] Schierenbeck, H.: *Grundzüge der Betriebswirtschaftslehre*, München et al.: Oldenbourg, 1993

[Schleef 1999] Schleef, H.-J.: *Zur Techno-ökonomischen Bewertung des gestuften Ausbaus von Kombikraftwerken*, Dissertation Universität Karlsruhe, 1999

[Schmid 2000] Schmid, U.: *Ökologisch nachhaltige Unternehmenspolitik*, in: Dyckhoff, H.: *Umweltmanagement: zehn Lektionen in umweltorientierter Unternehmensführung*, Berlin et al.: Springer, 2000, S. 77-98

[Schmidt 2000] Schmidt, M.: *Betriebliches Stoffstrommanagement*, in: Dyckhoff, H.: *Umweltmanagement: zehn Lektionen in umweltorientierter Unternehmensführung*, Berlin et al.: Springer, 2000, S. 121-150

[Schneeweiß 1993] Schneeweiß, C.: *Einführung in die Produktionswirtschaft*, 5. Aufl., Berlin et al.: Springer, 1993

[Schöttle 1998] Schöttle, H.: *Analyse des Least-Cost Planning Ansatzes zur rationellen Nutzung elektrischer Energie*, Dissertation Universität Karlsruhe, 1998

[Schreiner 1992] Schreiner, M.: *Betriebliches Rechnungswesen bei umweltorientierter Unternehmensführung*, in: Steger, U. (Hrsg.): *Handbuch des Umweltmanagements: Anforderungs- und Leistungsprofile von Unternehmen und Gesellschaft*, München: Beck Verlag, 1992

[Schreiner 1988] Schreiner, M.: *Umweltmanagement in 22 Lektionen. Ein ökonomischer Weg in die ökologische Wirtschaft*, Wiesbaden: Gabler, 1988

[Schreiner 1992] Schreiner, M.: *Betriebliches Rechnungswesen bei umweltorientierter Unternehmensführung*, in: Steger, U. (Hrsg.): *Handbuch des Umweltmanagements: Anforderungs- und Leistungsprofile von Unternehmen und Gesellschaft*, München: Beck Verlag, 1992

[Schubert 1998] Schubert, R.: *Indikatoren für Nachhaltigkeit*, in: Schweiz. Zeitschrift für Volkswirtschaft und Statistik, Vol. 134 (1998), Heft 3, S. 391-414

[Schultmann 1998] Schultmann: *Kreislaufführung von Baustoffen - Stoffflußbasiertes Projektmanagement für die operative Demontage- und Recyclingplanung von Gebäuden*, Dissertation Universität Karlsruhe, 1998, Berlin Erich Schmidt Verlag, 1998

[Schulz 1989] Schulz, W.: *Betriebliche Umweltinformationssysteme*, in: *Handbuch Umwelt und Energie*, Freiburg: Haufe, 1989

[Schulz 1991] Schulz, W: Ökocontrolling, in: OFW (Hrsg.): *Umweltmanagement im Spannungsfeld zwischen Ökologie und Ökonomie*, Wiesbaden: Gabler, 1991, S. 221-242

[Schulze et al. 1981] Schulze, J.; Hassan, A.: *Methoden der Material- und Energiebilanzierung bei der Projektierung von Chemieanlagen*, Weinheim: Verlag Chemie, 1981

[Schulz et al. 1993] Schulz, E.; Schulz, W.: *Umweltcontrolling in der Praxis: ein Ratgeber für Betriebe*, München: Vahlen, 1993

[Schulz et al. 1994] Schulz, E.; Schulz, W.: *Umweltcontrolling in der Praxis*, München Vahlen

[Schwaderlapp 1999] Schaderlapp, R.: *Umweltmanagementsysteme in der Praxis. Qualitative empirische Untersuchung über die organisatorischen Implikationen des Öko-Audits*, München et al.: Oldenbourg, 1999

[Seidel et al. 1998] Seidel, E.; Clausen, J.; Seifert, E.K.: *Umweltkennzahlen*, München: Vahlen, 1998

[Seidel 1988] Seidel, E.: Ökologisches Controlling, in: Wunderer R. (Hrsg.): *Betriebswirtschaftslehre als Management- und Führungslehre*, Stuttgart: Poeschel, 1988, S. 367-382

[Seitz 1994] Seitz, M.: *Umweltbetriebsprüfung und Öko-Audit - Anwendungen und Praxisbeispiele*, Berlin et al.: Springer, 1994

[SETAC 1993] SETAC (Hrsg.): *Code of Practice, A Guidelines for Life-Cycle Assessment*, Brussels: SETAC, 1993

[SETAC 1996] SETAC (Hrsg.): *Towards a Methodology for Life Cycle Impact Assessment*, Brussels: SETAC, 1996

[Servatius 1994] Servatius, H.: *Strategisches Umwelt-Controlling - Die hohe Schule der Umweltnavigation*, in: Tagungsband der FGU Berlin, UTECH '94 vom 23.2.94, S. 103-138

[Siebert 1978] Siebert, H.: *Ökonomische Theorie der Umwelt*. Tübingen: Mohr, 1978

[Smith 1776] Smith, A.: *Der Wohlstand der Nationen*, deutsche Übersetzung, München: Beck, 1974

[Solow 1974] Solow, R.: *Intergenerational Equity and Exhaustible Resources*, in: *Review of Economic Studies*, Symposium on the Economics of Exhaustible Resources, 1974, S. 29-45

[Souren 1996] Souren, R.: *Theorie betrieblicher Reduktion: Grundlagen, Modellierung und Optimierungsansätze stofflicher Entsorgungsprozesse*, Heidelberg: Physica-Verl., 1996

[Spangenberg et al. 1996] Spangenberg, J.H.; Verheyen, R.: *Von der Abfallwirtschaft zum Stoffstrom-Management*, Gutachten im Auftrag der Friedrich-Ebert-Stiftung, Bonn: Friedrich-Ebert-Stiftung, 1996

[Spengler 1998] Spengler, Th.: *Industrielles Stoffstrommanagement: betriebliche Planung und Steuerung von Stoff- und Energieströmen in Produktionsunternehmen*, Berlin: Erich Schmidt, 1998

[Sprenger 1984] Sprenger, R.-U.: *Kriterien zur Beurteilung umweltpolitischer Instrumente aus Sicht der wissenschaftlichen Politikberatung*, in: Schneider, G.; Sprenger, R.-U. (Hrsg.): *Mehr Umweltschutz für weniger Geld*, Ifo Studien zur Umweltökonomie, Bd. 4. München: Ifo-Institut für Wirtschaftsforschung, 1984

[SRU 2000] Der Rat von Sachverständigen für Umweltfragen: *Umweltgutachten 2000*, Stuttgart: Verlag Metzler-Poeschel, 2000

[Stahl 1996] Stahl, A.: *Entropiebilanz und Ressourcenverbrauch*, in: Naturwissenschaften 83, 1996, S. 34-45

[Statistisches Landesamt 1997a] Statistisches Landesamt Baden Württemberg (Hrsg.): *Statistische Berichte Baden Württemberg – Kommunales Abfallaufkommen in den Stadt- und Landkreisen Baden-Württembergs 1996*, Stuttgart: Statistisches Landesamt Baden Württemberg, 1997

[Steger 1988] Steger, U.: *Umweltmanagement*, Wiesbaden: Gabler, 1988

[Steinle et al. 1998] Steinle, C.; Thiem, H.; Böttcher, K.: *Umweltschutz als Erfolgsfaktor – Mythos oder Realität ?* in: *Zeitschrift für Umweltpolitik & Umweltrecht*, März 1998, 21. Jahrgang, S. 61-78

[Sterr 1997] Sterr, Th.: *Potentiale zwischenbetrieblicher Stoffkreislaufwirtschaft bei kleinen und mittelständischen Unternehmen*, in: *Umwelt-Wirtschafts-Forum*, 5. Jg., Heft 4, 1997, S. 68-72

[Sterr 1998] Sterr, Th.: *Stoffstrommanagement – Lösungsansätze auf dem Weg zur industriellen Kreislaufwirtschaft*, in: *Umwelt Wirtschafts Forum*, 6.Jg., H.2, Juni 1998, S. 3-5

[Steven 1994] Steven, M.: *Produktion und Umweltschutz*, Wiesbaden: Gabler, 1994

[Steven et al. 1999] Steven, M.; Letmathe, P.: *Anforderungen an Umwelterklärungen aus wissenschaftlicher und politischer Sicht*, in: Bellmann: *Betriebliches Umweltmanagement in Deutschland: eine Positionsbestimmung aus Sicht von Politik, Wissenschaft und Praxis*, Wiesbaden: DVU, 1999, S. 59-98

[Stitzel et al. 1999] Stitzel, M.; Kirschen, C.: *Best practice Organisationsgestaltung und Personalmanagement*, in Steger, U.: *Handbuch der integrierten Umweltmanagements*, München et al.: Oldenbourg, 1997, S. 179-196

[Strebel et al. 1994] Strebel, H.; Schwarz, E.; Ortner H.: *Rückstandsströme in einem Verwertungsnetz der steirischen Grundstoff- und Investitionsgüterindustrie*, in: Müll und Abfall, Heft 4, 1994, S. 313-330

[Strebel 1995] Strebel, H., Verwertungsnetze in und zwischen Unternehmen: *Ein Problem betrieblichen Lernens*, in: ZfB-Ergänzungsheft , 64. Jg. (1995), H. 4, S. 113-126

[Strebel et al. 1998] Strebel, H.; Schwarz, E.: *Kreislauforientierte Unternehmenskooperation, Innovative Verwertungsnetze*, München: Oldenbourg - Verlag, 1998

[Sturm 1993a] Sturm, A.: *Öko-Controlling. Von der Ökobilanz zum Führungsinstrument*, in: Gaia, Nr. 2, S. 107-120

[Sturm 1993b] Sturm, A.: Öko-Controlling: *Die nächste Herausforderung an den Berufsstand*, in: Index, Nr. 2/93, 30-35, Rio realisieren (Fortsetzung), in: Index, Nr. 3/93, S. 44-48

[Sydow 1992] Sydow, J.: *Strategische Netzwerke: Evolution und Organisation*, Wiesbaden: Gabler, 1992

[Tellus 1991] Tellus Institute (Hrsg.): *Disposal Cost Fee Study*, Final Report, Bosten: Tellus Institute, 1991

[Tischler 1994] Tischler, K.: *Umweltökonomie*, München: Oldenbourg, 1994

[Thurm 2000] Thurm,. R.: *Counting what counts – Unterstützung der Geschäftwertsteigerung durch Stoffstrommanagement*, in: Bullinger, H.-J.; Beucker, S.: *Stoffstrommanagement -- Erfolgsfaktoren für den betrieblichen Umweltschutz*, Tagungsband, Stuttgart: Fraunehofer-Verlag, 2000

[UBA 1990] Umweltbundesamt (UBA): *Luftreinhaltung – Leitfaden zur Kontinuierlichen Emissionsüberwachung*, 4. Aufl. UBA: Berlin, 1990

[UBA 1995] Umweltbundesamt: *Methodik der produktbezogenen Ökobilanzen – Wirkungsbilanz und Bewertung*, UBA Texte 23/95, Berlin: Umweltbundesamt, 1995

[UBA 1996] Umweltbundesamt: *Der Schlauchbeutel ist besser als sein Ruf*, in: Presse-Information Nr. 16/96, 1996

[UBA 1997a] Umweltbundesamt (Hrsg.): *Nachhaltiges Deutschland – Wege zu einer dauerhaft-umweltgerechten Entwicklung*, Berlin: Erich Schmidt, 1997

[UBA 1997b] Umweltbundesamt: *Daten zur Umwelt: Der Zustand der Umwelt in Deutschland*, Ausgabe 1997, Berlin: Erich Schmidt, 1997

[Ulrich 1970] Ulrich, H.: *Die Unternehmung als produktives soziales System*, Bern: Haupt, 1970

[Ulrich et al. 1974] Ulrich, H.; Krieg, W.: *St. Galler Management Modell*, 6. Auflage, Bern: Haupt, 1974

[UNCSD 2001] UNCSD http://www.un.org/esa/sustdev/csd9/csd9_docs.htm, Internet Download vom 06.01.2001

[UN-ECE 1988] UN-ECE (Hrsg.): *Draft Guidline for the Determination of the Cost of Emission Control Activities*, UN-ECE-Report, Genf: UN-ECE, 1988

[UN-ECE 1993] Chairman of the Executive Body for the Convention: *Ministerial Conference 'Environment for Europe'*, United Nations Publication, GE.93-31134, Genf: UN-ECE, 1993

[UNESC 2000] United Nations Economic and Social Council: *Energy and sustainable development*: key issues, Report of the Secretary-General. E/CN.17/ESD/2000/3, 2000

[UNESC 2001] United Nations Economic and Social Council: *Energy and sustainable development: options and strategies for action on key issues*, Report of the Secretary-General. E/CN.17/ESD/2001/2., 2001

[Unternehmensinstitut 1997] Unternehmensinstitut e .V. / Arbeitsgemeinschaft selbständiger Unternehmer: *Öko-Audit in der mittelständigen Praxis – Evaluierung und Ansätze für eine Effizienzsteigerung von Umweltmanagementsystemen in der Praxis*, Bonn: Unternehmensinstitut e .V., 1997

[VDEW 1987] VDEW: *Stromerzeugungskostenvergleich für 1990 in Betrieb gehende große Kern- und Steinkohle-Kraftwerksblöcke*, Frankfurt a.M.: VWEW, 1987

[VDI 1992] Verein Deutscher Ingenieure (VDI): *VDI-Norm 3800 - Kostenermittlung für Anlagen und Maßnahmen zur Emissionsminderung*, Düsseldorf: VDI-Verlag, 1992

[VDI 1997] Verein Deutscher Ingenieure (Hrsg.): *VDI 4600 Kumulierte Energieaufwand Begriffe*, Definitionen, Berechnungsmethoden, Düsseldorf: VDI-Verlag, 1997

[VNCI 1991] VNCI: *Integrated Substance Chain Management*, VNCI Association of the Dutch Chemical Industry, Leidschenda: VCNI, 1991

[Wagner 1997] Wagner, G.R.: *Betriebswirtschaftliche Umweltökonomie*, Stuttgart: Lucius und Lucius, 1997

[Wagner 1995] Wagner, H.: *Effizienz des Ordnungsrechts für den Umweltschutz?*, Neue Zeitschrift für Verwaltungsrecht, 14. Jg. (1995), S. 1046-1052

[Wagner et al. 1991] Wagner, G.; Janzen, H.: *'Ökologisches Controlling' - Mehr als ein Schlagwort?*, in: Controlling, 3. Jg. Heft 3, S. 120-129

[Walz 1999] Walz, R.: *Der Beitrag von R. M. Solow zur Entwicklung des schwachen Nachhaltigkeitsbegriffs*, Arbeitspapier im Rahmen des Vorhabens *Identifikation wichtiger Beiträge der wirtschaftswissenschaftlichen Forschung zur Sustainable Development Diskussio'* des Bundesministeriums für Bildung und Forschung, Karlsruhe: Fraunhofer-Institut für Systemtechnik und Innovationsforschung, 1999

[Waskov 1994] Waskov, S.: *Betriebliches Umweltmanagement. Anforderungen nach der Audit-Verordnung*, Heidelberg: Müller, 1994

[WCED 1987] World Commission on Environment and Development: *Our Common Future (Brundtland-Bericht)*, Oxford: University Press, 1987

[Weber et al. 1998] Weber, J.; Kummer, S.: *Logistikmanagement*, Stuttgart 1998

[Wicke 1989] Wicke. L.: *Umweltökonomie*, München: Vahlen, 1989

[Wicke et al. 1992] Wicke, L.: Haasis, H.-D.; Schafhausen, F.; Schulz, W.: *Betriebliche Umweltökonomie*, München: Vahlen, 1992

[Wietschel 1995] Wietschel, M.: *Die Wirtschaftlichkeit klimaverträglicher Energieversorgung*, Dissertation TH Karlsruhe, Berlin: Erich Schmidt, 1995

[Wietschel et al. 1997a] Wietschel, M; Rentz, O.: *Analyse der Umsetzung von Umwelt-Audits in Energieversorgungsunternehmen*, in: UmweltWirtschaftsForum (uwf), 5 Jg., H. 1, März 1997, S. 25 - 31

[Wietschel et al. 1997b] Wietschel, M; Ardone, A.; Mollenkopf, C.; Rentz, O.: *Konzeption und Anwendung eines Stoffflußmodells zur Entwicklung ökonomisch effizienter Minderungsstrategien für Ozon-Vorläufersubstanzen*, in: Gefahrstoffe - Reinhaltung der Luft 57, 1997, S. 373-378

[Wietschel 2000a] Wietschel, M.: *Produktion und Energie: Planung und Steuerung industrieller Energie- und Stoffströme*, Habilitationsschrift, TH Karlsruhe, Frankfurt a. M. et al.: Lang, 2000

[Wietschel et al. 2000b] Wietschel, M; Rentz, O.: *Verwertungsnetzwerke im Vergleich zu anderen Unternehmensnetzwerken* in: Liesegang, D.G.; Sterr, Th. (Hrsg.): Regionale Stoffstrommanagementnetzwerke, Tagungsband zum Fachkongreß, Heidelberg: IUWA, 2000

[Wietschel et al. 2001] Wietschel, M; Dreher, M.; Rentz, O.: *Grüne Angebote in Deutschland: Stand und Perspektiven, in: Strategien und Instrumente für den Wettbewerb in der Energiewirtschaft*, Tagungsband und Tagungs-CDROM, Wien: IEWT, 2001

[Wild 1982] Wild, J.: *Grundlagen der Unternehmensplanung*, Hamburg, 1982

[Wilhelm 1996] Wilhelm, S.: *Umweltrecht – Ein Grundriss*, Heidelberg, 1996

[Williamson 1990] Williamson, O. E., *Die ökonomischen Institutionen des Kapitalismus*, Tübingen: Mohr, 1990

[Wittmann 1968] Wittmann, W.: *Produktionstheorie*, Berlin: Springer, 1968

[Wöhe 1996] Wöhe, G.: *Einführung in die Allgemeine Betriebswirtschaftslehre*, München: Vahlen, 1996

[Zahn et al. 1996] Zahn, E., Schmid, U.: *Produktionswirtschaft I: Grundlagen und operatives Produktionsmanagement*, Stuttgart: Lucius & Lucius, 1996

[Zangenmeister 1976] Zangenmeister, Ch.: *Nutzwertanalyse in der Systemtechnik*, München Vahlen, 1976

[Zäpfel 1982] Zäpfel, G.: *Produktionswirtschaft: operatives Produktionsmanagement*, Berlin et al.: de Gruyter, 1982

[Zäpfel 1989] Zäpfel, G.: *Strategisches Produktionsmanagement*, Berlin et al.: de Gruyter, 1989

[Zimmermann et al. 1991] Zimmermann, H-J.; Gutsche, L.: *Multi-Criteria Analyse, Einführung in die Theorie der Entscheidungen bei Mehrfachzielsetzungen*, Berlin: Springer, 1991

Stichwortverzeichnis